GENESIS UND ENTWICKLUNG DES KAPITALISMUS IN RUSSLAND

AKADEMIE DER WISSENSCHAFTEN DER DDR
ZENTRALINSTITUT FÜR GESCHICHTE

QUELLEN UND STUDIEN ZUR GESCHICHTE OSTEUROPAS

HERAUSGEGEBEN VON
EDUARD WINTER
UND
HEINZ LEMKE

IN ZUSAMMENARBEIT MIT
ALFRED ANDERLE, CONRAD GRAU, GÜNTER ROSENFELD
UND FRITZ STRAUBE

REDAKTIONSSEKRETÄR: GÜNTHER JAROSCH

BAND XVII

GENESIS UND ENTWICKLUNG DES KAPITALISMUS IN RUSSLAND

STUDIEN UND BEITRÄGE

HERAUSGEGEBEN VON
PETER HOFFMANN UND HEINZ LEMKE

AKADEMIE-VERLAG · BERLIN
1973

Erschienen im Akademie-Verlag GmbH, 108 Berlin, Leipziger Straße 3—4

Lizenznummer: 202 · 100/53/73
Herstellung: IV/2/14 VEB Druckerei »Gottfried Wilhelm Leibniz«, 445 Gräfenhainichen/DDR · 3885
Bestellnummer: 2087/17 · Es 14 D/E
EDV: 752 258 6

Vorwort

Zu den zentralen Problemen der marxistischen Geschichtswissenschaft gehört seit langem die für die Erforschung der historischen Gesetzmäßigkeiten bedeutungsvolle Problematik des Übergangs von einer sozialökonomischen Formation zur anderen. In diesem Zusammenhang wird seit langem dem Übergang vom Feudalismus zum Kapitalismus besondere Aufmerksamkeit gewidmet, nicht zuletzt deshalb, weil es sich dabei um den Übergang zur letzten und höchsten Form der Ausbeutergesellschaft handelt.

In der sowjetischen Historiographie gehört die Frage nach der Herausbildung kapitalistischer Verhältnisse seit langem zu den heftig umstrittenen Problemen der russischen Geschichte. Bei dieser Auseinandersetzung geht es erst in zweiter Linie um die Festlegung des Zeitpunktes, zu dem bestimmte, im Wirtschaftsleben des Landes auftretende Erscheinungen, bereits als kapitalistisch bezeichnet werden können, obwohl sie im Gesamtrahmen der sozialökonomischen Verhältnisse ihrer Zeit nur eine untergeordnete Rolle spielten; wichtiger ist die annähernde Fixierung des Zeitabschnittes, von dem an die kapitalistische Produktionsweise ein stabiler und an Bedeutung stets zunehmender Bestandteil der Warenproduktion des Landes wurde. Die Antworten der sowjetischen Historiker auf die Frage nach der so verstandenen Genesis des Kapitalismus in Rußland differieren um annähernd zweihundert Jahre: Die eine Flügelgruppe hält am 16. Jh. fest, die andere vertritt die Auffassung, daß erst im letzten Drittel des 18. Jh. die notwendigen Voraussetzungen für eine kontinuierliche Entwicklung des Kapitalismus gegeben waren. Es liegt auf der Hand, daß eine „frühe" oder „späte" Datierung der Anfangsphase der kapitalistischen Entwicklung auch die Auffassungen von der wirtschaftlichen und sozialen Entwicklung in Rußland im 19. Jh. bis hin zum Beginn der imperialistischen Epoche stark beeinflußt.

Die Meinungsverschiedenheiten ergeben sich nicht daraus, zumindest nicht in erster Linie, daß die einzelnen Richtungen unterschiedliche Tatsachen anführen, sondern aus der verschiedenen Interpretation der bekannten Fakten. Letzthin beinhalten diese jahrelangen Auseinandersetzungen das Ringen um die Gewinnung solcher Kriterien, die eine richtige Einordnung der Fülle von Einzelerscheinungen in den größeren Zusammenhang ermöglichen. Diese Meinungsverschiedenheiten spiegeln sich auch im vorliegenden Band wider.

Die sowjetischen Autoren, von denen hier Beiträge veröffentlicht werden, vertreten – mit unterschiedlicher Konsequenz – eine „späte" Datierung des Kapitaismus. Das besagt jedoch nicht, daß sie zu allen Aspekten der grundlegenden sozialökonomischen Prozesse der Geschichte Rußlands gleichartige Auffassungen vertreten, wie überhaupt – selbst bei übereinstimmenden Ansichten in der Datierungsfrage – unter den sowjetischen Forschern in der Bewertung einzelner Fakten und Prozesse jener Übergangsepoche unterschiedliche Standpunkte erkennbar sind. Hier sei nur auf die Interpretation und Beurteilung des Prozesses der sogenannten ursprünglichen Akkumulation in Rußland hingewiesen. Bei einigen der Autoren aus der DDR ist nicht zu verkennen, daß teils mehr, teils weniger Berührungspunkte zu jener Richtung der sowjetischen Geschichtsschreibung bestehen, die eine frühe Datierung der kapitalistischen Entwicklung in Rußland vertritt.

Die Beiträge des vorliegenden Bandes bieten – wie wir glauben – einen Einblick in diese sowohl methodologisch als auch methodisch aufschlußreiche Diskussion. Die aufgeworfenen Probleme sind nicht nur für die Erforschung der russischen Geschichte bedeutungsvoll, sie können auch – unserer Meinung nach – denjenigen Historikern Anregungen vermitteln, die sich mit der Geschichte Deutschlands oder anderer Länder befassen, in denen der Übergang vom Feudalismus zum Kapitalismus verspätet einsetzte und nicht durch eine siegreiche bürgerliche Revolution entschieden wurde.

Der Sammelband verdankt sein Entstehen einem im Mai 1970 von der Arbeitsgruppe Geschichte Rußlands im Wissenschaftsbereich Allgemeine Geschichte am Zentralinstitut für Geschichte der Deutschen Akademie der Wissenschaften zu Berlin veranstalteten Kolloquium über Probleme der Genesis und der Entwicklung des Kapitalismus in Rußland, auf dem die Grundgedanken der meisten hier veröffentlichten Arbeiten teils als Referat, teils in der Diskussion vorgetragen wurden.

Die Beiträge der sowjetischen Autoren wurden von den Herausgebern übersetzt. Für das Mitlesen der Korrekturen und die Anfertigung des Registers sind die Herausgeber Frl. Christa Schölzel zu Dank verpflichtet.

Inhaltsverzeichnis

N. I. Pavlenko

Historiographische Bemerkungen zur Genesis des Kapitalismus in Rußland

Kleine Warenproduktion – einfache kapitalistische Kooperation

Über die Genesis des Kapitalismus in Rußland gibt es eine umfangreiche Literatur. Diese Frage hat viele Diskussionen ausgelöst, sowohl in wissenschaftlichen Zeitschriften als auch auf Konferenzen. In den vierziger und fünfziger Jahren standen der sozialökonomische Charakter der Manufaktur und die Herausbildung des gesamtrussischen Marktes im Mittelpunkt der Auseinandersetzung; im letzten Jahrzehnt hat sich der Blick geweitet, Forschungsobjekt waren nicht mehr nur die Prozesse in der gewerblichen Groß- sondern auch in der Kleinproduktion und in der Landwirtschaft.

Einige allgemeine Ergebnisse der langandauernden Diskussion sowie Bemerkungen zu einigen Teilaspekten sollen hier dargelegt werden. Dabei sehen wir unsere Aufgabe nicht darin, die bisherigen Publikationen zu annotieren, sondern wir wollen sie unter dem Blickpunkt unserer Themenstellung kritisch werten, die Überzeugungskraft dieser oder jener Beweisführung analysieren.

Die meisten Historiker vertreten die These, daß sich die kapitalistische Formation in Rußland, d. h. die Anwendung von Lohnarbeit in der Industrie, in der zweiten Hälfte des 18. Jh. durchzusetzen begann. Über die Anfangsphase der Entwicklung des Kapitalismus in Rußland gibt es so stark auseinandergehende Anschauungen, daß die Differenzen offensichtlich nicht leicht zu überwinden sein werden. Es ist kaum nötig zu beweisen, daß die unterschiedliche Datierung des Anfangs der kapitalistischen Entwicklung nur ein äußerliches Merkmal vorhandener verschiedener Auffassungen ist, die sich aus einem unterschiedlichen, theoretischen und methodischen Herangehen an die Erforschung der Problematik ergeben.

Lange Zeit war die Ansicht vorherrschend, daß die Genesis des Kapitalismus oder die „neuen Erscheinungen“ im Wirtschaftsleben des Landes mit dem 17. Jh. anzusetzen seien. In den letzten Jahren wurde diese Ansicht revidiert: Eine Gruppe von Forschern überträgt Entwicklungsprozesse, die früher ausschließlich das 17. Jh. zu kennzeichnen schienen, auf das 16. Jh.; eine andere Gruppe erkennt die großen Gemeinsamkeiten in der sozialökonomischen Entwicklung Rußlands im 16. und im 17. Jh. durchaus an, vertritt aber die Ansicht, daß die in diesen beiden Jahrhunderten wahrzunehmenden Erscheinungen (Entwicklung der Ware-Geld-Beziehungen, Herausbildung des gesamtrussischen Marktes, Wirken des Handelskapitals usw.) organisch zur feudalen Produktionsweise gehören, daß ihr Vorhandensein noch nicht die Genesis des Kapitalismus anzeigt, sondern nur das Entstehen von Voraussetzungen.

Diejenigen Forscher, die den Ursprung der sogenannten neuen Erscheinungen nicht im 17., sondern im 16. Jh. suchen, können ihre Ansicht unserer Meinung nach durchaus begründen, denn die den Historikern heute über die sozialökonomische Struktur Rußlands im 16. und 17. Jh. bekannten Tatsachen zwingen sie nicht, qualitative Unterschiede zwischen beiden Jahrhunderten anzunehmen. Die Autoren, die sich mit dem gesamtrussischen Markt im 17. Jh. befassen, verwenden bei einem Vergleich mit der Entwicklung des 16. Jh. u. a. solche Begriffe wie „Erweiterung", „Vertiefung", die durchaus nicht etwas qualitativ Neues zu charakterisieren geeignet sind.[1]

Zwei kürzlich erschienene Monographien – die Arbeiten von N. E. Nosov und von E. I. Zaozerskaja[2] – lassen deutlich werden, daß gleichartige Schlußfolgerungen auch für einige Produktionszweige, vor allem für die Salzgewinnung, naheliegend sind. Diese Untersuchungen führen zu der Schlußfolgerung, daß die Ergebnisse der Forschungen von N. V. Ustjugov über die Entwicklung der Salzsiederei in Solikamsk im 17. Jh., wo sich damals der Übergang von der Klein- zur Großproduktion vollzog[3], nur für das erforschte Gebiet Gültigkeit beanspruchen können, denn in anderen Regionen hatte bereits im 16. Jh. die Salzgewinnung die Phase der Kleinproduktion überwunden.

Unserer Meinung nach hat der Streit darüber, in welchem der beiden Jahrhunderte, im 16. oder im 17., die „neuen Erscheinungen" zu erkennen sind, die mit dem Entstehen der kapitalistischen Produktionsweise verbunden werden, keine prinzipielle Bedeutung, denn die Tatsachen – und Tatsachen sind bekanntlich ein hartes Ding – sprechen eindeutig davon, daß sich bereits im 16. Jh. all jene Erscheinungen wahrnehmen lassen, die für das 17. Jh. als neu ausgegeben werden. Weit wichtiger erscheint uns die Klärung der Frage, ob die uns zur Verfügung stehenden Fakten gestatten – unabhängig davon, ob sie zum 16. oder 17. Jh. gehören – sie als Zeugnis des Entstehens des Kapitalismus und des Niederganges des Feudalismus zu interpretieren. Mit welchen Beweisgründen operieren die Forscher? Wie sind diese Beweisgründe mit jenen Jahrhunderten verknüpft, für die eine Zersetzung der feudalen Formation konstatiert wird? Um diese Frage zu beantworten, ist es angebracht, sich der Analyse jener Literatur zuzuwenden, die sich mit dem niedergehenden Stadium des Feudalismus befaßt.

Akademiemitglied M. V. Nečkina gebührt das Verdienst, sich als erste um eine Bestimmung des konkreten Inhalts der These vom „aufsteigenden" und „absteigenden" Stadium des Feudalismus und ihrer Anwendung auf die russische Geschichte bemüht zu haben. Möglicherweise gibt die Formulierung „niedergehendes Stadium des Feudalismus" das Wesen der Vorgänge besser wider als der bisher

1 Vgl. N. I. Pavlenko, Спорные вопросы генезиса капитализма в России. In: Вопросы истории 11/1966, S. 85–87.

2 N. E. Nosov, Становление сословно-представительных учреждений в России, Leningrad 1969; E. I. Zaozerskaja, У истоков крупного производства в русской промышленности XVI–XVII веков, Moskau 1970.

3 Vgl. N. V. Ustjugov, Солеваренная промышленность Соли Камской в XVII веке, Moskau 1957, S. 87.

übliche Ausdruck „Zersetzung des Feudalismus". Aber es kommt weniger auf die Terminologie als auf den Inhalt der Begriffe und auf ihre Verwendbarkeit zur Charakterisierung eines bestimmten historischen Geschehens, d. h. eines bestimmten Zeitraums, an.

In dem Diskussionsbeitrag von M. V. Nečkina werden zwei Prozesse hervorgehoben, die vom Übergang des Feudalismus in das „absteigende" Stadium zeugen, der eine vollzieht sich in der Industrie, der andere in der landwirtschaftlichen Produktion.

Die Manufakturproduktion in Rußland betrachtet M. V. Nečkina als einen in sich widersprüchlichen Komplex: „Dem Charakter der Produktivkräfte nach gehört die Manufaktur (auch die Manufaktur der Gutsbesitzer und Possessionsmanufaktur) zur kapitalistischen Produktionsweise", die Produktionsverhältnisse in den Betrieben beruhen aber auf dem außerökonomischen Zwang und tragen feudalen Charakter.[4] Als Ergebnis „entsteht ein tiefer Konflikt zwischen den Produktivkräften ... und den Produktionsverhältnissen, innerhalb derer sich jene Kräfte entwickeln."[5]

Es dürfte kaum richtig sein, die Untersuchung des Konfliktes zwischen Produktivkräften und Produktionsverhältnissen nur auf die Industrieproduktion zu beschränken. Dieser Konflikt ist ein allumfassender Vorgang, der das gesamte System erfaßt. Unbestritten ist die Feststellung, daß jeder Formation ein bestimmter Stand der Produktivkräfte eigen ist. Aber genau so unbestritten ist unserer Ansicht nach die Feststellung, daß bestimmte Produktivkräfte unterschiedlichen Produktionsweisen dienen können. Beim Bau von Bewässerungsanlagen wurde sowohl im Altertum und im Mittelalter als auch in der Neuzeit ein so primitives Arbeitsgerät wie der Spaten verwendet. Aber im ersten Fall war die Form der Produktionsorganisation die Kooperation, im zweiten Fall jedoch – wenn die Bauarbeiten von Lohnarbeitern durchgeführt wurden – handelt es sich um die kapitalistische Kooperation. Die technische Ausrüstung der Manufakturen im feudalen Rußland und in den kapitalistischen Ländern West- und Mitteleuropas war ebenfalls gleichartig. Ja mehr noch, die Hochöfen im Berg- und Hüttenwesen des Urals waren im 18. Jh. größer und produktiver als die Hochöfen in den Ländern Westeuropas; demzufolge beherrschte die Produktion der Uralindustrie trotz der Arbeit von Leibeigenen nicht nur den russischen, sondern auch den west- und mitteleuropäischen Markt. Eine ähnliche Bedeutung hatten auf dem Weltmarkt russische Leinwand und russisches Segelleinen. Daraus ergibt sich, daß die relativ niedrige Technik der Manufakturproduktion es der Feudalordnung ermöglichte, über eine längere Zeit ihre Reserven auszunutzen und mit der kapitalistischen Organisation der Produktion zu konkurrieren. Wir haben keine vergleichenden Angaben über die Produktivität von Manufakturen mit Lohnarbeitern und von Manufakturen mit feudalabhängigen Arbeitskräften im Rußland des 17. und 18. Jh., aber auf Grund der Ergebnisse der Industrieentwicklung in jener Zeit erscheint die Behauptung gerechtfertigt, daß die

[4] M. V. Nečkina, О „восходящей" и „нисходящей" стадиях феодальной формации. In: Вопросы истории 7/58, S. 93.

[5] Ebenda, S. 99.

Knute des Aufsehers lange Zeit hindurch die gleiche Wirkung wie die Strafe des Vorarbeiters ausübte. Bezeichnenderweise werden die Beispiele, die das Vorhandensein eines Konfliktes zwischen Produktivität und Produktionsverhältnissen beweisen sollen, nicht den ersten Jahrzehnten des 17. Jh. entnommen, in denen, nach der Konzeption M. V. Nečkinas, Rußland in das „niedergehende" Stadium des Feudalismus eintrat, sondern der ersten Hälfte des 19. Jh., sie betreffen auch, wie man annehmen muß, weniger die Manufakturproduktion als die Fabrik. Nečkina schreibt: „Der Tuchfabrikant Osokin kaufte beispielsweise im zweiten Viertel des 19. Jh. 35 mechanische Webstühle, konnte aber nur 7 davon in der Produktion einsetzen, die anderen standen im Speicher, weil er keine Arbeitskräfte für sie fand."[6] Ein anderes Beispiel betrifft die Gutsbesitzerin Okulova, deren Bauern umschichtig in der Manufaktur arbeiteten. Im Vergleich zu den benachbarten kapitalistischen Betrieben wiesen die Bauern eine geringere Arbeitsproduktivität auf und stellten Waren minderer Qualität her. Auch dieses Beispiel gehört in die vierziger Jahre des 19. Jahrhunderts.[7]

Einen ähnlichen chronologischen „Sprung" begegnen wir bei der Illustrierung der These, daß die bäuerlichen Wirtschaften ihre Produktion verringerten. N. V. Nečkina schreibt: „Die übermäßige Ausbeutung führte zum Zerfall der kleinen bäuerlichen Wirtschaft, zu ihrer Zersetzung und Degradierung, was deutlich vom ‚niedergehenden Stadium' der Feudalordnung zeugt."[8] Als Beweis für diese These dienen ein Hinweis auf das Kapitel „Ljuban" in Radiščevs „Reise von Petersburg nach Moskau" und die Feststellung, daß das Verlassen der einheimischen Dörfer durch die ländliche Bevölkerung um anderswo Arbeit zu suchen, weit verbreitet gewesen sei, wodurch die bäuerliche Wirtschaft zerfiel.

Selbst wenn wir einräumen, daß, wie es Radiščev beschrieben hat, der Bauer häufig für seine eigene Wirtschaft nur die Feiertage zur Verfügung hatte, dann gehört diese Tatsache doch an das Ende des 18. Jh., nicht aber an den Beginn des 17. Jahrhunderts. Und auch solche Erscheinungen wie „Verringerung des bäuerlichen Anteillandes, Wegnahme von Teilen des bäuerlichen Landes und in Einzelfällen sogar Verjagung der Bauern von ihrem Anteilland" fanden in der Feudalwirtschaft erst in der zweiten Hälfte des 18. Jh. größere Verbreitung. Möglicherweise lassen sich Einzelfälle der Inbesitznahme von bäuerlichem Anteilland durch die Gutsbesitzer und der Verjagung von Bauern auch schon für den Beginn des 17. Jh. ermitteln, solche Beispiele haben aber nur lokale Bedeutung. Aus diesen Gründen muß die Schlußfolgerung M. V. Nečkinas „daß mit dem Ende des 16. Jh. und dem Beginn des 17. Jh. das ‚absteigende' Stadium einsetzt, daß das ganze 17. Jh. mit seiner Anhäufung kapitalistischer Elemente schon zur Frühzeit des ‚absteigenden' Stadiums des Feudalismus gehört"[9], eingehender begründet werden; die

[6] Ebenda. [7] Ebenda.

[8] Ebenda, S. 108.

[9] M. W. Netschenkina, Zu den Ergebnissen der Diskussion über das „aufsteigende" und das „absteigende" Stadium des Feudalismus. In: Sowjetwissenschaft/Gesellschaftswissenschaftliche Beiträge 11/64, S. 1198f.

bisher vorliegende Argumentation mit Beispielen aus der zweiten Hälfte des 18. und aus der ersten Hälfte des 19. Jh. ist für diese These nicht beweiskräftig.

Noch eine Überlegung gehört hierher: Nehmen wir an, eine mittlere Bauernwirtschaft habe gegen Ende des 16. Jh. drei oder vier Pferde besessen. Wie muß dann die Versorgung der Bauernwirtschaft mit Pferden vor der Reform ausgesehen haben, wenn in der Bauernwirtschaft im 16. Jh. die Voraussetzung für die einfache Reproduktion nicht mehr gegeben sein soll? Wie ist in diesem Falle der natürliche Bevölkerungszuwachs zu erklären, der von den Quellen des 18. Jh. registriert wird? Wie ist die gute Ausstattung der Bauern mit Zugvieh in den Besitzungen Poljanskijs zu erklären, wo es 1773 keine Bauern ohne Pferde gab, nur 7,4 Prozent der Höfe ein Pferd besaßen, 63,3 Prozent aller Höfe aber mehr als vier Pferde?[10] Oder die noch bessere Ausstattung mit Pferden in den Besitzungen der Jusupov im Steppengebiet, wo 1825 selbst die mittleren Bauernwirtschaften mindestens vier Pferde besaßen?[11] Drei bis vier Pferde pro Hof registrierte für den Anfang des zweiten Jahrzehnts des 19. Jh. I. D. Koval'čenko, der bäuerliche Wirtschaften in den Besitzungen der Gagarins im Gebiet von Rjazan' und Tambov untersuchte. Die Voraussetzungen für die einfache Reproduktion verschwanden erst, wie I. D. Koval'čenko feststellt, in den zwanziger Jahren des 19. Jh.[12].

Andere Kennzeichen für das „niedergehende" Stadium des Feudalismus führt Akademiemitglied S. G. Strumilin an. Er betrachtet das Ansteigen der Preise für Getreide und andere Produkte, wie es in den Jahren der sogenannten Agrarkrise in der zweiten Hälfte des 16. Jh. zu beobachten ist, als das Hauptkriterium. „Das Steigen der Preise in den siebziger und achtziger Jahren dieses Jahrhunderts spiegelt deutlicher als alles andere den ökonomischen Hintergrund jener Krise wider, durch den das niedergehende Stadium eröffnet wurde: die Zersetzung der natürlichen Grundlagen des Feudalismus."[13]

In den siebziger und achtziger Jahren des 16. Jh. stiegen die Preise offensichtlich an[14], aber in welchem unmittelbaren Zusammenhang diese Preissteigerungen mit den im Lande sich vollziehenden sozialökonomischen Prozessen standen, erklärte S. G. Strumilin nicht. Die Preisentwicklung ist nach ihm ein „empfindliches Barometer des Wirtschaftswetters"[15], Komponenten dieses „Wirtschaftswetters" sind

[10] Vgl. I. A. Bulygin, Положение крестьян и товарное производство в России, Moskau 1966, S. 170.

[11] K. V. Sivkov, Очерки по истории крепостоного хозяйства и крестьянское движение в России в первой половине XIX в., Moskau 1951, S. 168–174.

[12] I. D. Koval'čenko, Крестьяне и крепостное хозяйство Рязанской и Тамбовской губерний в первой половине XIX в., Moskau 1959, S. 158–166.

[13] S. G. Strumilin, О внутреннем рынке в России XVI–XVIII вв. In: derselbe, Очерки экономической истории России, Moskau 1960, S. 272.

[14] Wir schreiben „offensichtlich", denn in der interessanten Monographie von A. G. Man'kov, Цены и их движение в Русском государстве XVI века, Moskau/Leningrad 1951 S. 104–121 finden sich zu wenig Angaben, um daraus festgegründete Schlußfolgerungen ziehen zu können.

[15] Strumilin, a. a. O., S. 270.

unserer Meinung nach aber nicht nur sozialökonomische Faktoren. Man kann beispielsweise die Preissteigerungen, was nahe liegt, mit dem langen Livländischen Krieg und der Opričnina, die die Handelsverbindungen störten, erklären. Daß diese Preissteigerungen sich nicht organisch aus der Entwicklung des Feudalismus ergaben, sondern Konjunkturcharakter tragen, beweist nebenbei die Tatsache, daß schon in den neunziger Jahren des 16. Jh. die Getreidepreise gegenüber den beiden vorhergehenden Jahrzehnten auf etwa ein Drittel fielen.

Die Getreidepreise ließen nicht nur im 16., sondern auch im 17. und in den folgenden Jahrhunderten eine eindeutige steigende Tendenz erkennen. Im 18. Jh. stiegen sie weit stärker als im 16.; nach den Beobachtungen von B. N. Mironov, der zuverlässigere Angaben benutzen konnte als A. G. Man'kov zur Verfügung standen, stiegen sie im 18. Jh. um das 5,7fache, während sie im 16. Jh. nur um das 4–4,5fache gestiegen waren.[16] Bezeichnenderweise ist im 18. Jh. wie im 16. Jh. ein besonders rasches Steigen der Getreidepreise gerade in jenen Jahren zu beobachten, in denen Rußland Krieg führte.

Die Konzeption eines frühen Beginns des „niedergehenden" Stadiums und der Entwicklung kapitalistischer Produktionsverhältnisse legte besonders ausführlich D. P. Makovskij in seiner Monographie dar. Wir stimmen den wesentlichen Ausführungen der Rezensenten durchaus zu, die den hohen wissenschaftlichen Wert dieser Arbeit hervorgehoben haben[17], möchten zugleich aber betonen, daß der Hauptmangel der Untersuchungen Makovskijs seine ungenügende quellenkundliche Exaktheit ist. In seinem Buch lassen sich ohne Schwierigkeiten unbewiesene Behauptungen und willkürliche Quelleninterpretationen in großer Zahl nachweisen.

D. P. Makovskij schreibt beispielsweise, daß „Moskau sich im 16. Jh. zum bedeutendsten Handelszentrum der Welt entwickelte"[18]. Oder er erklärt, es sei „schwer anzunehmen, daß der Handelsumsatz irgendeines anderen Staates in Europa höher gewesen sei als der des russischen"[19]. Diese Behauptungen münden in die allgemeine Schlußfolgerung: „Im 16. Jh. war Rußland in der Entwicklung von Handel und Industrie nicht nur gegenüber West- und Mitteleuropa nicht zurückgeblieben, sondern es hatte in einigen besonders wichtigen Produktionszweigen (Gießereiwesen, Waffenherstellung) das übrige Europa überholt."[20]

Eine solche Behauptung sollte durch einen Vergleich mit der Entwicklung von Handel und Produktion beispielsweise in England, in den Niederlanden, in Frankreich und in anderen Ländern West- und Mitteleuropas untermauert werden, in der Monographie Makovskijs finden sich aber keine derartigen Gegenüberstellungen.

Die willkürliche Ausdeutung der Quellen veranlaßt Makovskij auch an anderen

16 Vgl. B. N. Mironov, Хлебные цены в России XVIII в., Автореферат канд. диссертации, Leningrad 1969, S. 14.

17 Vgl. die ausführliche Rezension von G. A. Novickij und A. M. Zacharov zur 1960 erschienenen ersten Auflage des Buches Makovskijs. In: История СССР 2/62, S. 178–187.

18 D. P. Makovskij, Развитие товарно-денежных отношений в сельском хозяйстве Русского государства в XVI веке, Smolensk 1963, S. 45.

19 Ebenda, S. 77.

20 Ebenda, S. 117.

Stellen zu weitreichenden Schlußfolgerungen. Im städtischen Handwerk sinkt seiner Meinung nach „der Anteil der auf Bestellung arbeitenden Handwerker“ und „wird bedeutungslos“[21]. Diese These wird durch die Spezialisierung der Handwerke in einigen Städten belegt, d. h., es wird ein Argument angeführt, das für sich genommen keine Beweiskraft besitzt. Weiter schreibt Makovskij: „Im 16. Jh. beobachten wir in der Rus’ nicht nur das Entstehen von Manufakturen in vielen Industriezweigen, sondern auch den Beginn einer territorialen Arbeitsteilung.“[22] Es folgen dann aber Vermutungen. Makovskij konnte nachweisen, daß in Pskov 27 Wassermühlen in Betrieb waren; seine Schlußfolgerung lautet: „Eine solch große Anzahl von Mühlen wurde natürlich nicht für das Mahlen von Getreide gebraucht, sondern sie diente der großen industriellen Produktion“ zum Antrieb „einfacher Maschinen“.[23] In den Quellen finden sich Hinweise auf „Höfe“, auf das Eingehen von Lohnvereinbarungen mit ausländischen Meistern.[24] Auch diese Hinweise werden als ein Beweis dafür angesehen, daß hier Manufakturen bestanden hätten.[25] Im 16. Jh. gab es nach Makovskij nicht nur eine zentralisierte, sondern auch eine zerstreute Manufaktur in Rußland. Aber der „Domostroj“, auf den sich Makovskij hier beruft, berichtet nicht von Manufakturen, sondern von der Tätigkeit des Aufkäufers.[26] Diese Quelle sagt nichts über Arbeitsteilung aus.

Breiten Raum widmet D. P. Makovskij dem Bau von Festungen, Klöstern und Kirchen. Er stützt sich auf die Berechnungen von Gura Bachmeev, denen zufolge „alleine für den Bau der Smolensker Festung 320000 Pud Bandeisen, 150000 Pud Stabeisen, 1000000 Nägel“ usw. benötigt wurden[27], und stellt fest: „Man kann sich schwer vorstellen, daß nur Kleinproduzenten diese ungeheure Menge Eisen (Gußeisen, Stabeisen, Bandeisen usw.) wie auch die verschiedenen Formen von ‚Beschlägen’, die für diesen grandiosen Bau benötigt wurden, gewannen und herstellten.“[28] In gleicher Weise beweist Makovskij die breite Heranziehung von Lohnarbeitern bei der Herstellung von Baumaterialien für die Smolensker Festung: „Es ist nur schwer vorstellbar, in welch großem Umfange Lohnarbeit angewandt wurde, wieviele Arbeiter unterschiedlicher Spezialisierung gedungen werden mußten“, und dann werden astronomische Ziffern über die Menge der zum Bau notwendigen Steine, Pfähle und des Mörtels angeführt.[29] Bei der Verwendung derartiger Beweise kann man beim Anblick der Cheopspyramide ausrufen: „Es ist schwer vorstellbar, daß solch ein großes Bauwerk errichtet wurde ohne Traktoren, ohne Turmdrehkräne, Planierraupen und ohne Bagger!“

21 Ebenda, S. 84.
22 Ebenda, S. 98.
23 Ebenda, S. 101, 102.
24 Ebenda, S. 111.
25 Ebenda, S. 116.
26 Vgl. Domostroj. In: Временник Московского общества истории и древностей Российских, Bd. 1, 1849, S. 111–112; Vgl. Makovskij, a. a. O., S. 116.
27 Makovskij, a. a. O., S. 86.
28 Ebenda, S. 96.
29 Ebenda, S. 127.

Wenn man ernsthaft an diese Problematik herangeht, dann ergibt sich, daß die Ausführungen Makovskijs über die Bedeutung des Festungs- und Kirchenbaues bei der Herausbildung kapitalistischer Produktionsverhältnisse zwei wesentliche Momente unberücksichtigt lassen. Erstens: Die kapitalistische Produktionsweise ist wie bekannt, mit der Produktion von Waren zur Erzeugung von Mehrwert verbunden. Festungen wurden aber nicht verkauft, sondern im Sturm erobert, auch Kirchen und Klöster hatten keinen Tauschwert. Dementsprechend steht die Errichtung derartiger Bauwerke, welchen Umfang sie auch im 16. Jh. angenommen haben mag, in keinem Zusammenhang mit der kapitalistischen Produktionsweise. Und zweitens: Es ist sehr wichtig zu wissen, wer eine Festung, eine Kirche oder ein Kloster errichtet hat; wie der Bau organisiert war. Wenn der Bau der Festung vom Staat finanziert und wenn die Arbeiten von einem staatlichen Beauftragten geleitet wurden, dann haben wir es zwar mit Geld, nicht aber mit Kapital zu tun. Gleichermaßen ist die Errichtung einer Kirche durch einen alten Kaufmann nichts anderes als eine unproduktive Vergeudung von Kapital, d.h., hier verschwinden die Voraussetzungen für das Entstehen von Kapital. Was anderes ist es, wenn die Errichtung von Festungen, Klöstern und Kirchen durch Unternehmer erfolgt. Dann kann man vom Kaufmannskapital sprechen, d. h. von Voraussetzungen für das Entstehen der kapitalistischen Produktionsweise. Aber Voraussetzungen und das wirkliche Entstehen sind, wie man sagt, zweierlei.

D. P. Makovskijs allgemeine Schlußfolgerung lautete: „So waren in den sechziger Jahren des 16. Jh. im russischen Staat zwei notwendige Bedingungen für eine weitere Entwicklung der industriellen Großproduktion gegeben – es war ausreichend Kapital akkumuliert, ein großer Teil der Kleinproduzenten war ruiniert, und es hatte sich ein Arbeitskräftemarkt herausgebildet. Die ökonomischen Voraussetzungen für die Entwicklung der Großproduktion waren gegeben. Sie konnte sich jedoch nicht voll entfalten. Gehemmt wurde die Entwicklung der Großproduktion durch die vom Adel veranlaßten Eingriffe der Staatsmacht in Wirtschaftsbelange."[30] Worin bestand nun diese „Einmischung" der Staatsmacht „in die Wirtschaftsbelange"? Vor allem in der Errichtung der Opričnina. D. P. Makovskij schreibt: „In der Zeit der Opričnina wurden alle Gesetze ignoriert, es herrschte wilde Willkür, der Starrsinn des psychisch kranken Zar-Henkers galt als das höchste Gesetz. In alle Organe der Staatsmacht, in das Gerichtswesen drangen Diebe, käufliche Subjekte, Gewalttäter ein, die keinerlei Normen oder Gesetze anerkannten außer dem Befehl des Zaren."[31] An einer anderen Stelle lesen wir: „Es wäre nutzlos, in den Handlungen Ivans IV. irgendwelche Logik oder Konsequenz zu suchen. Ivan IV. war ein psychisch kranker Mensch, der sich ständig von irgendwelchen Leuten beeinflussen und beeindrucken ließ. Die zügellosen Gewaltakte zur Zeit der Opričnina waren, wie Zeitgenossen festhielten, durch die Entfesselung krankhafter Vorstellungen und sadistischer Neigung des Zaren durch verschiedene Abenteuer (Basmanov, Grjaznye,

[30] Ebenda, S. 461. An einer anderen Stelle (vgl. S. 473) wird die Vorbereitung der ökonomischen Bedingungen in die sechziger und siebziger Jahre des 16. Jh. verlegt.

[31] Makovskij, a. a. O., S. 471.

Skuratov und andere) hervorgerufen worden, die nur das Ziel dabei verfolgten, möglichst viel zu rauben und sich zu bereichern. Diese Räuber nutzten es aus, daß das russische Volk von den kirchlichen Würdenträgern gründlich belogen wurde, die ihm zu suggerieren suchten, der Zar sei der Stellvertreter Gottes auf Erden und man dürfe sich ihm niemals widersetzen.“[32]

Noch einen zweiten Grund für die Verwüstung des Landes nennt Makovskij: „Eine zerstörende Wirkung auf die Entwicklung der Produktivkräfte in der Landwirtschaft und in der Industrie übte auch die polnisch-schwedische Intervention aus, durch die fast 15 Jahre lang (von 1604 bis 1618) das Land ununterbrochen Verwüstungen und Zerstörungen ausgesetzt war.“[33]

Die Zerstörung von Produktivkräften durch die Opričnina ist eine unbestrittene Tatsache. Genauso unbestritten ist unserer Meinung nach die Naivität, mit der Makovskij ihre Einführung allein der psychischen Unausgeglichenheit des Zaren zuschreibt, seinen sadistischen Neigungen und den Ratschlägen von Verbrechern. Unbestritten ist auch die Tatsache, daß die polnisch-schwedische Intervention Verwüstungen des Landes verursacht hat. Die Frage lautet jedoch wohl: Was wurde zerstört, welches Niveau hatten die zerstörten Produktivkräfte. Bestanden wirklich im 16. Jh. bereits Manufakturen in verschiedenen Produktionszweigen?

Eine Antwort auf diese Fragen kann man aus den in der Literatur angeführten Fakten ableiten, was wieder hergestellt wurde, welche Form der Produktion nach der Opričnina und nach der polnisch-schwedischen Intervention wieder entstand. Interessante Angaben dazu lassen sich der grundlegenden Arbeit von K. N. Serbina über den Tichvin-Posad entnehmen. 1583 zählte man in diesem Posad 145 Höfe. Durch die schwedische Intervention wurde dieser Posad völlig zerstört, er mußte neu aufgebaut werden. „Im Verlauf der zwanziger und dreißiger Jahre des 17. Jh. wurde der Posad wieder völlig aufgebaut und besiedelt; 1647 zählte er bereits 330 Höfe.“ Auch die Zahl jener Einwohner erhöhte sich, die verschiedene Handwerksberufe ausübten oder ein Gewerbe betrieben. 1583 waren in den 10 im Posad bestehenden Handwerks- und Gewerbebetrieben insgesamt 22 Personen beschäftigt; 1646 gab es 19 solche Betriebe mit insgesamt 67 Beschäftigten. Und selbst in der Zeit der höchsten Blüte des Posads, als die Zahl der Handwerker die höchste Zahl im 17. Jh. erreichte (202 Personen 1678), bestand das Gewerbe der Stadt aus Handwerk und kleiner Warenproduktion.[34]

Ähnliches läßt sich über den Posad in Tula aussagen. Dort gab es 1588/89 insgesamt 20 Schmiede; 1614 bis 1617 waren es noch 10, 1625 schon 33 und 1637 sogar 44, 1655 gab es 48 Schmieden in Tula.[35] Das gleiche Bild bietet sich in Ustjug-Velikij, das durch die „litauischen Verwüstungen“ stark gelitten hatte; aber im zweiten Viertel des 17. Jh. erlangte es wieder seine frühere wirtschaftliche Bedeutung. 1623–26 zählte man hier 48 Schmieden, 1640 bereits 52.[36] In Ustjug-

[32] Ebenda, S. 468. [33] Ebenda, S. 481.

[34] K. N. Serbina, Очерки из социально-экономической истории русского города, Moskau/Leningrad 1951, S. 23, 43, 54, 81.

[35] Ebenda, S. 83.

[36] A. C. Merzon/Ju. A. Tichonov, Рынок Устюга Великого, Moskau 1960, S. 43, 49, 50.

Velikij wurde von den Forschern nicht eine einzige Manufaktur entdeckt, obwohl sie die Materialien bis zu den achtziger Jahren des 17. Jh. durchgearbeitet hatten.

D. P. Makovskij schreibt: „Das bedeutende Industriezentrum, das Gebiet der entwickelten Salzsiederei in der Mitte des 16. Jh. in Staraja Russa, war 1622 völlig verödet", hier waren „im Posad keine Posadhöfe erhalten geblieben"[37]. Aus den jüngsten Untersuchungen ergibt sich aber, daß in Staraja Russa die Salzsiederei wieder aufgenommen wurde, und zwar auf der alten technischen Grundlage. Erst in der Mitte des 17. Jh. fand hier die Salzsiederei nach der „Permer Methode", d. h. die Gewinnung von Salzlösung aus Bohrlöchern, Eingang.[38]

Man könnte noch viele derartige Beispiele anführen. Es ergibt sich daraus, daß die zur Verfügung stehenden Quellen nicht einen einzigen Fall der Wiederherstellung einer Manufaktur verzeichnen; was wieder aufgenommen wurde, waren Handwerk und einfache Warenproduktion, das heißt, die im 16. Jh. tatsächlich bestehenden Formen der Produktion. Die Manufakturproduktion entstand in Rußland im 17. Jahrhundert.

Die Konzeption D. Makovskijs wird in ihren Grundzügen auch von N. E. Nosov vertreten. In seiner kürzlich erschienenen grundlegenden Untersuchung macht N. E. Nosov zwar Makovskij den Vorwurf, daß er „Umfang und Charakter dieses Prozesses offensichtlich übertrieben" habe (gemeint ist die Entwicklung der Ware-Geld-Beziehungen im russischen Staat des 16. Jh.), ist aber doch der Ansicht, daß Makovskij „im Grunde genommen" recht habe.[39] „Gerade in dieser Zeit (im 15./16. Jh. – N. P.) wurde die Frage entschieden, welchen Weg Rußland beschreiten würde: Den Weg einer Erneuerung des Feudalismus durch eine neue Ausgabe der Leibeigenschaft oder den Weg der bürgerlichen Entwicklung, ein Weg, der für die damalige Zeit fortschrittlicher gewesen wäre und vor allem für die Bauernschaft weniger verderblich."[40] Dieser in ganz allgemeiner Form in seiner Monographie ausgesprochene Gedanke wurde von N. E. Nosov in seinem Beitrag zum V. Internationalen Kongreß für Wirtschaftsgeschichte ausführlicher dargelegt. Er spricht dort von zwei Entwicklungswegen der feudalen Landwirtschaft in Rußland im 15. und 16. Jh., dem „Moskauer, der für die Territorien des Moskauer Großfürstentums und für die benachbarten Fürstentümer des Wolga-Oka-Gebietes charakteristisch war, und dem Novgoroder, der für die nordwestliche und die nördliche Rus' d. h. die Territorien der Novgoroder Republik mit ihren im Norden gelegenen Kolonialgebieten sowie das Gebiet um Pskov, typisch war"[41]. Im Novgoroder Gebiet war „Grundbesitz der Kaufleute und der Bürger" vorherrschend, zur gleichen Zeit ist im Moskauer Gebiet „eine Tendenz der korporativen Abschließung des feudalen Grundeigentums vor allem in den Händen der fürstlichen Vasallen, die Kriegsdienst leisteten (Bojaren und Dvorjanen)"[42] zu beobachten. Auf Grund dieser Tatsache entsteht im Gebiet des hohen

37 Makovskij, a. a. O., S. 479.
38 Vgl. Zaozerskaja, a. a. O., S. 67–68.
39 Nosov, a. a. O., S. 289. 40 Ebenda, S. 9.
41 N. E. Nosov, О двух тенденциях развития феодального землевладения в Северо-восточной Руси в XV–XVI вв., Moskau 1970, S. 2.
42 Ebenda, S. 3.

Nordens“ (und zwar schon zu Beginn des 16. Jh.) eine soziale Schichtung, in der sich besonders früh bürgerliche Bindungen herausbildeten“[43]; landwirtschaftliche Produktion und Gewerbe entwickelten sich dort rasch, wobei „diese Entwicklung bereits auf dem neuen, bürgerlichen, nicht mehr auf dem feudalen Wege erfolgte“[44], denn die soziale Differenzierung, der Aufkauf von Land durch Reiche und die Akkumulation von Handels- und Industriekapital sind bereits deutlich erkennbar. Diese Erscheinungen bieten nach der Ansicht von N. E. Nosov „ein deutliches Beispiel dafür, wohin und wie die Entwicklung der sozialökonomischen Verhältnisse in Rußland hätte verlaufen können, wenn nicht in den zentralen Gebieten der Nordost-Rus’ die feudale Gutswirtschaft und die Leibeigenschaft gesiegt hätten“[45].

Die Konzeption N. E. Nosovs beruht auf eigenen Forschungen über die sozialökonomische Entwicklung im hohen Norden im 16. Jh., deren Ergebnisse er in seiner Monographie darlegt. Wir ziehen keineswegs den hohen Wert des von ihm angeführten Tatsachenmaterials in Zweifel, das nicht nur vom Vorhandensein „vorbourgeoiser“ Verhältnisse, wie sie N. E. Nosov vorsichtig nennt, sondern von echten frühkapitalistischen Beziehungen zeugt, die im hohen Norden u. a. in solchen Formen der Produktion wie der einfachen kapitalistischen Kooperation bei der Salzgewinnung und beim Fischfang hervortreten. Und trotzdem läßt dieses von N. E. Nosov mit großem Können erforschte Material unserer Meinung nach nicht die Schlußfolgerung zu, daß es in Rußland im 16. Jh. zwei Tendenzen der sozialökonomischen Entwicklung gegeben habe.

Schon die Art der Fragestellung erscheint uns verfehlt. N. E. Nosov betrachtet die beiden Tendenzen nicht – wie es notwendig gewesen wäre –, als Alternativen in der Entwicklung Gesamtrußlands, sondern als Erscheinungen spezifischer sozialökonomischer Prozesse in einzelnen Territorien, im ehemaligen Novgoroder Territorium zeigt sich die eine, in der Nordost-Rus’ eine andere. Er hebt selbst hervor: „Wenn in den zentralen Gebieten der Nordost-Rus’ nicht die feudale Gutswirtschaft und die Leibeigenschaft gesiegt hätten“, dann wäre die Entwicklung Rußlands ganz anders, eben auf dem kapitalistischen Wege verlaufen.

Aber das ist doch gerade das Hauptproblem, daß diese beiden Entwicklungstendenzen in den zentralen russischen Gebieten nicht hervortraten, wenn man unter Tendenzen solche Erscheinungen und Prozesse versteht, die einen realen Einfluß auf den historischen Entwicklungsgang ausüben. Das bedeutet aber, sich von den eindeutigen Übertreibungen Makovskijs zu distanzieren.

Das Problem der Beziehungen zwischen dem hohen Norden, der wirklich spezifische Besonderheiten in seiner Entwicklung zeigt, und der Nordost-Rus’ läuft letztlich auf die Problematik der Beziehungen zwischen Zentrum und Randgebieten hinaus. In dieser Hinsicht ist der hohe Norden keine Ausnahmeerscheinung in der Geschichte Rußlands. In den riesigen Kolonisationsgebieten Sibiriens im 16., 17. und 18. Jh., dann in Neurußland und im Nordkaukasus gegen Ende des 18. und in der ersten Hälfte des 19. Jh. entwickelten sich andere Verhältnisse als im Zentrum Rußlands, aber diesen

[43] Ebenda.
[44] Ebenda, S. 12. [45] Ebenda, S. 13.

Unterschieden darf man nicht die Bedeutung von Entwicklungstendenzen des ganzen Landes zumessen. In Rußland gab es nicht wenige Territorien, in denen patriarchalisch-feudale und sogar rein patriarchalische Verhältnisse herrschten, aber niemand kommt auf den Gedanken, diese Verhältnisse in den Rang von Tendenzen der sozialökonomischen Entwicklung Rußlands zu erheben.

Im hohen Norden, in Sibirien und im nördlichen Kaukasusgebiet war der Anteil der leibeigenen Bauern an der Gesamtbevölkerung gering. Diese Tatsache ist leicht zu erklären: Entweder gaben sozialökonomische Faktoren oder Naturbedingungen dafür den Ausschlag.

Nach den Angaben von E. I. Družinina, die in dem vorliegenden Band veröffentlicht werden, betrug der Anteil leibeigener Bauern im Gebiet von Stawropol im ersten Viertel des 19. Jh. ganze 2 Prozent, auf der Krim 6 Prozent, im Gouvernement Astrachan 3 Prozent. Ein so niedriger Anteil der leibeigenen Bevölkerung ist damit zu erklären, daß die genannten Gebiete am Ende des 18. und in der ersten Hälfte des 19. Jh. wirtschaftlich erschlossen wurden, d. h. zu einer Zeit, da die Feudalordnung in Rußland sich bereits im „niedergehenden" Stadium ihrer Entwicklung befand; das Feudalsystem hatte nicht mehr die Kraft, sich auszudehnen. Im Gegensatz dazu wurde bei der Kolonisierung der südlichen Gebiete Rußlands im 16. und 17. Jh. und des mittleren Wolgagebietes im 17. und 18. Jh. dort der gleiche Typ von Fronwirtschaften eingeführt, wie er im Zentrum des Landes bestand; damals hatte also die Feudalordnung noch die Möglichkeit, sich auszudehenen.

Die wirtschaftliche Erschließung des hohen Nordens erfolgte zugleich mit der Kolonisierung der südrussischen Gebiete. Wenn sich in diesen beiden Randgebieten unterschiedliche Produktionsverhältnisse entwickelten, dann waren dafür in erster Linie die unterschiedlichen klimatischen Verhältnisse ausschlaggebend. Im Süden fand der Gutsherr ein großes fruchtbares Schwarzerdegebiet vor, in dem er erfolgreich seine Gutswirtschaft aufbauen konnte. Im hohen Norden waren dagegen die wenigen für die Landwirtschaft geeigneten kleinen Flächen voneinander durch große Räume getrennt, die für die Landwirtschaft völlig ungeeignet waren. Hier konnte sich nur das Gewerbe mehr oder weniger erfolgreich entwickeln, was auch geschah, da sich der Salzgewinnung und dem Fischfang große Möglichkeiten boten. Von nicht zu unterschätzender Bedeutung war auch, daß durch den hohen Norden lange Zeit der einzige Wasserweg zum Meer führte. N. E. Nosov hat überzeugend nachgewiesen, daß die Kapitalien der Savinyj, der Makarov, der Proščelygin, der Amosov, der Kologrivov und anderer reicher Familien des hohen Nordens nicht in der Landwirtschaft entstanden sind, sondern dem Gewerbe, der Salzgewinnung, dem Fischfang und dem Handel entstammten.

Mit der Salzgewinnung werden wir uns noch eingehender befassen. Hier sei nur auf die allgemein bekannte Tatsache verwiesen, daß seit dem Zeitpunkt, da die billigere Salzgewinnung im Gebiet von Astrachan sich erweiterte und die Stadt Petersburg gegründet wurde, die dem Außenhandel Rußlands neue Wege eröffnete, die Bedeutung des hohen Nordens rasch sank; das Land wurde zum Krähwinkel. Anders konnte es auch nicht sein, denn dieses Gebiet hatte keine günstigen Voraussetzungen für eine autonome Entwicklung.

Der Konzeption Nosovs kann man auch deshalb nicht zustimmen, weil die von ihm im hohen Norden untersuchten Prozesse lokalen Charakter trugen; ihr Einfluß auf die gesamtrussische Entwicklung war bedeutungslos. Nosov hat recht, wenn er feststellt, daß der hohe Norden fast die Hälfte des russischen Territoriums im 16. Jh. einnahm. Die Größe des Territoriums allein ist aber nicht ausschlaggebend. Man könnte darauf verweisen, daß im 17. Jh. Sibirien das europäische Rußland flächenmäßig um ein vielfaches übertraf, aber an der Wende vom 17. zum 18. Jh. lebten in Sibirien insgesamt nur etwa 100000 Russen, also weniger als 1 Prozent der Gesamtbevölkerung.

Über die Bevölkerungsdichte im hohen Norden gibt es für das 16. Jh. keine zuverlässigen Angaben. Nach den Berechnungen von A. I. Kopanev, die N. E. Nosov übernimmt, lebten im 16. Jh. im Dvinsker Gebiet 30000 Menschen.[46] Wenn man bei den Zahlen Kopanevs bleibt, nach denen im russischen Staat damals insgesamt etwa 9–10 Millionen Menschen lebten, dann kann man den sich in diesem Gebiet vollziehenden Prozessen im Maßstab des ganzen Landes wohl kaum großere Bedeutung zubilligen. Das Dvinsker Gebiet ist zwar nicht der ganze hohe Norden, aber es war doch offensichtlich das am dichtesten besiedelte Gebiet, denn durch dieses Territorium ging der belebte Flußweg.

Bei solch einer Sachlage muß der Historiker Angaben aus einer späteren Zeit mit heranziehen. Wir verfügen über Material vom Ende des ersten Viertels des 18. Jh. Nach den Angaben der ersten Revision lebten in den beiden Gouvernements des hohen Nordens, im Gouvernement Archangel'sk und im Gouvernement Olonec insgesamt 151768 männliche steuerpflichte Einwohner[47], was nur 2 Prozent der Gesamtbevölkerung Rußlands ausmachte. Selbst wenn wir einräumen, daß im 16. Jh. der Bevölkerungsanteil des hohen Nordens etwas größer gewesen sein mag, als im ersten Viertel des 18. Jh.[48], so erhalten wir doch solch unbedeutende Zahlen, daß man nicht von einer Tendenz sprechen kann.

Die wirtschaftliche und soziale Ordnung Rußlands mit seinem gewaltigen Territorium, mit seinen unterschiedlichen klimatischen und landwirtschaftlichen Bedingungen, mit seiner multinationalen Bevölkerung ist seit alters her nicht in sich einheitlich gewesen. Diese Vielgestaltigkeit blieb bis zur Großen Sozialistischen Oktoberrevolution erhalten; neben dem Monopolkapital bestanden damals in einzelnen Gebieten noch patriarchalische Verhältnisse und Naturalwirtschaft. Aber der Forscher kann, wenn er die Wirtschaftsentwicklung Rußlands als Ganzes untersucht, solche Details ignorieren; er betrachtet das Land als ein in sozialökonomischer Hinsicht komplexes Ganzes, dessen bestimmende, entscheidende Komponenten zu erforschen sind. Seit Lenin sprechen die Forscher davon, daß Rußland zu Beginn des 20. Jh. ein kapitalistisches Land war, wobei bewußt davon abstrahiert wird, daß in einzelnen

46 Nosov, Становление ..., a. a. O., S. 294.

47 V. M. Kabuzan, Народонаселение России в XVII – первой половине XVIII в., Moskau 1963, S. 160.

48 Unsere Berechnungen der Bevölkerungszahlen für den hohen Norden sind ungenau, da wir die nördlichen Kreise des Gouvernements Vologda nicht einbezogen haben. Aber selbst wenn wir die 2 Prozent für das 16. Jh. verdoppeln oder sogar verdreifachen, verändert sich die Relation nicht wesentlich.

Gebieten die Landwirtschaft gerade erst begann, in die Warenwirtschaft einbezogen zu werden und in anderen die Bauern sogar noch mit den Erzeugnissen ihrer eigenen Hauswirtschaft auskamen. Die spezifischen Besonderheiten in den sozialökonomischen Verhältnissen, wie sie im hohen Norden im 16. oder im Nordkaukasus in der ersten Hälfte des 19. Jh. bestanden, sollten analog eingeschätzt werden.

Diese allgemeinen Ausführungen waren notwendig, um die Rolle der kleinen Warenproduktion und der einfachen kapitalistischen Kooperation sowie ihre Bedeutung für die Genesis des Kapitalismus richtig werten zu können.

Den Forschern sind die Äußerungen Lenins über die Entwicklungsstadien des Kapitalismus in der Industrie gut bekannt, die er in seinem bekannten Werk „Die Entwicklung des Kapitalismus in Rußland" als Schlußfolgerung formuliert hat: „Diese Entwicklung zeigt drei Hauptstadien: die kleine Warenproduktion (vorwiegend bäuerliches Kleingewerbe), die kapitalistische Manufaktur und die Fabrik (maschinelle Großindustrie)."[49]

Aus diesen Ausführungen ergibt sich, wenn man sie isoliert betrachtet, daß die kleine Warenproduktion die erste Stufe der Entwicklung des Kapitalismus ist. Gerade diese Äußerung Lenins veranlaßte einzelne Forscher, beispielsweise Makovskij dazu, die kleine Warenwirtschaft in unmittelbaren Zusammenhang mit der Genesis des Kapitalismus zu setzen. Dabei wird aber die außerordentlich wichtige Tatsache ignoriert, daß Lenin nicht die kleine Warenwirtschaft schlechthin untersucht hat. sondern die kleine Warenwirtschaft in Rußland in der Zeit nach den Reformen. Das ist aber etwas ganz anderes. Lenin selbst hatte vor den Bemühungen jener gewarnt, die komplizierte Fragen der sozialökonomischen Entwicklung „allein mit Zitaten aus dieser oder jener Stellungnahme von Marx zu einer anderen historischen Epoche zu lösen suchen"[50].

Die wirtschaftliche Struktur wies in Rußland nach den Reformen einige wesentliche Besonderheiten auf, weshalb sich in dieser Zeit die Warenproduktion nach anderen Gesetzen entwickelte als beispielsweise im 16. Jh. „Sobald die Arbeiter in Proletarier, ihre Arbeitsbedingungen in Kapital verwandelt sind, sobald die kapitalistische Produktionsweise auf eigenen Füßen steht, gewinnt die weitere Vergesellschaftung der Arbeit und weitere Verwandlung der Erde und anderer Produktionsmittel (in Kapital), daher die weitere Expropriation der Privateigentümer, eine neue Form."[51]

Man kann mindesten drei Besonderheiten jener Periode herausarbeiten, in der „die kapitalistische Produktionsweise" sich auf die „eigenen Füße" stellte: erstens wurde die Warenproduktion in den Jahren nach den Reformen in Rußland zur allgemeinen Form der Produktion; zweitens wirkte die kleine Warenproduktion in Rußland neben entwickelteren Formen des Kapitalismus, der Manufaktur und der Fabrikindustrie;

49 W. I. Lenin, Die Entwicklung des Kapitalismus in Rußland. In: Lenin, Werke, Bd. 3, Berlin 1968, S. 558.

50 Ebenda, S. 16.

51 W. I. Lenin, Was sind die „Volksfreunde" und wie kämpfen sie gegen die Sozialdemokratie? In: Lenin, Werke, Bd. 1, Berlin 1968, S. 165; vgl. F. Engels, Antidühring. In: Marx/Engels, Werke, Bd. 20, Berlin, 1962, S. 123–124.

schließlich zersetzte sich, drittens, unter der Einwirkung der beiden genannten Faktoren die kleine Warenproduktion intensiv. Die sich entwickelnde kleine Warenproduktion schuf selbst die Bedingungen für ihre Vernichtung, für den Übergang zu höheren Formen der Industrie.

Die Erforschung des konkreten Materials über die Wirtschaftsentwicklung in Rußland nach den Reformen gestattete Lenin, den Zusammenhang zwischen den sich ablösenden Formen der Industrie aufzudecken: „Vielleicht eine der prägnantesten Erscheinungsformen des engen und unmittelbaren Zusammenhanges zwischen den aufeinanderfolgenden Formen der Industrie besteht in der Tatsache, daß eine ganze Reihe großer und größter Fabrikanten selber zu den kleinsten Gewerbetreibenden gehörte und alle Stufen von der ‚Volksproduktion' bis zum ‚Kapitalismus' durchlaufen hat."[52] Savva Morozov, die Kuvaev, Fokin, Varypaev, Kondurov und viele andere Fabrikanten waren noch in nicht allzu ferner Vergangenheit kleine Warenproduzenten, sie verwandelten sich vor den Augen der Zeitgenossen mit überraschender Schnelligkeit in Besitzer großer kapitalistischer Unternehmen. Diese Entwicklung wurde von Lenin unter anderem am Beispiel der Samowar-Industrie in Tula verfolgt. Die ersten Fabriken zur Herstellung von Samowaren sind dort in den Jahren zwischen 1810 und etwa 1830 entstanden, 1825 waren es bereits 48, die alle von Tulaer Waffenschmieden gegründet wurden. „Wir sehen hier also eine unmittelbare Nachfolge und Verbindung zwischen den alten Zunftmeistern und den Prinzipalen der späteren kapitalistischen Manufaktur."[53]

Lenins These von der unmittelbaren Verbindung zwischen kleiner Warenproduktion und kapitalistischer Produktion, die er durch entsprechende Beispiele illustrierte, bedeutet aber nicht, daß die Warenwirtschaft, wenn sie entsteht, sofort automatisch in die kapitalistische Manufaktur, eine höhere Form der Produktion, übergeht. Im Gegenteil, Lenin betont, daß verschiedene Formen der Produktion in unveränderter Weise über eine längere Periode hinweg existieren können. „Bei den alten Produktionsweisen könnten Wirtschaftseinheiten jahrhundertelang bestehen, ohne ihren Charakter oder ihren Umfang zu ändern, ohne die Grenzen des feudalen Stammguts, des bäuerlichen Dorfes oder des kleinen lokalen Marktes für die ländlichen Handwerker und Kleinindustriellen zu überschreiten."[54] Diese Fähigkeit, über Jahrhunderte Umfang und Form der Produktion zu bewahren, ist nicht nur der einfachen Warenproduktion eigen, sondern auch der Manufaktur. Die Entwicklung und Vertiefung der Arbeitsteilung vollzieht sich sehr langsam, so daß die Manufaktur Jahrzehnte (ja selbst Jahrhunderte) die einmal angenommene Form beibehält."[55]

Ein wichtiges Kennzeichen der feudalen Wirtschaft ist ihr naturalwirtschaftlicher Charakter. Aber daraus ergibt sich weder logisch noch historisch, daß sie unveränderlich sei, daß hier Warenproduktion fehle, daß die Anwendung von Lohnarbeit dieser Form der Wirtschaft widerspreche. Es ist nur die Schlußfolgerung möglich, daß Produktion für den Austausch nicht das Hauptziel der feudalen Wirtschaft ist, son-

[52] Lenin, Entwicklung des Kapitalismus, a. a. O., Bd. 3, S. 558.
[53] Ebenda, S. 433.
[54] Ebenda, S. 55.
[55] Ebenda, S. 437.

dern nur gewissermaßen ein Nebenprodukt, daß die Entwicklung des Austausches durchaus nicht immer der Entwicklung der Warenproduktion adäquat ist (die Bauern verkauften Erzeugnisse, um ihre Verpflichtungen zu erfüllen) und daß die Anwendung von Lohnarbeit nicht von einer Veränderung in der Produktionsweise begleitet ist.

Es ließen sich aus der Literatur viele Beispiele anführen, daß bereits im frühmittelalterlichen Rußland für den Austausch produziert wurde. Akademiemitglied B. A. Rybakov hat in seiner Monographie über das Handwerk in der alten Rus' auf Grund der archäologischen Funde festgestellt, daß schlangenförmiger Schmuck und Kreuze, die in Gießereiwersktätten in Kiev im 11.–13. Jh. hergestellt worden waren, von Archäologen an 19 verschiedenen Stellen des mittleren Dneprgebietes gefunden wurden. Erzeugnisse Kiever Meister wurden in Ausgrabungen am westlichen Bug im Baltikum, am Don, in unzugänglichen Gebieten von Pešechon'e im Norden, Juweliererzeugnisse und Schlösser sogar außerhalb des Rus' in Böhmen und Mähren gefunden.[59]

Im 16. und 17. Jh. hatte die Warenproduktion einen höheren Stand als in der alten Rus' erreicht. Getreide, Eisen, Salz, andere Lebensmittel und Gegenstände des täglichen Gebrauchs kamen in größeren oder geringeren Mengen als Waren auf den Markt. Anders konnte es auch nicht sein, denn die Besonderheiten der Bodenstruktur und des Klimas setzten in dem riesigen Land eine geographische Arbeitsteilung voraus. Dabei muß aber berücksichtigt werden, daß der Bauer eine Pflugschar auf dem Markt erwarb, um einen Gebrauchswert zu erzeugen. Gleicherweise erwarb der weltliche oder der geistliche Feudalherr auf dem Markt für den Erlös des von ihm verkauften überschüssigen Getreides ebenfalls Gebrauchswerte, denn Eisen, Nägel, Leinwand oder Luxusartikel wurden von ihm zum Bau von Kirchen und Klöstern, zur Ausschmückung, zur Herstellung von Kleidung aus Importstoffen oder zum Kauf von Waffen benutzt. An der Produktionsweise änderte sich in diesen Fällen nichts, selbst wenn der Feudalherr Lohnarbeit anwandte.

Die Genesis des Kapitalismus ist nichts anderes als der Prozeß des Hinüberwachsens der kleinen Warenproduktion in die kapitalistische. Lenin hat mehrfach unterstrichen, daß als notwendige Voraussetzung für ein solches Hinüberwachsen bestimmte Bedingungen gegeben sein müssen. Dieser Gedanke wird von den Historikern nicht immer genügend beachtet, obwohl sich Lenin dazu geäußert hat: „Der Marxismus lehrt, daß eine Gesellschaft, die sich auf die Warenproduktion gründet und mit den zivilisierten kapitalistischen Nationen im Austausch steht, auf einer bestimmten Entwicklungsstufe unvermeidlich auch selbst den Weg des Kapitalismus beschreitet.“[57] An einer anderen Stelle bemerkt Lenin bei einer Analyse der Ziegelherstellung im Moskauer Gouvernement: „Um festzustellen, ob sich auf dieses Gewerbe das Gesetz anwenden läßt, daß Warenwirtschaft kapitalistische Wirtschaft ist, d. h. auf einer gewissen Entwicklungsstufe unweigerlich in diese umschlägt, müssen wir die Betriebe nach ihrer Größe vergleichen: Die Frage besteht gerade in der Wechselbeziehung

56 Vgl. B. A. Rybakov, Ремесло древней Руси, Moskau/Leningrad 1948, S. 454, 460, 465, 477–478 u. a.

57 W. I. Lenin, Zwei Taktiken der Sozialdemokratie in der demokratischen Revolution. In: Lenin, Werke, Bd. 9, Berlin 1966, S. 36.

zwischen den Klein- und Großbetrieben hinsichtlich ihrer Rolle in der Produktion sowie hinsichtlich der Ausbeutung von Lohnarbeit."[58]

Das Gesetz, daß kleine Warenproduktion in kapitalistische umschlägt, ist also nur dann gültig, wenn die Kleinproduktion „auf einer gewissen Entwicklungsstufe" steht. Für das Eintreten der neuen Qualität sind bestimmte quantitative Veränderungen notwendig, die Ware-Geld-Wirtschaft muß verschiedene Wirtschaftszweige erfaßt haben, es muß eine relativ hohe gesellschaftliche Arbeitsteilung bestehen. „Die Bedingungen, unter denen die selbständige Kleinwirtschaft (die Wirtschaft des „Volkes" in der Terminologie der russischen Intelligenz) zu einer bürgerlichen Wirtschaft wird, sind bekannt: Das ist erstens die Herrschaft der Warenwirtschaft, die angesichts der Isoliertheit der Produzenten zur Konkurrenz führt, durch die die Masse ruiniert wird, während sich einige wenige bereichern; das ist zweitens die Verwandlung der Arbeitskraft in eine Ware und die Verwandlung der Produktionsmittel in Kapital, d. h. die Trennung des Produzenten von den Produktionsmitteln und die kapitalistische Organisation der wichtigsten Industriezweige."[59]

Die Bedeutung dieser Feststellung für Lenins Konzeption der Genesis des Kapitalismus wird dadurch unterstrichen, daß Lenin sie mehrfach wiederholt hat. Die neuen gesellschaftlichen Verhältnisse sind, wie Lenin bei der Darlegung der Lehre von Marx über den Kapitalismus ausführte, durch zwei Merkmale gekennzeichnet: Die Produktion ist allgemein Warenproduktion, diese Produktionsform ist „nicht Ausnahme, nicht Einzelerscheinung oder Zufall"[60]. An anderer Stelle hat Lenin diesen Gedanken in die knappe Formulierung gebracht, „daß dort, wo Warenproduktion herrscht und Lohnarbeit nicht zufällig, sondern systematisch angewandt wird, alle Kennzeichen des Kapitalismus vorhanden sind"[61].

Für das Verständnis der Leninschen Konzeption der Genesis des Kapitalismus hat das von Lenin in seinem Aufsatz „Zur sogenannten Frage der Märkte" aufgestellte Schema der Umwandlung der Naturalwirtschaft in kapitalistische Wirtschaft große Bedeutung. Die kleine Warenproduktion bleibt demnach, solange sie sich nicht zu zersetzen beginnt und sich ihre Selbständigkeit bewahrt, außerhalb der kapitalistischen Wirtschaft. Die kapitalistische Wirtschaft beginnt dann, wenn unter dem Einfluß der wachsenden gesellschaftlichen Arbeitsteilung und der Konkurrenz eine Konzentration der Produktion einsetzt, die die Kleinproduzenten ruiniert, sie dazu zwingt, ihre Arbeitskraft zu verkaufen.

Alles hier Gesagte verfolgt das Ziel zu beweisen, daß die Entwicklung der kleinen Warenproduktion im 16. und 17. Jh. nur die Voraussetzungen für die Genesis des Kapitalismus schuf; die kleine Warenproduktion hat aber, da sie zu dieser Zeit sich noch nicht zu zersetzen beginnt, keine unmittelbare Verbindung zur Genesis des Kapitalismus. Die Warenproduktion spielt bei der Genesis des Kapitalismus eine ähnliche hi-

58 Lenin, Was sind die Volksfreunde, a. a. O., Bd. 1, S. 208.

59 W. I. Lenin, Der ökonomische Inhalt der Volkstümlerrichtung und die Kritik an ihr in dem Buche des Herrn Struve. In: Lenin, Werke, Bd. 1, Berlin 1968. S, 446.

60 Ebenda, S. 454.

61 W. I. Lenin, Die Kustarzählung von 1894/95 im Gouvernement Perm und die allgemeinen Fragen der „Kustar" industrie. In: Lenin, Werke, Bd. 2, Berlin 1970, S. 369–370.

storische Rolle wie das Handelskapital – beide dienten den vorkapitalistischen Produktionsformen und riefen in ihnen noch keine Veränderungen hervor. Eine andere Interpretation der Rolle der Warenproduktion würde bedeuten, die Genesis des Kapitalismus für Rußland beispielsweise bis zur Kiever Rus' zurückzudatieren.

Eine ebenso wichtige Bedeutung bei der Erforschung des Charakters und der Intensität der Genesis des Kapitalismus hat die Aufhellung der Rolle der einfachen kapitalistischen Kooperation und der Manufaktur in diesem Prozeß. Hinsichtlich der Manufaktur gibt es keine sich prinzipell gegenseitig ausschließenden Ansichten über ihre Bedeutung in der Genesis des Kapitalismus – alle Forscher verbinden das Aufkommen der kapitalististischen Produktionsweise mit dem Entstehen von Manufakturen. Gestritten wird nur darüber, wie weit es begründet ist, mit feudalabhängigen Arbeitskräften betriebene Manufakturen als kapitalistische Betriebe zu werten. Die Diskussionen zu dieser Frage haben schon eine lange Geschichte, es besteht dazu eine umfangreiche Literatur; für unsere Darlegungen hier ist es aber kaum notwendig, die verschiedenen Auffassungen zu analysieren. Wir halten es für besser, die Aufmerksamkeit auf die einfache kapitalistische Kooperation zu lenken, da die Literatur über diese Frage noch keine historiographische Zusammenfassung erfahren hat.

Welchen Formen der Industrie sind beispielsweise die Salzsiederei, die Lederverarbeitung und einige andere Zweige der verarbeitenden Industrie zuzurechnen?

Auf diese Frage gibt die vorhandene Literatur zwei Antworten: die einen bezeichnen die Salzsiedereien als Manufaktur, die anderen als einfache kapitalistische Kooperation.

Die Salzsiedereien wurden schon in den zwanziger Jahren unseres Jahrhunderts von sowjetischen Historikern untersucht. Alle Autoren, die damals über die Organisation der Salzsiedereien schrieben, hoben hervor, daß diese Siedereien große Produktionsstätten waren, die bedeutende Kapitalinvestitionen erforderten.[62] Die Historiker wandten ihre Aufmerksamkeit auch der Produktion und den in der Produktion beschäftigten Menschen zu. Nach den Angaben von A. A. Savič waren bei der Salzgewinnung der Salzsieder und der Helfer, nach A. A. Vvedenskij der Salzsieder, der Helfer und mehrere Hilfsarbeiter beschäftigt, V. G. Gejman fügt den aufgezählten Arbeitskräften noch den Wasserschöpfer und den Holzfahrer hinzu. Keiner der genannten Autoren rechnete die Salzgewinnung zur Manufaktur oder zur einfachen kapitalistischen Kooperation, auch wenn V. G. Gejman die von ihm erforschte Salzgewinnung in Seregov, die dem Fernkaufmann (Gost') I. D. Pankrat'ev gehörte, als ein „entwickeltes kapitalistisches" Unternehmen bezeichnete.[63]

Eine neue Etappe in der Erforschung der Salzgewinnung begann mit dem Erscheinen der Monographie von N. V. Ustjugov. Seiner Meinung nach war die Salzgewinnung ein Gewerbe, das wie eine „Manufaktur vom zentralisierten Typ" organisiert

62 A. A. Vvedenskij, Служащие и работные люди у Строгановых в XVI–XVII вв. In: Труд в России, Leningrad 1924, Heft 1; A. A. Savič, Соловеская вотчина, Perm' 1924; V. G. Gejman, Соляной промысел гостя И. Д. Панкратьева в Яренском уезде в XVII в., in: Летопись занятий Археографической комиссии за 1927–1928 годы, Leningrad 1929.

63 Gejman, a. a. O., S. 14.

war, in der eine manufakturgemäße Arbeitsteilung festzustellen ist, d. h. „die Zahl der Arbeitsleute verschiedener Spezialisierung“ steht in einer konstanten Relation zueinander.[64] N. V. Ustjugov bemerkt: „An jeder Salzpfanne wurden acht Arbeitskräfte gebraucht: ein Salzsieder oder Salzkoch, ein Gehilfe, der Podvarok, 4 Wasserschöpfer, die das Wasser aus den Röhren schöpften und es in die Salzpfanne gossen, ein Holzfahrer und ein Sackträger, der die Säcke hielt, in die das aus der Pfanne gewonnene Salz gefüllt wurde.“[65] Aber aus den weiteren Darlegungen der Monographie Ustjugovs ergibt sich, daß in Wirklichkeit gar keine so konstante Relation der unterschiedlichen Spezialisierungen zueinander bestand. So erklärt er, daß in der Regel eine Röhre, in der die Sole gefördert wurde, zwei oder drei Salzpfannen versorgte.[66] Die vier Wasserschöpfer versorgten dann nicht eine sondern zwei oder sogar drei Salzpfannen. Auch erweckt der „Sackträger“ als spezieller Beruf Zweifel. Ustjugov schreibt auch selbst, daß ein solcher „Sackträger“ in den Siedereien des Pyskorskij-Klosters nicht eine, sondern zwei Pfannen versorgte.[67] Wenn man dabei jedoch berücksichtigt, daß das Sieden einer Pfanne 24 bis 30 Stunden dauerte und daß in dieser Zeit aus einer Pfanne 150–200 Pud Salz gewonnen wurden, dann erscheint es unwahrscheinlich, daß ein „Sackträger“ während seines vollen Arbeitstages an zwei Salzpfannen Arbeit finden konnte.

Trotzdem fand die Ansicht N. V. Ustjugovs vom Manufakturcharakter der Salzgewinnung volle Unterstützung durch G. S. Rabinovič. Von 1961 bis 1965 veröffentlichte sie mehrere Beiträge, in denen sie sich nachzuweisen bemühte, daß die Arbeitsorganisation in der Salzgewinnung in Staraja Russa Manufakturcharakter besaß, wobei sie die Liste der von N. V. Ustjugov genannten Fachkräfte noch um neue Spezialisierungen erweiterte. „Röhrenbauer und Pfannenmeister, Zimmerleute, Maurer, Salzsieder, Wasserschöpfer, Holzfuhrleute und Hilfsarbeiter, die für eine normale Arbeit in der Salzgewinnung benötigt wurden, waren bereits Manufakturarbeiter. Die Salzgewinnung des Iverskij-Klosters war zweifellos bereits eine ursprüngliche Form der Manufaktur,“ zieht sie das Resumee.[68]

Es ist völlig klar, daß G. S. Rabinovič hier überflüssigerweise, nur um die Zahl der Spezialisierungen und der Spezialisten in der Salzsiederei zu erhöhen, Schmiede, Zimmerleute, Maurer und Röhrenbauer anführt. Aus den Angaben ihrer Aufsätze ergibt sich, daß zum Beispiel ein Ofenbauer für drei Siedepfannen in den Jahren 1662 und 1663 nur sieben Tage lang gebraucht wurde. Das Iverskij-Kloster hatte Schmiede, aber die Arbeit für die Salzsiedereien, die in der zitierten Arbeit von G. S. Rabinovič an die erste Stelle gerückt wurde, war durchaus nicht deren einzige Tätigkeit: Sie mußten „in der Klosterschmiede für das Salzsiedegewerbe des Klosters sowie für die Hofwirtschaft alle Schmiedearbeiten“ ausführen.[69] Auch für die Röhrenbauer gab es

64 Ustjugov, a. a. O., S. 6.
65 Ebenda, S. 230.
66 Ebenda, S. 270.
67 Ebenda, S. 232.
68 G. S. Rabinovič, Солеваренный промысел Иверского монастыря в XVII в. In: Вопросы истории СССР XVI–XVIII вв., Leningrad 1965, S. 144.
69 Ebenda, S. 142.

im Salzgewerbe nichts mehr zu tun, wenn sie einmal die Anlage mit Sole versorgt hatten.

Das Verzeichnis der Spezialisten wird von D. P. Makovskij noch erweitert. Nach seiner Ansicht waren „an jeder Salzpfanne, die eine Röhre zur Zuführung von Sole hatte" Meister und Arbeitsleute mit 9 verschiedenen Berufen beschäftigt, darunter Röhrenbaumeister, Holzfäller, Pfannenschmiede, Zimmerleute, Fuhrleute.[70] Wenn man die von N. V. Ustjugov, G. S. Rabinovič und D. P. Makovskij angewandte Methode der Aufzählung von Berufsgruppen weiter vervollkommnet, dann kann man den genannten Spezialisten noch verschiedene andere Berufe hinzufügen, denn der „Sackträger", der Holzfäller und der Ofenbauer haben zur Salzgewinnung etwa die gleiche Beziehung wie der Hochofenarbeiter, der das Erz schmilzt, aus dem später die Salzpfanne geschmiedet wird, oder der Bauer, der die Bastsäcke herstellt, in denen das Salz transportiert wird.

Die sozialökonomische Organisation in der Salzgewinnung wurde auch anders bewertet. So hat A. A. Vvedenskij in seiner Untersuchung über die Stroganovs fünf Jahre nach dem Erscheinen der Monographie von N. V. Ustjugov die Meinung vertreten, „daß wir in der Organisation der Gewinnung von Sole und in der Salzsiederei bei den Stroganovs wohl die ihrer Entstehungszeit nach frühestens Keimformen von Elementen der Manufaktur vor uns haben"[71]. Noch bestimmter ist die Formulierung in der Zusammenfassung dieses Kapitels: „Charakteristisch ist für alle gewerblichen Unternehmen der Stroganovs, daß sie keine Manufakturen waren."[72] Dieser Schlußfolgerung scheinen folgende Ausführungen des gleichen Autors zu widersprechen: „Die Salzgewinnung sowie die eisen- und lederverarbeitende Industrie waren bei den Stroganovs in ihren Votčinen im hohen Norden in großen Betrieben vom Manufakturtyp zusammengefaßt."[73] Aber das ist nur ein scheinbarer Widerspruch, denn die Verwendung des Ausdrucks „Manufakturtyp" sollte hier nur auf den Umfang der Produktion hinweisen. Als A. A. Vvedenskij seine Monographie veröffentlichte, war der Terminus „einfache kapitalistische Kooperation" in der Literatur zur russischen Geschichte nicht üblich.

In der kürzlich von E. I. Zaozerskaja veröffentlichten Monographie werden die Salzsiedereien als nach dem Prinzip der Kooperation organisierte Betriebe betrachtet, nicht aber als Manufakturen; außerdem wird angenommen, daß eine Salzpfanne nicht von 8 Arbeitskräften, wie N. V. Ustjugov dargelegt hatte, sondern nur von 4–5 in der unmittelbaren Salzgewinnung Beschäftigten versorgt wurde.[74]

Unserer Meinung nach ist in der Einschätzung der Salzgewinnung – wie die folgende Argumentation erkennen läßt – E. I. Zaozerskaja auf dem richtigen Weg, nicht N. V. Ustjugov.

Die Salzgewinnung war seit ihrem Entstehen – und entstanden ist dieses Gewerbe schon in sehr früher Zeit – als Warenproduktion organisiert. Erstens wurde das Salz nicht für den eigenen Verbrauch gewonnen, weil die Errichtung einer Siederei selbst wenn man Meerwasser oder salziges Seewasser benutzte, wie es anfangs in Staraja

[70] Makovskij, a. a. O., S. 107.

[71] A. A. Vvedenskij, Дом Строгановых в XVI–XVIII веках, Moskau 1962, S. 176.

[72] Ebenda, S. 214. [73] Ebenda, S. 181. [74] Zaozerskaja, a. a. O., S. 38.

Russa und im hohen Norden der Fall gewesen war, immer erhebliche Investitionen erforderte; zweitens konnte die Salzsiederei im hohen Norden, wo dieses Gewerbe besonders entwickelt war, keine Nebenbeschäftigung sein, da die Getreideerzeugnung in diesen Gebieten nicht ausreichte, die ortsansässige Bevölkerung zu versorgen.

Eine wichtige Besonderheit der Salzgewinnung war es, daß dabei mehrere Menschen zusammenarbeiten mußten, d. h. die Salzgewinnung war von Anfang an als Kooperation organisiert, wobei entweder die Familienmitglieder oder ein Kollektiv, das die Salzsiederei gemeinsam betrieb, oder aber gedungene Arbeitskräfte oder schließlich auch feudal abhängige Bauern zusammenwirkten. Der Einsatz von Leibeigenen war für die Salzsiedereien einiger Klöster und für die Stroganovs charakteristisch. Die Kooperation schließt bekanntlich die Arbeitsteilung nicht aus. Selbst bei der Ernte von Roggen, Kartoffeln oder Rüben in der Gutswirtschaft war eine primitive Arbeitsteilung üblich. Eine gleichartige Arbeitsteilung ist auch in der Salzsiederei zu beobachten.

Die Produktionsgrundlage des Gewerbes ist die Salzpfanne. Die mechanische Zusammenfügung mehrerer oder sogar vieler Salzpfannen in einem Betrieb führte nur zur Erweiterung der Produktion, aber nicht zu irgendwelchen Veränderungen in der Organisation oder der Technologie der Produktion.[75] Jede einzelne Salzpfanne behielt ihre Autonomie, das Produkt, in unserem Falle das Salz, durchlief im Produktionsprozeß nicht, wie es für die Manufaktur charakteristisch ist, verschiedene Etappen, die Stufenleiter der Produktionsphasen, wie es Marx nannte. Ein wohl deutlicher Beweis für das Fehlen einer der Manufaktur entsprechenden Arbeitsteilung bei der Salzgewinnung ist die Tatsache, daß hier die für die Manufaktur charakteristische Vielfalt der erzeugten Waren fehlt; in den Salzpfannen wurde nur Salz gewonnen, der Farbe nach weiß und im Geschmack salzig.

Die Technik der Salzsiederei blieb durch Jahrhunderte hindurch unverändert. Aber die ökonomische Grundlage der Produktion erfuhr gewisse Veränderungen. Anfangs gehörten die Salzpfannen gemeinsam verschiedenen Partnern, die offensichtlich selbst in der Produktion tätig waren. Später finden sich mehrere Salzpfannen in der Hand eines Besitzers, wobei in solchen Fällen, da Kaufleute ihr Geld in der Salzgewinnung anlegten, die Produktion einen recht großen Umfang annehmen konnte und Lohnarbeiter beschäftigt werden konnten. Im ersten Fall ist der Mitbesitzer der Salzpfanne zugleich Mitglied in der Kooperation, er tritt als kleiner Warenproduzent auf; im zweiten Falle haben wir es bereits mit einer kapitalistischen Organisation der Arbeit zu tun, die auf den Gewinn von Mehrwert orientiert ist.

Eine weitere Besonderheit der Organisation der Salzgewinnung im hohen Norden war es, daß hier eine ihrer sozialen Struktur nach einheitliche Gruppe von Arbeitskräften tätig war, unabhängig davon, wer Eigentümer des Gewerbes war. In den Salzsiedereien des Soloveckij-Klosters waren in den sechziger Jahren des 17. Jh. etwa 1100 Lohnarbeiter beschaftigt. Da es in diesem Gebiet kein Getreide gibt, wurde vom Kloster für jedes Salzwerk entsprechend der Zahl der dort betriebenen Salzpfannen eine bestimmte Menge von Lebensmitteln festgesetzt. Je Salzpfanne wurden u. a.

[75] Ebenda, S. 197.

200 Tschetwert Roggen, 10 Tschetwert Gerste, 30 Tschetwert Hafer ausgegeben. Folglich war die Zahl der Menschen auf einem solchen Salzwerk reglementiert; nicht in der Produktion beschäftigte Menschen galten als dort überflüssig.

Die Unternehmen der Amosovs – die einer ganz anderen sozialen Gruppe angehörten – waren im Dvina-Gebiet nach den gleichen Prinzipien wie die des Klosters organisiert. Die Amosovs besaßen in der ersten Hälfte des 16. Jh. 80 Cholopen, von denen offensichtlich nur die Hälfte arbeitsfähig war (die übrigen waren Kinder oder Greise.) Für die Fischfangunternehmen und die Salzsiedereien wurden aber – wie N. E. Nosov berechnet hat – allein mindestens 200 bis 300 Arbeitskräfte benötigt. Die fehlenden Arbeitskräfte wurden in Lohnarbeit gedungen.

Das Pyskorskij-Kloster hatte zwar eigene Bauern, es zog es aber vor, Lohnarbeiter zu beschäftigen. Auch die Salzsiedereien des Fernkaufmanns (Gost') G. A. Nikitnikov wurden durch Lohnarbeiter betrieben.[76]

Die angeführten Beispiele bezeugen unserer Meinung nach, daß die in diesem Gebiet entstandene spezifische Struktur der Produktionsorganisation nicht auf der Grundlage der gesellschaftlichen Arbeitsteilung und spontan entstandenen Voraussetzungen für die Entwicklung des Kapitalismus sich entwickelt hat, sondern auf einer anderen Grundlage, die durch die Eigenart der Salzgewinnung und durch die klimatischen Besonderheiten des hohen Nordens bestimmt wurden.

Das Fehlen günstiger Voraussetzungen für eine Ausdehnung der feudalen Landwirtschaft führte in diesen Gebieten zum Entstehen von Gewerben auf der Grundlage der einfachen kapitalistischen Kooperation.

Im Wirtschaftsleben Rußlands im 17. und 18. Jh. gibt es noch einen anderen Produktionszweig, dessen Betriebe ebenfalls wie die Salzgewinnung – unserer Meinung nach unberechtigt – in den Rang von Manufakturen erhoben wurden. Es handelt sich dabei um die Lederverarbeitung, die noch erheblich schlechter erforscht ist als die Salzgewinnung; vor allem haben wir keine zuverlässigen Angaben über die Arbeitsorganisation, über Größe und Produktivität einzelner Betriebe, über die Arbeitsdauer im Verlaufe eines Jahres usw.

Erst in jüngster Zeit hat L. V. Danilova versucht, in ihren Untersuchungen über die Lederverarbeitung in Jaroslavl gegen Ende des 17. Jh. die Produktionsorganisation in diesem Gewerbe zu erfassen.

Leder war bekanntlich im 17. und 18. Jh. ein wichtiger Exportartikel Rußlands, und das unmittelbar am Handelsweg von Moskau nach Archangel'sk gelegene Jaroslavl war ein führendes Zentrum der Lederbearbeitung. Hierher wurden die Rohhäute nicht nur aus der näheren Umgebung gebracht, sondern auch aus Ustjug-Velikij, aus Moskau, aus Nižnij Novgorod und sogar aus der Ukraine.

L. V. Danilova bemerkt, daß sie keine direkten Angaben über Umfang und innere Organisation der Lederhöfe gefunden habe, weshalb sie indirekte Hinweise der Quellen benutzen müsse. Es ergebe sich daraus, nicht als Schlußfolgerung sondern als Hypothese, „daß einzelne lederverarbeitende Betriebe in der zweiten Hälfte des 17.

[76] Savič, a. a. O., S. 111, 115; Nosov, Становление . . ., a. a. O., S. 265, 267, 268; Ustjugov, a. a. O., S. 208, 209, 214.

und zu Beginn des 18. Jh. sich bis zur manufakturmäßigen Arbeitsteilung entwickelt haben“[77]. An anderer Stelle charakterisiert L. V. Danilova die Lederhöfe als Betriebe, die materiell-technische und soziale Voraussetzungen für die Manufaktur besessen hätten.[78]

Viel bestimmter äußerte sich M. Ja. Volkov zu dieser Problematik. Er erforschte die lederverarbeitenden Betriebe in Jaroslavl in den zwanziger Jahren des 18. Jh. und charakterisiert sie als Betriebe vom „Typ der Manufaktur“, obwohl auch ihm, ähnlich wie L. V. Danilova, keine Angaben über die innere Organisation dieser Betriebe zur Verfügung standen. Die Aufzählung der Spezialberufe in der Lederbearbeitung stimmt bei M. Ja. Volkov nicht mit den Angaben von L. V. Danilova überein. Danilova nennt „Schaber“, „Glätter“ und „Färber“; M. Ja. Volkov „Schaber“, „Zerstoßer der Gerberlohe“, „Stampfer“ und „Arbeitende“. Das Durcheinander der Spezialisierungen wird noch durch eine von M. Ja. Volkov zusammengestellte Tabelle vermehrt. Hier sind 21 lederverarbeitende Betriebe angeführt, von denen aber nicht einer Arbeitskräfte aller genannten Spezialisierungen beschäftigt, überflüssig erwies sich entweder der „Zerstoßer der Gerberlohe“ oder aber der „Schaber“.[79] Hier liegt die Schlußfolgerung nahe, daß in den Quellen die Spezialisierungen verschieden benannt wurden. Diese Unklarheiten werden auch nicht durch die Ausführungen in einem anderen Aufsatz Volkovs beseitigt, wonach der Unternehmer für eine bestimmte Zeit eine Gruppe von Spezialisten als Lohnarbeiter verpflichtete, die nach Erfüllung bestimmter Arbeitsaufgaben wieder entlassen wurde, worauf der Unternehmer andere Spezialisten einstellte.[80] Solch eine Manipulierung der Arbeitskräfte hätte eine unwahrscheinlich exakte arbeitende „Arbeitsbörse“ zur Voraussetzung gehabt, denn die Betriebe arbeiteten nur während der Saison und waren daher bemüht, den Produktionszyklus so rechtzeitig abzuschließen, daß die Waren mit Schlitten bis zum Beginn der Flußschiffahrt in Vologda angelangt waren.

Diese Bemerkungen sollen nur zeigen, daß die Erforschung der Lederproduktion sich noch nicht in einem solchen Stadium befindet, daß es gestatten würde, die entsprechenden Betriebe in sozialökonomischer Hinsicht zu charakterisieren, wie es etwa M. Ja. Volkov versucht.

Die Frage, welcher Produktionsform (Kooperation oder Manufaktur) dieser oder jener Industriezweig zuzurechnen sei, hat für die Erforschung der Genesis des Kapitalismus grundsätzliche Bedeutung.

Marx betont: „Die Kooperation bleibt die Grundform der kapitalistischen Produktionsweise.“[81] Das ist in dem Sinne gemeint, daß auch die Manufaktur eine Form der Kooperation ist, die sich auf Arbeitsteilung gründet, und die Fabrik eine Koope-

[77] L. V. Danilova, Мелкая промышленность в русском городе во второй половине XVII – начале XVIII в. In: История СССР, 3/57, S. 97.

[78] Ebenda, S. 98-99.

[79] Vgl. M. Ja. Volkov, Рынок рабочей силы Ярославля 20-х годов XVIII в. In: Научные доклады высшей школы/Исторические науки, 1/59.

[80] Vgl. M. Ja. Volkov, Купеческие кожевенные предприятия первой четверти XVIII в. In: История СССР, 1/66.

[81] K. Marx, Das Kapital, Bd. I. In: Marx/Engels, Werke, Bd. 23, Berlin 1962, S. 355.

ration gleichartiger oder unterschiedlicher Maschinen. Aber in bezug auf die einfache kapitalistische Kooperation bemerkt Marx, sie „bildet aber keine feste, charakteristische Form einer besonderen Entwicklungsepoche der kapitalistischen Produktionsweise“[82]. Die begrenzte Bedeutung der einfachen kapitalistischen Kooperation hat auch Lenin indirekt betont, da er sie nicht zu den Hauptstadien in der Entwicklung des Kapitalismus in der Industrie rechnet.[83]

Die einfache kapitalistische Kooperation ist deshalb nicht zu den Hauptstadien der Entwicklungen zu rechnen, weil sie noch keine stabilen Betriebe und damit zusammenhängend auch noch keine dauerhaften Produktionsverhältnisse schafft. Die einfache kapitalistische Kooperation erfaßt jene Wirtschaftszweige, in denen aus unterschiedlichen Gründen die Tätigkeit eines Einzelnen keine wirkungsvollen Arbeitsergebnisse erzielen kann. Die gleichzeitige Beschäftigung einer großen Zahl von Arbeitskräften ist entweder durch die Notwendigkeit gegeben, zu einem bestimmten Zeitpunkt große Arbeitsaufgaben erfüllen zu müssen, oder durch die Notwendigkeit, wie es Marx nennt, „die Raumsphäre der Arbeit auszurecken“[84].

Die Unbeständigkeit der einfachen kapitalistischen Kooperation ist bedingt einerseits durch die schwach entwickelte Arbeitsteilung – es „fehlen die Teilarbeiter, die an eine Operation und damit auch an das Kapital gefesselt sind, das diese Teiloperation zu einem einheitlichen Produktionsmechanismus zusammenfaßt“[85] – und andererseits durch den Saisoncharakter der Arbeit, durch die Notwendigkeit, eine große Zahl von Arbeitskräften zur Bearbeitung in der Landwirtschaft gewonnener Rohmaterialien einzusetzen. Im zweiten Fall werden zwischen dem Besitzer der Arbeitskraft und dem Besitzer von Kapital zeitweilige Bindungen hergestellt, die keine dauerhaften Produktionsverhältnisse begründen, wie sie für den Kapitalismus charakteristisch sind, d. h. hier gibt es keine Trennung des unmittelbaren Produzenten von den Produktionsmitteln und kein dauerhaftes Eindringen des Kapitals in die Produktion. Das Kapital bleibt hier in der Zirkulationssphäre, die Produktion spielt hier eine untergeordnete, zweitrangige Rolle.

Die einfache kapitalistische Kooperation kann großen Umfang annehmen; für den Besitzer von Kapital bietet sie einige wesentlichen Vorteile gegenüber der kleinen ökonomischen Warenproduktion: Der Unternehmer spart Geräte, Lagerräume, er spart beim Einkauf des Rohmaterials und beim Verkauf des Produkts.

Die Abgrenzung der Begriffe „einfache kapitalistische Kooperation“ und „Manufaktur“ hat große Bedeutung für die Bewertung verschiedener mit der Genesis des Kapitalismus in Verbindung stehender Erscheinungen.

Während das Bestehen von Manufakturen das Vorhandensein der ersten Stufe der kapitalistischen Entwicklung kennzeichnet, nennt Lenin, Marx folgend, die einfache kapitalistische Kooperation nur einen Ausgangspunkt für die kapitalistische Produktion.[86] Die Entwicklung der Manufakturproduktion setzt voraus, daß die gesellschaftliche Arbeitsteilung einen ausreichenden Stand erreicht hat und spezialisierte

[82] Ebenda, S. 354–355.
[83] Vgl. Lenin, Entwicklung des Kapitalismus, a. a. O., Bd. 3, S. 558.
[84] K. Marx, Das Kapital, a. a. O., Bd. 23, S. 348.
[85] Lenin, Entwicklung des Kapitalismus, a, a. O., Bd. 3, S. 445.
[86] Vgl. Ebenda, S. 363.

Arbeitskräfte vorhanden sind. Einen unmittelbaren Zusammenhang zwischen einfacher kapitalistischer Kooperation und dem Niveau der gesellschaftlichen Arbeitsteilung gibt es nicht. Gerade deshalb meint Marx, daß die Kooperation keine besondere Etappe in der Entwicklung der kapitalistischen Produktionsweise darstellt.

Ziehen wir einige Schlußfolgerungen:

Eine wichtige Schlußfolgerung aus unseren Darlegungen ist die, daß die kleine Warenproduktion in der Frühphase ihrer Entwicklung keineswegs als erstes Stadium des Kapitalismus in der Industrie angesehen werden darf. Die kleine Warenproduktion ist erst dann mit der Genesis des Kapitalismus zu verbinden, wenn sie in das Stadium ihrer Zersetzung übergeht. Zersetzung der kleinen Warenproduktion ist in Rußland als allgemeine Erscheinung erst seit dem Ende des 18. Jh. zu beobachten. Die im 17. und 18. Jh. bestehende Manufakturindustrie war vom Kaufmannskapital geschaffen worden. Bis etwa zu den sechziger und siebziger Jahren des 18. Jh. werden sogar jene Kaufmannsmanufakturen, die man als kapitalistische bezeichnen kann, deformiert.[87]

In der historischen Literatur wird erst in den letzten zehn Jahren der Begriff der einfachen kapitalistischen Kooperation auf Rußland angewendet. Früher wurde jeder beliebige größere Betrieb als Manufaktur klassifiziert. Aber beispielsweise in der Salzsiederei fehlte – wie viele Untersuchungen beweisen – eine manufakturmäßige Arbeitsteilung; das Produkt, das Salz, durchlief nicht mehrere aufeinanderfolgende Stadien der Bearbeitung. Die uns bekannten Tatsachen geben auch keine Grundlage dafür, Lederverarbeitung, Talgsiederei und Seilerei als Manufaktur zu bezeichnen. Wir haben keine Angaben darüber, wie sich die Produktion zeitlich über das Jahr verteilte, welche Produktionsstruktur bestand, wie weit es Arbeitsteilung gab, welchen Umfang die Produktion hatte usw. Die Angaben, die zur Verfügung stehen, sind unzusammenhängend und zufällig, damit aber auch unzuverlässig. Die Einstufung solcher Betriebe als Manufakturen, wie sie bei einigen Autoren zu finden ist, führt zu einer Überschätzung des Entwicklungsniveaus der kapitalistischen Manufaktur, ihrer Stabilität und ihres Einflusses auf die sozialökonomische Entwicklung.

Schließlich gibt es in der Literatur Tendenzen, in einzelnen Gebieten mit klar ausgeprägter geographisch-klimatischer Spezifik – etwa im Norden des europäischen Rußlands – vorhandene Erscheinungen auf ganz Rußland zu übertragen und auf dieser Grundlage von zwei Tendenzen zu sprechen, die es angeblich in Rußland im 16. Jh. gegeben habe. Ein solches Herangehen an die Problematik dürfte kaum erfolgversprechend sein. Diese Erscheinungen spielten im gesamtstaatlichen Rahmen nur eine völlig untergeordnete Rolle; das Dwina-Gebiet beispielsweise, über das wir genauere Angaben besitzen, konnte gar nicht selbständig existieren. Dementsprechend dürfte es unserer Meinung nach richtiger sein, jene Erscheinungen, mit denen das Entstehen kapitalistischer Beziehungen zu verbinden ist, im 17. und in der ersten Hälfte des 18. Jh. noch als sporadisch, unbeständig, für die Entwicklung des Landes nicht entscheidend zu halten.

[87] Vgl. N. Pavlenko, Zum Problem der Struktur der russischen Manufaktur im 17.–19. Jh. In: Jahrbuch für Geschichte der sozialistischen Länder Europas, Bd. 13, 2, Berlin 1969.

N. M. Družinin

Besonderheiten der Genesis des Kapitalismus in Rußland

Die Ablösung einer sozialökonomischen Gesellschaftsformation durch die nächsthöhere ist eine grundlegende Gesetzmäßigkeit des einheitlichen welthistorischen Prozesses. Die Bedingungen für eine solche Ablösung haben die Klassiker des Marxismus-Leninismus wissenschaftlich analysiert. Die Genesis der kapitalistischen Produktionsweise wurde von K. Marx, F. Engels und W. I. Lenin eingehend erforscht; ihre wesentlichen Schlußfolgerungen bieten die methodologischen Grundlagen für die Erforschung des Entstehens des Kapitalismus in den verschiedenen Ländern Europas, Asiens und Amerikas.

Eine unbedingt notwendige Voraussetzung für das Entstehen kapitalistischer Verhältnisse ist ein bestimmter Entwicklungsstand der Produktivkräfte. Die Arbeitstechnik in Industrie und Landwirtschaft muß ein solches Niveau erreicht haben, daß sich nicht nur eine technische, sondern eine gesellschaftliche Arbeitsteilung ergibt, daß sich die Industrie von der Landwirtschaft trennt und daß sich eine geographische Arbeitsteilung zwischen den verschiedenen Gebieten eines Landes abzeichnet. Das ist der Ausgangspunkt, von dem aus sich die Warenwirtschaft und die sie begleitenden Prozesse, die Herausbildung eines aufnahmefähigen Marktes und die Verstärkung der Rolle des Handelskapitals, entwickeln. Schon in dieser frühen Phase der Genesis des Kapitalismus verwandelt sich der Händler in den Aufkäufer von Waren der isolierten Kleinproduzenten; seine vermittelnde Funktion bewirkt allmählich eine Veränderung der Produktion. Aber die Warenwirtschaft kann nicht ohne „ursprüngliche Akkumulation des Kapitals" in das kapitalistische Stadium hinüberwachsen. Diese „ursprüngliche Akkumulation" umfaßt zwei Prozesse, einmal die massenhafte Expropriation des unmittelbaren Produzenten und zum andern die Bildung von genügend großen Geldkapitalien. Damit entstehen die Bedingungen für die Herausbildung der beiden antagonistischen Klassen, auf der einen Seite des freien Verkäufers seiner Arbeitskraft auf der anderen Seite des Besitzers von Produktionsmitteln. Diese Produktionsmittel bringen durch die Arbeiter, die Mehrwert schaffen, Gewinn. In diesem komplizierten Prozeß fällt die führende Rolle in der Regel der Industrie zu: Sie entwickelt sich rascher als die Landwirtschaft und durchläuft nacheinander folgende Stadien:

1. die einfache kapitalistische Kooperation,
2. die auf manuell-technischer Arbeitsteilung beruhende Manufaktur,
3. die mit Maschinen ausgerüstete Fabrik, in der die Arbeit des Menschen teilweise oder völlig durch Mechanismen ersetzt wird. Der Kapitalismus siegt nur dann,

wenn sich in der Industrie ein technischer Umschwung vollzogen hat, wenn die große Fabrikproduktion mit ihrer Konzentration einer großen Zahl von Arbeitern in einzelnen Betrieben entstanden ist. Gerade diese Umwälzung in der Entwicklung der Produktivkräfte verändert grundlegend die bisherigen gesellschaftlichen Verhältnisse; in großer Zahl werden Frauen und Kinder in den Produktionsprozeß der Fabriken mit einbezogen, das rasche Wachstum der Städte wird begünstigt, es beginnt ein erbitterter Kampf um Absatzmärkte und es verschärft sich der Klassenkampf zwischen Unternehmern und Arbeitern. Entsprechend den Veränderungen in der Basis, in den ökonomischen Verhältnissen, vollziehen sich grundlegende Umwälzungen in den politischen, rechtlichen, ideologischen Verhältnissen der Menschen, zugleich beginnt der sich verändernde Überbau auf die Entwicklung des sozialökonomischen Lebens zurückzuwirken. Der Übergang vom Feudalismus zur kapitalistischen Produktionsweise wird von tiefgehenden Klassenauseinandersetzungen begleitet, sei es von Revolutionen unter aktiver Teilnahme der Werktätigen, sei es von Reformen, die von der feudalen Oberschicht unter dem Druck der revolutionären Massenbewegung durchgeführt werden.

Das sind die allgemeinen Gesetzmäßigkeiten, die allen Varianten der Genesis des Kapitalismus in allen Ländern in den verschiedenen Kontinenten eigen sind. Aber das bedeutet nicht, daß dieser Prozeß synchron verläuft und überall gleichartige Formen annimmt. K. Marx hat in seinen Arbeiten mehrfach vor primitiven, engmechanischen Vorstellungen über das Entstehen des Kapitalismus gewarnt; er erklärte, „daß dieselbe ökonomische Basis – dieselbe den Hauptbedingungen nach – durch zahllos verschiedne empirische Umstände, Naturbedingungen, Racenverhältnisse, von außen wirkende geschichtliche Einflüsse usw. unendliche Variationen und Abstufungen in der Erscheinung zeigen kann, die nur durch Analyse dieser empirisch gegebnen Umstände zu begreifen sind.“[1] Historiker, die die Genesis des Kapitalismus in diesem oder in jenem Lande untersuchen, sollten sich an diesen durch Angaben aus der gesamten neuen und neuesten Geschichte immer wieder bestätigten methodologischen Hinweis von Marx erinnern. Die vergleichend-historische Methode gestattet es uns, nicht nur die allgemeinen Gesetze des Entstehens der kapitalistischen Formation zu verfolgen, sondern auch nationale Besonderheiten in dieser welthistorischen Erscheinung zu erkennen. In diesem Fall erhalten wir eine richtige dialektische Vorstellung von der Genesis des Kapitalismus in verschiedenen Ländern, vor allem in Rußland.

Seinerzeit stellte Marx die Genesis des Kapitalismus in England umfassend dar. Aufgrund des englischen Materials werden die allgemeinen Gesetzmäßigkeiten des Übergangs vom Feudalismus zum Kapitalismus besonders deutlich gerade England bot das klassische Beispiel dieses Übergangs; eine Analyse der Besonderheiten dieses Übergangs in England muß daher einem Vergleich der Entwicklung in Rußland mit der in anderen Ländern Europas und Amerikas vorausgehen.

[1] K. Marx, Das Kapital, Bd. 3. In: Marx/Engels, Werke, Bd. 25, Berlin 1964, S. 800.

Schon die natürlichen Bedingungen begünstigten England bei der Erringung eines führenden Platzes im Wirtschaftsleben Westeuropas. England, die große Insel zwischen Atlantik und Nordsee, war nicht nur durch seine Lage gegen Angriffe von außen geschützt, sondern – was besonders wichtig war – besaß auch die Möglichkeit, den Seehandel umfassend zu entwickeln. Die Bevölkerung Englands war ethnisch relativ einheitlich, das Land war verhältnismäßig dicht besiedelt. Diese beiden Faktoren beschleunigten seine wirtschaftliche Entwicklung. Schon im 14. und 15. Jh. brachten englische Kaufleute ihre Waren nicht nur auf den europäischen Kontinent, sondern auch in ferne orientalische Länder. Nach der Entdeckung Amerikas und der Kolonisierung durch englische Einwanderer erweiterten sich die Handelsbeziehungen nach Westen. Zu Beginn des 16. Jh. begannen sich in England große Manufakturen vor allem in der Tuchproduktion zu entwickeln, die die Grundlagen des mittelalterlichen Zunftsystems untergruben. Zu dieser Zeit war die englische Landbevölkerung, die Abgaben an den Feudalherrn zu zahlen hatte, durch privatrechtliche Vereinbarungen bereits aus der Leibeigenschaft befreit. Die Vorteile der Schafzucht, die das Rohmaterial für die Tuchherstellung lieferte, veranlaßte die Grundbesitzer zur Einhegung von Gemeindeländereien, um sie selbst zu nutzen. Die unmittelbaren ländlichen Produzenten wurden, trotz ihres erbitterten Widerstandes, erbarmungslos von ihren Ländereien vertrieben, sie mußten ihre selbständige Wirtschaft aufgeben, sie verarmten und wurden häufig Lohnarbeiter. Nach einer Äußerung von Thomas Morus „fraßen die Schafe die Leute", während die Großgrundbesitzer und Manufakturisten sich durch die Verelendung der kleinen selbständig wirtschaftenden Landleute bereicherten. So begann der Prozeß der „ursprünglichen Akkumulation", der im 16. und 17. Jh. durch die Inbesitznahme der Klosterländereien, durch Aneignung von staatlichen Ländereien und durch Trockenlegung von Sümpfen weiter intensiviert wurde.

Mit der Entwicklung von Industrie und Handel wuchs und erstarkte die englische Bourgeoisie; sie konnte sich nicht allein mit der Zunahme ihres ökonomischen Einflusses begnügen und begann gemeinsam mit dem „neuen Adel", der in die kapitalistische Entwicklung mit einbezogen war, den Kampf gegen den königlichen Absolutismus und die offizielle Kirche. Als Kampftruppe der Revolution von 1642–1649 traten die werktätigen Massen der Städte und Dörfer auf, aber sie waren nicht organisiert genug und konnten den errungenen Sieg nicht in ihrem Interesse ausnutzen. Die konfiszierten Ländereien der Royalisten und Bischöfe wurden von den Besitzenden aufgekauft. Die feudalen Beschränkungen des bürgerlichen Eigentums wurden beseitigt, aber die von den Bauern geforderten Feudalabgaben blieben bestehen. Die Einhegung von Gemeindeländereien ging weiter und wurde zu einer Massenerscheinung, die immer grausamere Formen annahm.

Im 18. Jh. und in den ersten Jahrzehnten des 19. Jh. gingen auf Grund von Parlamentsbeschlüssen Millionen Acres in die Hände der Landlords und der Bourgeoisie über. Als Ergebnis dieser zwangsweisen Expropriation wurde die Klasse der freien Bauern in England fast völlig vernichtet. Die Revolution in der Mitte des 17. Jh. hat das gesellschaftliche Kräfteverhältnis in diesem Lande grundlegend verändert. Die Kolonisierung entfernter Länder, vor allem die Inbesitznahme der Reichtümer

Indiens, stärkte nachdrücklich die Rolle des englischen Kapitals. England wurde zur vorherrschenden Seemacht Europas und entwickelte sich auf Grund der Reichtümer aus den Kolonien in raschem Tempo auf den Wegen der kapitalistischen Akkumulation. Die Einführung des Bankkredits und von Schutzzöllen unterstützte wesentlich die Akkumulation von Geldmitteln.

Eine neue Etappe in der Genesis des Kapitalismus war die industrielle Revolution, die in England in der zweiten Hälfte des 18. Jh. einsetzte. Auf der Grundlage der Maschinentechnik entstand die große Fabrikindustrie, anfangs die Textilindustrie, dann auch das Eisenhüttenwesen und die Metallverarbeitung; damit wurde der kleinen Marktproduktion der Todesstoß versetzt. Gleichzeitig mit den Umwälzungen in der Industrie vollzogen sich tiefgreifende Umgestaltungen in der Landwirtschaft: Düngung, Anbau von Hackfrüchten, Fruchtwechselsystem, Anwendung verbesserter Ackerbaugeräte und Maschinen erforderten große Kapitalinvestitionen. Nicht nur Vertreter des Adels und der städtischen Bourgeoisie, sondern auch reichgewordene Bauern füllten die Reihen der Grundbesitzer auf. Die kapitalistische Pacht wurde zur herrschenden Erscheinung im landwirtschaftlichen Leben des Landes. Die englische Gesellschaft formierte sich endgültig in drei Klassen, erstens die Großgrundbesitzer, die ohne eigene Arbeit Grundrente erhielten, zweitens die Handels- und Industriebourgeoisie und die kapitalistisch wirtschaftenden Farmer, die einen hohen Profit durch die Beschäftigung von Lohnarbeitern erzielten und schließlich die Masse der städtischen und ländlichen Arbeiter, die ihre Arbeitskraft verkauften und vom Lohn leben mußten. Die Genesis des Kapitalismus bedeutete in England demnach den radikalen Bruch mit den Feudalverhältnissen, das Verschwinden der Klasse der kleinen ländlichen Produzenten und die allgemeine Unterwerfung des Wirtschaftslebens unter die Gesetze der kapitalistischen Entwicklung.[2]

Eine andere Form als in England zeigte die Entwicklung des Kapitalismus in Frankreich. Natürlich lassen sich in den Bedingungen, unter denen in beiden Ländern der Kapitalismus entstand und sich entwickelte, gemeinsame Züge feststellen. Wie England hat auch Frankreich ausgedehnte Küsten am Atlantischen Ozean und am Mittelmeer, die eine frühe Entwicklung des Außenhandels mit anderen Staaten begünstigten. Die sich entwickelnden Ware-Geld-Beziehungen führten in Frankreich wie in England dazu, daß die Bauern sich frühzeitig von der Leibeigen-

[2] Vgl. K. Marx, Das Kapital Bd. I, Kap. 24. In: Marx/Engels, Werke, Bd. 23, Berlin 1962, S. 741ff.; F. Engels, Einleitung zur englischen Ausgabe (1892) der „Entwicklung des Sozialismus von der Utopie zur Wissenschaft". In: Marx/Engels, Werke, Bd. 22, Berlin 1963, S. 287ff.; Английская буржуазная революция XVII века, Bd. I, II, Moskau 1954; Weltgeschichte in zehn Bänden, Bd. IV, Kap. 12, Berlin 1964, Bd. V, Kap. 1–3, 12, 20, Berlin 1966; Bd. VI, Kap. 9, 13, 17, Berlin 1969; V. M. Lavrovskij, Парламентские огораживания общинных земель в Англии конца XVIII – начала XIX вв., Moskau 1940; derselbe, Исследование по аграрной истории Англии XVII–XIX вв., Moskau 1966; A. Toynbee, Lectures on the industrial revolution of the 18th century in England, London 1908; P. Mantoux, La Révolution industrielle au XVIIIe siècle, Essai sur les commencements de la grand industrie moderne en Angleterre, Paris 1906 (russ. Übersetzung Moskau 1937, engl. Übers. 1928, 1948).

schaft befreiten. An der Wende des Mittelalters zur Neuzeit gab es zwei Hauptgruppen: 1. Zinsbauern, die ihrem Grundherrn weiterhin Abgaben zahlten, und 2. Pächter, die kleine Landstücke meist gegen eine Naturalabgabe bearbeiteten. In Frankreich bewirtschafteten wie in England die Grundbesitzer nur selten die eigenen Besitzungen, sie begnügten sich mit dem Erhalt der Feudalrente. Obwohl das Territorium Frankreichs in verschiedene Provinzen aufgesplittert war, die ihre alten Traditionen beibehielten, war die Bevölkerung in nationaler und ökonomischer Hinsicht ähnlich einheitlich wie in England – es gab keine wesentlichen Unterschiede im Niveau der wirtschaftlichen Entwicklung.

Im Unterschied zu England beschritt Frankreich aber erst später den Weg der kapitalistischen Entwicklung: Sein Außenhandel erreichte nicht den Umfang des englischen; der innere Austausch entwickelte sich langsamer und zerstörte vorerst noch nicht die Naturalwirtschaft in den weniger entwickelten Gebieten; die Kolonialexpansion Frankreichs begann erst im 17. Jh. und konnte den Kaufleuten und Unternehmern nicht jene sagenhaften Gewinne bringen, wie sie die englischen Kolonisatoren einheimsten. Nicht geringe Unterschiede gab es in der politischen Struktur beider Länder: Während in England sehr früh dem König das Recht der Selbstverwaltung abgerungen worden war, entwickelte sich Frankreich zu Beginn der Neuzeit zu einer absoluten Monarchie, die sich vor allem auf den Feudaladel stützte und die Überreste der überlebten mittelalterlichen Institutionen verteidigte. Obwohl die Bauernschaft persönlich frei war, stöhnte sie doch nach wie vor unter der Last vielfältiger staatlicher Steuern und Abgaben an geistliche und weltliche Feudalherren. Dadurch verlief im Vergleich zu England der Prozeß der ursprünglichen Akkumulation weit langsamer; sowohl die zerstreute als auch die zentralisierte Manufaktur entwickelten sich langsamer, das System der Steuerpacht und die Adelsprivilegien engten den inneren Markt ein. Während in England die bürgerliche Revolution im 17. Jh. den Weg für die kapitalistische Entwicklung weit öffnete, erreichte in Frankreich zu dieser Zeit die absolute Monarchie ihre höchste Machtentfaltung. Andererseits blieben in Frankreich die Gemeindeländereien trotz aller Versuche der Grundbesitzer, sie sich anzueignen, und die feudale Klasse der Kleinbauern erhalten. Aber auch hier mußte das Zunfthandwerk allmählich der kapitalistischen Manufaktur weichen, auch hier blühten große Betriebe auf (überwiegend zur Herstellung von Luxusgütern), auch hier eroberte sich die Bourgeoisie nach und nach ökonomische Machtpositionen auf dem äußeren und inneren Markt. Gegen Ende des 18. Jh. führte die Zersetzung des absolutistischen Systems zu einer Finanz-, Handels- und Industriekrise, die von einer Verarmung der Landbevölkerung und der Arbeiter begleitet war. Der Kampf der Bourgeoisie um die Macht verband sich mit den Aufständen der Bauernschaft und der plebejischen Schichten in den Städten. Die Französische Revolution von 1789 bis 1794 trug klar ausgeprägten demokratischen Charakter. Im Zuge der revolutionären Umwälzungen wurden die Reste des Feudalismus völlig vernichtet, die Kirchenländereien, die Besitzungen der Emigranten und der gegenüber der Revolution feindlich eingestellten Personen wurden konfisziert und verkauft. Im Unterschied zu England blieb die französische Bauernschaft nicht nur erhalten, sondern ihr Parzellenbesitz festigte sich, womit bis zu einem gewissen Maße die Führung einer selbständigen kleinen Wirtschaft gesichert blieb.

Die bürgerlich-demokratische Revolution gab den Anstoß zur industriellen Revolution, die sich vor allem in den ersten Jahrzehnten des 19. Jh. entwickelte. Frankreich wurde eine bedeutende kapitalistische Macht, aber es konnte nicht den englischen Entwicklungsstand erreichen. Bei einem Vergleich der ökonomischen Entwicklung in beiden Ländern in den fünfziger Jahren des 19. Jh. stellte Marx fest, daß in Frankreich das Parzellensystem einen bedeutenden Teil der Bevölkerung an den Boden gebunden und bei der Bearbeitung desselben festgehalten habe. Die kleinen Landeigentümer waren an ihren Besitz gefesselt, sie blieben ihrer Wirtschaft treu und wollten die Heimat nicht verlassen. Das war der Grund dafür, daß die Industriebetriebe in Frankreich weniger konzentriert waren als in England, daß diese Betriebe weniger Maschinen und Dampfantrieb pro Arbeiter besaßen und folglich eine geringere Arbeitsproduktivität aufwiesen (Marx fügte hinzu, hieraus werde sichtbar, wie notwendig die Expropriation des Landes für die Entwicklung der großen Industrie sei).[3]

Ein spezifischer Zug der Genesis des Kapitalismus in Frankreich war folglich das zeitweilige Überwiegen des bäuerlichen Parzelleneigentums sowie ein Zurückbleiben gegenüber England hinsichtlich der technischen Ausrüstung und der Konzentration der Industrie.[4]

Der größte deutsche Staat Preußen bietet ein anderes Beispiel des Entstehens und der Entwicklung des Kapitalismus als England und Frankreich. Im Unterschied zu den weiter fortgeschrittenen Ländern Westeuropas war es von den überseeischen Handelswegen weiter entfernt. Die preußischen Häfen an der Ostsee konnten mit den Atlantikhäfen nicht konkurrieren. Ihr Export und Import war beträchtlich geringer. Der Dreißigjährige Krieg 1618–1648 hatte Deutschland entvölkert und große Zerstörungen verursacht, er führte eine lange wirtschaftliche Stagnation herbei und verlieh der Zersplitterung des Landes in viele selbständige Fürstentümer und Herrschaftsbereiche einen dauernden Charakter. In der zweiten Hälfte des 17. Jh., als die freien englischen Bauern Opfer der massenweisen Expropriierung wurden, als die Franzosen unter der Last der Feudalabgaben stöhnten, obwohl sie

[3] Vgl. K. Marx, „Отдельные страницы", связанные с подготовкой I тома „Капитала". In: Архив Маркса и Энгельса, Bd. II (VII), Moskau 1933, S. 249ff.; T. L. Artem'eva, Карл Маркс о некоторых особенностях развития капитализма во Франции. In: Научно-информационный бюллетень ... Института марксизма-ленинизма 1968, Nr. 17.

[4] Vgl. K. Marx. Die Klassenkämpfe in Frankreich 1848 bis 1850. In: Marx/Engels, Werke, Bd. 7, Berlin 1960, S. 82ff.; K. Marx, Der achtzehnte Brumaire des Louis Bonaparte. In: Marx/Engels, Werke, Bd. 8, Berlin 1960, S. 200f.; Французская буржуазная революция 1789–1794, Moskau/Leningrad 1941; Weltgeschichte, Bd. IV, Kap. 9, Bd. V, Kap. 5, 22; Bd. VI, Kap. 1, 6, 9; F. Ja. Poljanskij, Экономическая история зарубежных стран. Эпоха капитализма, Moskau 1961, Kap. 2, 11; G. Lefebvre, Questions agraires au temps de la terreur, Straßbourg 1932 (2. Aufl. Potiers 1954; russ. Übersetzung Leningrad 1934).

persönlich frei waren, erlebten die östlich der Elbe gelegenen landwirtschaftlichen Gebiete Preußens die „zweite Leibeigenschaft“: Unter dem Einfluß der steigenden Nachfrage nach Getreide und landwirtschaftlichen Rohprodukten seitens Englands und Hollands verwandelte der preußische Feudaladel den Bauern entweder in den „Erbuntertänigen“ oder in den landlosen Tagelöhner. Die Eigenwirtschaft des Grundherrn wurde erweitert, die Leibeigenen wurden zur Fronarbeit gezwungen; die Gutsbesitzer sicherten sich große Einkünfte von ihren Besitzungen. In der preußischen gewerblichen Produktion herrschte zu dieser Zeit der Zunftzwang mit seiner strengen Reglementierung der Produktion und des Absatzes der Erzeugnisse. Es gab nur wenige ökonomisch bedeutende Städte, die Handelsverbindungen zwischen Stadt und Land waren nicht allzustark entwickelt, sie boten dem Bürgertum kaum Möglichkeiten der Bereicherung. Die Kurfürsten von Brandenburg bzw. die Könige von Preußen schufen eine starke militärisch-feudale, absolutistische Monarchie. Eine Funktion dieses Staatsapparates war der Schutz von Leibeigenschaft und Adelsprivilegien. Von den anderen deutschen Staaten durch Zollgrenzen getrennt und durch innerstaatliche Zollgrenzen aufgesplittert, blieb Preußen im 17. und 18. Jh. ein ökonomisch zurückgebliebenes Land.

Der Welthandel beeinflußte aber auch die entlegeneren ostelbischen Gebiete. Militärische und fiskalische Motive stießen den preußischen Staat auf den Weg der Neuerungen. Die im Dreißigjährigen Krieg entvölkerten Länder der Hohenzollern nahmen Kolonisten aus westeuropäischen Ländern auf; zu diesen Einwanderern gehörten die französischen Hugenotten, erfahrene Handwerker und Kaufleute. Für ihre Eroberungspolitik schufen sich die preußischen Könige eine große Armee; um sie auszurüsten, förderten sie die Entwicklung großer Manufakturen zur Herstellung von Waffen und Ausrüstungen. Unabhängig von der Staatsgewalt und von Zunftbeschränkungen entwickelten sich in ländlichen Gebieten Textilgewerbe und Metallbearbeitung, deren Absatz und Produktion allmählich unter den Einfluß von Aufkäufern geriet. Der Prozeß der ursprünglichen Akkumulation vollzog sich langsam, er traf auf vielfältige Hindernisse: Die Leibeigenschaft engte den Arbeitskräftemarkt ein, das Bestehen der noch immer lebensfähigen Naturalwirtschaft und das Fehlen von Kolonien schloß in Preußen die rasche Anhäufung von Kapitalien aus. In der Stadt war nach wie vor das Zunfthandwerk vorherrschend. Nur in einigen wenigen gewerblichen Zentren – Berlin, Schlesien, Solingen – ist das Hinüberwachsen der heterogenen Manufaktur in große zentralisierte Betriebe festzustellen. Die sich herausbildende preußische Bourgeoisie war sowohl in wirtschaftlicher als auch in politischer Hinsicht schwach und blieb von der Staatsgewalt und von den feudalen Junkern abhängig.

Trotz seiner aktiven Außenpolitik konnte es Preußen in wirtschaftlicher und folglich auch in militärischer Hinsicht nicht mit dem bürgerlichen Frankreich auf nehmen, das mit der revolutionären Umwälzung am Ende des 18. Jh. entstanden war. 1806 wurde Preußen von der napoleonischen Armee vernichtend geschlagen und dadurch gezwungen, zur eigenen Rettung Reformen der überholten Agrarverhältnisse einzuleiten. Die leibeigenen Bauern wurden 1807 durch ein Edikt von der Erbuntertänigkeit befreit (die königlichen Bauern und die Bauern in Pommern waren schon Ende des 18. Jh. formell zu Freien geworden). Diesem Edikt folgten weitere Gesetze über die Ablösung der Feudalverpflichtungen, wobei zwischen zwei Dritteln und der Hälfte des Bodens den Bauern verblieb, der Rest wurde als „Ausgleich“ den Gutsbesitzern übergeben. Diese Reformen stießen auf den erbitterten Widerstand der Junker und wurden deshalb später in verschiedener Hinsicht eingeschränkt. Die bäuerlichen Kreise, die der „Regulierung“ unterlagen, wurden stark beschränkt, die Landabgaben an die Junker wurden erheblich erhöht. Gleichzeitig wurden die Reste der alten Gemeindeordnung liquidiert, so beispielsweise der Flurzwang und die Gemengelage. Die Reformen ermöglichten eine produktivere Nutzung des Bodens. Die Dreifelderwirtschaft wurde von der Fruchtfolge abgelöst, man baute mehr Futterpflanzen an, Kartoffeln und Rüben fanden eine weite Verbreitung und wurden industriell genutzt. Diese Veränderungen erfaßten jedoch vor allem die Ländereien der Gutsbesitzer und teilweise die Besitzungen reicher Bauern; die Kleineigentümer konnten – von wenigen Ausnahmen abgesehen – die Loskaufzahlungen für das von ihnen bearbeitete Land nicht aufbringen und blieben bei den überlieferten Formen der Bodenbearbeitung. Trotzdem beeinflußten die Agrarreformen die Entwicklung von Industrie und Handel: In den folgenden Jahrzehnten wuchs die Zahl der zentralisierten Manufakturen, auch Maschinen wurden in größerem Umfang eingeführt. 1835 begann man in Preußen mit dem Bau von Eisenbahnen, neue Landstraßen wurden angelegt, auf den Wasserstraßen begann der Dampferverkehr. Es wurden die Voraussetzungen für den zukünftigen ganz Deutschland umfassenden Zollverein geschaffen. Mit der steigenden Förderung von Kohle und Erz stieg nicht nur der Export von Textilien und Galanteriewaren, sondern auch von Eisen und Metallwaren. Die rasch voranschreitende Differenzierung der Bauernschaft und die Verwendung von Lohnarbeit belebten die wirtschaftliche Entwicklung Preußens. In dieser Zeit des Übergangs vom Feudalismus zum Kapitalismus war die Lage der Werktätigen in Stadt und Land außerordentlich drückend: Die Industriearbeiter und die Tagelöhner in der Landwirtschaft wurden rücksichtslos ausgebeutet, die Mittel- und Kleinbauern wurden durch feudale Relikte in ihrer Entwicklung gehemmt; es gelang ihnen nicht, selbständige Wirtschaften aufzubauen.

Erst die Revolution von 1848, während der es zu Überfällen der Bauern auf die Junkersitze und zur Vernichtung der verhaßten Loskaufdokumente kam, veranlaßte die Regierung, die begonnenen Agrarreformen zu Ende zu führen. Die preußische Bourgeoisie offenbarte in dieser Zeit deutlich ihre politische Machtlosigkeit und ihre Angst vor der Arbeiterbewegung; das preußische Junkertum wurde zu weiteren Zugeständnissen gegenüber den Bauern veranlaßt: Durch die Gesetze von 1850 bis 1852 wurden alle noch übriggebliebenen Verpflichtungen aufgehoben, es mußte zur Ablösung der Feudalrente kommen. Nach den Berechnungen von Engels zahlten die Bauern den Gutsbesitzern etwa 1 Milliarde Mark.

Von diesem Zeitpunkt an schlug die wirtschaftliche Entwicklung in Preußen endgültig die kapitalistische Richtung ein. Die fünfziger Jahre des 19. Jh. sind eine Zeit des industriellen Aufschwungs; Es entstanden viele Aktiengesellschaften, der Eisenbahnbau wurde forciert, die Produktivkräfte entwickelten sich in Stadt und Land.

Und trotzdem brachte die Revolution von 1848/1849 nicht jene Resultate hervor wie die Französische Revolution vom Ende des 18. Jh.: In Preußen blieb nicht nur die Monarchie der Hohenzollern erhalten, sondern auch die Herrschaft der Junker in der Landwirtschaft und im politischen Leben. Im Dorf erstarkte die wohlhabende Schicht von Großbauern; die Masse der Bauernschaft war mit Schulden belastet, aus ihr schieden ständig ruinierte Besitzer aus, die die industrielle Reservearmee auffüllten. Das war der preußische Weg der Entwicklung des Kapitalismus in der Landwirtschaft; er unterschied sich sowohl von der Entwicklung in England, wo die Masse der Bauern landlos gemacht worden war, als auch von dem von der Revolution konsolidierten Parzelleneigentum des französischen Bauern.

Preußen beschritt später als England und Frankreich den Weg der kapitalistischen Entwicklung; es konnte die jeweils neuesten technischen Errungenschaften der weiter fortgeschrittenen Länder übernehmen und dadurch das Tempo der kapitalistischen Akkumulation beschleunigen; zugleich wiesen aber die sozialökonomischen Verhältnisse Preußens starke Reste der feudalen Vergangenheit auf. Das war eine Folge der früheren Zurückgebliebenheit und des Weiterbestehens des junkerlichen Großgrundbesitzes.[5]

Die Genesis des Kapitalismus in den Vereinigten Staaten weist teilweise Ähnlichkeiten mit der englischen Variante auf; da die Entwicklung in Nordamerika jedoch anders verlief und auch andere Ergebnisse erzielt wurden, treten grundlegende Unterschiede auf. Den Kern der zukünftigen Staaten bildeten jene englischen Kolonien, die im 17. und 18. Jh. durch Einwanderung aus dem Mutterland entstanden waren. In die Kolonien strömten nicht nur solche Menschen, die sich in den reichen Ländern jenseits des Ozeans rasch ein Vermögen zu erwerben trachteten, sondern auch landlose Bauern, verarmte städtische Handwerker, verfemte Sektierer – ja sogar verurteilte Verbrecher suchten hier ein neues Glück. Vor ihnen öffnete sich ein neues riesiges, nur dünn besiedeltes Land mit reichen Bodenschätzen und mit einer verstreuten einheimischen Indianerbevölkerung, die sich gegen die europäischen Waffen und gegen den höheren Entwicklungsgrad des europäischen wirtschaftlichen und kulturellen Lebens nicht schützen konnten. Die Kolonisten brachten in ihre neue Heimat ihre Arbeitserfahrungen und die wirtschaftlichen Errungenschaften ihres Mutterlandes mit. Die englische Verwaltung versuchte, in den amerikanischen Kolonien feudale Verhältnisse einzuführen und die überseeischen Besitzungen in Rohstoffquellen des kapitalistischen Mutterlandes zu verwandeln. Die englischen Könige vergaben riesige Landstriche an englische Aristokraten, die die Arbeit besitzloser Kolonisten ausbeuteten. Im Mutterland

[5] Vgl. F. Engels, Zur Geschichte der preußischen Bauern. Einleitung zu Wilhelm Wolffs Broschüre „Die schlesische Milliarde“. In: Marx/Engels, Werke, Bd. 21, Berlin 1962, S. 238ff.; Weltgeschichte, Bd. V, Kap. 17; Bd. VI, Kap. 9, 16; S. D. Skazkin, Очерки по истории западноевропейского крестьянства в средние века, Moskau 1968; G. F. Knapp, Die Bauernbefreiung und der Ursprung der Landarbeiter in den älteren Teilen Preußens, Leipzig 1887 (2. Aufl. München/Leipzig 1927, russ. Übersetzung 1900); W. Sombart, Die deutsche Volkswirtschaft im 19. Jh., Berlin 1903 (6. Aufl. Berlin 1923, russ. Übersetzung 1921).

wurden Gesetze erlassen, die der wirtschaftlichen Entwicklung der Kolonien Schranken setzten. Aus den amerikanischen Besitzungen kamen nicht nur Rohstoffe, die zu niedrigen Preisen erworben worden waren, sondern auch gewaltige Steuerbeträge.

Aber der hartnäckige Kampf um die wirtschaftliche Selbständigkeit und, was außerordentlich wichtig war, die günstigen natürlichen Bedingungen halfen den amerikanischen Kolonisten, sich auf ihre eigenen Beine zu stellen. Sie drangen beständig nach Westen und Süden weiter vor, nahmen die unberührten Wälder und Prärien in Besitz, erwarben Gebiete, die außerordentlich reich an Eisenerz und Kohle waren. Diese viele Jahrzehnte dauernde Expansion war von einem ständigen erbarmungslosen Kampf gegen die autochthone Bevölkerung begleitet. Die Indianer wurden vernichtet, den überlebenden Stämmen wurden alle Rechte genommen, ihre Unterbringung in Reservaten war ein wesentliches Moment der ursprünglichen Akkumulation in Nordamerika. Neben den riesigen Besitzungen der Reichen, die mit dem Boden spekulierten und ihn verpachteten, gewann der Squatter weite Verbreitung, der als besitzloser Kolonist freies Land in Besitz nahm und sich die Grundlage für eine kleine Bauernwirtschaft schuf. Die reichen Kapitalisten eigneten sich die fruchtbaren Schwarzerdegebiete im Süden an; hier entstanden riesige Tabakplantagen, später auch Baumwoll- und Zuckerplantagen, die, da einheimische Arbeiter fehlten, durch gekaufte afrikanische Neger bearbeitet wurden. Der Sklavenhandel war im 17. und 18. Jh. eines der einträglichsten Geschäfte der englischen Spekulanten. Die Sklavenarbeit brachte den amerikanischen Plantagenbesitzern märchenhafte Reichtümer, prägte aber nicht die wirtschaftliche Entwicklung des Landes. Die größte Bedeutung kam im Norden der kapitalistischen Manufaktur im Schiffbau, in der Textilindustrie und in der Metallgewinnung und Metallverarbeitung zu. Diese Industriezweige wuchsen organisch aus der Kleinproduktion hervor und entwickelten sich dank der Ausdehnung des inneren Marktes und durch den Absatz der erzeugten Waren in Westindien und in Europa. Für die wirtschaftliche Entwicklung in den Kolonien war wie in England die Ausnutzung der überseeischen Welthandelswege von großer Bedeutung. Im 17. und 18. Jh. wurden die reichen amerikanischen Kolonien zum Zankapfel zwischen England, Frankreich, Holland und Spanien. Die Kolonialkriege verflochten sich mit der Verfolgung der sich widersetzenden Indianer, mit den Bestrebungen der Kolonisten, ihre Unabhängigkeit zu erreichen, mit dem Klassenkampf zwischen den kleinen Farmern und jenen, denen es gelungen war, die besten Ländereien zu erwerben und großen Reichtum anzuhäufen.

In der Mitte des 18. Jh. verschärfte sich der Kampf zwischen Kolonien und Mutterland und ging in den offenen Kampf gegen die politische Herrschaft Englands über. Gestützt auf ihre ökonomische Macht und begeistert von der Unabhängigkeitslosung, wurden die englischen Kolonien in Nordamerika unter Ausnutzung der fortschrittlichen Ideologie der Aufklärung zu einem selbständigen Bundesstaat. Der Unabhängigkeitskrieg war zugleich eine bürgerliche Revolution, die die Sklaverei in den Nordstaaten beseitigte, die Besitzungen der englischen Aristokratie zum Nationaleigentum erklärte und einen großen nationalen Landfonds schuf sowie die

Vergabe und den Verkauf freier Ländereien organisierte. Trotz des heftigen Widerstandes der Besitzenden sanktionierte der neue Staat 1841 die Inbesitznahme von Land durch Squatter. Die Erringung der Unabhängigkeit verlieh der wirtschaftlichen Entwicklung der USA einen gewaltigen Auftrieb. Der Zustrom von Einwanderern aus verschiedenen europäischen Ländern sicherte einen Überfluß an freien Arbeitskräften. Es begann der fieberhafte Bau von Kanälen, Landstraßen und später von Eisenbahnen. In den dreißiger und vierziger Jahren des 19. Jh. wurden verbesserte Geräte und Maschinen in der Landwirtschaft benutzt. Die technischen Umwälzungen in England führten auch in den Vereinigten Staaten zur industriellen Revolution. In der Mitte des 19. Jh. gab es in den USA tausende Fabriken mit mehreren hunderttausend Fabrikarbeitern. Die USA dehnten ihr Staatsgebiet immer weiter aus und erreichten den Pazifischen Ozean; damit wurde der Export auch nach Ostasien möglich. An der Wende zum 19. Jh. fanden in den USA bereits Streiks der Industriearbeiter statt, ein deutliches Kennzeichen dafür, daß sich zwischen den beiden Klassen der kapitalistischen Gesellschaft, zwischen dem Proletariat und der Bourgeoisie, antagonistische Widersprüche herausgebildet hatten.

Mit der erfolgreichen Entwicklung des amerikanischen Kapitalismus wurde der Gegensatz zwischen den hochentwickelten Industriezentren im Norden und der auf Sklavenarbeit beruhenden Plantagenwirtschaft im Süden immer mehr spürbar. Die Sklaverei engte den inneren Markt ein, setzte die Arbeitsproduktivität in den Plantagen herab und führte zu einer Krise der Plantagenwirtschaft. Immer wieder flammten Aufstände der um ihre Freiheit kämpfenden Sklaven auf; zehntausende Neger flohen von den Plantagen in die freien Nord- und Weststaaten, besiedelten dort Neuland. Die Aufhebung der Sklaverei wurde zu einer vordringlichen Frage, sie führte zum Krieg zwischen den Nord- und Südstaaten in den sechziger Jahren des 19. Jh. Dem Inhalt und den Folgen nach war das eine zweite bürgerliche Revolution. Während des Kampfes erließ die Bundesregierung das Homestead-Gesetz, das den Besitzlosen das Recht gab, in den zu kolonisierenden Gebieten freies Land ohne Bezahlung in Besitz zu nehmen. Der Sieg der Nordstaaten führte zur Liquidierung der Sklaverei und zur juristischen Gleichstellung der Neger mit der weißen Bevölkerung. Obwohl diese Maßnahmen der kapitalistischen Entwicklung in den USA starken Auftrieb gaben, konnten sie doch nicht alle überlebten Formen beseitigen: Faktisch war die Negerbevölkerung nach wie vor nicht gleichberechtigt, obwohl im Süden eine umfassende „Rekonstruktion“ durchgeführt wurde – Aufteilung der Latifundien, Entmachtung der aktiven Verteidiger der Sklaverei usw.; die Mehrzahl der Neger wurde zu verschuldeten Pächtern auf den Ländereien ihrer ehemaligen Plantagenherren. Andererseits begann unter dem Einfluß der kapitalistischen Konkurrenz ein entgegengesetzter Prozeß der Konzentration der kleinen Farmen zu großen kapitalistischen Wirtschaften.

Damit unterschied sich die Genesis des Kapitalismus in den USA grundlegend von den entsprechenden Prozessen in West- und Mitteleuropa: Die ursprüngliche Akkumulation des Kapitals war hier unauflöslich verschmolzen mit der Kolonisation eines reichen, dünn besiedelten Landes, war von zwei bürgerlichen Revolutionen vorangetrieben und führte zu einem raschen Wachsen nicht nur der kapitalistischen Industrie, sondern auch der Farmwirtschaften, Pflanzstätten eines leistungsfähigen, technisch gut ausgerüsteten Ackerbaus und einer entsprechenden Viehzucht. Die Besonderheiten des freien amerikanischen agrar-kapitalistischen Entwicklungsweges, von denen W. I. Lenin sprach, schufen eine feste Basis für eine beschleunigt weitere Entwicklung der Industrie in den USA.[6]

Das Fazit aus unserem vergleichenden historischen Überblick über die Genesis des Kapitalismus in den wichtigsten Ländern West- und Mitteleuropas sowie Amerikas lautet: Die Hauptetappen dieses Prozesses waren in allen Ländern gleichartig, aber in jedem Land wies dieser Prozeß Eigentümlichkeiten auf, entsprechend den jeweiligen natürlichen, bevölkerungsmäßigen und gesellschaftlichen Entwicklungsbedingungen. Das Tatsachenmaterial bestätigt völlig die methodologischen Hinweise der Klassiker des Marxismus-Leninismus: Der Übergang vom Feudalismus zum Kapitalismus vollzog sich nirgends synchron, gleichlaufend; einige Länder stürmten auf Grund ihrer günstigen wirtschaftlichen Entwicklung voran, andere blieben zurück, zuweilen sogar um mehrere Jahrhunderte. Gerade in dieser Hinsicht ist ein Vergleich der Entwicklung des Kapitalismus in England und in den Vereinigten Staaten außerordentlich lehrreich: Die transozeanischen Kolonien erreichten nicht sofort das Niveau des Mutterlandes; um die ungeheuren Weiten des neuentdeckten Kontinents zu erschließen und die Naturreichtümer sich anzueignen, war mehr als ein Jahrhundert notwendig; die Sklavenhalterwirtschaft des Südens hemmte stark die kapitalistische Entwicklung. Die verschiedenen Staaten zeigten auf Grund ihrer nationalen Besonderheiten ein unterschiedliches Entwicklungstempo. Es genügt hier, den Einfluß der beiden bürgerlichen Revolutionen in Nordamerika mit der langsamen Entwicklung der Volkswirtschaft in den ostelbischen Provinzen Preußens zu vergleichen. Der Grad der revolutionären Aktivität der Bourgeoisie und der Werktätigen in Stadt und Land hatte großen Einfluß auf die ökonomische Umgestaltung. Die gesetzmäßige Einheit der wichtigsten sozialökonomischen Prozesse schließt nicht aus, daß in einer bereits begonnenen Bewegung Momente der Reaktion und der Deformierung auftreten. So war es in den USA nach der Eroberung der Unabhängigkeit, in England nach der Revolution von 1648/49 und vor allem auf dem europäischen Kontinent in Frankreich und in Preußen. Schließlich ist auf die gegenseitige wirtschaftliche Einwirkung der sich entwickelnden Staaten

[6] Vgl. K. Marx, Der nordamerikanische Bürgerkrieg; derselbe, Der Bürgerkrieg in den Vereinigten Staaten. In: Marx/Engels, Werke, Bd. 15, Berlin 1961, S. 329ff., 339ff.; K. Marx, An Abraham Lincoln, Präsident der Vereinigten Staaten; derselbe, Adresse der Internationalen Arbeiterassoziation an Präsident Johnson. In: Marx/Engels, Werke, Bd. 16, Berlin 1962, S. 18ff.; 98ff,; K. Marx/F. Engels, Zirkular gegen Kriege. In: Marx/Engels, Werke, Bd. 4, Berlin 1959, S. 3ff.; W. I. Lenin, Marx über die amerikanische „Schwarze Umteilung". In: Lenin, Werke, Bd. 8, Berlin 1959, S. 318ff.; Weltgeschichte, Bd. V, Kap. 21; Bd. VI, Kap. 11, 23; Очерки новой и новейшей истории США, Bd. I, Moskau 1960; M. N. Zacharova, Народное движение в США против рабства. 1831–1860, Moskau 1965; A. V. Efimov, США. Пути развития капитализма (доимпериалистическая эпоха), Moskau 1969; Poljanskij, a. a. O., Kap. 4, 13.

zu achten, die in mehr oder weniger benachbarten Regionen liegen und deren Zivilisation eine annähernd gleiche Höhe aufweist. Die USA konnten die Errungenschaften des englischen Mutterlandes ohne weiteres übernehmen; Frankreich erhielt vieles aus England, Preußen übernahm manche ökonomische Errungenschaft der fortgeschritteneren europäischen Länder. In der Epoche des Kapitalismus ist jedes Land ein Teil des weltwirtschaftlichen Systems, es arbeitet ständig mit den anderen Gliedern zusammen und es steht im dauernden Wettbewerb mit ihnen.

Ehe wir uns jetzt mit den Besonderheiten der Genesis des Kapitalismus in Rußland befassen, müssen einige Grundfragen formuliert werden. Wie gestalteten sich die natürlichen, demographischen und sozialökonomischen Verhältnisse unmittelbar vor dem Entstehen des russischen Kapitalismus? In welchen wirtschaftlichen, politischen und kulturellen Wechselbeziehungen stand Rußland – das sowohl zu Europa als auch zu Asien gehört – mit anderen europäischen und asiatischen Völkern? Wie haben die genannten Verhältnisse die Besonderheiten des Entstehens und der frühen Entwicklung des Kapitalismus in Rußland beeinflußt? Was sind Gemeinsamkeiten und was Besonderheiten des russischen Weges der kapitalistischen Entwicklung im Vergleich zu anderen typischen Formen des Überganges vom Feudalismus zum Kapitalismus? Und schließlich: Welchen Einfluß hatten diese nationalen Züge auf die weitere wirtschaftliche und politische Entwicklung des Staates? Bei der Beantwortung dieser Fragen müssen wir vor allem von einer Analyse jener Prozesse ausgehen, die sich im Kern des heutigen Sowjetlandes, im Russischen Staat, dem Vorläufer der heutigen Russischen Sozialistischen Föderativen Sowjetrepublik vollzogen haben. Hier sind Keimformen der zukünftigen kapitalistischen Gesellschaftsordnung zuerst entstanden.

Im 16. Jh., das Marx als Anfang der kapitalistischen Ära im Weltmaßstab betrachtete, war Rußland ein festgefügter zentralisierter Staat, der den größten Teil der osteuropäischen Tiefebene einnahm. Durch seine große Ausdehnung unterschied er sich gleichermaßen von England, Frankreich und von Brandenburg, zeigte aber Ähnlichkeiten mit den nordamerikanischen Kolonien Englands. Hier wie dort gab es einen dauerhaft besiedelten Kern und riesige, noch nicht erschlossene fruchtbare Gebiete, die von mächtigen Flüssen durchschnitten werden und vielfältige unerforschte Bodenschätze bargen. Rußland dehnte seinen Siedlungsraum allmählich aus und grenzte am Ende des 16. Jh. im Westen an Schweden und an den litauisch-polnischen Staat, im Norden an das Eismeer, im Osten hatte man die westlichen Gebiete Sibiriens erreicht, im Süden war man bis zum Terek vorgedrungen. Die einsetzende Kolonisationsbewegung wurde – wie in Nordamerika – weder von Wäldern oder Sümpfen, noch von Gebirgen aufgehalten. Das Vordringen der Siedlung nach Asien wurde durch die Ebene zwischen dem Kaspischen Meer und den südlichen Ausläufern des Ural erleichtert, durch die in den früheren Jahrhunderten die asiatischen Eroberer, besonders die Petschenegen, Polovzer und Tataren, nach Europa vorgedrungen waren. Früher, in der Zeit der feudalen Zersplitterung, war die Bevölkerung der osteuropäischen Tiefebene nicht in der Lage gewesen, diese Überfälle abzuwehren. Während es den englischen Kolonisten in Amerika leicht gelang, die autochthone Bevölkerung – die Indianer – zurückzudrängen und zu unterwerfen, wurde die Bevölkerung der dünn besiedelten osteuropäischen Tiefebene im 13. Jh. ein Opfer der tataro-mongolischen Invasion und blieb für zweieinhalb Jahrhunderte ökonomisch schwach und von den anderen Zweigen der ostslavischen Völker getrennt. Nur die dauerhafte Vereinigung um das Fürstentum Moskau und das Schwächerwerden der Goldenen Horde ermöglichten es dem sich bildenden Staate, das fremde Joch abzuschütteln, im Kampf gegen die Khanate von Kasan und Astrachan siegreich zu bestehen und den gesamten Lauf der Wolga in Besitz zu nehmen. Aber die Gefahr von Tatareneinfällen war weder im 16. noch im 17. Jh. gebannt: Das „wilde Feld“ („dikoe pole“) mit seiner fruchtbaren Schwarzerde war immer wieder den Überfällen der Krimtataren ausgesetzt. Zehntausende von Gefangenen, große Geldgeschenke, dazu die Zerstörung der Dörfer und Städte – das war ein hoher Preis für die Nachbarschaft mit den nomadisierenden Nogaiern und Krimtataren, die bei der Ottomanischen Pforte Unterstützung fanden. Bei seinem Vordringen aus dem Ural in Richtung auf die entlegenen sibirischen Gebiete mußte der russische Staat immer Überfälle von Süden her erwarten, er mußte Verhaulinien errichten, Wachposten aufstellen, bewaffnete Kräfte an den Grenzen unterhalten und durch ein geschicktes diplomatisches Spiel versuchen, die erworbenen Gebiete zu bewahren. Gefahr drohte ebenso vom Westen her, von Livland, Schweden und Polen. Wenn auch die riesigen Weiten und die Siedlungsmöglichkeiten in verschiedene Richtungen zwischen Rußland und den amerikanischen Kolonien Ähnlichkeiten schufen, so ergab doch die ständige militärische Bedrohung Rußlands, die in den transatlantischen englischen Besitzungen wegfiel, einen ganz wesentlichen Unterschied. Das Mongolenjoch und die ständigen Einfälle der Krimtataren drückten der weiteren Geschichte des russischen Staates ihren Stempel auf, hemmten seine wirtschaftliche, politische und kulturelle Entwicklung.

Ein weiterer wesentlicher Unterschied Rußlands nicht nur zu den amerikanischen Kolonien, sondern auch zu England und Frankreich war die große Entfernung zu den transozeanischen Welthandelswegen. Rußland war eine Kontinentalmacht, der lange Zeit hindurch aus den großen geographischen Entdeckungen des 15. und 16. Jh. keine Vorteile erwuchsen. Die Beherrschung der Eismeerküste mit seinen nur kurze Zeit eisfreien Häfen schloß Rußland vom Welthandel im 16. Jh. aus; die kleinen Städte am finnischen Meerbusen – Ivangorod, Korela, Orešek, Kopor'e – gehörten bald zu Schweden, bald zu Rußland; sie waren jedenfalls kein zuverlässiger Stützpunkt, um den Überseehandel zu entwickeln. Die Wirtschaftsverbindungen nach Westen gingen fast ausschließlich über den Landweg, vor allem über Novgorod Pskov und Smolensk; eine aktive Rolle spielten in diesem Handel ausländische Kaufleute, die aus Rußland vor allem landwirtschaftliche Produkte exportierten. Erst in der zweiten Hälfte des 16. Jh. kam es zu direkten Handelsverbindungen mit England über das Weiße Meer und zu unbehindertem Handel mit dem Orient auf dem Wolgaweg. Die Versuche Ivan Groznyjs, zur Ostsee vorzudringen und damit bessere Handelsverbindungen auf dem Wasserwege mit Mittel- und Westeuropa herzustellen, blieben ohne Erfolg. Der langwierige Livländische Krieg von 1558 bis 1582 brachte Rußland nicht den entscheidenden Sieg.

Auch die Zusammensetzung der Bevölkerung des russischen Staates im 16. Jh. wies eigene Züge auf. In der Nordost-Rus' vermischten sich die ostslavischen aus dem Dneprgebiet eingewanderten Kolonisten allmählich mit der autochthonen finno-ugrischen Bevölkerung, die auf einem niedrigeren kulturellen Niveau stand. In diesem Gebiet bildete sich jener Typ des Großrussen heraus, der sich durch spezifische ethnische Eigenarten vom Belorussen und vom Ukrainer unterscheidet. Im Zuge ihres weiteren Vordringens nach Norden und Osten von dem nördlich vom Schwarzerdegebiet liegendem Zentrum des Staatsgebietes aus trafen die Russen auf von der Umwelt isolierte Völkerschaften, auf Karelier und Nenzen auf der Halbinsel Kola, auf Udmurten und Komi im Kama-Gebiet, auf Mordwinen und Mari im mittleren Wolgagebiet. Auch diese Völkerschaften hatten ein niedrigeres ökonomisches und kulturelles Niveau als die Russen, aber sie bewahrten trotz starken russischen Einflusses ihre eigene Sprache, eigene Sitten und Gebräuche. Wieder einen anderen Charakter trugen die Verbindungen zu den Turkvölkern, zu den Tschuwaschen und zu den Wolgatataren. Diese Völkerschaften hatten früher zur Goldenen Horde gehört und waren Mohammedaner. Damit lebte schon im 16. Jh. die Masse der Russen mit anderen nichtrussischen Völkerschaften in einem Staat vereint. In dieser Hinsicht wies Rußland gegenüber den in ethnischer Hinsicht einheitlichen Nationalstaaten England und Frankreich, wo Kelten und Angelsachsen bzw. Gallier und Römer schon seit langem zu einer weitgehend einheitlichen Bevölkerung verschmolzen waren, bedeutende Unterschiede auf. Weniger einheitlich war die Bevölkerung Preußens: Hier gab es noch Reste der im wesentlichen bereits assimilierten Elb- und Ostseeslawen, später kamen mit der Annexion Posens Polen hinzu; und doch zeigte in demographischer Hinsicht Preußen mehr Ähnlichkeit mit England und mit Frankreich als mit dem russischen Vielvölkerstaat. Eher treten Ähnlichkeiten zwischen Rußland und den nordamerikanischen Kolonien auf: Die Hauptgruppe der Siedler im nördlichen Teil des amerikanischen Kontinents bildeten Engländer, aber ihnen folgten Einwanderer aus den verschiedensten Ländern, vor allem aus West- und Mitteleuropa. Die Vereinigten Staaten sind — wie Rußland — ein Vielvölkerstaat. Aber die Einwanderer, die nach Amerika kamen, isolierten sich nicht von den englischen Kolonisten, sie vermischten sich mit ihnen, und es entstand allmählich eine einheitliche amerikanische Nation. In Rußland verlief die Entwicklung anders: Mit der weiteren Ausdehnung nach Westen, Süden und Osten wurden die Nationalitäten in den westlichen Randgebieten, im Kaukasus, in Sibirien, in Mittelasien mit dem großrussischen Kernland vereinigt. Jede dieser Nationalitäten hatte eigene, klar erkennbare ethnische Grenzen, hatte ihre eigenen ökonomischen Besonderheiten und ihre eigene nationale Kultur. Das Vorhandensein verschiedener, räumlich voneinander getrennter ethnischer Komplexe komplizierte den Prozeß der sozialökonomischen Entwicklung und hemmte ihn solange, bis diese unterschiedlichen Nationalitäten im einheitlichen sozialistischen Staat nach der Großen Sozialistischen Oktoberrevolution vereinigt wurden.

Wenn wir das Fazit ziehen, dann zeigt sich, wie schwierig für den russischen Staat der Übergang vom Feudalismus zur neuen kapitalistischen Gesellschaftsordnung war. Im Vergleich zu den west- und mitteleuropäischen Staaten und zu

Nordamerika beschritt Rußland den Weg in die neue Entwicklungsphase belastet mit Relikten des Tatarenjoches, mit ständiger Kriegsgefahr, mit der Isolierung von den internationalen Handelswegen und mit einer Ausdehnung über ein riesiges Territorium, das nur wenig erschlossen und von einer in sich nicht einheitlichen Bevölkerung besiedelt war.

Ungeachtet all dieser hemmenden Faktoren entwickelte sich die Wirtschaft des feudalen Staates. Nach der Wiederherstellung der durch die mongolo-tatarischen Einfälle zerstörten Dörfer und Städte vom 13. bis zum 15. Jh. begann eine Zeit des spürbaren Aufschwungs. Die Errungenschaften der vormongolischen Zeit waren nicht völlig verlorengegangen; die Anstrengungen der Volksmassen und die Tätigkeit des feudalen Staatsapparates begünstigten die Entwicklung der Produktivkräfte. Die Bauern rodeten Wald, legten Sümpfe trocken, erschlossen Neuland, bauten neue Dörfer. Die Waldrodungswirtschaft wurde immer mehr durch die Dreifelderwirtschaft verdrängt, der Ackerbau wurde verbessert, der zweizinkige Haken wurde mit einem Streichbrett versehen, das ein tieferes Pflügen ermöglichte, man begann, den Acker zu düngen. In der Viehzucht erzielte man Erfolge bei der Züchtung von zwar kleinwüchsigen aber sehr widerstandsfähigen Arten von Zug- und Milchvieh. Neben Pferden wurden bei landwirtschaftlichen Arbeiten auch Ochsen und Maultiere eingesetzt. Unter den Bedingungen der Naturalwirtschaft war das Hausgewerbe unmittelbar mit der Landwirtschaft verbunden. Die Bauernfamilien erzeugten aus eigenen Kräften alles Notwendige: Wohnstätten, Kleidung, Schuhwerk und Nahrung. Trotzdem ging der Prozeß der allmählichen Trennung der Industrie von der Landwirtschaft weiter, vor allem in der Salzsiederei, der Imkerei, im Fischfang und im Mühlenbetrieb. Es entstanden neue Städte, und es entwickelte sich das städtische Handwerk, in dem Traditionen und Errungenschaften der vormongolischen Zeit weitergeführt wurden. In der Bearbeitung von Metallen und Holz, in der Erzeugung von Geweben, von ledernen, gläsernen und keramischen Erzeugnissen wurden höhere Stufen der handwerklichen Meisterschaft erreicht. Urkunden des 14. und 15. Jh. nennen als spezialisierte Handwerker u. a. Schmiede, Gießer, Schlosser, Böttcher, Sattler, Beinschnitzer, Juweliere. Auf den Webstühlen wurden nicht nur einheimische Rohstoffe, Wolle und Leinen, verarbeitet, sondern auch eingeführte wie Seide und Baumwolle.

Im 16. Jh. machte die gesellschaftliche Arbeitsteilung weitere Fortschritte. Bei der Erzeugung metallischer, lederner, hölzerner und anderer Gegenstände spezialisierte sich das Handwerk in einem noch stärkeren Ausmaß, es entstanden regionale Handwerkszentren vor allem in der Nähe von Rohstoffbasen wie etwa die Eisengewinnung und Eisenbearbeitung in der Nähe der Erzlagerstätten in Serpuchov, Kašir, Tula, Novgorod, Ustjužna-Železnopol'skaja und in anderen Städten. Mit der wachsenden Nachfrage nach einzelnen Erzeugnissen begann sich das Handwerk von der Produktion auf die Marktproduktion umzustellen; in einzelnen Städten, vor allem in Moskau, entstanden Handelsreihen mit einem jeweils klar umgrenzten Warensortiment: u. a. Eisenerzeugnisse, Silberwaren, Messer, Schuhwerk, Drogen, Getreide, Fische, Leinen, Galanteriewaren. Es entstand eine Schicht von Aufkäufern, die durch die Dörfer und Handelszentren zog und von dort in großem

Umfange Handelserzeugnisse, Getreide, Salz und Leinen in die größeren Städte brachte. Zwischen den einzelnen Handelszentren entwickelten sich feste wirtschaftliche Verbindungen; die Zahl der kleinen örtlichen Märkte sowohl auf dem Dorf als in der Stadt wuchs. Aus ihnen entwickelten sich (vor allem in der Nähe von Klöstern) größere Handelsmärkte, die an bestimmten Tagen im Jahr stattfanden. Zu diesen Jahrmärkten reisten nicht nur russische, sondern auch ausländische Kaufleute an, vor allem aus England, Holland und der Türkei. In die sich entwickelnden Handelsbeziehungen wurde die Dorfbevölkerung immer mehr mit einbezogen. Die Städte veränderten ihr Aussehen und ihren Charakter, die Handelsvorstädte (Posad) mit ihren Speichern und Handelsreihen dehnten sich immer mehr aus. Die erfolgreichsten Aufkäufer wurden zu Großhändlern, die bedeutende Kapitalien anhäuften. Der Handel mit wertvollen Pelzen, mit Waffen und Juweliererzeugnissen begünstigte die Anhäufung von Geldmitteln. So entstanden Voraussetzungen zur Herausbildung eines einheitlichen nationalen Marktes und der Unterordnung der kleinen Warenproduktion unter große Unternehmer, Kaufleute und Gewerbetreibende. Und doch konnten alle diese ökonomischen Erfolge im 14. bis 16. Jh. noch nicht die wirtschaftliche Zurückgebliebenheit Rußlands gegenüber West- und Mitteleuropa überwinden; die Handelszentren bildeten noch keinen in sich einheitlichen nationalen Markt; die Handelsproduktion konnte sich noch nicht zur Manufaktur entwickeln, die Stadt konnte nicht jene wirtschaftliche und politische Bedeutung erlangen, wie sie im 16. Jh. die englischen und französischen Städte oder die Siedlungen in den amerikanischen Kolonien erlangt hatten.

Die Anstrengungen der Volksmassen kamen unter den herrschenden feudalen Bedingungen vor allem den Großgrundbesitzern und der Staatsmacht zugute. Die Herausbildung eines zentralisierten Staates war durch das Anwachsen der ökonomischen Verbindungen vorbereitet worden, aber sie wurde um einen hohen Preis errungen: die verstärkte Abhängigkeit der in der Landwirtschaft arbeitenden Bevölkerung. Das Bestreben, die Feudalwirtschaft zu erweitern, aus ihr ein Maximum an Produkten zu gewinnen und diese in Geld zu verwandeln, war für die weltlichen Gutsherren genauso charakteristisch wie für die geistlichen: Die einen wie die anderen strebten danach, möglichst viel Land zu besitzen und es mit einer Bevölkerung zu besiedeln, die zur Entrichtung der Feudalrente verpflichtet war. Andererseits war unter dem Druck der Kriege und der Einfälle der Krimtataren die feudale Staatsmacht daran interessiert, ihre militärische Stärke durch das Pomest'e-System zu festigen. Das Oberhaupt des Feudalstaates hielt sich für den Obereigentümer der „schwarzen Ländereien", jenes Landes, auf dem nur vom Staat abhängige und nur an den Staat Steuern entrichtende Bauern lebten. Um das Heer vergrößern zu können, wurden solche schwarzen Ländereien an Adlige vergeben; das Land diente als Entlohnung für den Dienst, seine Bearbeitung wurde durch die darauf wohnenden Bauern gesichert. Neben der Produktenrente ist bereits im 15. Jh. ein Anwachsen der Arbeitsrente (Barščina) und der Staatssteuern zu beobachten. Die Verschärfung der feudalen Ausbeutung führte zu einem ständigen Wohnsitzwechsel der Bauern, viele flohen nach dem Süden oder dem Osten, um dort eine selbständige Wirtschaft zu führen, frei von Eingriffen der Bojaren und der Klöster, frei von Abgaben an die Fürsten oder den Zaren, frei von der Willkür der Wojewoden und Gutsbesitzer. Schon im 15. Jh. bildeten sich am Unterlauf des Dons bewaffnete Gemeinschaften solcher Flüchtlinge, die unter dem Namen Donkosaken bekannt wurden. Etwas später entstanden am Unterlauf des Jaik (Uralfluß) ähnliche Gemeinschaften der freien Uralkosaken. Die Kosaken setzten sich gegen die Überfälle der Krimtataren und der asiatischen Nomaden zur Wehr, von der zentralen Staatsgewalt waren sie unabhängig; da sie die südlichen Grenzen schützten, unterhielten sie zu Moskau Verbindungen auf der Grundlage der Gleichberechtigung. Die Kosakengemeinschaften übten durch ihr selbständiges, arbeitsreiches Leben starke Anziehungskraft aus, dorthin strömten aus den Wald- und Steppengebieten gerade die kräftigsten und widersetzlichsten der ausgebeuteten Bauern.

Die Massenflucht der Bauern verstärkte sich besonders zur Zeit des Livländischen Krieges mit seinen umfangreichen Verwüstungen und der gleichzeitigen Opričnina Ivan Groznyjs. Große Landstriche verloren ein Drittel und teilweise sogar die Hälfte ihrer ländlichen Bevölkerung. Die Großgrundbesitzer übten auf die Regierung ständig Druck aus, sie forderten, den Bauern das Recht auf freien Abzug zu nehmen. Schon am Ende des 15. Jh. war im Sudebnik von 1497 das traditionelle Recht des Abzugs der Bauern auf eine kurze Frist beschränkt worden – „die Woche vor dem Jur'ev-Tag im Herbst und die Woche nach dem Jur'ev-Tag in Herbst"[7]; Diese Forderung wurde im Zaristischen Sudebnik von 1550 wiederholt. Als ein besonders spürbarer Mangel an Arbeitskräften eintrat, erreichten die feudalen Grundbesitzer von der zarischen Regierung einen Ukas, der zeitweilig, während der „verbotenen Jahre", den Abzug von Bauern völlig verbot. Dieser 1581 erstmalig erlassene Ukas machte die Bauern de facto endgültig schollenpflichtig. Die Dorfbevölkerung wurde in Grundbüchern registriert, und nach 1592 konnte jeder flüchtige Bauer entsprechend einem besonderen Ukas vom Feudaleigentümer aufgespürt und an seinen alten Ort zurückgeführt werden. Die Antwort auf diese allgemeine Einführung der Bindung an den Boden war der erste große Bauernkrieg unter Führung des flüchtigen Cholopen Ivan Bolotnikov. Den Kern der Aufständischen bildeten flüchtige Bauern und Cholopen, denen sich nichtprivilegierte Schichten aus den Städten, weiterhin Kosaken und zeitweilig auch Vertreter des Dienstadels, die in Opposition zum herrschenden Bojarenadel standen, angeschlossen hatten. Im Unterschied zum Bauernkrieg von 1525 in Deutschland spiegelte dieser erste Versuch der Bauern in Rußland, die Ketten der Leibeigenschaft zu sprengen, die sozialökonomische Rückständigkeit des russischen Staates wider. Die unterer Schichten der Städte konnten sich nicht zu jenem bewußten Auftreten der deutschen plebejischen Schichten aufschwingen; obwohl der Bauernkrieg einen riesigen Raum erfaßte, litten die Aufständischen doch an innerer Uneinheitlichkeit und am Fehlen einer festen Organisation. Die durch den Bauernkrieg entstandene Lage wurde durch die polnisch-litauische und schwedische Intervention

[7] Судебник XV–XVI веков, Moskau/Leningrad 1952, S. 27, Art. 57; vgl. B. D. Grekov, Die Bauern in der Rus, Bd. II, Berlin 1959, S. 93.

noch verschärft. Mit den überlegenen Kräften des zentralisierten Feudalstaates konnte der Aufstand der Bauern trotzdem niedergeworfen werden.

Zu Beginn des 17. Jh. waren die Ländereien erneut verödet. Deshalb forderten die feudalen Grundbesitzer den Erlaß von schärferen Gesetzen gegen die Flucht der Bauern. 1649 kam die Regierung diesen Bitten des Adels entgegen, da es notwendig war, die Verteidigung an den westlichen und südlichen Grenzen zu stärken. Das Uloženie von 1649 hob alle zeitlichen Beschränkungen für die Suche nach geflohenen Bauern und Cholopen auf; die Suche nach den Flüchtlingen wurde zu einer Aufgabe des Staates. Es wurden Ukase veröffentlicht, die die Macht der Feudalherren über ihre Leibeigenen erweiterten. Den Abschluß dieser Entwicklung bildete die erste Revision von 1718 bis 1721: Bauern und Cholopen wurden endgültig gleichgestellt, die Materialien der Volkszählung wurden zur Grundlage für die unbefristete und nachdrückliche Suche nach Flüchtigen. Im Verlauf des 18. Jh. wurde die Leibeigenschaft allmählich weiter ausgedehnt und verschärft, weitere Schichten der ländlichen Bevölkerung mit einbezogen. Die Arbeitskraft und alle Lebensbereiche der leibeigenen Bauernbevölkerung unterstanden der unbeschränkten Verfügungsgewalt der Grundherren. Diese extreme Feudalisierung des wirtschaftlichen Lebens, die der Sklaverei nahekam, stand in schroffem Gegensatz zur sozialökonomischen Entwicklung, wie sie sich in Westeuropa vollzog. In England wurde der hohe Entwicklungsstand von Handel und Gewerbe durch die wirtschaftlichen Errungenschaften der bürgerlichen Revolution im 17. Jh. gesichert; in Frankreich beseitigte die bürgerlich-demokratische Revolution am Ende des 18. Jh. die feudalen Überreste. In Rußland blieb dagegen der Kampf der Bauernschaft um Land und Freiheit erfolglos. Es war den Aufständischen unmöglich, sich im zweiten Bauernkrieg 1667 bis 1671 unter der Führung Stepan Razins, in der Erhebung unter der Führung Bulavins 1707 bis 1709 und im Bauernkrieg von 1773 bis 1775 unter der Führung Emel'jan Pugačevs auf eine starke bürgerliche Schicht in den Städten zu stützen. Die freien Kosaken waren der Initiator und Organisator all dieser Bewegungen, sie besaßen aber weder die notwendigen materiellen Kräfte noch eine klare antifeudale Ideologie, wie sie für den Sieg der englischen und der französischen Werktätigen unter der Führung der Bourgeoisie entscheidend waren.

In den Vereinigten Staaten bestand ein noch grausameres Ausbeutungssystem als in Rußland, die Negersklaverei. Innerhalb des kapitalistischen Systems der überseeischen Republik wirkte sie aber wie ein fremder Auswuchs. Als Sklavenhalter traten kapitalistische Unternehmer auf, die mit den Bankkreisen verbunden waren und sich in der herausbildenden kapitalistischen Wirtschaft betätigten. Die amerikanische Sklaverei war vor allem auf die Südstaaten beschränkt, wo sich große Tabak-, Zucker- und Baumwollfarmen befanden. In den fortgeschritteneren Nordstaaten war sie offiziell schon seit dem Unabhängigkeitskampf im 18. Jh. verboten. Im Süden wurde sie durch den Bürgerkrieg zwischen den Nord- und Südstaaten 1863 beseitigt. Im Gegensatz hierzu war die Leibeigenschaft in Rußland über zweieinhalb Jahrhunderte hinweg die wesentliche Grundlage des feudalen Eigentums, der überlieferten landwirtschaftlichen Technik und der Naturalwirtschaft. Die Entwicklung der Leibeigenschaft in Rußland wiederholte jenen rückläufigen Prozeß, der sich in Deutschland östlich der Elbe von 16. bis 18. Jh. vollzogen hatte. Aber im Unterschied zu Preußen war in Rußland die Entwicklung der Leibeigenschaft nicht nur durch die Eigenwirtschaft der Feudalherren vorbereitet worden, sondern sie wurde noch durch außenpolitische Faktoren begünstigt, die den feudalen Staat zwangen, da die Wirtschaft rückständig war, eine starke Armee auf Kosten der verschärften Abhängigkeit der Landbevölkerung zu schaffen.[8]

Die Entwicklung der Leibeigenschaft im 17. und 18. Jh. hemmte nicht nur den Prozeß der ursprünglichen Akkumulation, sondern drückte allen Erscheinungen des öffentlichen und politischen Lebens ihren Stempel auf. Die Zerschlagung der Bojarenopposition, die Unterdrückung der Proteste der Werktätigen in Stadt und Land, die Stärke, die ihr eine gut organisierte Armee und ein ausgebildetes Steuersystem verliehen, gaben der Regierung die Möglichkeit, relativ leicht die Reste der Ständevertretungen zu beseitigen. Im Interesse der Grundbesitzer wurde die Leibeigenschaft, die zur Grundlage der militärischen und finanziellen Macht geworden war, von der Regierung sorgsam geschützt. Selbstherrschaft und Leibeigenschaft wuchsen zu einer unteilbaren Einheit zusammen, erhielten den Segen der rechtgläubigen Kirche und wurden zur Grundlage einer patriarchalisch-reaktionären Ideologie. Aber dabei darf nicht vergessen werden, daß die Leibeigenschaft nicht alle ländlichen Arbeitskräfte erfaßt hatte. Trotz der freigebigen Austeilung und der eigenmächtigen Besetzung von besiedelten Staatsländereien, blieb die Schicht der Staatsbauern, denen gegenüber der Staat feudale Rechte geltend machte, die aber persönlich laut Gesetz Freie waren, bestehen und erweiterte sich sogar allmählich. In den Wäldern des Gebietes von Perm und jenseits der Wolga, in den Weiten Sibiriens, in den südlichen Steppengebieten siedelten in großer Zahl flüchtige Bauern, denen es gelang, sich der systematischen Nachforschung, den amtlichen Revisionen und den Willkürmaßnahmen der örtlichen Verwaltung zu entziehen. Das waren nicht nur freie Kosakengemeinden, die ständig durch den Zustrom von Flüchtlingen anwuchsen, sondern auch eigenmächtige Umsiedler, verfolgte Sektierer und andere „unruhige" Elemente, die sich

[8] Vgl. История СССР с древнейших времен до наших дней, Bd. II, Moskau 1966; Очерки русской культуры XIII–XV веков, Bd. I, Moskau 1969; G. E. Kočin, Сельское хозяйство на Руси конца XIII – начала XVI в., Moskau/Leningrad 1965; L. V. Čerepnin, Образование русского централизованного государства в XIV–XV веках, Moskau 1960; M. N. Tichomirov, Россия в XVI столетии, Moskau 1962; S. V. Bachrušin, Научные труды, Bd. I: Очерки по истории ремесла, торговли и городов Русского централизованного государства XVI–начала XVII в., Moskau 1952; A. A. Novosel'skij, Борьба Московского государства с татарами в XVII веке, Moskau/Leningrad 1948; V. I. Koreckij, Крестьянская колонизация и особенности процесса закрепощения на юге России в конце XVI в. In: Ежегодник по аграрной истории Восточной Европы 1964, Kišinev 1966; L. G. Zaničeva, Крестьянские побеги во второй половине XVII в. (по материалам сыска Г. С. Исупова в Мещерском крае). In: ebenda; I. M. Kulišer, Очерк истории русской торговли, Petersburg 1923; A. P. Pronštejn, К истории возникновения казачьих поселений и образования сословия казаков на Дону, in: Новое о прошлом нашей страны, Moskau 1957; I. I. Smirnov/A. G. Man'kov/E. P. Pod'japol'skaja/V. V. Mavrodin, Крестьянские войны в России XVII–XVIII вв., Moskau/Leningrad 1966.

die verlorene Freiheit eigenmächtig zurückholten. So entstanden im feudalen Rußland des 16. und 17. Jh. kleine Zentren einer freien wirtschaftlichen Entwicklung, die dem amerikanischen Squattertum ähnlich waren. Sie konnten entstehen, weil große Weiten unbesiedelten Landes mit noch nicht erschlossenen Naturschätzen zur Verfügung standen. Der Unterschied dieser freien Wirtschaft im russischen Staat gegenüber dem amerikanischen Squatter ergab sich daraus, daß sie innerhalb eines feudalen Staates entstand, nicht die Vorteile einer sich herausbildenden kapitalistischen Entwicklung ausnutzen konnte und unter dem ständigen Druck der Verfolgung und Zerstörung bestehen mußte. Hieraus ergaben sich der ökonomisch primitive Entwicklungsstand und die mangelnde Festigkeit ihrer isolierten Existenz. Den Pionieren der landwirtschaftlichen Erschließung folgten jedesmal die großen Grundbesitzer und die Organe der Staatsgewalt nach Süden und nach Osten, häufig erreichten sie die freien Siedler und legten ihnen wieder das verhaßte Joch auf. Dieser Gefahr konnten nicht einmal die kampfkräftigen Kosakengemeinschaften entgehen; auch sie wurden allmählich mit Hilfe der eigenen Staršina der Zentralgewalt untergeordnet. Notwendig ist es, an jenen Kampf zu erinnern, der zwischen den leibeigenen Bauern und ihren Herren tagtäglich geführt wurde; nur die ständige Einmischung der Regierung konnte die erzwungene Ergebenheit der ländlichen Bevölkerung sichern.

Die feudale auf der Leibeigenschaft beruhende Ordnung wurde zu dieser Zeit aber bereits von ökonomischen Prozessen, die sich innerhalb der bestehenden Gesellschaftsformation vollzogen, bedroht. Diese Prozesse mußten bei einer bestimmten Reife in unüberbrückbaren Gegensatz zur bestehenden feudalen Produktionsweise geraten. W. I. Lenin nannte das 17. Jh. den Beginn einer „neuen Periode" in der Geschichte Rußlands; er betonte für diese Zeit die Ausdehnung der Handelsbeziehungen, die einen Zusammenschluß der örtlichen, zersplitterten Märkte zu einem einheitlichen nationalen Markt innerhalb des zentalisierten Staates bewirkte. Auf dem großen, sich noch immer ausdehnenden Territorium des osteuropäischen Großstaates vollzog sich in dieser Zeit der Kampf zweier einander entgegengesetzter Tendenzen: Einerseits verschärfte sich die Leibeigenschaft, verschmolzen Pomest'e und Votčina miteinander, festigte sich die Macht der zarischen Selbstherrschaft; andererseits entstanden die Vorbedingungen für die Entwicklung kapitalistischer Wirtschaftsverhältnisse. Die Arbeitsteilung entwickelte sich weiter, neue Handelsstädte entstanden, der Geldumlauf verstärkte sich und gewann an Bedeutung. Nicht nur in dem von Staatsbauern bewohnten Dorf, sondern auch in den Besitzungen der Gutsherren begann sich eine Differenzierung nach dem Besitz abzuzeichnen. Zehntausende Bauern arbeiteten als Treidler entlang der Wolga, Suchona Dwina.Unternehmungslustige Kaufleute brachten aus Sibirien wertvolle Pelze, die sie nicht nur an den Zaren und an den hohen Adel, sondern auch an ausländische Kaufleute verkauften; englische, holländische und schwedische Kaufleute führten aus Rußland in großem Umfang Leder, Salz, Getreide, Leinen, Pottasche und andere Waren aus. Der Handel mit dem Orient dehnte sich aus. Es kam, wenn auch langsam, zur Akkumulation von Kapitalien, die im 17. Jh. bereits vereinzelt im rohstofferschließenden und im verarbeitenden Gewerbe angelegt wurden. Erinnert sei nur an solche Kaufleute und Unternehmer wie die

Stroganov, die Kalmykov und die Svetešnikov. Erste, noch schwache Ansätze eines kapitalistischen Unternehmertums in Form der einfachen Kooperation und der Manufaktur waren entstanden, in erster Linie in den Nichtschwarzerdegebieten und in den mit Rußland vereinigten ukrainischen Gebieten östlich des Dnepr. Die größeren Unternehmen, vor allem in der Metallurgie und in der Textilverarbeitung, erfüllten Staatsaufträge und dienten der Ausrüstung und Bewaffnung der Armee. Einen starken Auftrieb erhielt die Entwicklung der Großproduktion durch die Wirtschaftspolitik Peters I., der sich das Ziel gesetzt hatte, zu den Weltmeeren vorzustoßen und die wirtschaftliche sowie kulturelle Rückständigkeit Rußlands gegenüber dem übrigen Europa zu überwinden. Im Verlaufe des Nordischen Krieges wurden in fieberhafter Eile eine reguläre Armee und eine Flotte aufgebaut. Die Regierung übernahm dabei die fortschrittlichsten Erfahrungen aus West- und Mitteleuropa, rief aus dem Ausland Handwerker und Offiziere ins Land, ließ nach Eisen- und Kupfererzstätten forschen, begünstigte die Gründung von Handelskompagnien und ließ große Berg- und Hüttenwerke sowie Textilmanufakturen errichten. Diese merkantilistische Politik Peters I. war eine gesetzmäßige Erscheinung: Zu Beginn der kapitalistischen Entwicklung war auch in den fortgeschrittenen Ländern die staatliche Unterstützung für entstehende kapitalistische Betriebe notwendig: So war es in England in der Zeit Cromwells, so war es in Frankreich bei der Realisierung der wirtschaftlichen Maßnahmen Colberts. Eine gleichartige merkantilistische Politik ist auch in Preußen vertreten worden. In Rußland stieß die Einführung der Großproduktion – ähnlich wie in Preußen – auf zwei schwer zu überwindende Hindernisse: Es fehlte an Kapital und es mangelte an freien Arbeitskräften. Trotz des sich entwickelnden nichtäquivalenten Handels und der Pelzreichtümer Sibiriens hatte Rußland keine reichen Kolonien, wie sie England und Frankreich in der Zeit des Aufstiegs des Kapitalismus besaßen. Die Dorfbevölkerung war in diesem Agrarstaat an den Boden gebunden und schied nicht so viele Arbeitskräfte aus, wie sie die entstehende Industrie benötigte. Die Bedürfnisse des feudalen Staates beeinflußten in Rußland stark den Prozeß der ursprünglichen Akkumulation. Die feudale Staatsgewalt mußte große Initiative entwickeln, um in ihre Wirtschaftspolitik reiche Kaufleute und Adlige mit einzubeziehen. Diese mußten durch Unterstützungen und Prämien gewonnen werden. Außerdem war es nötig, staatliche Betriebe zu errichten und in Gang zu bringen, die später Privatpersonen übergeben werden konnten. Durch die Verstärkung des Steuerdrucks konnte die Regierung in der ersten Hälfte des 18. Jh. die neuen Betriebe noch mehr oder weniger finanziell unterstützen, solange die Leibeigenschaft bestand, war sie aber nicht in der Lage, diese Betriebe mit freien Arbeitskräften zu versorgen. Der Aufbau großer Manufakturen wurde vor allem im Ural, wo wichtige Bodenschätze gewonnen wurden, rasch vorangetrieben. Dabei griffen sowohl die Regierung als auch die privaten Unternehmer zu einer in West- und Mitteleuropa unbekannten ökonomischen Maßnahme: In den Manufakturen wurden durch Zwangsmaßnahmen Zehntausende von Staatsbauern zur Arbeit gezwungen; den Unternehmern gestattete man, Bauern zu kaufen, um sie in der industriellen Produktion einzusetzen. Verschriebene Bauern, Possessionsbauern, übereignete und gekaufte Bauern mußten ihre feudale Fronarbeit in den neu errichteten oder erweiterten Werken und Manufakturen ableisten. Nach Lenin ist das eine „eigenständige" Form der großen Industrie, sie spiegelt in ihrer Struktur innere ökonomische Widersprüche wider. Der große Umfang der Produktion, die nicht nur Aufträge des Staates erfüllte, sondern auch den Anforderungen des inneren und des äußeren Marktes entsprach, wurde durch eine weitgehende technische Arbeitsteilung und durch allmähliche Vervollkommnung der Produktionsmethoden und der Ausbildung der Arbeiter erzielt. Damit ähnelt sie der kapitalistischen Manufaktur. Sie beruhte aber überwiegend auf der erzwungenen Arbeit von leibeigenen Kleinproduzenten, die organisch aus der feudalen Formation erwachsen waren. Anfangs brachte sogar in England die Umwandlung von Freien in Fabrikarbeiter gewisse Schwierigkeiten mit sich. Die Regierung unterstützte die kapitalistischen Unternehmer und jagte Verarmte, Bettler, Landstreicher und Verbrecher in die Fabriken. Dieser Zustand hielt aber nicht lange an. Die russische Regierung beschränkte sich nicht auf solche Maßnahmen. Auf Grund spezieller Gesetze entstand die mit Leibeigenen betriebene Manufaktur, die anderthalb Jahrhunderte Bestand hatte. Die freie Lohnarbeit verschwand nicht; sie wurde im Transportwesen und auch in der industriellen Produktion weiter angewandt, zuweilen in Verbindung mit erzwungener Arbeit, teilweise ausschließlich auf der Basis eines frei ausgehandelten Vertrages. Aber diese ersten Ansätze sich entwickelnder kapitalistischer Verhältnisse wurden unterdrückt und deformiert durch die Gesamtheit der feudalen Charakter tragenden Verhältnisse. Als Lohnarbeiter trat nicht der Proletarier auf, der von den Produktionsmitteln und von der persönlichen Abhängigkeit frei war, sondern vor allem der leibeigene Bauer, der seinen Obrok dadurch verdiente, daß er mit Genehmigung seines Herren für eine festgesetzte Zeit ein Arbeitsverhältnis außerhalb seines Dorfes einging. Städter, meist verarmte Handwerker, und freie Staatsbauern gab es unter den Lohnarbeitern nur wenige. Außerdem waren auch die Beziehungen des Unternehmers zu seinen Lohnarbeitern durch die Sitten und Gewohnheiten der Leibeigenschaft geprägt.[9]

[9] Vgl. История СССР с древнейших времен до наших дней. Bd. III, Moskau 1967; I. A. Bulygin/E. I. Indova/A. A. Preobraženskij/Ju. A. Tichonov/S. M. Troickij, Начальный этап генезиса капитализма в России. In: Вопросы истории 1966, Heft 10; E. I. Indova/A. A. Preobraženskij/Ju. A. Tichoner, Классовая борьба крестьянства и становление буржуазных отношений в России, in: Вопросы истории 1964, Heft 12; N. I. Pavlenko, Развитие металлургической промышленности России в первой половине XVIII века. Промышленная политика и управление, Moskau 1958; derselbe, История металлургии в России XVIII века. Заводы и заводовладельцы, Moskau 1962; B. B. Kafengauz, История хозяйства Демидовых XVIII–XIX вв., Bd. I, Moskau/Leningrad 1949; E. I. Zaozerskaja, Развитие легкой промышленности в Москве в первой четверти XVIII в., Moskau 1953; dieselbe. Рабочая сила и классовая борьба на текстильных мануфактурах России в 20–60 гг. XVIII в., Moskau 1960; A. A. Novosel'skij, Вотчинник и его хозяйство в XVII веке, Moskau/Leningrad 1929; N. A. Baklanova, Торгово-промышленная деятельность Калмыковых во второй половине XVII в., Moskau 1959; I. V. Stepanov, Работные люди Поволжья в XVII в. (К вопросу о характере найма), in: Вопросы генезиса капитализма в России, Leningrad 1960; К вопросу о первоначальном накоплении в России (XVII–XVIII вв.), Moskau 1958; E. N. Ošanina, К истории заселения Среднего Поволжья в XVII в. In: Русское государство в XVII веке, Moskau 1961.

Die Mehrzahl der sowjetischen Forscher stimmt in der Auffassung überein; daß das Anwachsen der Lohnarbeit, das zur Zersetzung des Feudalsystems führte, etwa mit den sechziger Jahren des 18. Jh. beginnt. Zu diesem Zeitpunkt werden die Ergebnisse der sozialen Differenzierung in der Bauernschaft deutlich erkennbar, es bilden sich beträchtliche Arbeitskräftereserven, und es sind private Kapitalien vorhanden, die in neuen, keine Leibeigenen beschäftigenden Betrieben angelegt werden können. Die Eroberung der Zugänge zur Ostsee und zum Schwarzen Meer, das ständige Anwachsen des Binnen- und des Außenhandels, die Erschließung von Gold-, Blei- und Erzvorkommen, das Wachsen der Arbeitsproduktivität im Zusammenhang mit der Einführung neuer technischer Verfahren, beispielsweise der Anwendung von Wasserkraft für den Antrieb von Werkbänken, der Einführung von zylindrischen Blasebälgen im Ural und der Bau von Kanälen, die die Ostsee mit der Wolga verbanden, ließen die verstreuten Ansätze des Kapitalismus zu einem festen System kapitalistischer Verhältnisse zusammenwachsen. In jenen Jahren wurden Neurußland, Westsibirien und das Kaukasusvorland wirtschaftlich erschlossen, also Gebiete, in denen sich die Leibeigenschaft nie hatte durchsetzen können. In den Nichtschwarzerdegebieten entwickelte sich rasch das bäuerliche Gewerbe, die Bauern verließen in steigendem Maße die Dörfer und nahmen Beschäftigung außerhalb der Landwirtschaft auf; aus den Reihen reicher Bauern entwickelten sich nicht nur Aufkäufer, sondern auch Großunternehmer. Aber noch immer waren ökonomische Unterschiede zwischen den fortschrittlichen Staaten West- und Mitteleuropas sowie den USA, die bereits in das Stadium der industriellen Revolution eingetreten waren, und dem noch immer feudalen Rußland, in dem das Handwerk und die auf Handarbeit beruhende Manufakturproduktion vorherrschten, festzustellen. Das Berg- und Hüttenwesen im Ural und die großen Leinwandmanufakturen behielten zwar noch ihre traditionelle Rolle als Lieferant von Eisen und Segeltuchen für den englischen Markt, aber die führenden Vertreter des russischen Geisteslebens erkannten immer deutlicher, daß die Arbeit von Leibeigenen unproduktiv sei, daß soziale Veränderungen unausweichlich heranreiften. Die russischen Herrscher mußten – ähnlich wie die Könige von Preußen – den neuen Tendenzen Zugeständnisse machen. Unter der modernen Losung vom „aufgeklärten Absolutismus" wurde die Säkularisierung des Kirchenbesitzes durchgeführt, wurde es verboten, Leibeigene für neu errichtete gewerbliche Unternehmungen zu kaufen, wurde die Gewerbefreiheit verkündet, wurde offiziell eingeräumt, daß es notwendig sei, das System der Leibeigenschaft zu mildern. Gleichzeitig mit diesen progressiven Schritten wurden jedoch wie in Preußen reaktionäre Gesetze erlassen und der Einfluß der französischen bürgerlich-demokratischen Revolution offen bekämpft.[10]

[10] Vgl. P. A. Chromov, Экономическое развитие России в XIX–XX веках, o. O. 1950, Abschnitt I; I. V. Mešalin, Токстильная промышленность простьян Московской тубернии в XVIII и первой половине XIX века, Moskau/Leningard 1950; N. L. Rubinštejn, Сельское хозяйство России во второй половине XVIII в., Moskau 1957; K. N. Ščepetov, Крепостное право в вотчинах Шереметевых, Moskau 1947; A. I. Razgon, Промышленные и торговые слободы и села Владимирской губернии во второй половине XVIII в. In: Исторические записки, Bd. 32, 1950; E. I. Družinina, Северное

Die erste Hälfte des 19. Jh. ist ebenfalls durch Schwankungen in der sozialökonomischen Politik der Adelsregierung gekennzeichnet: Allen freien Ständen des Staates wurde gestattet, unbesiedeltes Land zu erwerben. Außerdem wurden Versuche unternommen, die Leibeigenschaft auf „schmerzlose" Weise zu liquidieren, wie das Gesetz aus dem Jahre 1803 über die freien Ackerbauern und das Gesetz von 1842 über die verpflichteten Bauern, wie die Inventarisierung der Güter in der Ukraine westlich des Dnepr beweisen; zur gleichen Zeit ergriff die Regierung, die eisern an der Leibeigenschaft festhielt, auch verschiedene reaktionäre Maßnahmen. Die Grenzen Rußlands wurden weiter nach Westen, Süden und Osten vorgeschoben. Damit kamen sowohl ökonomisch entwickelte Gebiete wie Finnland und der größte Teil Polens, aber auch sehr rückständige Gebiete an den russischen Staat. Die Bevölkerung von Georgien, Armenien, der Bergregionen des Kaukasus, Bessarabiens und Kasachstans stand auf verschiedenen Stufen der feudalen Entwicklung. Die zaristische Regierung führte gegenüber den nichtrussischen Randgebieten eine jetzt schon traditionelle Politik der nationalen Unterdrückung. Sie versuchte, die weniger entwickelten Gebiete zu Kolonien des russischen Kaiserreichs herabzudrücken. Aber die von der ökonomischen Entwicklung ausgehenden Impulse näherten die verschiedenen Schichten des multinationalen Staates einander an. Zwischen dem schon früher entstandenen Zentrum des Staates und den von anderen Nationalitäten besiedelten Randgebieten entwickelten sich Handelsbeziehungen. Es begann ein Austausch von Handfertigkeiten und von Arbeitsergebnissen. Die Werktätigen Rußlands und der anderen Völker des russischen Reiches lebten in annähernd gleicher Weise. Sie kämpften gemeinsam gegen feudale Unterdrückung und gegen den Druck der Regierung. Das Feudalsystem und die Willkür der Selbstherrschaft lasteten in gleicher Weise auf allen Völkern des großen Reiches; diese Faktoren hemmten die Genesis des Kapitalismus und den Übergang zu fortschrittlicheren gesellschaftlichen Verhältnissen.

In Preußen erfolgte in jener Zeit ebenfalls die Zersetzung der Feudalordnung, aber der Übergang zum Kapitalismus vollzog sich dort schneller als in Rußland. Nach der Zerschlagung der preußischen Armee durch Napoleon mußte die Hohenzollernregierung die Leibeigenschaft aufheben und bürgerliche Reformen durchführen. Im Gegensatz dazu reichte die Energie Alexanders I. nur dazu aus, den Bauern in den baltischen Provinzen des Russischen Reiches die persönliche Freiheit zu geben und wirkungslose Entwürfe für eine allgemeine Bauernemanzipation und für eine Verfassung auszuarbeiten. In Preußen gaben die Reformen zu Beginn des 19. Jh. der wirtschaftlichen Entwicklung einen spürbaren Aufschwung, mit der Revolution von 1848 wurden wesentliche Überreste des Feudalismus in Preußen beseitigt. In den dreißiger Jahren des 19. Jh. ging in England, in Frankreich und in den USA die indu-

Причерноморье в 1775–1800 гг., Moskau 1959; V. M. Kabuzan, Крестьянская колонизация Северного Причерноморья (Новороссии) в XVIII – первой половине XIX вв. (1719–1857 гг.). In: Ежегодник по аграрной истории Восточной Европы 1964, Kišinev 1966; A. D. Bačinskij, Основные этапы крестьянско-казацкой колонизации Буджакской степи и низовий Дуная в XVIII – начале XIX вв. In: ebenda; V. I. Žukov, Сельскохозяйственное предпринимательство купцов и мещан Бессарабии (1812–1861). In: ebenda.

strielle Revolution zu Ende, die industrielle Großproduktion wurde zur Basis des sich fest etablierenden Kapitalismus. Im Reich des Zaren bildete die Leibeigenschaft nach wie vor eine Barriere gegen die freie ökonomische Entwicklung.

Aber auch in Rußland untergrub die Entwicklung der Produktivkräfte immer mehr die Fundamente der Feudalordnung. Es entstanden neue Großbetriebe, es erhöhte sich die Zahl der Industriearbeiter, der Produktionsausstoß wuchs. Die freie Lohnarbeit verdrängte immer mehr die „Barščina in der Fabrik". Auf dem Wege zum Kapitalismus ging – wie in anderen Staaten – auch in Rußland die Textilindustrie den anderen Industriezweigen voran. Unter dem Einfluß der Weltwirtschaftsentwicklung, vor allem durch die Einfuhr von ausländischen Maschinen, entstand die Baumwollspinnerei ausschließlich auf der Grundlage der neuen Technik, allmählich wurde der Kattundruck immer mehr mechanisiert, in geringerem Maße auch die Weberei. Mechanische Webstühle und Dampfantrieb wurden in der Woll-, Tuch- und Seidenmanufaktur angewandt. Ähnliche Veränderungen sind in der Papierherstellung und in der Zuckerrübenverarbeitung zu beobachten. Selbst in den zurückgebliebenen Betrieben des Berg- und Hüttenwesens löste das Puddelverfahren das primitive Verfahren des Frischens ab, es wurden Dampfantrieb und bessere Walzstraßen in der Produktion eingesetzt. Das Entstehen großer Fabrikunternehmen führte noch nicht zu einer Liquidierung der kleinen Warenproduktion. Die maschinelle Baumwollspinnerei rief wie in England am Ende des 18. Jh. eine wachsende Nachfrage nach Webern hervor, die zu Hause auf ihren primitiven Webstühlen im Auftrag großer Unternehmer arbeiteten. Der Einsatz von Maschinen hatte deutliche soziale Auswirkungen. Das Entstehen von Fabriken nicht nur in Städten sondern auch in ländlichen Gebieten führte zur Steigerung der Frauen- und Kinderarbeit, durch die die Arbeit von Männern ersetzt wurde. Die Herstellung von billigem Kattun drängte die Leinwandhandweberei zurück. Es entstanden große Fabrikzentren. Zugleich begann auch die Umgestaltung des Transportwesens, anfangs auf den wichtigen Flußverbindungen, dann auch auf den Landwegen. Auf der Ostsee, auf dem Schwarzen Meer und dem Kaspischen Meer und etwas später auch auf der Wolga wurden regelmäßige Dampfschiffverbindungen eingerichtet. In Sormovo bei Nižnij Novgorod nahm 1849 das erste bedeutende Maschinenbauunternehmen seine Tätigkeit auf, in dem auch Aufträge zum Bau von Dampfschiffen ausgeführt wurden. 1839 begann der Bau von Eisenbahnen, von denen vor allem die Verbindung zwischen Moskau und Petersburg große wirtschaftliche Bedeutung erlangte. Zu Beginn der sechziger Jahre des 19. Jh. betrug die Länge des Eisenbahnnetzes in Rußland 1626 Werst. Die Kapitalakkumulation vollzog sich schneller und erfolgreicher als früher. Fabrikanten in Moskau und in Vladimir wurden unter Ausnutzung des Schutzzolltarifes von 1822 zu Begründern großer Unternehmerdynastien. Aber die Erfolge der industriellen Entwicklung blieben überwiegend auf die zentralen Nichtschwarzerdegebiete, die baltischen Provinzen, und teilsweie auf die Ukraine, Belorußland und Litauen beschränkt. In Georgien, Armenien und Aserbaidshan bildeten sich erste Keime des Kapitalismus.

In der Landwirtschaft waren ebenfalls neue Erscheinungen zu beobachten, die den heranreifenden Umschwung vom Feudalismus zum Kapialismus anzeigten. Die Differenzierung der Bauernschaft machte rasche Fortschritte. Die reiche Oberschicht wurde in die Ware-Geld-Beziehungen mit einbezogen, aus ihrer Mitte gingen Zwischenhändler, Kaufleute, Aufkäufer von landwirtschaftlichen Produkten, kleine und große Unternehmer hervor. Reich gewordene Kulaken pachteten nicht nur in den Dörfern der Staatsbauern, sondern auch in den Dörfern der Gutsbesitzer Land, sie rationalisierten ihre Wirtschaft, steigerten den Anbau technischer Kulturen und verkauften mehr Getreide in den Städten. Auch der fortschrittliche Teil der Gutsbesitzerklasse war bestrebt, die Agrartechnik zu verbessern. In den dreißiger bis fünfziger Jahren entstanden Dutzende landwirtschaftlicher Gesellschaften, es entwickelte sich eine eigene, Agrarfragen gewidmete Presse. Einige Güter gingen zum Fruchtfolgesystem über, Futterpflanzenanbau und Weinanbau entwickelten sich, Sonnenblumen wurden kultiviert; Maulbeerbaumplantagen angelegt, und außerdem setzte man verbesserte Geräte und Maschinen ein. In den südlichen und südöstlichen Gouvernements gab es relativ wenige Leibeigene, hier wurden in der kapitalistisch betriebenen Landwirtschaft massenhaft Lohnarbeiter beschäftigt; Hunderttausende verarmter Bauern waren als Saisonarbeiter in diesen Gebieten tätig. Wie in den vorhergehenden Zeiten strömten auch jetzt noch ständig flüchtige Bauern nach Süden und Osten. In den dreißiger bis fünfziger Jahren des 19. Jh. fiel in Rußland der Beginn der industriellen Revolution mit den Anfängen kapitalistischer Verhältnisse in der Landwirtschaft zusammen.

Aber das Weiterbestehen der Leibeigenschaft hemmte die Entfaltung der neuen Entwicklungsprozesse. In einzelnen Industriezweigen, vor allem im Berg- und Hüttenwesen und in der Tuchmanufaktur, herrschte nach wie vor der außerökonomische Zwang vor. Die Mehrzahl der Gutsbesitzer ergriff nur ungern Maßnahmen zur Verbesserung der Agrotechnik, sie zog es vor, in der gewohnten Weise weiterzuwirtschaften. Um ihre Einnahmen zu erhöhen, vergrößerten diese Gutsbesitzer nur die Anbaufläche, ließen Neuland bearbeiten und erhöhten die bäuerlichen Verpflichtungen. In den Nichtschwarzerdegebieten, in denen sich das bäuerliche Gewerbe rasch entwickelte und die Arbeit außerhalb der Landwirtschaft großen Umfang angenommen hatte, erhöhten die Gutsbesitzer den Geldobrok, oft gaben sie ihre eigene Wirtschaft völlig auf. Die Arbeit von Leibeigenen wurde sowohl in der Industrie als auch in der Landwirtschaft immer unproduktiver. Die Großgrundbesitzer lebten in der Regel nicht auf ihren Besitzungen, besaßen oft keinen Überblick über die Einnahmen und Ausgaben, verfügten über keine Kapitalien und verpfändeten ihre besiedelten Ländereien an die staatlichen Banken, um ihr parasitäres Leben weiterführen zu können. Die Bauern litten meist unter Landmangel, hatten nicht genügend Vieh und Dünger, von Witterungsextremen, Mißernten und Viehseuchen wurden sie am schwersten getroffen. Die Leibeigenen konnten nicht frei über ihre Arbeitskraft verfügen. Es hing von der Willkür des Herrn ab, ob sich ein Bauer mit Handel und Gewerbe befassen durfte oder nicht; und nicht nur das wirtschaftliche, sondern auch das persönliche Leben der Bauern unterlag der Reglementierung durch den Herrn, der Initiative und Unternehmergeist seines „getauften Eigentums" rücksichtslos unterdrückte. Zwischen dem erreichten Stand der Produktivkräfte und den feudalen Produktionsverhältnissen tat sich ein immer größer werdender Widerspruch auf. Die Feudalordnung durchlebte in jenen Jahren eine sich rasch zuspitzende Krise. Auf Grund des langen

Bestehens der Leibeigenschaft trat Rußland erst weit später in die Krise des Feudalismus ein als jene Länder, die unter günstigeren natürlichen und historischen Bedingungen sich entwickelt hatten. England hatte diese Krise am Vorabend seiner bürgerlichen Revolution im 17. Jh. durchlebt, die USA vor dem Beginn des Kampfes um die politische Unabhängigkeit, Frankreich am Ende des 18. Jahrhunderts. In Preußen waren die Symptome des sich vollziehenden Umbruchs in der ganzen ersten Hälfte des 19. Jh. bis zur Revolution von 1848 spürbar. Durch diese Umstände bedingt, blieb Rußland in wirtschaftlicher Hinsicht immer weiter hinter den fortgeschritteneren kapitalistischen Staaten zurück. Als Maßstab für dieses Zurückbleiben kann die Entwicklung der Roheisenerzeugung dienen: 1860 waren es in Großbritannien 3982000 t, in den USA 934000 t, in Frankreich 892000 t, aber in Rußland ungeachtet seines großen Territoriums und seiner zahlreichen Bevölkerung nur 335000 t.[11]

Der Krimkrieg, der 1853 ausbrach, hatte – nach den Worten Lenins – „die ganze Fäulnis und Ohnmacht des Rußlands der Leibeigenschaft gezeigt“[12]. Die technische, industrielle und verwaltungsmäßige Zurückgebliebenheit Rußlands wurde die Ursache seiner militärischen Niederlage. Der Krimkrieg hatte für Rußland eine gleichermaßen ernüchternde Wirkung wie für Preußen die Ereignisse des Jahres 1806. Die Leibeigenschaft mußte fallen, aber sie wurde nicht durch eine Volksrevolution hinweggefegt, sondern durch eine Regierungsreform von oben beseitigt.

In Frankreich waren die Reste des Feudalismus durch die Gesetze des Konvents 1793 beseitigt worden, die Bauern erhielten ihr Land, ohne zu Geldzahlungen verpflichtet zu sein. In den USA verband man während der zweiten bürgerlichen Revolution die Befreiung der Sklaven nicht mit einer Landzuteilung an die Freigelassenen, wie es die fortschrittlichen demokratischen Kreise gefordert hatten, aber die „Homestead Act“ von 1862 bot den Negern die Möglichkeit, unentgeldlich freies Land in Besitz zu nehmen und zu bearbeiten. Preußen und Rußland gingen einen anderen Weg: Unter dem starken Druck der Gutsbesitzer und der Drohung spontaner Bauernunruhen übernahm die Regierung die Ausarbeitung von Gesetzen, wobei vor allem die Interessen der besitzenden Klassen berücksichtigt wurden. Die preußische Bourgeoi-

11 Vgl. История СССР с древнейших времен до наших дней, Bd. IV, Moskau 1967; N. M. Družinin, Конфликт между производительными силами и феодальными отношениями накануне реформы 1861 года. In: Вопросы истории 1954, Heft 7; Очерки экономической истории России первой половины XIX века, Moskau 1959; A. G. Rašin, Формирование промышленного пролетариата в России, Moskau 1940; I. D. Koval'čenko, Русское крепостное крестьянство в первой половине XIX века, Moskau 1967; E. I. Družinina, Южная Украина в 1800–1825 гг., Moskau 1970; A. V. Fadeev, Очерки экономического развития степного Предкавказья в дореформенный период, Moskau 1957; I. G. Antelava/Ė. A. Ordžonikidze/ Ė. V. Choštarija, К вопросу о генезисе и развитии капитализма в сельском хозяйстве и промышленности Грузии, Tbilisi 1967; N. M. Družinin, Государственные крестьяне и реформа П. Д. Киселева, Bd. I, II, Moskau 1946, 1958; История Сибири с древнейших времен до наших дней, Bd. II, Leningrad 1968; S. Ja. Borovoj, Кредит и банки России, Moskau 1958.

12 W. I. Lenin, Die „Bauernreform“ und die proletarisch-bäuerliche Revolution. In: Lenin, Werke, Bd. 17, Berlin 1967, S. 105.

sie zeigte sich sowohl in den Jahren 1807 bis 1816 als auch 1848, als in Berlin und in den Provinzen die Volksrevolution herrschte, politisch machtlos und ohne eigene Initiative. Eine noch geringere politische Energie zeigte nach der Niederlage im Krimkrieg die noch nicht voll herausgebildete russische Bourgeoisie. In Preußen kam es unter dem Einfluß der revolutionären Demokraten in der Revolution 1848 zur Bildung von Bauernvereinen, die eine grundlegende Reform der Agrarverhältnisse forderten. In Rußland beschränkte sich 1856 bis 1860 die Protestbewegung auf „Abstinenz-Unruhen" und einzelne Proteste gegen die Wegnahme von Grund und Boden; die revolutionär-demokratische Intelligenz war zahlenmäßig schwach, kaum organisiert und nicht mit den Massen verbunden. Die liberalen Gutsbesitzer wollten sich bei der Vorbereitung der Reform auf die preußischen Erfahrungen stützen; es genügt, an die apologetische Monographie über die Aufhebung der Leibeigenschaft in Preußen zu erinnern, die 1858 von einem der einflußreichsten Mitarbeiter an den Verordnungen des Jahres 1861, von Jurij Fedorovič Samarin, veröffentlicht wurde.

Wenn wir den Inhalt der entsprechenden Gesetze in Preußen und in Rußland vergleichen, dann fällt ihre Gleichartigkeit in den Grundprinzipien auf, zugleich werden aber wesentliche Unterschiede zuungunsten der russischen Bauernschaft deutlich. Der Druck der Feudalherren erwies sich in Rußland als weit stärker, die Zugeständnisse an die Gutsbesitzer waren weit größer. Die Regierung übergab schon in der Anfangsphase die Vorbereitung der Gesetzesprojekte den Adelskomitees in den Gouvernements. Nach langem Schwanken entschloß sich die Regierung, dem preußischen Beispiel folgend, die Bauern in Eigentümer der von ihnen zur Zeit bearbeiteten Landanteile zu verwandeln, aber zugleich stimmte sie den Korrekturen an den Projekten der Redaktionskommission seitens der Grundbesitzer zu. Wie in Preußen wurden auch in Rußland drei Etappen der Reform vorgesehen:

1. persönliche Befreiung der Bauern;
2. Regulierung der Beziehungen zwischen Bauern und Gutsbesitzern,
3. Loskauf der Feudalverpflichtungen durch die Bauern (in Rußland hieß das „Loskauf des Landes"). In Preußen wurde die persönliche Freiheit der Bauern 1807 verkündet, sie trat innerhalb von drei Jahren in Kraft. In Rußland (mit Ausnahme der baltischen Provinzen, wo zwischen 1816 und 1819 die Bauern persönlich frei wurden) erfolgte die Befreiung 50 Jahre nach den preußischen Edikten, in Georgien sogar noch später. In der ganzen Zeit der „zeitweiligen Verpflichtung", das heißt, bis der „Loskauf des Landes" abgeschlossen war, blieben in Rußland Reste der persönlichen Bindung des ehemaligen Leibeigenen an seinen früheren Herrn bestehen. In Preußen wurden die gegenseitigen Beziehungen zwischen Bauern und Gutsherrn entsprechend den Gesetzen von 1850 bis 1852 in der Weise reguliert, daß die auf dem Lande ruhenden Verpflichtungen in Geld umgerechnet, die Fronarbeit aufgehoben und die ehemaligen Leibeigenen das von ihnen bearbeitete Land als Besitz erhielten. Dabei wurde die Berechnung sämtlicher Rechte und Verpflichtungen, die auf einem bestimmten Landstück lagen, nach verbindlichen Regeln vorgenommen, im Falle von Streitigkeiten waren Schiedsgerichte eingesetzt, in denen Bauern mitwirkten. Trotz der Unterschiede in den einzelnen Provinzen vollzog sich die Umrechnung der Verpflichtungen in Geld in Preußen nach einheitlichen Regeln. In Rußland wurden auf Grund der

unterschiedlichen wirtschaftlichen Entwicklung die Beziehungen zwischen Bauern und Grundherrn in den einzelnen Gebieten und entsprechend den verschiedenen Kategorien der feudalabhängigen Bevölkerung nicht einheitlich festgelegt; die Regulierung zog sich über ein Jahrzehnt hin.

1861 wurden besondere Bestimmungen für die russischen, die ukrainischen, die litauischen, die belorussischen, die sibirischen Gouvernements und für Bessarabien erlassen, weiterhin für die Arbeiter in Fabriken privater Unternehmer und für Bauern kleiner Güter. 1863 wurde eine eigene Verfügung für die Kronbauern, 1864 bis 1870 wurden verschiedene Bestimmungen für die Bauern in Georgien, Armenien und Aserbaidshan erlassen. 1866 waren die Staatsbauern an der Reihe. Im Unterschied zu Preußen wurde in Rußland den „freiwilligen Übereinkommen" zwischen Gutsbesitzern und Bauern gegenüber allgemeinverbindlichen gesetzlichen Normen der Vorzug gegeben. Die Bestimmungen über die Größe des Anteillandes und die Verpflichtungen wurden von den Gutsbesitzern selbst festgelegt, sie wurden vom Friedensrichter, also einem ortsansässigen Gutsbesitzer, bestätigt; über die Beschwerden der Bauern verhandelten und trafen den endgültigen Entscheid die Gouvernementsbehörden, ortsansässige Adlige und Beamte, die den Standpunkt der herrschenden Klasse vertraten. Nach dem preußischen Gesetz von 1850 erhielten die Bauern ihr ganzes Land, einschließlich Wald und Bodenschätzen. In Rußland wurde zugelassen, daß die Bauern einen beträchtlichen Teil ihres Landes abgeben mußten, wobei sie – mit Ausnahme der nördlichen Gebiete – ihren Wald verloren. Wenn wertvolle Bodenschätze gefunden wurden, verloren die Bauern die entsprechenden Landstücke, die gegen andere ausgetauscht wurden. Nach der gesetzlichen Regelung der Beziehungen zwischen Gutsherrn und Bauern sollte eine Landvermessung durchgeführt werden, die faktisch, wie die Praxis bewies, u. a. hinsichtlich der Bodenqualität und Lage zu einem Austausch von besseren bäuerlichen Ländereien gegen schlechtere führte.

Nach den preußischen Gesetzen der fünfziger Jahre des 19. Jh. waren die Loskaufoperationen mit der Regulierung verbunden und folgten ihr zwangsläufig. Beide Operationen begannen mit einer entsprechenden Erklärung einer der beiden Seiten, hierbei waren Gutsherr und Bauer gleichberechtigt. In Rußland war die Regulierung vom Loskauf getrennt; Wenn sich eine gütliche Übereinkunft als nicht möglich erwies, erfolgte die Regulierung durch alle Einzelheiten regelnde staatliche Gesetze. Die Größe des Anteillandes und der Verpflichtungen waren von der Staatsmacht für alle Regionen und für jeden Ort festgelegt. Die Abfassung und Durchsetzung besonderer, die Beziehungen zwischen Gutsherren und Bauern regelnder Verträge war durch Gesetz vorgeschrieben, der Loskauf konnte aber nur erfolgen, wenn der Gutsherr sich dazu bereiterklärte, wobei Zustimmung oder Ablehnung des Bauern keine Rolle spielte. Die Verordnung vom 19. Februar 1861 hatte den Gutsbesitzern keine Frist für die Beendigung der „zeitweiligen Verpflichtung" der Bauern, also der feudalen Abhängigkeitsverhältnisse, gesetzt. Eine Ausnahme bildeten die Kronbauern, für die das Gesetz von 1863 sofort den Loskauf vorschrieb. Auch für die Bauern der Ukraine westlich des Dnepr, Litauens und Belorußlands wurde unter dem Einfluß des polnischen Aufstandes von 1863 der Loskauf angeordnet. Für die „zeitweilig verpflichteten" Bauern privater Gutsbesitzer in den anderen Regionen des russischen Reiches wurde erst 1881 – nach zwanzig Jahren – der Loskauf gesetzlich angeordnet. Auf die Staatsbauern wurden die Loskaufoperationen erst 1886 ausgedehnt. Wie in Preußen wurde in Rußland die Loskaufoperation unter Mitwirkung des Staates durchgeführt, der den Gutsbesitzern Schuldscheine in die Hände gab und die vorgeschossenen Summen in jährlichen Raten direkt von den Bauern einzog. In Preußen wurde diese Operation von den örtlichen Rentenbanken durchgeführt, wobei die Schuldscheine der Gutsbesitzer mit 4 Prozent verzinst wurden. 1865 war fast der gesamte bäuerliche Besitz freigekauft. In Rußland übernahm die Staatsbank die Funktion der vermittelnden Institutionen; die Gutsbesitzer erhielten einen höheren Zinssatz von 5 Prozent statt der allgemein üblichen 4 Prozent, die Bauern aber mußten noch mehr an die Staatskasse zahlen, nämlich 6 Prozent Zinsen von der Loskaufsumme, wobei 1 Prozent auf Schuldtilgung und Verwaltungsgebüren ging. Infolge der russischen Gesetzgebung aus dem Jahre 1861 kam es zu einer Akkumulation von zusätzlichen Geldmitteln im Staatshaushalt und zu einem ständig wachsenden Geldmangel in den Bauernwirtschaften, für die die Loskaufsummen unerschwinglich waren. Für Georgien, Armenien und Aserbaidshan waren weder eine Loskaufverpflichtung noch eine Mitwirkung des Staates zur Förderung der Inititaive der Gutsbesitzer vorgesehen. Schließlich war einer der negativsten Züge der Verordnung des Jahres 1861 die den Gutsbesitzern eingeräumte Möglichkeit, den Bauern mit deren Zustimmung einen stark verminderten Landanteil ohne Gegenleistung zu überlassen. Die Mehrzahl dieser so „beschenkten“ Bauern verarmte völlig, sie mußte die eigene Landwirtschaft aufgeben und beim Gutsherrn Ackerland pachten oder aber außerhalb der Landwirtschaft Arbeit suchen.

In Preußen und in Rußland erstreckten sich Regulierung und Loskauf durchaus nicht auf die gesamte dörfliche Bevölkerung. Nach den Gesetzen von 1807 bis 1816 wurden in Preußen viele Besitzer kleiner Wirtschaften, die nicht der Regulierung unterlagen, völlig landlos, sie wurden zu Tagelöhnern. Das gleiche Schicksal traf auch einige Kategorien der preußischen Bauern nach dem Erlaß der Gesetze der fünfziger Jahre. In Rußland erhielt das Hofgesinde, dem der Gutsherr schon früher die eigene Wirtschaft genommen hatte, kein Land, auch die leibeigenen Arbeiter in den Fabriken und Werken erhielten keinen Bodenanteil. Schließlich wurde durch die russische Gesetzgebung im Unterschied zu Preußen die feudale Dorfgemeinde konserviert. Damit blieb die gegenseitige Bürgschaft bestehen, die die Initiative des einzelnen Bauern hemmte.

In Preußen wie in Rußland wurde also die Aufhebung der Leibeigenschaft im Interesse der Gutsbesitzerklasse durchgeführt, aber die Durchführungsbestimmungen waren in Rußland für die Bauern weit schwerer als in Preußen. Die Bestimmungen der entsprechenden Gesetze machten es für die ländliche Bevölkerung in Rußland weit schwerer, zu einer selbständigen Wirtschaft zu gelangen. Mit anderen Worten, die russische Variante der Entwicklung des Kapitalismus in der Landwirtschaft und damit auch die Durchsetzung des Kapitalismus überhaupt war weniger fortschrittlich und hemmte die wirtschaftliche Entwicklung des Dorfes.[13]

[13] Vgl. История СССР с древнейших времен до наших дней, Bd. V, Moskau 1968; Положения 19 февраля 1861 года о крестьянах, вышедших из крепостной зависимости,

Trotz alledem bilden die Gesetze der sechziger Jahre – nicht nur die Aufhebung der Leibeigenschaft, sondern auch die darauf folgende Gerichts-, Verwaltungs- und Bildungsreform – die Grenze zwischen zwei sozialökonomischen Formationen. Die Gewährung der persönlichen Freiheit an die leibeigenen Bauern öffnete ihnen die Möglichkeit, über ihre eigene Arbeitskraft zu verfügen, und gab der Entwicklung der Eigeninitiative und des Unternehmergeistes einen gewaltigen Aufschwung. Die ersten zwanzig Jahre nach der Reform von 1861, in denen die Agrarfrage noch nicht endgültig entschieden war, trugen den Charakter einer Übergangszeit – damit gleicht diese Zeit der Situation in Preußen zwischen dem Edikt von 1816 und den unter den Einfluß der Revolution von 1848 erlassenen Gesetzen. In der Zeit von 1861 bis 1881 siegte der Kapitalismus in der russischen Industrie. Der Prozeß der ursprünglichen Akkumulation durchlief von den bürgerlichen Reformen beeinflußt, seine letzte Phase und sicherte damit dem kapitalistischen Ausbeutungssystem das Übergewicht. Die Reform von 1861 warf eine bedeutende Zahl von Bauern und Arbeitern, die kein Land erhielten, auf den Arbeitskräftemarkt. Dabei handelte es sich in erster Linie um das ehemalige Hofgesinde, um Arbeiter, die schon vorher ihren Landbesitz verloren hatten, um Bauern mit „geschenktem" Landanteil, die keine eigene Wirtschaft mehr führen konnten. Allmählich kamen solche bäuerlichen Schichten hinzu, deren Landanteil bei der Regulierung stark verringert worden war, weiterhin Opfer der wirtschaftlichen Forderungen der Kulaken und schließlich solche Bauern, deren sinkende Einnahmen aus der Landwirtschaft nicht mehr die Loskaufzahlungen sowie die steigenden Steuern und Abgaben decken konnten. Die Besitzer kleiner Parzellen mußten – ungeachtet aller Versuche, die freigewordenen Kräfte in den Dienst der eigenen Wirtschaft zu stellen – ihre Landwirtschaft ganz oder teilweise aufgeben und ihren Lebensunterhalt als Fabrikarbeiter oder als Tagelöhner in der Landwirtschaft suchen. Diese Entwicklung war besonders für die Nichtschwarzerdegebiete kennzeichnend, in denen der Boden ausgelaugt war und die Bauern nur sehr geringe Landanteile erhalten hatten. Der Prozeß der Zersetzung der Bauernschaft, ihre „Entbäuerlichung", hielt W. I. Lenin für ein wichtiges Ergebnis der Reformgesetzgebung, weil damit der Boden für den Kapitalismus bereitet wurde.

Zugleich mit der Herausbildung des Proletariats, das frei von der Leibeigenschaft aber auch frei vom Besitz an Produktionsmitteln war, vollzog sich ein fieberhafter, immer weiter vorwärtsdrängender Prozeß der Akkumulation von Kapitalien. Die Loskaufgelder, wie sie durch die Reformen der sechziger Jahre festgesetzt worden waren, ließen innerhalb von zwanzig Jahren die Geldmittel der Bauern in die Hände des Staates und der Gutsbesitzer, sowie wendiger Kaufleute und skrupelloser Spekulanten übergehen, die die Kursschwankungen der Wertpapiere für ihre Geschäfte ausnutzten. Schon bald nach den Reformen von 1861 entstanden verschiedene Kreditinstitute, staatliche, Korporationen gehörende und private Banken, die – gestützt auf die gute Marktkonjunktur – diese akkumulierten Mittel zusammenfaßten und in Um-

Moskau 1916; Крестьянская реформа в России 1861 года. Сборник законодательных актов, Moskau 1954; G. F. Knapp, Die Bauernbefreiung, a. a. O.; Ju. F. Samarin, Упразднение крепостного права и устройство отношений между помещиками и крестьянами в Пруссии. In: derselbe, Сочинения, Bd. II, Moskau 1878.

lauf brachten. Es kam zu einer raschen Entwicklung von Aktiengesellschaften, von denen viele die sich entwickelnde Industrie finanzierten. Ihnen flossen jetzt auch erhebliche Geldmittel zu, die früher in der Truhe verwahrt und in keiner Weise genutzt worden waren, die Geldmittel der reichgewordenen Kulaken, Kaufleute und Gutsbesitzer, die von der Gier nach schneller Bereicherung erfaßt wurden. Die Ausgabe von Industrieaktien erreichten in den 13 Jahren von 1861 bis 1873 eine Höhe von 128,9 Millionen Rubel, das waren 11 Prozent des damaligen Aktienkapitals. In den folgenden 8 Jahren bis 1881 waren es aber schon 177,4 Millionen Rubel, was 58 Prozent des Wertes aller neuen Aktien ausmachte. Schließlich spielten auch die Investitionen des durch billige Arbeitskräfte und hohe Gewinne angelockten ausländischen Kapitals keine geringe Rolle. Der Adelsstaat seinerseits, der unter chronischem Geldmangel litt, kehrte nach kurzer Begeisterung für den Freihandel bald wieder zur früheren Schutzzollpolitik zurück und begünstigte Industrie und Transportwesen durch Zolltarife, Garantien, Subsidien und Kredite. Ende der siebziger Jahre konnte der Prozeß der ursprünglichen Akkumulation das ständige Wachsen der Großbetriebe sichern. Nach den Angaben der offiziellen Statistik, die von Lenin kritisch bearbeitet wurden, bestanden in Rußland 1879 1238 große Fabriken, die hundert und mehr Arbeitskräfte beschäftigten, mit insgesamt 509643 Arbeitern und einer Jahresproduktion von 629926000 Rubeln.[14] Besonders rasch entwickelte sich die Textilindustrie, die vorwiegend für den inneren Markt produzierte, und hier wieder vor allem die Baumwollindustrie, die immer mehr den ländlichen Markt eroberte. In diesem Industriezweig wuchs die Zahl der beschäftigten Arbeiter von 76300 im Jahre 1865 auf 167000 im Jahre 1880. Aber auch in anderen Industriezweigen war ein Aufschwung zu beobachten, so im Maschinenbau, der 1865 insgesamt 17800 und 1880 bereits 43900 Arbeitskräfte beschäftigte. Rasch entwickelte sich die Roheisen-, Steinkohle- und Erdölgewinnung. Voran gingen in dieser Entwicklung der Moskauer Industriebezirk und Petersburg. Große Bedeutung erlangten die baltischen Gebiete, die Ukraine mit ihren landwirtschaftlichen Erzeugnissen und mit den entstehenden in technischer Hinsicht modern ausgerüsteten Betrieben des Berg- und Hüttenwesens im Süden des europäischen Rußlands. Demgegenüber verloren die Berg- und Hüttenwerke des Ural, die durch Überreste des Feudalismus und eine veraltete Technik in ihrer Entwicklung gehemmt wurden, ihr bisheriges wirtschaftliches Übergewicht.

Ein wichtiger Faktor für den Sieg des Kapitalismus war die breite Entfaltung und der Abschluß der industriellen Revolution. W. I. Lenin bezeichnete die steigende Anwendung von Dampfantrieb als das wichtigste Kennzeichen für diesen Prozeß. Nach dem von ihm angeführten statistischen Material arbeiteten 1879 von den 1238 größeren Betrieben schon 762 mit Dampfantrieb.[15] Ein nicht weniger wichtiges Kennzeichen ist die Umgestaltung des Verkehrswesens. Nach dem Krimkrieg und besonders nach den bürgerlichen Reformen wurden Eisenbahnlinien gebaut, die die landwirtschaftlichen Gebiete mit den wichtigsten Industriezentren und den Hafenstädten

[14] W. I. Lenin, Die Entwicklung des Kapitalismus in Rußland. In: Lenin, Werke, Bd. 3, Berlin 1968, S. 523 und Zahlenangaben S. 524.

[15] Ebenda, S. 524.

verbanden. 1860 hatte Rußland ein Eisenbahnnetz von insgesamt 1626 km Länge, bis 1881 hatte sich dieses Netz auf 23091 km erweitert. In der Flußschiffahrt verdrängte der Dampfer die primitive Treidlerei mit Menschenkraft oder mit Pferden. Die technische Umstrukturierung des Landes wurde nicht nur durch die Entwicklung des Maschinenbaus vorangetrieben, sondern auch durch die Einfuhr von Maschinen, Lokomotiven und Gleismaterial. Schon in den sechziger und siebziger Jahren war Rußland fest in das System der Weltwirtschaft mit einbezogen und wurde dementsprechend von den zyklischen Schwankungen erfaßt. Zeiten des wirtschaftlichen Aufschwungs mit ihrem Gründungsfieber wurden periodisch von Krisen und Depressionen abgelöst. Die Klassen der kapitalistischen Gesellschaftsordnung – Bourgeoisie und Proletariat – bildeten sich endgültig heraus und damit auch die notwendige Beigabe, die Reservearmee arbeitsloser Werktätiger.

Das Anwachsen der kapitalistischen Industrie gab der weiteren Entwicklung des inneren und äußeren Marktes einen gewaltigen Aufschwung. Die Ware-Geld-Beziehungen drangen in die entferntesten Gebiete vor, landwirtschaftliche Erzeugnisse strömten in die Industriezentren und in die Hafenstädte, in die alten und in die neu entstehenden Städte. Die in den Fabriken hergestellten Waren bahnten sich den Weg nach Osten, in die weniger entwickelten asiatischen Staaten. Zahlungen in Geld untergruben die patriarchalischen Verhältnisse der naturwirtschaftlichen Ordnung. Als Kennzeichen dieser Entwicklung können die Angaben über den Außenhandel dienen: 1860 betrug der gesamte Außenhandelsumsatz 340686000 Kreditrubel, zehn Jahre später betrug er 695875000 Rubel, und 1880 erreichte er bereits 1121484000 Rubel.

Völlig anders entwickelte sich die Landwirtschaft nach den Reformen. Die ökonomische Rückständigkeit konnte in den ersten zwanzig Jahren nach den Reformen noch nicht überwunden werden. Der hohe Anteil von feudal abhängigen Bauern, den es weiterhin sowohl im privaten wie im staatlichen Bereich gab, und – das ist besonders wichtig – der Mangel an Kapital behinderten außerordentlich stark die Entwicklung des Kapitalismus in diesem grundlegend wichtigen Zweig der Volkswirtschaft. Auf den Mangel an Kapital weisen sowohl Zeitgenossen als auch spätere Forscher hin. Die Kapitalakkumulation reichte zwar für die Entwicklung der Großindustrie aus, genügte aber nicht für die Umgestaltung der Landwirtschaft und der Viehzucht. Außerdem war die herrschende Schicht von Großgrundbesitzern wenig an einer Rationalisierung der Landwirtschaft interessiert, sie war aus der Feudalzeit an eine ökonomisch-parasitäre Lebensweise gewöhnt. Dem unternehmungsfreudigeren Teil der Gutsbesitzer, vor allem in den baltischen Provinzen und in der Ukraine, gelang es allerdings, sich den neuen Bedingungen anzupassen. Sie verbesserten ihr totes und lebendes Inventar, erwarben landwirtschaftliche Maschinen, die Fronarbeit wurde durch die Arbeit freier Arbeitskräfte, durch ständig Beschaftigte, durch Saisonarbeiter und durch Tagelöhner, ersetzt. Kaufleute, reichgewordene Bauern und Gutsbesitzer bildeten die Agrarbourgeoisie, die sich bemühte, aus der kapitalistischen Umgestaltung des Wirtschaftsbetriebes möglichst große Vorteile zu erringen. Jedoch die allgemeine durch die Reform von 1861 geschaffene

Situation – der spürbare Mangel an Land und an Geldmitteln bei den Bauern, die wirtschaftliche Abhängigkeit und juristische Benachteiligung der kleinen Agrarproduzenten, der Druck der feudal orientierten Verwaltung – begünstigte im russischen Dorf kaum die Politik, die den rechnerisch exakt erfaßbaren ökonomischen Nutzen und die technische Neuausrüstung erstrebte. In England waren seinerzeit die großen Latifundien in Einzelwirtschaften aufgeteilt worden, die zu Zentren einer fortschrittlichen kapitalistischen Landwirtschaft wurden. In Rußland verwandelten sich die großen Latifundien schon in den sechziger und siebziger Jahren in Stützen der feudalen Relikte. Die Ländereien wurden in kleinen Parzellen nicht an kapitalistische Farmer, sondern an wenig begüterte Kleinbauern verpachtet; die Bedingungen – Halbpacht, überhöhte Pachtbedingungen, Abarbeit – versklavten die Kleinbauern. Wenn Kaufleute oder Kulaken diese Ländereien pachteten, dann teilten sie sie in kleine Parzellen auf und verpachteten sie zum dreifachen Preis an Dorfgemeinden, an Genossenschaften oder an halbruinierte Landwirte weiter. Feudale Relikte blieben auch in anderer Form bestehen: Anleihen im Winter unter für den Bauern außerordentlich ungünstigen Bedingungen, Gewährung von Geldanleihen gegen Arbeitsverpflichtung usw. Der Kleinbauer war nicht in der Lage, verbesserte Arbeitsgeräte oder Rassevieh zu erwerben. Die landwirtschaftliche Technik blieb dem Alten verhaftet und damit weiterhin außerordentlich rückständig. Mißernten und Viehseuchen wüteten auch in den Jahren nach den Reformen. In den Nichtschwarzerdegebieten suchten die Bauern sich dadurch zu helfen, daß sie sich als Arbeiter in Fabriken und Werken oder im dörflichen Gewerbe eine Nebenbeschäftigung suchten. Aus den zentralen Schwarzerdegebieten, in denen die Leibeigenschaft früher besonders drückend gewesen war und wo sich feudale Überreste noch stärker erhalten hatten, übersiedelten die Bauern nach wie vor in die südlichen und östlichen Teile Rußlands, in wärmere Gebiete auf noch nicht erschlossenes Neuland, dorthin, wo die Leibeigenschaft weniger entwickelt war und wo sich Perspektiven einer gesicherten Existenz boten. Wie in den vorhergehenden Jahrhunderten schufen sich hier die Siedler mit großen Anstrengungen und Verlusten wieder eine eigene Wirtschaft; die Siedler, denen es gelang, sich durchzusetzen und sich den neuen Verhältnissen anzupassen, nutzten die Naturschätze des fruchtbaren Landes und schufen die Grundlagen einer leistungsfähigen Landwirtschaft und Viehzucht, die die Form der kapitalistischen Farmwirtschaft annahm. Mit der dichteren Besiedlung der Südukraine („Neurußlands") und des Kaukasusvorlandes verlagerte sich in diese Gebiete das Schwergewicht der landwirtschaftlichen Produktion Rußlands.[16]

[16] Vgl. W. I. Lenin, Die Entwicklung des Kapitalismus in Rußland. In: Lenin, Werke, Bd.3, Kap. VII, S. 464ff.; История СССР с древнейших времен до наших дней, Bd. V; P. I. Ljaščenko, История народного хозяйства СССР, Bd. II, o. O. 1952; P. A. Chromov, Экономическое развитие России в XIX–XX веках, o. O. 1950, Teil II; A. G. Rašin, Формирование рабочего класса России, Moskau 1958; I. F. Gindin, Государственный банк и экономическая политика царского правительства (1861–1892 годы), Moskau 1960; derselbe, Русские коммерческие банки, Moskau 1948, Kap. 1; derselbe, К вопросу об экономической политике царского правительства в 60–80-х годах XIX века.

Der Abschluß der industriellen Revolution, der mit der endgültigen Liquidierung des Feudalismus zusammenfiel, bedeutete keineswegs eine völlige Verdrängung der handwerklichen und der kleinen Warenproduktion durch die sich entwickelnden kapitalistischen Betriebe. In dem riesigen Agrarland, in dem die patriarchalischen Überbleibsel und die unterschiedliche ökonomische Entwicklung der einzelnen Völker ein ernstes Hindernis darstellten, konnte es keinen schnellen und gradlinigen Übergang vom Feudalismus zum Kapitalismus geben. Der vielschichtigen sozialökonomischen Struktur des kapitalistischen Rußlands widmete auf Grund eines umfangreichen Tatsachenmaterials bereits Lenin am Ende des 19. Jh. grundlegende Ausführungen. Mit dem siegreichen Kapitalismus waren Handwerk, kleine Warenproduktion und Manufaktur durchaus vereinbar, die auch weiterhin in zurückgebliebenen Industriezweigen entstanden und sich bis zu einem gewissen Grade entwickelten. Auch die zum Untergang verurteilte primitive Form der „Vereinigung von Gewerbe und Landwirtschaft" verschwand noch nicht; sie blieb nicht nur in den abseits gelegenen Gebieten des europäischen Rußland und in Sibirien bestehen, sondern auch in Gouvernements mit entwickeltem Industriekapitalismus. Die Vielfalt sozialökonomischer Erscheinungen war in allen kapitalistischen Ländern während einer bestimmten Entwicklungsphase der neuen Formation zu beobachten. In Rußland erwies sich diese Vielfalt auf Grund der spezifischen natürlichen, demografischen und historischen Bedingungen als besonders lebensfähig und als stärker ausgeprägt als in West- und Mitteleuropa, Preußen eingeschlossen, zu Beginn des 20. Jahrhunderts.[17]

Als Ergebnis der sich durch viele Jahrhunderte hinziehenden in sich widersprüchlichen Entwicklung des russischen Dorfes ergaben sich objektiv zwei Möglichkeiten der Entwicklung des Kapitalismus in der Landwirtschaft, die Lenin als den „preußischen" und als den „amerikanischen" Weg bezeichnet hat. In den zentralen und westlichen Gebieten des europäischen Rußland wirkte sich die russische Variante des „preußischen" Weges besonders stark aus. In den Kolonisationsgebieten des Südens und Südostens, wo die Nachfahren der ehemaligen flüchtigen Leibeigenen

In: Вопросы истории 1959, Heft 5; V. I. Bovykin, Индустриальное развитие России до 1917 года. Vortrag auf dem V. Internationalen Kongreß für Wirtschaftsgeschichte, Leningrad 1970; N. M. Družinin, Ликвидация феодальной системы в русской помещичьей деревне (1862–1882 гг.). In: Вопросы истории 1968, Heft 12; V. I. Časlavskij, Земледельческие отхожие промыслы в связи с переселением крестьян. In: Сборник государственных знаний, Bd. II, Petersburg 1875; V. K. Jacunskij, Изменения в размещении земледелия в Европейской России с конца XVIII в. до первой мировой войны. In: Вопросы истории сельского хозяйства, крестьянства и революционного движения в России, Moskau 1961.

17 Vgl. W. I. Lenin, Die Entwicklung des Kapitalismus in Rußland. In: Lenin, Werke, Bd. 3, S. 187ff., 384ff., 558ff.; W. I. Lenin, Über die Naturalsteuer. In: Lenin, Werke, Bd. 32, Berlin 1967, S. 341ff.; P. G. Ryndzjunskij, О мелкотоварном укладе в России XIX в. In: История СССР 1961, Heft 2; derselbe, Вопросы изучения мелкотоварного уклада в России XIX в. In: История СССР 1963, Heft 4; I. F. Gindin, Проблемы модернизации и индустриализации и их видоизменение с XVI по XX век, Vorlage

sowie Kolonisten und Umsiedler den größten Teil der Bevölkerung ausmachten, entstanden Grundlagen einer der amerikanischen Squatter-Wirtschaft ähnlichen Entwicklung. Von der weiteren wirtschaftlichen Entwicklung des Landes und von der revolutionären Kraft der Werktätigen hing es ab, welche Variante im russischen Dorf nach den Reformen siegen würde. Gerade dieses sozialökonomische Problem war unter den neuen kapitalistischen Bedingungen besonders aktuell und wichtig.[18] Die bürgerlich-demokratische Revolution 1905/1907 konnte nicht der fortschrittlicheren Variante zum Siege verhelfen, aber auch die stolypinschen Reformen, die von den Interessen der Gutsbesitzer diktiert waren, konnten nicht der entgegengesetzten Richtung den vollen Erfolg sichern. Erst die Große Sozialistische Oktoberrevolution, mit der die Macht in die Hände des Proletariats und der mit ihm verbündeten Bauernschaft überging, machte dieses Problem unaktuell, in den Vordergrund trat eine neue Aufgabe: die sozialistische Umgestaltung in Stadt und Land. Die Sowjetunion hat in dieser Hinsicht die fortgeschrittenen Länder Europas und Amerikas überholt, sie wurde zur Keimzelle des sich später herausbildenden sozialistischen Weltsystems.

für den V. Internationalen Kongreß für Wirtschaftsgeschichte, Leningrad 1970; L. Ivanov/K. Tarnovskij, Общественно-экономическая структура России. Проблема многоукладности, Vortrag auf dem V. Internationalen Kongreß für Wirtschaftsgeschichte, Leningrad 1970.

18 Vgl. W. I. Lenin, Das Agrarprogramm der Sozialdemokratie in der ersten russischen Revolution von 1905 bis 1907. In: Lenin, Werke, Bd. 13, Berlin 1965, S. 213ff.; A. M. Anfimov, Прусский путь развития капитализма в сельском хозяйстве и его особенности в России. In: Вопросы истории 1965, Heft 7; E. I. Družinina, В. И. Ленин о развитии капиталистических отношений в южных и юго-восточных районах Европейской России. In: Актуальные проблемы истории России периода феодализма, Moskau 1970, S. 375 ff.

W. Küttler

Zum Verhältnis von Spätfeudalismus und Genesis des Kapitalismus

Wesen und Auswirkungen der Gutsherrschaft und Leibeigenschaft in Livland und Rußland im 16. Jahrhundert

Den dialektischen Zusammenhang von Evolution und Revolution in der Weltgeschichte und in der Geschichte einzelner Völker und Staaten richtig zu erfassen, ist eine der schwierigsten Aufgaben der marxistisch-leninistischen Geschichtswissenschaft. Von ihrer Bewältigung hängen die richtige Qualifizierung historischer Prozesse und die Genauigkeit der Periodisierung in hohem Grade ab; sie gibt der Forschung zweifellos dann die meisten Rätsel auf, wenn sich der Übergang von einer Gesellschaftsformation zur anderen in einzelnen Ländern im wesentlichen auf evolutionäre Weise vollzieht. Die seit vielen Jahren in der sowjetischen Geschichtswissenschaft heftig umstrittene Genesis des Kapitalismus in Rußland ist ein typisches Beispiel für einen solchen Übergangsprozeß. Damit ist zugleich gesagt, daß die Diskussion um Wesen und Datierung der Übergangsperiode vom Feudalismus zum Kapitalismus in Rußland keineswegs nur Probleme der russischen Geschichte betrifft, sondern daß es hier im Grunde um Fragen geht, die in dieser oder jener Weise auch für die Geschichte zumindest der anderen europäischen Länder außerhalb der Sphäre der siegreichen bürgerlichen Revolution relevant sind.

Die sowjetische Diskussion über die Genesis des Kapitalismus in Rußland hat inzwischen nahezu alle Problemkomplexe der russischen Geschichte vom 16. bis 19. Jh. erfaßt und sich dabei als außerordentlich schöpferischer Impuls für die allseitige konkrete Erforschung der historischen Prozesse wie auch im besonderen Maße für die methodologische Überprüfung und Durchdringung der erzielten Forschungsergebnisse erwiesen.[1] Dabei rückte neben dem eigentlichen Problem der Entstehung des kapitalistischen Gesellschaftssystems immer mehr die Frage nach dem Wesen und den Entwicklungsstadien des späten Feudalismus in Rußland, die von M. Nečkina zugespitzt wurde zur Frage nach dem auf- und absteigenden Stadium des Feudalismus, in den Vordergrund.[2] Die Diskussion ist noch längst nicht abge-

[1] Vgl. neben einer großen Zahl von Aufsätzen besonders in den Zeitschriften „Вопросы истории“ und „История СССР“ in den Jahrgängen 1961–65 jetzt vor allem die Veröffentlichung der Diskussionsmaterialien: Переход от феодализма к капитализму в России. Материалы всесоюзной дискуссии, Moskau 1969 (weiterhin: Переход), und den Sammelband Теоретические и историографические проблемы генезиса капитализма, Moskau 1969.

[2] M. V. Nečkina, Zu den Ergebnissen der Diskussion über das „aufsteigende“ und das „absteigende“ Stadium des Feudalismus. In: Sowjetwissenschaft. Gesellschaftswissenschaftliche Beiträge 1964, Heft 11, S. 1187–1202; vgl. dieselbe, in: Переход, S. 115.

schlossen; weiterhin bleiben die Kriterien, nach denen der Umschlag von der alleinigen Evolution des Feudalismus zur Übergangsperiode gemessen werden muß, und folglich auch die Periodisierung dieses Prozesses umstritten. Im wesentlichen stehen sich bis heute zwei Auffassungen gegenüber; die eine datiert die Genesis des Kapitalismus in Rußland in das letzte Drittel des 18. Jh., die andere in die Mitte des 17. Jh., wobei es bei den Vertretern einer frühen Genesis Varianten im 16. Jh. und im ersten Viertel des 18. Jh. gibt.[3]

Der Verlauf der Diskussion hat gezeigt, daß es immer mehr um die methodischen Kriterien geht; denn soviel neues Material auch immer beigesteuert wurde, jedesmal führte die Erweiterung der Materialbasis zu einer Vertiefung oder mindestens Verdeutlichung der unterschiedlichen Interpretationsmethoden. Umstritten sind nicht die allgemeinen Kriterien, die durch die marxistisch-leninistische Theorie des Kapitalismus gegeben sind, sondern die Voraussetzungen und Methoden der historischen Abgrenzung des Entstehungsprozesses kapitalistischer Verhältnisse von der uneingeschränkten Evolution des Feudalsystems in Rußland.[4]

Im folgenden Beitrag können natürlich nicht annähernd alle bisher in der Diskussion vorgebrachten Argumente auch nur erwähnt werden. Vielmehr soll versucht werden, das Problem von einer bisher noch wenig berücksichtigten Seite her zu beleuchten, nämlich auf der Grundlage vergleichender Betrachtungen zum Wesen und zur Struktur des Spätfeudalismus sowie zum begrifflichen und inhaltlichen Verhältnis zwischen spätfeudaler Gesellschaft und Entstehung des Kapitalismus.

Wie bereits angedeutet, hat in der sowjetischen Diskussion besonders Nečkina auf die Wichtigkeit der Analyse des Feudalsystems für die Beurteilung der Genesis des Kapitalismus in Rußland aufmerksam gemacht. Ihre Art der Problemstellung, zwischen einem auf- und einem absteigenden Stadium des Feudalismus zu unterscheiden, ist zweifellos methodisch und theoretisch sehr fruchtbar, wenn es um die Entwicklung der Gesellschaftsformation des Feudalismus insgesamt geht. Für die spezielle Bestimmung und Periodisierung der gesellschaftlichen Vorgänge in verschiedenen Ländern erscheint jedoch die sonst in der marxistischen Mediävistik allgemein übliche Dreiteilung des europäischen Feudalismus in eine früh-, eine hoch- und eine spätfeudale Periode nützlicher. Denn der Umschlag vom aufsteigenden zum niedergehenden Entwicklungsstadium ist nicht eindeutig in Zeit und Raum für das gesamte Gesellschaftssystem zu fixieren, er vollzieht sich vielmehr in einzelnen Ländern und in verschiedenen Bereichen des gesellschaftlichen Lebens uneinheitlich während der ganzen Periode des entwickelten oder Hoch-

[3] Vgl. den Kollektivbericht zur Diskussion von N. I. Pavlenko u. a., in: Переход, bes. S. 5–18; N. I. Pavlenko, Historiographische Bemerkungen zur Genesis des Kapitalismus in Rußland, im vorliegenden Band, S. 1 ff.; derselbe, Спорные вопросы генезиса капитализма в России. In: Вопросы истории 1966, Heft 11, S. 81 ff. u. vom gegensätzlichen Standpunkt I. A. Bulygin/E. I. Indova/ A. A. Preobraženskij/ Ju. A. Tichonov/S. M. Troickij, Начальный этар генезиса капитализма в России. In: Вопросы истории 1966, Heft 10, S. 65 ff.

[4] Vgl. u. a. E. M. Žukov. In: Переход, S. 104–108; S. L. Šapiro. In: ebenda, S. 180–188; A. M. Sacharoy. In: ebenda, S. 188 ff.

feudalismus, die durch die volle Entfaltung, später durch beginnende Zersetzungserscheinungen der Feudalgesellschaft charakterisiert und die allgemeingeschichtlich übereinstimmend vom 11. bis zum ausgehenden 15. Jh. datiert wird.[5]

Universalhistorisch gesehen, fallen Genesis des Kapitalismus und Übergang zum Spätfeudalismus zusammen; der Verfall der Feudalgesellschaft ist ohne die Frühphase des Manufakturkapitalismus in den fortgeschrittensten Ländern und ohne die Entstehung von Elementen des Kapitalismus in weiten Teilen Europas nicht denkbar. Jedoch bedeutet dies keineswegs, daß Spätfeudalismus und Genesis des Kapitalismus in jedem einzelnen Lande zeitlich und inhaltlich kongruent sein müssen. Vielmehr setzt gerade die Existenz sehr unterschiedlicher Entwicklungstypen des Kapitalismus – vor allem in West- und Osteuropa – eine beträchtliche Phasenverschiebung zwischen dem Eintritt in die spätfeudale Periode und der Genesis des Kapitalismus im betreffenden Lande voraus. Daß der Spätfeudalismus auch für die ostelbischen deutschen Gebiete, für Polen-Litauen, Skandinavien, das Baltikum und die Länder der Habsburgermonarchie sowie für Spanien und Portugal im letzten Drittel des 15. Jh. beginnt, ist heute nicht mehr umstritten, obwohl von einer Genesis des Kapitalismus in diesen Ländern nicht oder nur sehr bedingt gesprochen werden kann.[6] Kriterien für die Wesensbestimmung des späten Feudalismus sind hier eine Reihe innerer und äußerer Faktoren, die in der Wechselwirkung von internationaler Ausdehnung des frühen Kapitalismus und allmählicher Anpassung des fortbestehenden Feudalismus entwicklungsbestimmend wurden.

Friedrich Engels hat die Wende vom 15. zum 16. Jh. als die „größte progressive Umwälzung, die die Menschheit bis dahin erlebt hatte“, bezeichnet.[7] Diese Umwälzung sprengte insgesamt noch nicht den Rahmen der feudalen Gesellschaftsordnung, aber sie schuf in raschem, alle Gebiete des menschlichen Lebens durchdringenden Wachstum die Elemente des Kapitalismus, der ausgehend von Westeuropa die Welt in nie gekanntem Tempo verändern sollte.[8] Der Prozeß der ursprünglichen Akkumulation, die Entstehung kapitalistischer Wirtschaftsformen, die rasche Entwicklung der Ware-Geld-Beziehungen und der Marktproduktion, das

[5] Vgl. Weltgeschichte in zehn Bänden, Bd. 3, Berlin 1963, S. 2f.

[6] Vgl. ebenda, Bd. 4, Berlin 1964, S. 2 und Kap. XVII, XVIII, S. 280ff., 496ff. (der Begriff „Spätfeudalismus“ wird hier mit „Verfall“ und „Niedergang“ der Feudalverhältnisse umschrieben); Historia Polski, Red. H. Łowmiański, Warschau 1957, S. 78ff.; A. Klíma/J. Macůrek, La question de la transition du féodalisme au capitalisme en Europe Centrale (16e–18e siècle). In: XI. Congreès International des Sciences Historiques, Göteborg, Stockholm, Uppsala 1960, Rapports IV, S. 84–105; A. N. Čistozvonov, Некоторые основные теоретические вопросы проблемы генезиса капитализма в европейских странах. In: Теоретические и историографические проблемы, S. 55ff.; eine Literaturanalyse gibt D. L. Pochilevič, Аграрные отношения в Польше и Чехии в XVI–XVIII вв. в советской историографии. In: Ежегодник по аграрной истории восточной Европы 1965, Moskau 1970, S. 104–113.

[7] F. Engels, Dialektik der Natur, Einleitung. In: Marx/Engels, Werke, Bd. 20, Berlin 1962, S. 312.

[8] Vgl. derselbe, Entwicklung des Sozialismus von der Utopie zur Wissenschaft, Einleitung zur englischen Ausgabe. In: Marx/Engels, Werke Bd. 22, Berlin 1963, S. 299–302.

starke Streben nach der Erschließung neuer und intensiveren Durchdringung alter Märkte, die großen Entdeckungen und Erfindungen, die Verlagerung der Welthandelswege und nicht zuletzt die Veränderungen des politischen, geistigen und kulturellen Lebens durch Renaissance, Humanismus und Reformation, vor allem aber die frühbürgerlichen Revolutionen in Deutschland und in den Niederlanden ließen neue oder stark veränderte Formen der wirtschaftlichen, sozialen und politischen Ordnung entstehen. Ökonomisch bedeutete dies in den fortgeschrittenen Ländern die Überwindung der mittelalterlichen Trennung von Handel und Gewerbe, von Kaufmannskapital und Produktion, die Entstehung des Verlags- und Manufakturwesens und mit der gewaltsamen Umstellung der Agrarverhältnisse auf die Anforderungen der aufblühenden Industrien gleichzeitig die massenhafte Freisetzung von Arbeitskräften und die beginnende Konzentration eines wachsenden Teils der Bevölkerung in den Städten.

Neben anderen letztlich sekundären Erscheinungen, wie häufige Mißernten in Westeuropa während des 15. Jh. und die Agrarkrisen in England und Frankreich infolge der Verheerungen des Hundertjährigen Krieges, waren es diese tiefgreifenden gesellschaftlichen Veränderungen, die zu einer dynamischen Entwicklung des internationalen Handels mit industriellen Gütern und vor allem zu einer rapide anwachsenden Nachfrage nach Produkten der Land- und Forstwirtschaft, nach Getreide, Lebensmitteln, Bauholz und Rohstoffen für die gewerbliche Produktion in West- und Mitteleuropa führten.[9] Als natürliche Handelspartner boten sich die vorwiegend agrarisch orientierten Gebiete Nord- und Osteuropas an, deren unerschöpfliche Reserven jedoch für den internationalen Handel infolge ihrer feudalwirtschaftlichen Exklusivität und des ungenügenden Anreizes zur Marktproduktion noch kaum erschlossen waren. Diese Situation änderte sich seit der zweiten Hälfte des 15. Jh. vor allem in den verkehrsgünstigen Gebieten an der Ostsee und im östlichen und südöstlichen Mitteleuropa grundlegend.

Die Verschärfung der inneren Widersprüche des Feudalismus im 15. und 16. Jh. und die tiefgreifenden Veränderungen im europäischen Wirtschaftsgefüge zwangen die Feudalherren, sich durch Umstellung ihrer Wirtschaftsweise auf die Marktproduktion den neuen Bedingungen anzupassen. Dies geschah in den ostelbischen Gebieten, in Polen-Litauen, im Baltikum und anderen mittel- und südosteuropäischen Ländern durch den Übergang von der Grund- zur Gutsherrschaft und die damit verbundene Überführung der Bauern in die sogenannte zweite Leibeigenschaft, d. h. die völlige wirtschaftliche, soziale und politische Bindung der Bauern an die Feudalherren. So war es dem Feudaladel und in größerem Rahmen den Feudalstaaten dieser Gebiete möglich, ihre ökonomische Position durch Belieferung der in

[9] Vgl. Z. P. Pach, Zur Geschichte der internationalen Handelswege und des Handelskapitals vom 15. bis 17. Jh. In: Jahrbuch für Wirtschaftsgeschichte 1969, Heft 3, S. 179–189; am Beispiel des polnischen Außenhandels vgl. R. Rybarski, Handel i polityka handlowa Polski w XVI stoleciu, Bd. 1, 2, Warschau 1958, bes. Bd. 1, S. 30–44; allgemein P. Jeannin, La conjoncture commerciale à la fin du XVIe et au debut du XVIIe siècle ce que donnent les Comptes du Sund, in: XI. Congrès International des Sciences Historiques, Resumés, Göteborg, Stockholm, Uppsala 1960, S. 137–139.

ihrem Bedarf und ihrer Kapazität beständig sich erweiternden westeuropäischen Märkte mit Getreide, Holz und anderen landwirtschaftlichen Rohstoffen zu festigen und sich den Erfordernissen der Zeit anzupassen.

Die Formen, in denen sich diese Entwicklung in den betreffenden Ländern vollzog, sind zwar ebenso verschieden wie die Voraussetzungen, von denen sie ausgingen; gemeinsam war jedoch dem Feudaladel und den staatlichen Gewalten aller dieser Gebiete das Bemühen um Ausweitung der eigenen Handelstätigkeit. Im ostelbischen Deutschland, in Polen, Litauen, Preußen, Livland und auch in großen Teilen des habsburgischen Herrschaftsbereiches haben gewiß auch andere Faktoren, wie die Abnahme der Landbevölkerung durch Kriegsfolgen und Pestepidemien, die wachsende Verschuldung der Bauernschaft und die zunehmende Landflucht der Bauern, beschleunigend auf die Entstehung der Gutsherrschaft und der sogenannten zweiten Leibeigenschaft gewirkt; einen entscheidenden Anstoß zu diesen Veränderungen gab jedoch die günstige Handelskonjunktur. Auf der Basis relativ entwickelter Marktbeziehungen und bei gleichzeitigem Fehlen oder nur ganz schwacher Ausprägung von Ansätzen kapitalistischer Elemente wurde es dem Adel möglich, die Feudalordnung ökonomisch und politisch zunächst relativ zu festigen.[10]

Die Herausbildung und der Aufstieg neuer staatlicher Machtzentren im mittel-, nord- und osteuropäischen Raum steht in engem Zusammenhang und in direkter Wechselwirkung mit diesem Gesamtvorgang. Auch in den Ländern, wo von einer Genesis des Kapitalismus oder auch nur von einem inneren Verfall des Feudalismus in dieser Zeit noch keinesfalls gesprochen werden kann, übte der durch den frühen Kapitalismus hervorgebrachte Qualitätssprung in den internationalen Handels- und Wirtschaftsbeziehungen einen zunehmend tendenzbestimmenden Einfluß aus. Handel und Handelspolitik prägten mehr und mehr auch das Verhalten der herrschenden Feudalklassen und der feudalen Staatsmacht. Das gilt insbesondere für den Ostseeraum, für die Politik des Adels im einzelnen wie für die Politik der aufstrebenden Staaten dieses Raumes im allgemeinen.[11]

Der frühe Kapitalismus und die gutswirtschaftliche Marktproduktion waren gewissermaßen die unterschiedlich aufgeladenen und sich einander anziehenden Pole, zwischen denen sich das starke Kraftfeld des mächtig auflebenden Ostseehandels im 16. Jh. aufbauen konnte. Die Ostsee wurde daher im 16. Jh. als die beim damaligen Stand der Verkehrstechnik bei weitem rentabelste und bequemste Handelsverbindung zu einem Zentrum der verdichteten Wirtschaftsbeziehungen zwischen Ost- und Westeuropa; der Ostseehandel erfuhr seit dem Ende des 15. Jh. nicht nur eine gewaltige Erweiterung seines Umfanges und seiner Ausdehnung, sondern auch einen grundlegenden Strukturwandel. Bis zur ersten Hälfte des 15. Jh. hatte infolge der relativen Abgeschlossenheit und Autarkie der einzelnen Wirtschafts-

[10] Grundsätzlich dazu vgl. M. Małowist, Über die Frage der Handelspolitik des Adels in den Ostseeländern im 15. und 16. Jh. In: Hansische Geschichtsblätter 75, 1957, S. 29–47; derselbe, Polens wirtschaftliche Entwicklung vom 15. bis 17. Jh. In: Jahrbuch für Geschichte der UdSSR und der volksdemokratischen Länder Europas, Bd. 7, 1963, S. 201–216.

[11] Vgl. Małowist, Handelspolitik, a. a. O.

gebiete und zwangsläufig bedingt durch die noch unentwickelte Schiffsbautechnik der Fernhandel mit Luxuswaren und leicht transportablen Gütern, besonders Pelzen, Fellen, Häuten und Wachs aus dem Osten und Tuchen, Edel- und Buntmetall aus dem Westen, dominiert, wozu noch Agrarprodukte in begrenztem Umfang in westlicher und Salz und Fisch in östlicher Richtung kamen. Seit der Mitte des 15. Jh. setzte in ständig steigendem Maße der Massenhandel mit Getreide und anderen wirtschaftlichen Erzeugnissen, Holz und Produkten der Waldwirtschaft nach dem Westen und andererseits mit Salz und Fisch, Industriegütern und Luxuswaren nach dem Osten ein.[12]

Seit Ende des 15. und besonders in der zweiten Hälfte des 16. Jh. ist ein ständiger Aufschwung des Schiffsverkehrs durch die die Nord- und Ostsee verbindende, in dänischem Besitz befindliche Meerenge bei Helsingör, den Öresund, festzustellen. Von 795 Passagen in beiden Richtungen im Jahre 1497 steigt die Frequenz im Jahresdurchschnitt 1557 bis 1569 auf 3280, 1574 bis 1580 auf 4232, 1581 bis 1590 auf 5036 und 1591 bis 1600 schon auf 5554 Schiffe.[13] In dem Maße, wie die Ostseeländer zu Getreide- und Rohstofflieferanten weiter Teile Europas wurden, entwickelte sich der Ostseehandel zu einem zentralen Problem der gesamteuropäischen Politik, das nicht mehr nur die Anliegerstaaten der Ostsee, sondern auch die Seemächte des Nordsee- und Atlantikgebietes, Holland, England, Frankreich, Spanien und Portugal, und durch den niederländisch-spanischen und französisch-habsburgischen Antagonismus sowie das politische Engagement der Habsburger in Deutschland und auch später in Polen-Litauen das gesamte damalige Staatensystem berührte.[14]

Das Ringen um das „Dominium maris Baltici“ ist für die Wirtschaftsbeziehungen dieser Umbruchsperiode nicht weniger wichtig als der Machtkampf der westlichen Seemächte um die neuerschlossenen Kolonialgebiete in Afrika, Asien und Amerika.[15]

Brennpunkt der Auseinandersetzung um die Ostseeherrschaft waren natürlicherweise die Meerengen und Buchten, die vom Hauptstrom des Schiffsverkehrs passiert werden mußten, so in erster Linie der Öresund, der Große Belt, der Finnische und der Rigaische Meerbusen, sowie die nicht minder wichtigen Binnenwasserstraßen.

Die Umstellung des Warenaustausches zwischen West- und Osteuropa von den im Mittelalter vorherrschenden Repräsentativ- und Luxuswaren auf schwere Massenexportgüter der Land- und Forstwirtschaft hatte auf Grund des Mangels an

[12] Vgl. aus der umfangreichen handels- und wirtschaftsgeschichtlichen Literatur u. a., M. Małowist, A Certain Trade Technique in the Baltic Countries in the 15th–16th Centuries, in: Poland at the XI. International Congress of Historical Sciences in Stockholm, Warschau 1960, S. 5–60; Rybarski, Handel i polityka handlowa, Bd. 1, Abschn. 2.

[13] N. E. Bang, Tabeller over Skibsfart og Varetransport gennem Øresund 1497–1660, Kopenhagen/Leipzig 1906–1926, Bd. 1, S. X.

[14] Vgl. dazu besonders E. Donnert, Der livländischen Ordensritterstaat und Rußland. Der livländische Krieg und die baltische Frage in der europäischen Politik 1558–1583, Berlin 1963; A. Attman, Den ryska marknaden i 1500-talets baltiska politik 1558–1595, Lund 1944, u. allgemein Małowist, Handelspolitik, a. a. O.

[15] Vgl. Małowist, Handelspolitik, a. a. O., S. 29f.; Attman, Den ryska marknaden, S. 431–435.

guten Verkehrswegen im Hinterland natürlicherweise eine wesentliche Steigerung des handelspolitischen Einflusses der an den Mündungen großer Flüsse gelegenen Hafenstädten zur Folge. So stieg Danzig (Gdańsk), das mit der Weichselschiffahrt nahezu die gesamte Überseeausfuhr Polens kontrollierte,[16] im 16. Jh. zur beherrschenden Handelsstadt im Ostseeraum auf, von der mehr als die Hälfte aller westwärts durch den Öresund fahrenden Schiffe, in besonders günstigen Jahren über 1500, kamen und die 1618 die Rekordausfuhr von 116000 Last Getreide verzeichnen konnte.[17]

Nicht in diesem Maße, aber doch ebenfalls verhältnismäßig schnell wuchs auch der Handelsverkehr im Gebiet der Düna, der wichtigsten Wasserstraße Belorußlands und Litauens, an deren Mündung Riga eine ähnliche Schlüsselposition des Ostseehandels einnahm wie Danzig an der Weichselmündung, in Ostpreußen Königsberg oder als wichtige Handelsplätze am Finnischen Meerbusen und im Einzugsgebiet des Volchov und der Neva die Städte Reval (Tallinn), Narva, Viborg und im Binnenland Dorpat (Tartu).[18]

Die Oder mit Stettin, die Trave mit Lübeck und ganz besonders die Elbe mit Hamburg und die Weser mit Bremen spielten im mittleren und westlichen Abschnitt dieses großen Handelsbereiches eine ähnliche Rolle.

Die kriegerischen Verwicklungen zwischen Dänemark und der Hanse um die Kontrolle über den Öresund, der dreizehnjährige Krieg Polens gegen den Deutschen Orden (1454 bis 1466), in dem Danzig und die übrigen westpreußischen Städte nicht zuletzt infolge der direkten Bedrohung ihrer Handelsprivilegien durch die Wirtschaftspolitik des Ordens die Partei Polens ergriffen und sich damit auch politisch auf ihr weiteres Hinterland orientierten, ebenso wie die späteren Auseinandersetzungen Danzigs mit der polnischen Krone 1525 und 1577, die Streitigkeiten zwischen den mecklenburgischen Hansestädten und den Landesherren und im größeren europäischen Rahmen schließlich der erste Nordische Krieg zwischen Schweden und Dänemark 1563 bis 1570, der Livländische Krieg 1558 bis 1583 sowie die anschließende Auseinandersetzung zwischen Polen-Litauen und Schweden wurden vor allem um die Beherrschung der Handelszentren an der Ostsee ausgetragen.[19]

Für Rußland, das im Vergleich zur geschilderten Entwicklung einige wichtige Gemeinsamkeiten, aber auch erhebliche Unterschiede aufweist, ist in der sowjetischen Forschung sowohl die grundsätzliche Parallelität als auch die Diskrepanz der Entwicklung während des 16. und 17. Jh. in ihrem Verhältnis zu dem Gesamtvorgang von Evolution des späten Feudalismus und Genesis des Kapitalismus

16 Rybarski, Handel i polityka handlowa, Bd. 1, S. 210.

17 P. Simson, Geschichte der Stadt Danzig, Bd. 2, Danzig 1917, S. 516f.; Rybarski, Handel i polityka handlowa, Bd. 2, Tab. 3, S.5 8.

18 Vgl. Attman, Den ryska marknaden, S. 15–18.

19 Vgl. Małowist, Handelspolitik, a. a. O., S. 36ff.; Donnert, Ordensritterstaat, S. 21–62; J. Schildhauer, Soziale, politische und religiöse Auseinandersetzungen in den Hansestädten Stralsund, Rostock und Wismar im ersten Drittel des 16. Jh. (Abhandlungen zur Handels- und Sozialgeschichte, Bd. 2), Weimar 1959, S. 15–25.

angenommen worden.[20] Dabei werden beide Probleme, die Frage des Beginns der Genesis des Kapitalismus und die Frage des Eintritts in die spätfeudale Periode, zumeist als kongruent behandelt.

Bei der Erörterung dieser Thematik ist die Beurteilung und allgemeingeschichtliche Zuordnung des für den russischen Feudalismus seit dem 16. Jh. bestimmenden Systems von Pomest'e und Krepostničestvo neben der Diskussion über die Entwicklung von Elementen des Kapitalismus zur zweiten Kernfrage der gesamten Problematik geworden. Dabei geht es vor allem um die Frage, ob Pomest'e und Krepostničestvo in Rußland trotz verschiedener Besonderheiten im Prinzip den gleichen oder einen grundsätzlich anderen Typ der feudalen Evolution darstellen als Gutswirtschaft und sogenannte zweite Leibeigenschaft in Ostelbien, dem Baltikum, in Polen, Litauen und anderen Gebieten.[21]

Gegen die Annahme der Parallelität und Typengleichheit wird hauptsächlich der Einwand erhoben, daß in Rußland im 16. und 17. Jh. von einer inneren oder äußeren Erosion des Feudalsystems keineswegs gesprochen werden könne. Nach dieser Auffassung, die untrennbar mit der Datierung des Beginns der Genesis des Kapitalismus in das letzte Drittel des 18. Jh. verknüpft wird, sind Leibeigenschaft und Gutsherrschaft in Rußland nicht Ausdruck der Krise, sondern im Gegenteil der vollen Entfaltung des Feudalsystems. Der Feudalismus wurde durch diese Entwicklung wesentlich gefestigt und konnte sich für eine ganze Periode nicht nur stabilisieren, sondern in die Tiefe und Breite weiterentwickeln, sich neue Gebiete und Bevölkerungsschichten unterwerfen und die ökonomische und soziale Entwicklung des Landes bestimmen. Ein zwingender Einfluß von Warenproduktion und Marktbeziehungen auf diese Umschichtung und Festigung des Feudalismus im Sinne einer notwendigen Anpassung an systemfremde Entwicklungstendenzen bestand weder im Inneren noch von außen, weder durch Weltmarkt noch durch Binnenmarkt. Solche Beziehungen gab es nur in einigen Gebieten, sie konnten auf das Ganze nicht entscheidend einwirken. Das 15./16. Jh. ist somit zwar ein Umbruch, aber nur innerhalb einer noch völlig integren Feudalentwicklung des Landes, die gerade durch diese Umgestaltung die Kraft gewinnt, sich alle über den Feudalismus hinausweisenden sozialökonomischen Erscheinungen zu unterwerfen, sie zu deformieren oder ganz zu verdrängen. Erst die irreversible, kontinuierliche und stabile Entwicklung kapitalistischer Produktionsverhältnisse im Inneren seit den sechziger Jahren des 18. Jh. vermag diese Stabilität des alten Systems allmählich zu durchbrechen und leitet die Krise des Feudalismus in Rußland ein.[22]

[20] Die unterschiedlichen Auffassungen kommen in abweichenden Formulierungen in der История СССР с древнейших времен до наших дней, Bd. 2, Moskau 1966, S. 7, 9; Bd. 3, Moskau 1967, S. 7, 395, zum Ausdruck.

[21] Zur Diskussion dieser Frage allgemein vgl. die Serie Ежегодник по аграрной истории восточной Европы 1959ff., besonders Bd. 1965, Moskau 1970; ferner Čistozvonov, Некоторые основные проблемы, S. 55f., 78ff.

[22] Vgl. Pavlenko u. a., Kollektivbericht. In: Переход, S. 18, 35, 56ff. und История СССР, Bd. 3, S. 395ff.

Was die Genesis des Kapitalismus als gesellschaftliches System und die Zerstörung der Grundlagen des Feudalismus in Rußland angeht, so ist dieser Gesamtsicht voll zuzustimmen. Jedoch hat die direkte Koppelung dieser Auffassung mit der Periodisierung des Feudalsystems und der Wesensbestimmung seiner Struktur und seiner Perspektiven seit dem 16. Jh. ernstzunehmende Einwände hervorgerufen, die vor allem die Beurteilung von Gutsherrschaft und Leibeigenschaft betreffen. In der Tat löst die These von der Aufwärtsentwicklung des Feudalismus bis zur Genesis des Kapitalismus in Rußland als System, also bis weit in die zweite Hälfte des 18. Jh. hinein, in letzter Konsequenz den inhaltlichen Zusammenhang mit der Geschichte des übrigen Europa weitgehend auf, auch mit der Entwicklung der oben bereits näher untersuchten Länder, die ebenfalls eine Genesis des Kapitalismus in dieser Zeit gar nicht oder sehr verspätet aufweisen. Am deutlichsten kommt diese Tendenz in einem Aufsatz von L. V. Danilova zum Ausdruck, die eine dem ostelbisch-polnisch-baltischen Typ der Gutsherrschaft vergleichbare Entwicklung für Rußland erst im 18. Jh. anerkennt.[23] Die Kritiker dieser und ähnlicher Auffassungen weisen auf die schweren Erschütterungen der russischen Feudalordnung durch die Bauernkriege, auf die extreme Verschärfung der feudalen Ausbeutung und die offenkundig davon ausgehenden Hemmnisse für die Entwicklung von Handel und Gewerbe sowie auf die Entwicklung des Staates und der Innen- und Außenpolitik der herrschenden Feudalklasse hin. Das starke Engagement Rußlands in den Auseinandersetzungen um die Ostseeherrschaft seit Ivan IV., das Streben des in der zweiten Hälfte des 15. Jh. formierten einheitlichen russischen Staates nach Anschluß an die internationalen Handelsbeziehungen, die staatliche Förderung wirtschaftlicher Aktivitäten, die durchaus mit ähnlichen Erscheinungen im übrigen Europa vergleichbar sind, und schließlich die auffälligen Parallelen in den Veränderungen innerhalb der Feudalität und bei der Errichtung des Absolutismus lassen nach Ansicht vieler Forscher zumindest seit Mitte des 17., wenn nicht schon seit dem 16. Jh. alle wesentlichen Züge des Spätfeudalismus auch in Rußland erkennen.[24]

Ein Kernproblem bleibt die Einschätzung der Grundstruktur dieser Entwicklungsphase des Feudalsystems, d. h. von Gutsherrschaft und Leibeigenschaft. Im folgenden soll die Gutswirtschaft in Gebieten mit besonders deutlicher und zwingender Verbindung zu inneren und äußeren Marktbeziehungen, so wie wir sie allgemein bereits skizziert haben, am charakteristischen Beispiel des Baltikums näher untersucht und mit der Entwicklung der Feudalgesellschaft in Rußland verglichen werden. Das Baltikum eignet sich zum Vergleich nicht nur wegen seiner starken

[23] L. V. Danilova, К вопросу о причинах утверждения крепостничества в России. In: Ежегодник по аграрной истории восточной Европы 1965 г., Moskau 1970, S. 130–140, besonders S. 139.

[24] Vgl. Anm. 52; in der DDR-Literatur vgl. zu dieser Frage: B. Widera, Zur Rolle der Lohnarbeit in neueren sowjetischen Forschungen über den Frühkapitalismus in Rußland. In: Jahrbuch für Wirtschaftsgeschichte 1970, Heft 1, S. 257–270; C. Grau, Einige Bemerkungen zur Genesis des Kapitalismus in Rußland. In: ebenda, S. 271–280; E. Donnert, Studien zur russischen Wirtschafts- und Stadtgeschichte im 16. Jh. In: Jahrbuch für Wirtschaftsgeschichte 1970, Heft 2, S. 101–172.

Abhängigkeit vom Ostseehandel, sondern auch wegen seiner allgemeinen Bedeutung für den weiteren Verlauf der russischen Geschichte.

Die Entwicklung von Gutsherrschaft und Leibeigenschaft als Umstellung der Feudalklasse auf Marktproduktion und Außenhandel setzte in den bis 1561 unter der Herrschaft des Deutschen Ordens stehenden ostbaltischen Gebieten früher und stärker ein als in den Nachbarländern, da nicht nur die wirtschaftlichen und geographischen, sondern auf Grund der feudalen Zersplitterung des Landes und der Schwäche der Zentralgewalten vor allem auch die politischen Voraussetzungen hier besonders günstig waren. Zudem hatte der Deutsche Orden in Preußen und Livland durch einen frühzeitigen Übergang zu aktiver Handelspolitik seinen Vasallen und den Ritterschaften der Bistümer ebenso wie den Bischöfen und geistlichen Pfründeninhabern gewissermaßen das Beispiel gegeben, das zunächst vereinzelt, von der Mitte des 15. Jh. an mit der auflebenden Handelskonjunktur dann allgemein Schule machte.[25]

Im 16. Jh. setzte sich die Tendenz zur Herausbildung der Gutswirtschaft in ganz Livland durch, am frühesten in Estland, wo das ritterschaftliche Privateigentum am umfangreichsten und der Einfluß der Zentralgewalt des Ordens am schwächsten war, mit zeitlichen und graduellen Abstufungen dann auch in Südlivland und Kurland.[26] Der Livländische Krieg beschleunigte diese Entwicklung, war aber nicht, wie bürgerliche Historiker immer wieder behauptet haben, ihre Ursache. Während die ganze Wirtschaft des Landes infolge der Dezimierung der Landbevölkerung, der massenhaften Zerstörung von Produktivkräften und der Verödung weiter Landesteile schwere Rückschläge erlitt, gingen die deutschen Gutsbesitzer in sozialökonomischer und innenpolitischer Hinsicht als die eigentlichen Gewinner aus der Kriegszeit hervor.

Sie nutzten den Widerstreit der Ostseemächte zur endgültigen Sicherung ihrer Privilegien. Die gefeierte Magna Charta der baltischen Barone, das am 28. 11. 1561 dem polnischen König Sigismund August als Bittschrift des livländischen Adels vorgelegte und von diesem bestätigte Privilegium Sigismundi Augusti, sicherte ihnen alle bestehenden Leibeigenschaftsrechte, Schollenpflichtigkeit der Bauern, volle Patrimonialgerichtsbarkeit in ihrem Gutsbereich, uneingeschränktes Erbrecht, sowohl in männlicher als auch in weiblicher Linie, alleiniges Handelsrecht mit landwirtschaftlichen Produkten sowie umfangreiche politische Vorrechte und somit die Behauptung aller wesentlichen Machtpositionen zu.[27]

[25] Vgl. V. Niitemaa, Der Binnenhandel in der Politik der livländischen Städte im Mittelalter (Annales Academiae Scientiarum Fennicae, 76, 2). Helsinki 1952, S. 62–69, 141–145.

[26] Vgl. H. Ligi, Закрепощение крестян в Эстонии. In: Ежегодник по аграрной истории восточной Европы 1961, Riga 1963, S. 126–134; H. Ligi/E. Tarvel, Сельское хозяйство Эстонии в XVI–XVII вв. In: История СССР, 1964, Heft 5, S. 41, für Estland und V.V. Dorošenko, Очерки по аграрной истории Латвии в XVI веке, Riga 1960, S. 129–144, S. 77 ff. u. Tab. 8, S. 130, für Lettland.

[27] Abgedruckt u. a. bei M. Dogiel, Codex Diplomaticus Regni Poloniae et Magni Ducatus Lituaniae, Bd. V, Wilna 1759, S. 243–248; vgl. besonders Art. 4, 5, 7–10, 13, 22 f., 26. Zur Kontroverse über die Echtheit des Privilegs und weitere Literatur vgl. bei Donnert, Ordensritterstaat, S. 86 ff.

Die von der deutschbaltischen Historiographie viel geschmähten späteren Maßnahmen der polnischen Regierung zur Einschränkung der Adelsprivilegien in Livland, insbesondere die Güterrevision unter Stephan Báthory und die Constitutiones Livoniae aus dem Jahre 1582, änderten daran grundsätzlich nichts.[28]

Die zu vergleichende Evolution der Feudalgesellschaft in Rußland setzte zeitlich parallel in der zweiten Hälfte des 15. Jh. ein; zu ihrer vollen Durchsetzung benötigte sie eine wesentlich längere Frist, nämlich die Zeit bis zur Mitte des 17. Jahrhunderts. Auch in Rußland handelte es sich um den wirtschaftlichen, sozialen und politischen Aufstieg einer zunächst nachgeordneten Schicht der herrschenden Feudalität, der Dvorjanen, und um ein ursprünglich gegenüber dem erblichen Grundeigentum, der Votčina, zweitrangiges feudales Besitzverhältnis, das Pomest'e. Wie in den bisher untersuchten baltischen Gebieten war die Unterwerfung der Bauern unter die Leibeigenschaft auch und besonders in Rußland das soziale Kernstück dieser Umschichtung des Feudalsystems. Gemeinsam ist beiden zu vergleichenden Prozessen auch, daß nicht einfach eine Form des Feudaleigentums durch eine andere verdrängt und abgelöst wurde. Vielmehr wurde die gesamte Struktur der herrschenden Klasse verändert. Infolge heftiger innen- und außenpolitischer Erschütterungen, sozialer und wirtschaftlicher Auseinandersetzungen innerhalb der Feudalklasse und dieser mit anderen Klassen und Schichten, besonders mit der am schwersten betroffenen Bauernschaft, kam es schließlich zu einer Angleichung der Besitzverhältnisse und der Wirtschaftsweise der Feudalherren auf der Basis sowohl des erblichen Eigentums als auch des Dienstgutes.[29] Die politischen Voraussetzungen und Ergebnisse waren jedoch in Rußland von denjenigen des ostelbisch-polnisch-baltischen Typs der Gutsherrschaft sehr verschieden. Die Dvorjanen waren nicht nur Träger der Umgestaltung innerhalb der Feudalität, sondern zugleich wichtigste soziale und politische Stütze der Moskauer Zentralgewalt bei der Herausbildung des einheitlichen russischen Staates, bei der Überwindung des Partikularismus der Udelfürsten und des alten Hochadels sowie schließlich bei der Errichtung der absolutistischen Staatsmacht. Leibeigenschaft und Gutsherrschaft in Rußland waren mit den Tendenzen zur Vereinheitlichung und Zentralisierung des russischen Feudalstaates und später mit der Herausbildung des Absolutismus untrennbar verbunden.[30] Dagegen waren sie in den meisten Ostsee-

[28] Text bei Dogiel, Codex Diplomaticus, V, Nr. 187. S. 320–324; vgl. Dorošenko, Очерки, S. 101ff.

[29] Vgl. dazu grundlegend L. V. Čerepnin, Образование русского централизованного государства в XIV–XV веках, Moskau 1960.

[30] Zum Problem der Voraussetzungen und Triebkräfte der Entstehung des russischen Feudalismus vgl. W. Küttler, Gesellschaftliche Voraussetzungen und Entwicklungstyp des Absolutismus in Rußland. In: Jahrbuch für Geschichte der sozialistischen Länder Europas Bd. 13/2, 1969, S. 71–108; P. Hoffmann, Entwicklungsetappen und Besonderheiten des Absolutismus in Rußland. In: Jahrbuch für Geschichte der sozialistischen Länder Europas, Bd. 14/2, 1970, S. 107–133 (mit ausführlicher Würdigung der sowjetischen Diskussion); außer der dort angegebenen sowjetischen Literatur N. I. Pavlenko, К вопросу о генезисе абсолютизма в России. In: История СССР, 1970, Heft 4, S. 54–74.

ländern, vor allem in Polen-Litauen, in Livland, im ehemaligen Ordensland Preußen, in Pommern und Mecklenburg die Basis für eine weitgehende Schwächung der staatlichen Zentralgewalt und führten dort politisch entweder zur unmittelbaren Adelsherrschaft oder jedenfalls zu weitreichenden Privilegien der Feudalstände. Der Absolutismus war in diesen Gebieten unmöglich oder konnte, wie im Falle Ostpreußens, erst durch die Einbeziehung in ein größeres absolutistisches Staatswesen durchgesetzt werden.[31] Beide Typen der Gutsherrschaft brachten also politisch-institutionell entgegengesetzte Ergebnisse hervor, obwohl sie beide zu einer Festigung der feudalen Herrschaft führten.

In bezug auf die sozialökonomischen Ursachen und Auswirkungen ist die Entstehung der livländischen Gutswirtschaft ein typisches Beispiel für die eingangs schon skizzierte enge Verbindung von internationalem Markt und spätfeudaler Wirtschaft in den östlichen Randgebieten der Ostsee. Handelskonjunktur und Gutswirtschaft, deren untrennbares Wechselverhältnis für diesen Bereich bereits allgemein dargelegt wurde, verstärkten die ökonomischen Positionen und damit auch die handelspolitischen Bestrebungen des livländischen Adels im gleichen Verhältnis, wie sie die soziale, wirtschaftliche und handelspolitische Stellung der einheimischen Bauern untergruben.

Der gutswirtschaftlich-feudale Weg zur Verbindung von Handel und Produktion bedeutete auch unter den günstigen Marktbedingungen des Baltikums nicht, wie bürgerliche Agrarhistoriker in Lettland, unter anderen A. Švābe, zu beweisen versucht haben,[32] den Übergang zu kapitalistischen Wirtschaftsformen, sondern im Gegenteil die äußerste Verschärfung der feudalen Abhängigkeit der Bauernschaft. Aus gründlichen Untersuchungen sowjetischer und auch bürgerlicher skandinavischer Forscher geht klar hervor, daß die Vergrößerung der gutsherrschaftlichen Einkünfte in Livland gerade dort, wo die Feudaleinnahmen aus dem Gutsbetrieb überwogen, auf die außerordentlich gewachsenen Frondienste der leibeigenen Bauern zurückzuführen ist.[33] Insofern handelt es sich um einen der ursprünglichen Akkumulation geradezu entgegengesetzten Vorgang.

Der entscheidende sozialökonomische Hebel zur Erweiterung der landwirtschaftlichen Produktion bestand nicht in der Freisetzung von Arbeitskräften und in der Investition der überschüssigen Mittel für verbesserte Produktionsmethoden, sondern in Leibeigenschaft und Fronarbeit der Bauern. Die livländischen Gutsbetriebe verfügten in der Regel nicht über eigenes Inventar, Zugvieh und Gerätschaften,

31 Vgl. G. Heitz, Der Zusammenhang zwischen den Bauernbewegungen und der Entwicklung des Absolutismus in Mitteleuropa. In: Zeitschrift für Geschichtswissenschaft, 1965, Sonderheft, S. 71ff., bes. S. 83; zum Problem der spätfeudalen Staatsform und des Absolutismus allgemein A. N. Čistozvonov, Некоторые аспекты проблемы генезиса абсолютизма. In: Вопросы истории, 1968, Heft 5.

32 Vgl. A. Schwabe (Švābe), Grundriß der Agrargeschichte Lettlands, Riga 1928.

33 Vgl. Dorošenko, Очерки, S. 145ff., 202ff., 242ff.; Ligi/Tarvel, Сельское хозяйство; a. a. O., S. 41–59; A. Soom, Der Herrenhof in Estland im 17. Jh., Lund 1954, S. 221ff., 344ff.; Niitemaa, Binnenhandel, S. 148ff.

sondern wurden durch die gutsherrlichen Erbbauern mit ihren eigenen Produktionsmitteln bewirtschaftet.[34]

Ein typisches Beispiel dafür ist die Wirtschaftsweise eines der reichsten und mächtigsten Großgrundbesitzer des ausgehenden 16. Jh., Heinrich von Tiesenhausen, von dessen Gütern Berzaune, Kalsnava und Maciēna für die Jahre 1582 bis 1592 vollständige Rechnungsbücher erhalten sind[35] und dessen Besitzungen im engeren Handelsbereich des größten ostbaltischen Ausfuhrhafens Riga lagen. Tiesenhausen investierte nur während des Wiederaufbaus seiner im livländischen Krieg zerstörten Gutshöfe größere Summen in den landwirtschaftlichen Betrieb und beschränkte sich mit zunehmenden Einkünften auf die Durchführung einiger unumgänglicher Reparaturen und auf die Beschaffung auf dem Lande nicht erhältlicher gewerblicher Erzeugnisse aus der Stadt.[36] Im übrigen verausgabte er seine überschüssigen Einkünfte, soweit sie nicht für die Bezahlung von Schulden aus der Kriegszeit und zum Loskauf von den Russen gefangengenommener Familienangehöriger benötigt wurden, für den persönlichen Bedarf, d. h. den Kauf von Schmuck, die Ausrichtung von Familienfesten und ähnliche private Zwecke.[37]

Aus den Berichten Balthasar Russows und anderer Zeitgenossen ebenso wie aus den urkundlichen Zeugnissen ist ersichtlich, daß auch vor dem Livländischen Krieg unter den Bedingungen wirtschaftlichen Wohlstands die Wirtschaftsweise der Gutsbesitzer eher noch einseitiger auf den persönlichen Konsum der steigenden Einkünfte ausgerichtet war als in der zweiten Hälfte des Jahrhunderts.[38]

Die Gutsherrschaft führte zwar zu einer gewissen Erweiterung der landwirtschaftlichen Produktion, aber nicht auf Grund wesentlicher Fortschritte in Ackerbau und Viehzucht, sondern infolge einer intensiven inneren Kolonisation, die vor allem von den Bauern betrieben wurde, und einer extensiven Bewirtschaftung des auf Kosten bäuerlichen Gemeindebesitzes und ehemaliger Ordens- und Bischofsländereien ständig wachsenden Herrenlandes.[39]

Die Ernteerträge lagen nach dem Livländischen Krieg wesentlich niedriger als in der ausgehenden Ordenszeit,[40] waren aber auch vor 1558 selbst in günstigen Jahren und auf gutem Boden verhältnismäßig gering. Sie schwankten im Durchschnitt

[34] Vgl. Dorošenko, Очерки, S. 127ff. u. Abschn. V, S. 153ff.

[35] Nebst anderen Dokumenten aus dem Tiesenhausenschen Privatarchiv abgedruckt in: Vidzēmes Saimniečības Vēstures Avoti 1553–1618, hrsg. v. A. Švābe (Latvijas Vēstures Avoti, Bd. 6), Riga 1941, S. 75–152 (weiterhin: VSVA); vgl. A. Soom, Gutswirtschaft in Livland am Ausgang des 16. Jh. In: Zeitschrift für Ostforschung 5, 1956, Heft 1, S. 34–57ff.; Dorošenko, Очерки, S. 153f., 199f., 240, 294ff.

[36] VSVA, S. 88, 91, 95, 101, 121f., 127, 132 u. a. Es handelte sich zumeist um Salz, Hering, Hopfen, Metallwaren und gewerbliche Produkte, auch Bier un d Wein, nur im Anfang auch um eine Ergänzung des Inventars (S. 88).

[37] Ebenda, S. 77f. (Auslösung der gefangenen Verwandten), 138 (Ankauf von Schmuck).

[38] B. Russow, Chronica der Provintz Lyfflandt. In: Sceiptores rerum Livonicarum, Bd. 2, Riga/Leipzig 1848, S. 6, 13f.

[39] Dorošenko, Очерки, S. 152.

[40] Ebenda, S. 54ff., 141; Ligi/Tarvel, Сельское хозяйство, a. a. O., S. 50.

zwischen dem Drei- und Fünffachen der Aussaat; Spitzenwerte lassen sich mit 600 bis 700 Prozent für einige Gutshöfe auf Ösel feststellen.[41]

Die günstigen Voraussetzungen der geographischen und handelspolitischen Lage, vor allem die Nähe der Küste und die guten Transportmöglichkeiten zu Wasser und zu Lande, sowie der relativ hohe Entwicklungsgrad der Ware-Geld-Beziehungen im Herrschaftsbereich des Deutschen Ordens und im Handelsgebiet der Hanse förderten schon frühzeitig die Ausfuhr landwirtschaftlicher Erzeugnisse von den Gutshöfen. Der Anteil der Exportproduktion in der livländischen Landwirtschaft war für gutsherrschaftliche Verhältnisse hoch.[42] Tiesenhausen verkaufte in 11 Jahren (1582/83 bis 1592/93) insgesamt 16378 Rig. Lof (rund 341 Last) Getreide, was 34,7 Prozent des gesamten Ernteertrags ausmachte.[43] Die Exportanteile der Produktion in den Besitzungen des Rigaer Jesuitenkollegs und von den Gütern polnischer und litauischer Adliger und Hauptleute in Livland am Ende des 16. Jh. und zu Beginn des 17. Jh. waren teilweise noch wesentlich höher.[44]

Die jährlichen Schwankungen der Exportleistungen der Tiesenhausenschen Güter entsprechen annähernd genau denen des Rigaer Sundexports in den registrierten Jahren, waren also offensichtlich eine direkte Folge der jeweiligen Ernteverhältnisse. Den höchsten Ausfuhrbetrag verzeichneten die Tiesenhausenschen Güter 1586/87 mit 2253 Lof (ca. 47 Last).[45] Mit einem Durchschnittsertrag von 143 Last jährlich gehörte Tiesenhausens Besitz zu den größten Gutsbetrieben des Landes. Nach einem schwedischen Kataster von 1569 wurde auf 32 estnischen Gütern ein Ertrag von insgesamt 1807 Last Getreide, also im Durchschnitt knapp 55 Last, aus den bäuerlichen Abgaben und der Ernte des Herrenlandes verzeichnet, wobei nur ein Gut mit 150 Last die Durchschnittswerte der drei Tiesenhausenschen Besitzungen übertraf.[46]

41 Ligi/Tarvel, a. a. O., S. 49; 4–5fache Ernteerträge verzeichnete Tiesenhausen für Roggen und Gerste (Dorošenko, Очерки, S. 124), im allgemeinen aber lag der Durchschnitt niedriger (ebenda, S. 121ff.); vgl. Soom, Der Herrenhof in Estland, S. 76f.; auch Niitemaa, Binnenhandel, S. 186.

42 Dorošenko, Очерки, S. 285–292; J. Ahvenainen, Der Getreidehandel Livlands im Mittelalter (Societas Scientiarum Fennicae Commentationes Humanarum Litterarum 84, 2), Helsinki 1963, S. 107–111. 120–135, 158–164.

43 Vgl. die statistischen Auswertungen der Tiesenhausenschen Rechnungsbücher bei Dorošenko, Очерки, Tab. 10, S. 200 u. Tab. 20, S. 295, u. Soom, Gutswirtschaft, S. 37, 39f. Das Umrechnungsverhältnis von Lof u. Last (48 : 1) vgl. bei Soom, Der Herrenhof in Estland, a. a. O., S. X. Bei der Umrechnung wurden weiterhin folgende Vergleichswerte zugrunde gelegt (ebenso wie bei allen anderen Berechnungen): 1 Last = 10 Tonnen = 16 russ. Četvert' = 2 Tonnen moderner Rechnung. Vgl. dazu G. Mickwitz, Aus Revaler Handelsbüchern. Zur Technik des Ostseehandels in der ersten Hälfte des 16. Jh. (Societas Scient. Fennicae Comment. Human. litt. IX. 8) Helsingfors 1963, S. (6).

44 Vgl. V. V. Dorošenko, Рыночные связи иезуитских фольварков под Ригой в конце XVI – начале XVII в. In: Ежегодник по аграрной истории восточной Европы, Minsk 1964, S. 152–160.

45 VSVA, S. 109–115; Dorošenko, Очерки Tab. 10, S. 200.

46 Ahvenainen, Getreidehandel, S. 104f.

Die größten der von Soom aus Quellen des 17. Jh. untersuchten Privatgüter auf estnischem Gebiet konnten Roggenernten von 20 bis 30 Last registrieren. Nur die großen Domänen des Ordens und der Bischöfe, die in der Kriegszeit zumeist an Vasallen aufgeteilt wurden, erbrachten in den vierziger und fünfziger Jahren teilweise wesentlich umfangreichere Ernten, allerdings bei größerer Anbaufläche und unter günstigeren allgemeinen Voraussetzungen.[47]

Im Durchschnitt dürften die Exportsendungen der livländischen Güter unter 20 Last gelegen haben, und die in den Quellen verzeichneten Spitzenbeträge von 50 bis 100, ja bis 200 Last entstammten zumeist Sammeltransporten oder kamen von Domänen der Landesherrschaft, also des Ordens, der Bischöfe und später der polnischen Starosten und der kurländischen Herzöge.[48]

Aus diesen Angaben geht klar hervor, daß ein wesentlicher Teil der Transithandelswaren, die aus den Häfen des Landes, insbesondere Riga und Reval, nach Mittel- und Westeuropa ausgeführt wurden, von den Gütern des Adels und der feudalstaatlichen Machthaber im Ostbaltikum stammten, und daß es einen stabilen und dauerhaften Zusammenhang zwischen der Entwicklung der Gutswirtschaft einerseits und der Steigerung wie den Strukturveränderungen des baltischen Exporthandels andererseits gab.

Dabei muß eine wichtige innere Wirkungsbedingung für die Strukturveränderungen des Feudalsystems und für den gesamten Entstehungsprozeß der Gutsherrschaft und sogenannten zweiten Leibeigenschaft berücksichtigt werden. Im Baltikum wie in den anderen Gebieten dieses Typs hatten sich während des Hochfeudalismus ein relativ unabhängiges und stark entwickeltes Städtewesen, Binnen- und Fernhandel, Ware-Geld- und Marktbeziehungen herausgebildet, die jetzt eine rasche Erschließung des Hinterlands durch den neuartigen, vom frühen Kapitalismus vor allem der Niederlande und Englands bestimmten internationalen Handel ermöglichten. Dadurch aber ergab sich aus inneren Entwicklungsbedingungen und äußeren Impulsen auch ohne die Genesis des Kapitalismus im Innern und sogar bei einer zunächst fortschreitenden Entwicklung und Stabilisierung des Feudalismus in seiner extremsten Erscheinungsform, der Gutsherrschaft und Leibeigenschaft, ein *zwingender* Zusammenhang zwischen dem entstehenden früh-

[47] Für das 17. Jh. vgl. Soom, Der Herrenhof in Estland, S. 76; über die Domänen des Ordens vgl. Dorošenko, Очерки S. 40–58, besonders Tab. 3, S. 43, u. des Rigaer Erzbischofs ebenda, S. 17–29, besonders Tab. 1, S. 28.

[48] Exportsendungen des Ordens u. der Bischöfe von 20–30, aber auch von 100–150, in einem Falle sogar von 154 Last kamen in der ausgehenden Ordenszeit vor (ebenda, S. 282–293); Ahvenainen, Getreidehandel, S. 128, 134f., 186, 188–191 (Orden), 198ff. (Bischöfe, vor allem am Beispiel des Bischofs Münchhausen v. Ösel-Wiek) hat Exportmengen bis zu 270 L. ermittelt, häufiger solche von 30, 40, 50 bis zu 70, im Durchschnitt gemäß den Angaben der Handelsbücher Revaler Kaufleute jedoch unter bzw. um 10 Last. Über den Getreideexport in der polnischen Zeit mit durchschnittlich in der Spitze kleineren, im relativen Gesamtumfang eher aber noch gewachsenen Anteilen vgl. W. Doroszenko, Więzi rynkowe folwarków inflanckich na przełomie XVI i XVII wieku. In: Przegląd Historyczny 1965, Heft 2, S. 260–283.

kapitalistischen Weltmarkt und der umstrukturierten Feudalwirtschaft in diesen Gebieten.

In Rußland bestanden nicht die gleichen Voraussetzungen in der Entwicklung der Ware-Geld-Beziehungen, des Städtewesens und des Bürgertums. Durch das tataromongolische Joch waren die relativ hochentwickelten Ansätze von Handel und Gewerbe, Marktbeziehungen und Städtewesen, die sich in der vormongolischen Rus' herausgebildet hatten, teils unterbrochen, teils stark eingeschränkt worden.[49] Außerdem ließ auch die Natur des Landes unter feudalen Entwicklungsbedingungen eine solche Durchdringung aller Gebiete mit Handel, Gewerbe und Warenbeziehungen wie in den wirtschaftlich viel kompakteren und verkehrsmäßig leichter erschließbaren Ostseeländern nicht zu.[50] Vor allem waren die verschiedenen Gebiete des großen russischen Territoriums vor dem 15. Jh. wirtschaftlich stark voneinander isoliert. Wesentliche Entwicklungen der hochfeudalen Gesellschaft vollzogen sich unter besonders ungünstigen und erschwerten Bedingungen oder konnten erst nach der staatlichen Einigung in einer insgesamt allgemeinhistorisch weiter fortgeschrittenen Phase nachgeholt werden.

Folglich muß die mit der Herausbildung des einheitlichen russischen Staates und der endgültigen Abschüttelung des Tatarenjochs einsetzende beträchtliche Belebung von Handel und Gewerbe, von Ware-Geld-Beziehungen und Städtewesen in der zweiten Hälfte des 15. und in der ersten Hälfte des 16. Jh., für die ein umfangreiches Material vorliegt, mit großer methodischer Vorsicht beurteilt werden. Eines der überzeugendsten Argumente derjenigen sowjetischen Historiker, die mit Nachdruck gegen eine zu frühe Datierung der Genesis des Kapitalismus in Rußland auftreten, betrifft den Vergleich der neuen Entwicklungstendenzen des 15. bis 17. Jh. in Rußland mit dem Niveau der Ware-Geld-Beziehungen und des Städtewesens sowie von Handel und Gewerbe in West- und Mitteleuropa während des Hochfeudalismus. Dabei wird festgestellt, daß die neuen Erscheinungen in Rußland im 16. Jh. keineswegs über den dadurch gegebenen Rahmen hinausgingen, und daß vielmehr die in den fortgeschrittensten Ländern schon in der hochfeudalen Periode geschaffenen Voraussetzungen für Binnenmarkt und Warenproduktion in Rußland noch nicht in vollem Maße existierten. Die Grundlagen der Naturalwirtschaft wurden vor allem auf dem Lande nicht wesentlich eingeschränkt; die örtlich und zum Teil auch zwischen den Regionen auflebenden Marktbeziehungen hatten noch lange nicht gesamtrussisches Ausmaß im Sinne eines stabilen und kontinuierlichen Binnenhandels.[51] Die relative und absolute Größenordnung der seit dem ausgehenden

49 Vgl. L. V. Čerepnin, in: История СССР, Bd. 2, S. 47f., 65ff.; A. A. Zimin, in: Переход, S. 398.

50 Vgl. N. M. Družinin, Besonderheiten der Genesis des Kapitalismus in Rußland, im vorliegenden Band, S. 38ff.

51 Zur Kritik einer Überschätzung des Neuen im 16. und 17. Jh. vgl. P. Volobuev, Erfahrungen bei der Erarbeitung der mehrbändigen „Geschichte der UdSSR von den Anfängen bis zur Gegenwart". In: Jahrbuch für Geschichte der sozialistischen Länder Europas, Bd. 13/2, 1969, S. 178f.; ferner: Pavlenko, u. a., Kollektivbericht. In Переход, S. 20ff.; ders., Спорные вопросы.

15. Jh. zweifellos erreichten Fortschritte wird in der Forschung weiterhin sehr unterschiedlich eingeschätzt;[52] der Abstand zu den Handels- und Marktvoraussetzungen in den ostelbischen und baltischen Gebieten ist jedenfalls nicht zu leugnen.

Diese unterschiedlichen Vorbedingungen müssen bei einem konkreten Vergleich der wirtschaftlichen Verhaltensweise der Feudalherren im Baltikum und in Rußland berücksichtigt werden. Er wird erschwert durch die sehr unterschiedliche Quellenlage.

Für die innerrussische Agrargeschichte des 16. Jh. sind trotz einer Menge vorhandenen Quellenmaterials vergleichbare statistische Angaben nur sehr spärlich überliefert. Sie beziehen sich vor allem auf die Votčinen der Klöster, von denen Rechnungsbücher und andere Unterlagen über die Wirtschaftsführung erhalten sind.[53] N. A. Gorskaja hat entsprechendes Quellenmaterial für das Kirill-Kloster in Beloozero, für das Erlöser-Kloster in Priluki im Kreis Jaroslavl' und für das bekannte Josif-Kloster in Volokolamsk untersucht.[54] Der Vergleichswert der dabei gewonnenen Ergebnisse für das hier zu untersuchende Problem, nämlich die Bestimmung des Typs der Gutsherrschaft und Leibeigenschaft, ist sehr relativ, da sie nur eine Gattung des feudalen Grundbesitzes und zudem nicht einmal den für die Gesamtentwicklung typischen – das Pomest'e – betreffen. Andererseits haben wir bei der Untersuchung des baltischen Typs der Gutswirtschaft feststellen können, daß trotz der tendenzbestimmenden Rolle der ritterschaftlichen Privatgüter das wirtschaftliche Verhalten kirchlicher und staatlicher Feudalinstitutionen sich keineswegs prinzipiell von der allgemeinen Entwicklung der Feudalwirtschaft unterschied und in bezug auf Warenproduktion und Handelsaktivität den Trend sogar am deutlichsten anzeigte. Bei aller gebotenen Vorsicht kann man davon ausgehen, daß Ähnliches auch für Rußland gilt, zumal auch hier die kirchlichen Besitzungen seit langem Zentren der Entwicklung der Ware-Geld-Beziehungen waren.[55]

Am besten geeignet für unseren Vergleich ist das Volokolamsker Kloster, das direkt im Zentrum des Moskauer Staates und damit in dessen nachweislich im 16. Jh. am stärksten durch auflebende Binnenhandelsbeziehungen gekennzeichneten Gebieten[56] gelegen ist. Die Klosterbesitzungen sind in der Größenordnung mit den

[52] Unter den Autoren, die diese Entwicklung stark hervorheben und z. T. überschätzen, vgl. S. G. Strumilin, История черной металлургии в СССР, Bd. 1, Moskau 1954; D. P. Makovskij, Развитие товарно-денежных отношений в сельском хозяйстве Русского государства, Smolensk 1963; und theoretisch zusammenfassend A. A. Zimin, Проблемы истории России XVI в. в свете ленинской концепции истории феодализма. In: Ленин и историческая наука, Moskau 1968, S. 317–329, vgl. N. I. Pavlenko, Спорные вопросы, a. a. O., S. 81ff.

[53] Vgl. allgemein S. O. Šmidt, Издание и изучение источников по аграрной истории России XVI в. (послевоенные годы). In: Ежегодник по аграрной истории восточной Европы 1962, Minsk 1964, S. 181–192.

[54] N. A. Gorskaja, Товарность зернового земледелия в хозяйствах монастырских вотчин центра Русского государства к исходу XVI – началу XVII в. In: ebenda, S. 124–140.

[55] Zu den Verbindungen der Klöster zum städtischen Handel im 14. u. 15. Jh. Vgl. Čerepnin, Образование, S. 355ff.

[56] Vgl. A. G. Man'kov, Цены и их движение в Русском государстве XVI в., Moskau/Leningrad 1951, S. 30.

livländischen Wirtschaften kaum vergleichbar; günstige Jahresernten wie 1592, 1599 und 1604 betrugen, addiert man die Werte für Roggen, Gerste und Hafer, 25529,25; 22884,85 bzw. 26880,56 Četvert', was etwa 1595, 1124 bzw. 1680 Last und damit dem Zehnfachen der durchschnittlichen Ernten livländischer Feudalwirtschaften entspricht.[57] Gleichzeitig lag der Ernteertrag nicht ganz so hoch wie im Baltikum; er erreichte in günstigen Jahren das 4-5fache, im Schnitt das 2-3fache der Aussaat,[58] so daß die sehr große quantitative Differenz der Getreideproduktion auf die unterschiedliche Größe der Besitzungen zurückzuführen ist.

Wie Gorskaja überzeugend nachweisen kann, war der Anteil des verkauften Getreides sowohl am Gesamtaufkommen als auch am jährlichen Überschuß verhältnismäßig gering. Nach ihren Schätzungen wurden im Jahre 1593 bei einer relativ guten Ernte nur 4,91 Prozent des gesamten Vorrats an Roggen (in absoluten Zahlen 615,25 Četv. = etwas über 38 Last) verkauft; 1594 waren es 6,19 Prozent des Gesamtvorrats und 11,75 Prozent des Jahresüberschusses nach Abzug des unmittelbaren Bedarfs und der für die Aussaat benötigten Menge.[59] Gleichzeitig lagen die Werte für den Verkauf von Hafer – 1594 immerhin 3581,12 Četv. = knapp 224 Last bzw. 22,06 Prozent des Gesamtvorrates und sogar 52,33 Prozent des Jahresüberschusses – bedeutend höher; bei Gerste wurde in guten Erntejahren bis zu 33 Prozent des Gesamtertrags verkauft.[60] Im Verzeichnis des Klosters über die Einkünfte und Ausgaben für das Jahr 1592 ist der Verkauf von 1000 Četv. (62,5 Last) Roggen nach Moskau vermerkt.[61]

Zuverlässige Angaben über den Anteil des verkauften Getreides insgesamt fehlen; doch handelt es sich bei den genannten Werten bereits um Spitzenbeträge, die in Jahren durchschnittlicher oder schlechter Ernten nicht annähernd erreicht wurden. Das bedeutet, daß Anteile von über 20 Prozent der Getreideproduktion insgesamt kaum überschritten wurden und damit die Höchstergebnisse des Getreidehandels beträchtlich unter den Durchschnittswerten livländischer Güter lagen. Zieht man noch in Betracht, daß die Relation zwischen den Einkünften aus klostereigenen Wirtschaften und denjenigen aus bäuerlichen Abgaben in Volokolamsk ein durchaus nicht typisches Übergewicht für die ersteren aufweist,[62] die Bedingungen einer gutswirtschaftlichen Marktproduktion also eigentlich günstig waren, und daß ferner die Verkaufsanteile an der Produktion gerade kirchlicher Besitzungen wie der bischöflichen Domänen oder der Güter des Rigaer Jesuitenkollegs im Baltikum die Durchschnittswerte weit übertrafen, so läßt das Volokolamsker Material nicht auf eine starke Marktverbindung der innerrussischen Feudalwirtschaften im 16. Jh. schließen.

Die Daten für Beloozero und Priluki sind in dieser Hinsicht noch bedeutend weniger ergiebig; die Naturalwirtschaft, d. h. die Verwertung der Produktionsüberschüsse zur Vorratsbildung und zum Eigenbedarf überwog hier bei allgemein schlechteren

[57] Gorskaja, a. a. O., Tab. 7, S. 134f. (16 četvert' = 1 Last).
[58] Ebenda, S. 125, 134f., 137f.
[59] Ebenda, S. 135.
[60] Ebenda, S. 137f.
[61] Ebenda, S. 134.
[62] Ebenda, Tab. 9, S. 139.

natürlichen Bedingungen und häufiger auftretenden Schwankungen der Ernteerträge noch eindeutiger. Auch war der Anteil der Einkünfte aus bäuerlichen Abgaben in diesen Klöstern weit höher als in Volokolamsk.[63] Während in Volokolamsk der Verkauf von Getreide eine zwar nicht bestimmende, aber doch beständige Erscheinung war, trug er in Beloozero lediglich sporadischen Charakter. Das bedeutete allerdings nicht, daß das Kirill-Kloster keine Marktverbindungen hatte. In schlechten Erntejahren wurde Saatgetreide angekauft, und außerdem war das Kloster ein bedeutender Umschlagplatz für Getreide, das aus anderen Gebieten eingeführt und in Beloozero weiterverkauft wurde. Die jährlich gehandelten Mengen sind durchaus mit den livländischen Exporten vergleichbar; sie betrugen 1593 bis 1601 zwischen 1569 und 3150 Četv., d. h. umgerechnet ungefähr 100 bis 200 Last.[64]

Ein zwingender und strukturbestimmender Marktkontakt läßt sich für die untersuchten Wirtschaften insgesamt nicht feststellen, obwohl die Marktproduktion und der Handel mit landwirtschaftlichen Produkten zumindest in den zentralen Gebieten und, wie aus anderen Forschungen erwiesen ist, vor allem im Pskover und Novgoroder Raum im 16. Jh. stiegen. Anders als im Baltikum, in Polen und den übrigen Ländern des „ostelbischen" Typs der Gutswirtschaft überwogen eindeutig die Binnenmarktbeziehungen; der Außenhandel mit schweren Massengütern der Land- und Forstwirtschaft spielte nur in den westlichen und nordwestlichen Gebieten und in der zweiten Hälfte des Jahrhunderts auch über die neu erschlossene Nordmeerroute, also im Raum von Archangel'sk, eine gewisse Rolle.[65] Bei der Größe des russischen Staatsgebietes und den unterschiedlichen natürlichen und ökonomischen Bedingungen in den verschiedenen Landesteilen ist jedoch die Grenze zwischen Binnen- und Fernhandel durchaus fließend; mit Recht wurde darauf verwiesen, daß die Austauschbeziehungen zwischen den einzelnen Regionen bei noch nicht entwickelten gesamtrussischen Marktverhältnissen teilweise Außenhandelscharakter trugen.[66] Auf eine ursächliche Beziehung von Handel, Marktproduktion und Entstehung der Gutswirtschaft wie im Baltikum kann jedoch für die Genesis von Pomest'e und Krepostničestvo aus den bisher vorhandenen Forschungsergebnissen nicht geschlossen werden.

Grundsätzlich ergeben sich jedoch auch viele Parallelen zur livländischen Gutswirtschaft. Hier wie dort war der Anteil bäuerlicher Leistungen und Abgaben an der Produktion sehr hoch; auch in den untersuchten innerrussischen Feudalwirtschaften, so vor allem in Volokolamsk, wurde die Eigenwirtschaft hauptsächlich durch erhöhte Abgaben und Fronleistungen, erst in zweiter Linie durch Erweiterung des

[63] Ebenda, S. 124ff. [64] Ebenda, S. 131.

[65] Vgl. besonders N. E. Nosov, Становление сословно-представительных учреждений в России. Изыскания о земской реформе Ивана Грозного, Leningrad 1969, Kap. III, S. 240 ff., wo allerdings die sozialökonomischen Veränderungen in den am günstigsten gelegenen meeresnahen Gebieten zu stark generalisiert werden. Vgl. die kritischen Bemerkungen von N. I. Pavlenko im vorliegenden Band. S. 10 ff.; zum Außenhandel in den Nordmeergebieten vgl. auch J. Ahvenainen, Some Contributions to the Question of Dutch Traders in Lapland and Russia to the End of the Sixteenth Century (Acta Lapponica Fenniae, Bd.6), Rovaniemi 1967.

[66] Vgl. Čerepnin. Образование, S. 380–382.

Herrenlandes auf Kosten der Bauern und nicht bzw. jedenfalls nicht nachweisbar durch Verbesserung der Produktionsmethoden intensiviert.[67] Bei wichtigen Ähnlichkeiten in der sozialen und wirtschaftlichen Struktur bestanden also Unterschiede in der für unser Thema besonders wichtigen Funktion des Handels sowie der Marktproduktion, und zwar in dem Sinne, daß diese Funktion in Livland ein bestimmender, in Rußland jedoch nur ein mehr oder weniger gleichgeordneter oder sogar in einigen Regionen untergeordneter Faktor für die Umstrukturierung der Feudalbesitzungen gewesen ist.

Dennoch wäre es voreilig, aus dieser Gegenüberstellung bereits eine prinzipielle Verschiedenartigkeit beider Entwicklungstypen abzuleiten. Eine Veränderung des Verhältnisses zwischen Feudalwirtschaft und Marktbeziehungen lag in beiden Fällen vor. Im Baltikum handelte es sich um eine für den Adel notwendige Einstellung auf eine völlige Umwälzung in der Wirtschaftslage des Landes infolge des unaufhaltsamen Eindringens qualitativ neuer internationaler Marktbeziehungen. In Rußland wurde die gesamte Feudalklasse mit den ebenfalls stark veränderten Bedingungen und Perspektiven eines großen einheitlichen Staates und mit einer beträchtlichen Belebung der Austausch- und Handelsbeziehungen sowohl innerhalb der traditionell gewachsenen feudalen Herrschaftsgebiete als auch zwischen ihnen konfrontiert. Die Dvorjanen als Träger der Entwicklung zu Gutsherrschaft und Leibeigenschaft hatten die staatliche Einigung und die Festigung der Zentralgewalt selbst maßgeblich unterstützt; das Pomest'e und die ersten Ansätze zur Bindung der Bauern an den von ihnen bewirtschafteten Boden sind älter als der einheitliche russische Staat, der wiederum neue Entwicklungsbedingungen schuf.

Der Aufschwung der Produktivkräfte, die größere Sicherheit vor äußeren Bedrohungen und das allmähliche Vordringen von Marktbeziehungen erhöhten den Wert des Bodens und der bäuerlichen Arbeitskraft.[68] Die Vergrößerung und zahlenmäßige Vermehrung der Städte schuf in den wirtschaftlichen Zentren des Landes nicht nur günstige Bedingungen, sondern die unmittelbare Notwendigkeit für einen wenn auch noch begrenzten Lebensmittelmarkt, der zunächst wie in allen europäischen Ländern während des ganzen Hochfeudalismus hauptsächlich von den Bauern und Kaufleuten getragen wurde.[69]

Aber die Voraussetzungen für diese Entwicklung hatten sich geändert. Der Rahmen wurde nicht mehr von relativ begrenzten und in sich abgeschlossenen feudalen Teilstaaten, sondern von dem riesigen Territorium des russischen Staates abgesteckt. Auch wenn dieser Rahmen noch lange nicht durch einen inneren Markt ausgefüllt werden konnte, begann doch eine zunehmende wirtschaftliche Durchdringung von verschiedenen Seiten her: durch intensivere Wirtschaftsweise und Ausdehnung des Siedlungslandes der Bauern;[70] durch den Aufschwung der gewerblichen Produktion in den Städten; durch weiträumige Handelsunternehmungen von Großkaufleuten —

[67] Vgl. Gorskaja, a. a. O., S. 139; allgemein История СССР, Bd. 2, S. 106ff., 142ff., 219ff.

[68] Vgl. Čerepnin, Образование, S. 160ff.

[69] Gorskaja, S. 141; über den Getreidemarkt allgemein Man'kov, Цены и их движение, S. 25ff.

[70] Vgl. besonders Čerepnin, Образование, S. 166ff.

erinnert sei nur an die Tarakanovs und vor allem die Stroganovs[71] –; durch die Wirtschaftspolitik der Zentralgewalt und staatliche Unternehmungen zur Förderung des Handels und Gewerbes, wie vor allem unter Ivan IV., und nicht zuletzt durch die Auswirkungen des internationalen Handels und die von Ivan IV. kräftig geförderte Aktivität ausländischer Unternehmer, besonders der Engländer.[72]

Mochten die neuen Entwicklungstendenzen im wirtschaftlichen Leben des Landes im Vergleich zu den fortgeschrittensten Staaten noch so schwach und gehemmt sein; unter den Bedingungen eines großen, politisch zunehmend vereinheitlichten und ökonomisch allmählich – wenn auch langsamer – zusammenwachsenden Staates hatten sie von vornherein eine andere Wertigkeit und andere Auswirkungen. Die Notwendigkeit und Möglichkeit der Erweiterung der landwirtschaftlichen Produktion auf der einen und die Bedürfnisse der Staatsmacht bei der notwendigen wirtschaftlichen, politischen und militärischen Stärkung des Landes auf der anderen Seite sowie die von innen und außen vordringenden Ware-Geld-Beziehungen müssen somit in die Rechnung einbezogen werden, wenn die Frage weiter erörtert werden soll, ob die Entstehung von Gutsherrschaft und Leibeigenschaft in Rußland wie in Ostelbien eine Anpassungsevolution der Feudalgesellschaft oder aber der Auftakt zu einem neuen Stadium des Aufschwungs der Feudalordnung gewesen ist. Ein Vergleich der Auswirkungen auf die gesellschaftlichen Verhältnisse insgesamt ist dafür sehr aufschlußreich. In Livland, wo sich ein relativ starkes und selbständiges mittelalterliches Städtebürgertum und der sich auf Eigenhandel umstellende gutsbesitzende Adel gegenüberstanden, ging es dabei um die weitere Gestaltung der Beziehungen zwischen Adel, Bauernschaft und Bürgertum, wobei hier auf die besondere, sich aus der zugleich sozialen und nationalen Zuspitzung der Gegenstände auf dem Lande und auch innerhalb der Städte ergebende Lage nicht eingegangen werden kann.[73] War das livländische Bürgertum im Rahmen des hansischen Handelssystem bisher uneingeschränkter Herr über den gewinnbringenden Transithandel gewesen, der über die baltischen Küstenstädte verlief, so verfügte jetzt der Adel über die wichtigsten Handelswaren. Da auch die Erzeugnisse des litauischen und belorussischen Handelsbereichs der livländischen Kaufmannschaft in der Hauptsache von den Feudalwirtschaften der dortigen Gutsherren exportiert wurden,[74] sahen sich die baltischen Hanse-

[71] Vgl. A. A. Vvedenskij, Дом Строгановых в XVI–XVII веках, Moskau 1962; E. Donnert, Die Stroganov und die westeuropäischen Wirtschaftsbeziehungen Rußlands im 16. Jh. In: Zeitschrift für Geschichtswissenschaft 19, 1971, Heft 3.

[72] Hinsichtlich der Produktion der Engländer vgl Donnert, Ordensritterstaat und Rußland, S. 251ff.

[73] Zu den sozialen Auseinandersetzungen innerhalb der livländischen Städte vgl. W. Küttler, Die Volksbewegung in Riga 1584–1589. In: Jahrbuch für Geschichte der UdSSR und der volksdemokratischen Länder Europas, Bd. 6, 1962, S. 267–310; J. Kuhles/ W. Küttler, Bürgertum und Reformation in den ostbaltischen Ländern. In: 450 Jahre Reformation, hg. v. L. Stern u. M. Steinmetz, Berlin 1967, S. 186–200.

[74] Vgl. Z. Ju. Kopysskij, Рыночные связи сельского хозяйства Белоруссии XVI – первой половины XVII вв. In: Ежегодник по аграрной истории восточной Европы 1962, Minsk 1964, S. 141ff.; E. Gudavicjus/S. Lacutka, Процесс закрепощения крестьянства Литвы и его отражение в I Литовском статуте 1529г. In: История СССР, 1970, Heft 3, S. 79–95.

städte in ihrem gesamten Hinterland mit den veränderten Voraussetzungen der Gutsherrschaft konfrontiert.

Der wirtschaftliche und politische Sieg der Gutsherrschaft im näheren und weiteren Hinterland mußte sich einschneidend auf das Handelssystem der baltischen Städte auswirken und veränderte die ökonomischen und sozialen Existenzbedingungen aller Schichten der städtischen Einwohnerschaft.[75]

Markthoheit und Stapelzwang als wichtigste Voraussetzungen des hochmittelalterlichen Stadthandels in Mittel- und Westeuropa bedeuteten im Idealfall, daß der gesamte Handel sich auf dem Markte, im Hafen oder in den Wohnhäusern der Fernhändler der privilegierten Städte abwickelte.[76] Die Handelskonkurrenz der Gutsherren deckte die Widersprüche dieses Handelssystems, das auf Monopolisierung, einseitiger Privilegierung und zünftlerischer Prohibition beruhte, schonungslos auf. Die Gegenwirkung kaufmännischer Konkurrenten hatte nur das Monopol des Zwischenhandels betroffen; die Offensive des gutsherrlichen Adels richtete sich direkt gegen die Grundpfeiler des städtischen Handels, weil sie zugleich gegen den freien Zuzug der Bauern in die Stadt gerichtet war.

Als die Eigentümer der wichtigsten Exportwaren hatten die Gutsbesitzer von vornherein den Vorteil der stärkeren wirtschaftlichen Position, von der aus sie sowohl gegen Marktzwang und freien bäuerlichen Stadthandel vorgehen als auch das Monopol der Städte in der Vermittlung des Außenhandels in Frage stellen konnten.

Hinsichtlich des Außenhandels forderte der Adel völlige Aktionsfreiheit auch in den Häfen und versuchte das Zwischenhandelsmonopol der Städte durch direkten Handel mit den west- und mitteleuropäischen Kaufleuten zu brechen.[77]

Auf dem Gebiet des Binnenhandels wurden die Bauern gezwungen, ihren Ernteüberschuß an den Gutsherrn zu verkaufen, der ihnen dafür Salz, Metallwaren und gewerbliche Produkte aus der Stadt besorgte. Auf diese Weise schalteten sich die Gutsherren in die Binnenhandelsbeziehungen zwischen Stadt und Land ein und monopolisierten den Produktenaustausch innerhalb der Gutsbezirke in ihren Händen. Seit Beginn des 16. Jh. erhoben sie ausdrücklich den Anspruch auf das alleinige Handelsrecht im Bereiche ihrer Güter und mit den leibeigenen Bauern.[78]

Wie das Rechnungsbuch Tiesenhausens zeigt, schlugen sie aus der Vermittlung der städtischen Konsumgüter an die Bauern Reingewinne bis über 100 Prozent heraus.[79]

[75] Vgl. ausführlich W. Küttler, Patriziat, Bürgeropposition und Volksbewegung in Riga in der zweiten Hälfte des 16. Jh., Phil. Diss., Leipzig 1966 (Masch.).

[76] Vgl. Niitemaa, Binnenhandel, S. 56f., 77–85.

[77] Vgl. G. Hollihn, Die Stapel- und Gästepolitik Rigas in der Ordenszeit 1201–1562. In: Hansische Geschichtsblätter 60, 1935, S. 157–165, und Ahvenainen, Getreidehandel, S. 192–198.

[78] Vgl. z. B. die Bestimmungen der sog. Maydellschen Bauernordnung. In: Die altlivländischen Bauernrechte, hrsg. v. L. Arbusow. In: Mitteilungen aus der livländischen Geschichte, Bd. 23, Riga 1924–26, Nr. 61, S. 132–135; über den Binnenhandel der Gutsherren allgemein Dorošenko, Øчерки, S. 279ff., und Niitemaa, Binnenhandel, S. 140f., 145–153, 207, 289ff.

[79] Z. B. hatte Tiesenhausen 1584/85 2 Schiffspfd. Hopfen für 40 Mk. eingekauft (VSVA, S. 95), erhielt beim Weiterverkauf aber allein für 1 Spd. 100 Mk. (ebenda, S. 100), vgl. auch ebenda, S. 101, 107f., 121, 126f.

Ein wichtiges Mittel zur Belebung des von den Gutsherren kontrollierten Binnenhandels war die Anlage von Krügen in den Dörfern, von denen aus Gutsbauern, die im Besitze von Lehnsbriefen ihrer Herrschaft waren, neben dem Bierausschank und dem Herbergsbetrieb auch Handel mit landwirtschaftlichen Erzeugnissen und gewerblichen Produkten betrieben.[80] In den Dörfern und Flecken des flachen Landes und auf den Gutshöfen bzw. den Feudalwirtschaften des Ordens, der Bischöfe und später der polnisch-litauischen Behörden bildeten sich außerdem Zentren des ländlichen Handwerks und Gewerbes. Die Gutsherren ließen in zunehmendem Umfang leibeigene Bauern, Wanderhandwerker und Tagelöhner im Gewerbebetrieb für sich arbeiten und stellten zu diesem Zwecke Tischler, Maurer, Schmiede, Schneider, Weber und andere Handwerker in ihre Dienste.[81]

Da infolge der Durchsetzung der Leibeigenschaft, der Vergrößerung der Gutsländereien auf Kosten des bäuerlichen Gemeindelandes und nicht zuletzt auch durch die zunächst verstärkt in die livländische Landwirtschaft eindringenden Ware-Geld-Beziehungen ein nicht geringer Teil der Bauern verarmt oder des eigenen Ackerlandes gänzlich verlustig gegangen war, fehlte es nicht an Arbeitskräften für gewerbliche Dienstleistungen. Auch als Fuhrleute, Transportarbeiter, Handelsgehilfen und Agenten in Städten, Verkehrsknotenpunkten und Häfen wurden die Angehörigen dieser degradierten Schichten der Bauernschaft, die sogenannten Lostreiber, gern von den Komturen der Ordensschlösser, den Bischöfen und Vasallen eingesetzt. Der finnische Historiker Niitemaa weist an Revaler Quellen schon für das letzte Jahrzehnt des 15. Jh. nach, daß die zu Handelszwecken in die Stadt kommenden Bauern häufig im Auftrag der Gutsherren agierten.[82]

Den freien Stadthandel ihrer Bauern suchten die Adligen dagegen immer mehr zu unterbinden, zunächst dadurch, daß sie die Bauern zwangen, ihre Überschüsse zuerst auf dem Gutshofe zum Verkauf anzubieten,[83] und schließlich durch Zwangsaufkauf der bäuerlichen Marktprodukte und durch Verhinderung von Reisen der Bauern in die Stadt.[84]

Der Kampf wurde nicht nur um die Handelsprivilegien, sondern mit wachsender Schärfe auch um das Asylrecht der Städte für flüchtige Bauern ausgetragen, wobei

80 Vgl. Dorošenko, Очерки, S. 310–314; Soom, Gutswirtschaft, S. 42f.; zur Haltung der Städte Niitemaa, Binnenhandel, S. 150–153.

81 Über die Gewerbetreibenden auf Tiesenhausens Gütern (Schlosser, Schmied, Maurer, Schneider) vgl. Soom, Gutswirtschaft, S. 48; allgemein zu dieser Frage Dorošenko, Очерки, S. 173–184; für das 17. Jh. Soom, Der Herrenhof in Estland, S. 134ff., 170–176.

82 V. Niitemaa, Die undeutsche Frage in der Politik der livländischen Städte im Mittelalter (Annales Academiae Scient. Fennicae Bd. 64) Helsinki 1949, S. 88f., 224f., 266; Dorošenko, Очерки, S. 259ff.

83 Vgl. besonders Niitemaa, Binnenhandel, S. 192–195, mit ausführlichen Quellenbelegen.

84 Vgl. die sogen. Maydellsche Bauernordnung, Art. 15. In: Die altlivländischen Bauernrechte, a. a. O., Nr. 61, S. 135: „Es soll auch keiner mächtig seyn zu verlehnen oder zu verkauffen jenig ding an viehe, pferde, ochsen kühe, schaaffe, bock, oder ziege, korn, honig, wachs, wild, wildwahren und dergleichen: er soll es im hofe erstlich präsentiren“.

diese den Auslieferungsforderungen der Gutsherren den bekannten Rechtssatz „Stadtluft macht frei in Jahr und Tag“ entgegenstellten.[85] Aber auch dieser Grundsatz konnte nicht aufrechterhalten werden. Der Adel setzte entsprechend den innerhalb der Feudalität erzielten Vereinbarungen über die „Läuflingsfrage“ nacheinander die unbedingte Auslieferungspflicht für sogenannte Gesindewirte oder Hakenbauern, d. h. landbesitzende Gutsbauern, dann auch für deren Söhne und schließlich sogar eine beträchtliche Verlängerung der Rückforderungsfrist auch für Lostreiber und andere landlose Flüchtlinge durch, aus denen sich die Hilfsgewerbe des Stadthandels in erster Linie ergänzten.[86]

Zu der hier geschilderten Entwicklung muß einschränkend festgestellt werden, daß sie sich erst in einem langen, widersprüchlichen und von schweren sozialen und politischen Auseinandersetzungen zwischen Feudalherren und Bauern, zwischen der Feudalität und dem Städtebürgertum sowie unter den verschiedenen Gruppen der Feudalklasse begleiteten Prozeß als Tendenz durchsetzen konnte. Wie auch in anderen Ländern des ostelbischen Entwicklungstyps der spätfeudalen Gutswirtschaft gelang es dem Adel nie vollständig, die Freizügigkeit zwischen Land und Stadt und den selbständigen Handel der Bauern zu unterbinden.[87]

Die entwicklungsbestimmende Tendenz, die sich aus Gutswirtschaft, Leibeigenschaft und einseitigem Exporthandel des Adels für die sozialökonomische Struktur Livlands ergab, wird jedoch nicht durch die zeitweilige Belebung der Ware-Geld-Beziehungen und des Binnenmarktes, sondern durch die Schritt für Schritt vom Adel durchgesetzten Maßnahmen zur Festigung des Feudalsystems gekennzeichnet. Unter den Bedingungen der Leibeigenschaft und der völligen Entrechtung der Bauern durch die Gutsherren kam es zu dem Paradoxon, daß der sprunghaft wachsende Außenhandel eine fortschreitende Schrumpfung des Binnenmarktes auslöste.

Selbst in der Periode wirtschaftlicher Prosperität vor Ausbruch des Livländischen Krieges kann diese Tendenz nicht übersehen werden. Die Gewinne aus dem Exportgeschäft der Gutsherren wurden nicht in der produktiven Sphäre investiert, sondern dienten größtenteils zur parasitären Schatzbildung. Die erzwungene Umschaltung des Binnenverkehrs zwischen Land und Stadt auf einen von den Gutsbesitzern vermittelten Austausch unterbrach den Entstehungsprozeß des inneren Marktes an einer sehr empfindlichen und äußerst wichtigen Stelle.[88]

Selbst in der Umgebung der großen Städte sind nach den gründlichen Untersuchungen von Dorošenko ein allmählicher Rückgang der Ware-Geld-Beziehungen und gleichzeitig die Tendenz zur Verdrängung der hier bereits eingebürgerten Geldform

85 Hierzu grundlegend Niitemaa, Undeutsche Frage, Abschn. III–V, S. 73–173; über den Grundsatz „Stadtluft macht frei in Jahr u. Tag“ ebenda, S. 99 u. Abschn. IX, S. 262ff.; vgl. auch Dorošenko, Очерки, S. 89–96.

86 Die wichtigsten „Läuflingseinigungen“, die die Grundsätze der Gutsherren in der Frage der Bauernflucht enthalten, sind abgedruckt in: Die altlivländischen Bauernrechte, vgl. vor allem Nr. 23–25, 33, 35, 43, 48, 52–56.

87 Vgl. ebenda, S. 215ff.; Dorošenko, Очерки, S. 88, 95.

88 Vgl. am Beispiel der Tiesenhausenschen Güter Soom, Gutswirtschaft, S. 55f.; Dorošenko, Очерки, S. 200f.

der Feudalrente durch die Arbeitsrente in Gestalt ständig steigender Frondienste festzustellen.[89] Die gewerbliche Eigenproduktion auf den Gutshöfen förderte diese Entwicklung nur noch, weil sie von Leibeigenen zumeist als besondere Form der Fron betrieben wurde und die Beziehungen zwischen Stadt und Land nun auch in umgekehrter Richtung, nämlich in bezug auf den Warenaustausch zwischen städtischen Handwerkern und Bauern, behinderte.[90]

Die Grundlage für den gesteigerten Export landwirtschaftlicher Produkte seitens der Gutsherren war die verschärfte Ausbeutung der in die Schollenpflichtigkeit herabgedrückten Bauern, die Leibeigenschaft wiederum die Voraussetzung für das aktive Handelsgeschäft des Adels, da erst dadurch die Arbeitskräfte gesichert und die Handelsbeziehungen zwischen Bürgern und Bauern eingeschränkt werden konnten. Der Ruin von Teilen der Bauernschaft trug unter diesen Bedingungen schließlich sogar noch dazu bei, die von den Gutsherren gewaltsam gestörten Bindungen zwischen Stadt und Land weiter zu lösen, da er die Aufnahmefähigkeit des Binnenmarktes für gewerbliche Importerzeugnisse und Handwerksprodukte der einheimischen Städte stark verringerte.[91]

Andererseits konnten die Differenzierung der Bauernschaft und das schnelle Wachstum der landarmen und landlosen Schichten innerhalb der Bauernschaft nicht wie in Westeuropa zur Entstehung einer ländlichen Arbeitskräftereserve für die Städte führen, weil die Gutsherren gerade diese Schichten für ihre extensive Wirtschaftsweise brauchten und auf Grund der verschärften Leibeigenschaft an die Gutshöfe zu fesseln vermochten. So verlief auch dieser Prozeß im Gegensatz zu westeuropäischen Verhältnissen zuungunsten der Städte, denen immer mehr der Zustrom von Arbeitskräften abgeschnitten wurde. Diese sozialökonomischen Entwicklungstendenzen sind, obwohl hier besonders stark ausgeprägt, nicht auf Livland beschränkt, sondern mehr oder weniger in allen Ländern mit vorherrschender Gutswirtschaft und Leibeigenschaft des hier untersuchten Typs ausgeprägt.[92] Sie führten sogar zu einer rückläufigen Entwicklung der bereits im Hochfeudalismus erreichten Binnenmarktbeziehungen und, wo sich vor- und frühkapitalistische Entwicklungsformen herausbildeten, zu deren Stagnation und Unterbrechung, wie z. B. in Danzig Ende des 16. und im 17. Jh.[93]

Diese Entwicklung zwang schließlich auch den staatlichen Gewalten der Länder, in denen sich Gutsherrschaft und Leibeigenschaft auf der Grundlage der Marktproduktion für den Export und bei direkter Adelsherrschaft durchsetzten, eine hauptsächlich auf der Protektion des Außenhandels der Gutsherren beruhende Wirtschafts-

89 Dorošenko, Очерки, S. 238.

90 Ebenda, S. 183–185.

91 Ebenda, S. 238–240; Małowist, Handelspolitik, S. 46f., und am Beispiel Polens derselbe, Polens wirtschaftliche Entwicklung, a. a. O., S. 202f., 212f.

92 Vgl. z. B. für Polen Małowist, Polens wirtschaftliche Entwicklung, a. a. O., S. 210ff.; unter dem Gesichtspunkt der Feudalwirtschaften A. Mączak, Zur Grundeigentumsstruktur in Polen im 16. bis 18. Jh. In: Jahrbuch für Wirtschaftsgeschichte 1967, Heft 4, S. 111–161, bes. S. 153ff.

93 M. Bogucka, Gdańsk jako ośrodek produkcyjny w XIV–XVIII w., Warschau 1962.

politik auf, die M. Małowist in Gegenüberstellung zu den westeuropäischen Verhältnissen sehr treffend als Antimerkantilismus bezeichnet hat.[94]

Die Handelsbilanzen der wichtigsten ostbaltischen Häfen bestätigen die einseitig exportbetonte Entwicklung des Außenhandels. In Riga erreichte der Export gegen Ende des 16. Jh. etwa zwei Drittel des gesamten Handelsvolumens.[95] Die Ausfuhr Narvas betrug in den Jahren 1583 bis 1588 durchschnittlich 67,9 Prozent und 1595 bis 1598 66,8 Prozent des Warenumschlags der Stadt.[96] Auch die Berechnungen für Riga, Reval, Hapsal und Pernau um 1640 zeigen einen deutlichen Ausfuhrüberschuß (Riga 35,8 Prozent, Pernau 38,6 Prozent, Hapsal sogar 97,2 Prozent, Reval 12,2 Prozent, Narva 31,8 Prozent)[97] und unterstreichen nur das Ergebnis der Sundzollverzeichnisse für den Zeitraum von 1550 bis 1650, das ein Verhältnis von 70:30 zwischen Aus- und Einfuhr der Ostseeländer ausweist.[98]

Die Untersuchungen von Mickwitz über Revaler Handelsbücher aus der ersten Hälfte und der Mitte des 16. Jh. lassen darauf schließen, daß der eindeutige Exportüberschuß in der Handelsbilanz der ostbaltischen Städte und ihres Hinterlandes ein Ergebnis des Massenhandels mit schweren Gütern der Land- und Forstwirtschaft war und sich in vollem Umfang erst von der Mitte des 16. Jh. an durchsetzte. Die von Mickwitz berechneten Umsätze durchschnittlicher Revaler Kaufmannsbetriebe, die hauptsächlich mit den traditionellen Transitgütern handelten, weisen noch ein leichtes Übergewicht der Einfuhr auf.[99]

Angaben über die Preisentwicklung im Baltikum bestätigen diese Beobachtungen. Zwischen 1550 und 1600 stiegen die Preise für die wichtisten Güter des Massenhandels (Getreide, Flachs, Hanf, Pottasche, Teer) in Livland schneller als in der ersten Hälfte des Jahrhunderts.[100]

Der direkte Umtauschkurs von Roggen und Salz, also zweier sehr wichtiger Export- bzw. Importgüter, zeigt nach den Berechnungen von Mickwitz und Ahvenainen ein ständiges Anwachsen des Roggenwertes.[101]

Alle diese Ergebnisse lassen den Schluß zu, daß sich der Exportüberschuß und die erwähnte Preisschere infolge einer steigenden Nachfrage nach ostbaltischen Ausfuhrgütern auf den westeuropäischen Märkten und andererseits eines stagnierenden und bei Gewerbeprodukten zurückgehenden Bedarfs an westlichen Importwaren im

94 Vgl. Małowist, Handelspolitik, a. a. O., S. 39; derselbe, Polens wirtschaftliche Entwicklung, a. a. O., S. 214.

95 Vgl. dazu Küttler, Patriziat, Bürgeropposition und Volksbewegung, S. 67ff.; W. W. Doroszenko, Eksport Rygi na zachód w okresie przynależności do Rzeczypospolitej (1562–1620). In: Zapiski Historyczne, Bd. 21, Warschau 1966, Heft 1, S. 7–44.

96 Attmar, Den ryska marknaden, S. 97.

97 Ebenda, S. 105.

98 A. Christensen, Der Wert der Sundzollregister. In: Hansische Geschichtsblätter, 1927, S. 75.

99 Mickwitz, Handelsbücher, S. 217–238.

100 Zur livländischen Preisentwicklung allgemein vgl. ebenda, S. 96ff.; Dorošenko, Действие „революции цен" в восточной Прибалтике в XVI в. In: Ежегодник по аграрной истории восточной Европы, 1961, Riga 1963, S. 114ff., bes. S. 117.

101 Ahvenainen, Getreidehandel, S. 91; Mickwitz, Handelsbücher, S. 51f.

Hinterland der Ostseehäfen bildeten. Da diese Tendenzen in Livland erst in der zweiten Hälfte des 16. Jh. stärker in Erscheinung traten, ist der ursächliche Zusammenhang mit der sich in dieser Zeit besonders schnell durchsetzenden Gutsherrschaft auch chronologisch erwiesen.

Der Anschluß der Feudalherren an den internationalen Markt vollzog sich also auf Kosten der überwiegenden Mehrheit der Bevölkerung, die unter den Verhältnissen der Gutsherrschaft und Leibeigenschaft gerade durch die Umstellung des Adels auf den Exporthandel mehr und mehr vom Markt abgeschnitten wurde. Alle die genannten Faktoren schränkten notwendigerweise die Aufnahmefähigkeit jener Länder für gewerbliche Importwaren ein, da hierfür nur eine verhältnismäßig dünne Oberschicht in Frage kam, und verminderten gleichzeitig die Absatzmöglichkeiten des inländischen Gewerbebürgertums beträchtlich. Daraus resultierten wiederum die einseitige Handelsbilanz, die Preisschere zwischen Export- und Importwaren und der Rückgang der Binnenmarktbeziehungen in der zweiten Hälfte des 16. Jh. Die sozialökonomische und die politische Vorherrschaft des gutsbesitzenden Adels und der auf noch gefestigter feudaler Basis erfolgende Exporthandel mit landwirtschaftlichen Produkten im ostbaltischen Raum gaben der gesellschaftlichen Entwicklung eine ganz andere Richtung als in Westeuropa. Dort konnte das Bürgertum auf Grund der rasch wachsenden gewerblichen Warenproduktion in Stadt und Land und infolge der relativen Schwäche der feudalen Grundherrschaft mit dem Beginn kapitalistischer Wirtschaftsreformen auch das flache Land mehr und mehr beherrschen und seinen ökonomischen Interessen unterwerfen. Der Prozeß der ursprünglichen Akkumulation in England ist dafür das klassische Beispiel.

In den Gebieten mit gutsherrlicher Exportproduktion waren es nicht die noch ganz auf den traditionellen Transithandel eingestellten Kaufleute der Städte, sondern die feudalen Gutsherren, die auf feudaler Basis Produktion und Austausch miteinander verbanden und deren Angriff auf die Zwischenhandelsfunktion der Städte gleichzeitig auf die Unterwerfung des Bürgertums unter die wirtschaftliche und handelspolitische Herrschaft des Adels abzielte. Während also die Belebung des internationalen Handels auf der Grundlage frühkapitalistischer Produktionsformen zur Ausprägung nationaler Binnenmärkte und zur ersten großen Offensive des Bürgertums auf die sozialökonomischen Grundlagen der Feudalordnung führte, löste sie unter den Bedingungen der feudalen Gutswirtschaft in Ostelbien, Polen-Litauen und im Baltikum sowie in Teilen der späteren Habsburgermonarchie auf allen Gebieten des gesellschaftlichen Lebens ein Vordringen der Feudalgewalten gegen die Positionen des Stadtbürgertums aus.

Wie bereits ausgeführt, entwickelten sich Gutsherrschaft und Leibeigenschaft in Rußland von stark abweichenden sozialen, ökonomischen und politischen Grundlagen aus: ohne zwingenden Markteinfluß, bei zunächst viel geringerem und erst allmählich zunehmendem Entwicklungsgrad der Ware-Geld-Beziehungen, aber im Rahmen eines vereinigten und in wachsendem Maße durch die Stärkung der Zentralgewalt bestimmten Großstaates. Hinzu kommt ein weiterer bedeutsamer Unterschied, der die Evolution der bäuerlichen Abhängigkeitsverhältnisse betrifft. Die sowjetische Forschung ist vor allem seit Grekovs bahnbrechenden Untersuchungen über die

Bauern in der Rus' übereinstimmend der Auffassung, daß von einer „zweiten" Leibeigenschaft in Rußland nicht gesprochen werden kann.[102] Dieser von der bürgerlichen Agrargeschichtsschreibung für die ostelbischen Verhältnisse geprägte Begriff ist insgesamt nur mit Vorbehalt zu gebrauchen und nur dann methodisch zulässig, wenn er auf Unterschiede im Grad der feudalen Ausbeutung und der juristischen Abhängigkeit der Bauern im Früh-, Hoch- und Spätfeudalismus bezogen und wenn die Milderung der Abhängigkeit während der hochfeudalen Periode im Rahmen der Gesamtentwicklung des Feudalismus als eines einheitlichen gesellschaftlichen Systems gesehen wird.

Die sowjetische Forschung sieht daher die Entwicklung der Leibeigenschaft zu Recht als eine Etappe des kontinuierlichen Prozesses der Feudalentwicklung an.[103] Für Rußland gilt diese Feststellung in doppeltem Sinne, einmal als Ausdruck der prinzipiellen Einheit der feudalen Formation, wie sie für den ostelbischen Typ genauso zutrifft, und zum anderen deshalb, weil eine so deutliche Abgrenzung von den Abhängigkeitsverhältnissen der voraufgegangenen Periode, daß von einer „zweiten Ausgabe" der Leibeigenschaft gesprochen werden könnte, in der russischen Geschichte nicht möglich ist.[104]

Dennoch bedeuteten die Umstrukturierung der Feudalklasse und die volle Durchsetzung der Leibeigenschaft natürlich eine Umwälzung und eine tiefe Zäsur innerhalb der Entwicklung der Feudalgesellschaft auch in Rußland.[105]

Trotz sehr unterschiedlicher Voraussetzungen und Triebkräfte führte dieser Prozeß in Rußland zu vielen ähnlichen Ergebnissen und Erscheinungsformen wie im Baltikum und den anderen Ländern des zu vergleichenden Typs. Allerdings spielten in Rußland die Beziehungen zwischen den aufkommenden Gutsbesitzern, d. h. dem Dienstadel (Dvorjanstvo) und den Städten eine weit geringere Rolle. Konflikte zwischen der Posad-Bevölkerung und der feudalen Aristokratie gab es zwar genug, doch betrafen sie vornehmlich das Verhältnis zwischen den mittleren und unteren Schichten der Städte und dem alten Hochadel, so in Novgorod vor dem Eingreifen Ivans III. 1470/71 oder beim Moskauer Aufstand des Jahres 1547.[106] Dabei standen Stadtbevölkerung, Dienstadel und Zentralgewalt sogar grundsätzlich in einer Front gegen die partikularistischen alten Feudalgewalten. Auseinandersetzungen um Handelsmonopole und Handelsrechte bestimmten das Bild der sozialen und innenpolitischen Auseinandersetzungen nicht. Im Gegenteil vertrugen sich durchaus staatliche Han-

[102] Nach wie vor grundlengend B. D. Grekov, Die Bauern in der Rus' von den ältesten Zeiten bis zum 17. Jh., Bd. 2, Berlin 1959; ferner Čerepnin, Образование, S. 121ff.

[103] История СССР, Bd. 2, S. 222 u. 223–226.

[104] Vgl. im einzelnen Čerepnin, Образование, S. 227ff.

[105] Vgl. Pavlenko u. a., Kollektivbericht. In: Переход, S. 19.

[106] Über die Ereignisse der 70er Jahre des 15. Jh. in Novgorod, vgl. Čerepnin, Образование, S. 855ff.; zum Moskauer Aufstand S. O. Šmidt, О Московском восстании 1547 г. In: Крестьянство и классовая борьба в феодальной России, Leningrad, 1967, S. 114–130. Insgesamt zur Einschätzung der sozialen Auseinandersetzungen im 16. Jh. A. A. Zimin, Основные этапы и формы классовой борьбы в России конца XV–XVI в. In: Вопросы истории 1965, Heft 3, S. 38ff.

dels- und Gewerbeförderung mit den Interessen der Pomest'e-Inhaber. Das hatte mehrere Gründe. Einmal war der Spielraum des Landes viel größer; zum anderen bedeutete eigene Handelstätigkeit, wie wir gesehen haben, für die russischen Feudalherren – weltliche und geistliche Votčinniki ebenso wie Dienstadlige – keine unbedingte wirtschaftliche Notwendigkeit. Deshalb ist es auch kein Widerspruch, wenn die sowjetische Forschung darauf hinweist, daß im Unterschied zu den Verhältnissen in den Ostseeländern der bäuerliche Handel weiterhin eine wichtige, wenn nicht sogar die dominierende Grundlage der Versorgung der Städte mit landwirtschaftlichen Produkten blieb.[107] Schließlich hatte das russische Städtebürgertum im allgemeinen nicht eine so selbständige und ständisch privilegierte Stellung gegenüber den Feudalherren; es fehlte eine derart schroffe Abgrenzung der sozialen und wirtschaftlichen Stellung und Tätigkeitsbereiche nicht wegen der Stärke, sondern wegen der relativen Schwäche der bürgerlich-städtischen Positionen gegenüber der Feudalklasse und dem Feudalstaat.

Das Problem der bäuerlichen Freizügigkeit aber beherrschte die inneren Auseinandersetzungen in Rußland im 16. Jh. genauso wie in Livland, nur daß in Rußland die Städte dabei eine geringere Rolle spielten. Auch konnte die Schollenpflichtigkeit und volle Leibeigenschaft in Rußland erst in einem längeren Prozeß und in bedeutend schärferen Klassenauseinandersetzungen durchgesetzt werden. Die erste gesamtstaatliche juristische Fixierung der beginnenden Unterwerfung der Bauern unter die Leibeigenschaft („zakrepoščenie“) wurde im Sudebnik von 1497 durch die Beschränkung der Freizügigkeit der Bauern auf die Woche vor und nach dem Georgs-Tag, vorgenommen. Mehr als ein halbes Jahrhundert später gingen die Bestimmungen des Sudebnik von 1550 trotz inzwischen fortgeschrittener Veränderung der feudalen Ausbeutungsverhältnisse nicht wesentlich über diese Festlegungen hinaus. Erst in den 80er und 90er Jahren verschärften sich die staatlichen Zwangsmaßnahmen zugunsten der Gutsbesitzer durch die häufigen „verbotenen Jahre“, in denen auch das einmalige Abzugsrecht der Bauern aufgehoben wurde.[108] Bis zum vorläufigen Abschluß dieses langwierigen Prozesses der vollen Durchsetzung der Leibeigenschaft und der endgültigen Anerkennung der veränderten Besitz- und Rechtsstruktur innerhalb der Feudalität im Uloženie 1649 verging ein weiteres halbes Jahrhundert. Hauptursache für diese gegenüber dem Baltikum ungleich längere und schwierigere Durch-

107 Vgl. Gorskaja a. a. O.; in Frage kam allerdings dafür nur ein gewisser Teil der gesamten Bauernschaft, die einen Produktionsüberschuß aufzuweisen hatte. Vgl. für das Gebiet von Beloozero L. S. Prokof'eva, „Хлебный бюджет“ крестьянского хозяйства Белозерского края в середине XVI в. In: Крестьянство и классовая борьба, S. 113; allgemein auch E. V. Abramovič, К вопросу о значении кредитования крестьян феодалами в развитии сельского хозяйства Руси XV–XVI вв. In: Ежегодник по аграрной истории восточной Европы 1965 г., Moskau 1970, S. 49–61.

108 Vgl. A. A. Zimin, Реформы Ивана Грозного, Moskau 1960, S. 63ff.; I. I. Smirnov, Очерки политической истории русского государства XVI века, Moskau/Leningrad 1958, S. 309ff.; Nosov, Становление, S. 53ff.; M. N. Tichomirov/P. P. Epifanov, Соборное уложение 1649 г., Moskau 1961 (Textausgabe für die Hochschulen), Einleitung von M. N. Tichomirov, S. 5ff.

setzung der veränderten Machtverhältnisse war der bedeutend heftigere Widerstand der Bauern in Rußland, der schließlich in dem nach Ausmaß und Breite der beteiligten Schichten für das Feudalsystem insgesamt bedrohlichen Bauernkrieg unter Bolotnikov seinen Höhepunkt erreichte.[109]

Die allmähliche Ausdehnung der Leibeigenschaft auf immer weitere Gruppen der bäuerlichen Bevölkerung und die anfängliche Beschleunigung der sozialen Differenzierung der Bauernschaft sind in Rußland wie im Baltikum festzustellen. Auch auf russischen Feudalwirtschaften wurden verarmte oder landlose Bauern als Knechte und Tagelöhner beschäftigt. Wie in den livländischen Gutsbezirken überwog jedoch bei weitem die Fronarbeit der leibeigenen Bauern, deren Lasten sich gegen Ende des 16. Jh. ständig vergrößerten, nicht zuletzt als Folge des Livländischen Krieges und der innenpolitischen Maßnahmen Ivans IV. Die Opričnina beschleunigte den Prozeß der Unterwerfung der Bauern unter Gutsherrschaft und Leibeigenschaft. Zugleich führten die Verelendung großer Teile der Bauernschaft sowie die Erweiterung der Feudalabgaben und besonders der Frondienste zu ganz ähnlichen Auswirkungen auf das Wirtschaftsleben wie unter anderen Bedingungen im Baltikum. Die Ansätze zur Ausweitung der Geldrente und der Ware-Geld-Beziehungen in der Landwirtschaft gingen teilweise wieder zurück.[110]

Über den Rahmen des Feudalismus hinausweisende vor- und frühkapitalistische Entwicklungsformen traten nur sporadisch auf und wurden stets wieder deformiert, ganz unterbrochen und in das Feudalsystem integriert, bzw. sie blieben auf Randgebiete beschränkt.[111] Obwohl der einheitliche russische Staat zugleich mit der Durchsetzung des Leibeigenschaftssystems in gewissen Grenzen auch Handel und Gewerbe förderte und der Zug zum Antimerkantilismus für die Wirtschaftspolitik der russischen Zaren nicht typisch war, sind in Rußland Ende des 16. Jh. also ganz ähnliche rückläufige Tendenzen in den Binnenmarktbeziehungen festzustellen wie im Baltikum und in Polen-Litauen. Mit Recht haben Pavlenko und andere sowjetische Historiker die verbreitete These kritisiert, daß sich der gesamtrussische Markt seit dem 16. Jh. kontinuierlich von Keimformen und Ansätzen zur vollen Reife entwickelt habe.[112] Auch von der Mitte des 17. Jh. an beruhten die nun stärker auflebenden überregionalen Marktbeziehungen und die allmähliche Entstehung des gesamtrussischen Marktes vorwiegend auf der kleinen Warenproduktion und stellten die im wesentlichen weiterhin naturalwirtschaftliche Struktur der Feudalverhältnisse in der Landwirtschaft nicht in Frage.[113]

Zweifellos ist die Genesis einer neuen Gesellschaftsformation, d. h. die Herausbildung eines qualitativ höheren gesellschaftlichen Gesamtsystems, im internationalen wie im nationalen Maßstab, bei aller Vielfältigkeit der Übergangsprozesse und bei

109 Vgl. das nach wie vor grundlegende Werk von I. I. Smirnov, Восстание Болотникова 1606–07, Moskau 1951, S. 493–513 (Gesamteinschätzung).

110 Vgl. История СССР, Bd. 2, S. 194f., 201f., 210ff.

111 Vgl. N. Pavlenko, Zum Problem der Struktur der russischen Manufaktur im 17.–19. Jh. In: Jahrbuch für Geschichte der sozialistischen Länder Europas, Bd. 13/2, 1969, S. 109–120.

112 Pavlenko u. a., Kollektivbericht. In Переход, S. 18ff.

113 Vgl. Pavlenko, Спорные вопросы a. a. O.

aller Verflechtung alter und neuer Entwicklungstendenzen, an eine bestimmte Stabilität, Kontinuität, Irreversibilität und Expansion der Elemente des Neuen gebunden. Diese Voraussetzungen waren weder in Rußland noch im Baltikum und in den meisten Vergleichsländern vor der Mitte des 18. Jh. gegeben, wenn man die Genesis des Kapitalismus – unseres Erachtens zu Recht – in diesem Sinne eingrenzt und von sporadischen Ansätzen, Vor- und Keimformen sowie vor allem von dem Entstehungsprozeß der gesellschaftlichen Voraussetzungen kapitalistischer Verhältnisse, der nahezu die ganze hochfeudale Entwicklung umfaßt, klar trennt.[114]

Von dieser Gesamtsicht aus reduzieren sich die Unterschiede zwischen den Auswirkungen der Gutsherrschaft im Baltikum und in Rußland und allgemein zwischen den untersuchten Entwicklungstypen erheblich, wenn man die unmittelbar wirkenden Tendenzen der inneren Strukturveränderungen betrachtet. Sie stellen sich in beiden Fällen zunächst in erster Linie als Stabilisierung und sogar Ausdehnung des Feudalsystems dar. In diesem Sinne hatte der sowjetische Historiker Skazkin zweifellos recht, wenn er gegen eine Überschätzung der Parallelen zwischen sozialen Differenzierungserscheinungen der Landbevölkerung in Ostelbien (Bauernlegen) und der ursprünglichen Akkumulation in England polemisierte.[115]

Nur unter diesem Aspekt beurteilt, wäre jedoch auch der ostelbisch-polnisch-baltische Typ der Gutswirtschaft nicht als Erscheinung des Niedergangs, sondern der Festigung der Feudalgesellschaft anzusehen, zumal diese Form der feudalen Evolution sogar bedeutend weniger heftige innere Erschütterungen aufzuweisen hatte als Rußland, wo die Zeit von der Entstehung bis zum Beginn der Krise des Leibeigenschaftssystems zugleich die Ära gewaltiger Klassenschlachten der Bauern gewesen ist. Wie schon eingangs betont, muß bei der Beurteilung des Beginns der Spät- bzw. Niedergangsphase des Feudalismus in einem beliebigen Lande die Gesamtheit aller inneren und äußeren auf das Feudalsystem einwirkenden Faktoren berücksichtigt werden.

Zweifellos ist es richtig, daß die Niedergangsphase des Feudalismus universalhistorisch unlöslich mit dem Konflikt zwischen der entstehenden kapitalistischen Produktionsweise und dem Feudalsystem verbunden ist. Dieser Konflikt kann *primär* nur entstehen durch die Entwicklung der kapitalistischen Produktionsweise zunächst in einigen fortgeschrittenen Ländern. Wie Marx im dritten Band des „Kapital" in direktem Zusammenhang mit der zerstörenden Einwirkung des Welthandels auf den Feudalismus ganz klar feststellt, „entwickelte sich die moderne Produktionsweise, in ihrer ersten Periode, der Manufakturperiode, nur da, wo die Bedingungen dafür sich innerhalb des Mittelalters erzeugt hatten"[116]. Das schließt aber keineswegs aus, sondern bedingt sogar gemäß dem Wesen der Expansion des Kapitalismus durch den Weltmarkt, daß der Konflikt zwischen Feudalismus und Kapitalismus auch *sekundär* durch die kontinuierliche und stabile Einbeziehung noch rein feudal strukturierter

114 Vgl. besonders Čistozvonov, Некоторые основные теоретические вопросы, a. a. O., S. 15ff., 29ff., 39ff.

115 S. D. Skazkin, Основные проблемы так называемого „второго издания крепостничества" в средней и восточной Европе. In: Вопросы истории, 1958, Heft 2, S. 96ff.

116 K. Marx, Das Kapital, Bd. 3. In: Marx/Engels, Werke, Bd. 25, Berlin 1964, S. 344.

Länder in die vom Kapitalismus bestimmten internationalen Marktbeziehungen und alle ihre wirtschaftlichen. politischen, militärischen und kulturellen Folgen wirkt.

Diese sekundäre, vermittelte Einwirkung des entstehenden Kapitalismus auf das Feudalsystem bedarf sowohl innerer Voraussetzungen in Form eines bestimmten Entwicklungsgrades der Ware-Geld-Beziehungen als auch stabiler, kontinuierlicher internationaler Beziehungen. Wie am Beispiel des Baltikums demonstriert, waren es hier wie in den anderen Ländern dieses Typs der zwingend einwirkende internationale Handel und die dadurch und auf Grund zunächst relativ weit entwickelter Marktbeziehungen im Inneren erfolgten Strukturveränderungen, die das Feudalsystem ungeachtet aller zeitweiligen Stabilisierung historisch tendenziell in die Defensive drängten. Marktproduktion und Außenhandel versetzten die herrschenden Feudalklassen und ihre Staatsgewalten zunehmend auf ökonomischem Gebiet in Zugzwang, brachten zuerst in der Tendenz, dann in zunehmendem Maße die feudale Ökonomie der wichtigsten Beschaffungsgebiete des internationalen Handels in äußere Abhängigkeit von Bedingungen, die der aufstrebende Kapitalismus in den Niederlanden und in England diktierte.

Somit ist es nach weitgehend übereinstimmendem Urteil der marxistisch-leninistischen Geschichtsforschung vollauf berechtigt, mit der Entstehung des ostelbisch-polnisch-baltischen Typs der Gutsherrschaft und Leibeigenschaft und den damit verbundenen sozialökonomischen Veränderungen in den betreffenden Ländern von der Wende des 15./16. Jh. an trotz fehlender Genesis des Kapitalismus im Inneren vom Beginn des Spätfeudalismus und damit der niedergehenden Phase der Feudalgesellschaft zu sprechen. Der Beginn des Spätfeudalismus kennzeichnet hier jene Strukturveränderung innerhalb des Feudalsystems, die den Ausgangspunkt für seine spätere Evolution in Richtung auf den Kapitalismus bildet, in den meisten Fällen also die Ausgangskonstellation für den sog. „preußischen Weg" der kapitalistischen Entwicklung.[117] Diese Evolution wirkt in der Periode des Manufakturkapitalismus als langsame, keineswegs geradlinige, aber tendenziell immer vorhandene Erosion des in diesen Ländern noch weitgehend unversehrten Feudalsystems durch Warenproduktion und Marktabhängigkeit; sie wird zur systemsprengenden Entwicklung erst vom Ende des 18. Jh. an – im Zeitalter des Industriekapitalismus und mit der Genesis des Kapitalismus im Inneren dieser Länder.

Auch für Rußland ist es nicht zu bestreiten, daß zwischen dem ausgehenden 15. und der Mitte des 17. Jh. das Feudalsystem in den Grundzügen jene Struktur der Eigentums- und Ausbeutungsverhältnisse annahm, von der die weitere Evolution bis 1861 und die Klassen- und Machtverhältnisse teilweise sogar bis 1917 ausgingen, soweit sie vom System und später von den Relikten des Feudalismus bestimmt wurden.

117 Vgl. zur Diskussion dieses Problems V. V. Dorošenko, „Модель" аграрного строя Речи Посполитой XVI–XVIII вв. In: Ежегодник по аграрной истории восточной Европы 1965 г., Moskau 1970, S. 114–129; ferner L. A. Loone, in: Теоретические и историографические проблемы, S. 174ff.; für Estland die ausführliche Studie von J. Kahk, Zu den Hauptproblemen der Krise des Feudalsystems in Estland im zweiten Viertel des 19. Jh. In: Jahrbuch für Wirtschaftsgeschichte 1968, Heft 3 S. 215–275, bes. S. 215–223.

Auch in Rußland wirkten dabei in zunehmendem Maße innere und äußere Faktoren zusammen. Wenn auch der zwingende Zusammenhang mit dem frühkapitalistischen Markt fehlte, so wirkte der entstehende Kapitalismus über das Gesamtsystem der internationalen Beziehungen, durch den Wettbewerb der europäischen Großmächte, die daraus erwachsenen politischen, wirtschaftlichen und militärischen Bedürfnisse der feudalen Staatsmacht in Rußland und auch über die Handelsbeziehungen mindestens seit Ivan IV. auf die Evolution der Feudalgesellschaft in Rußland zurück. Andererseits entstanden in dieser Zeit mit der allmählichen Ausdehung der Ware-Geld-Beziehungen, regionaler Märkte und beginnender überregionaler Binnenhandelskontakte sowie sporadischer vor- und frühkapitalistischer Entwicklungsformen die Voraussetzungen für die spätere bürgerliche Evolution des Landes. Diese Faktoren waren noch instabil und wurden zunächst von der dominierenden Feudalentwicklung und ihrer erfolgreichen Stabilisierung überdeckt und teilweise sogar verdrängt; jedoch wuchs ihre Wertigkeit in dem Maße, wie Rußland immer stärker mit internationalen Beziehungen konfrontiert wurde, die auf vielfältige Weise vom aufstrebenden Kapitalismus bestimmt waren. Unter diesen Vorzeichen war die fortschreitende und zum Teil sich räumlich und inhaltlich noch ausdehnende Feudalentwicklung in Rußland tendenziell ähnlicher Erosion und ähnlichem langfristig wirkenden Zwang zur Anpassung unterworfen wie das spätfeudale System in den Ländern des ostelbisch-polnisch-baltischen Typs der Gutswirtschaft.[118]

Vieles spricht also dafür, zumindest den Beginn des Übergangs zur spätfeudalen Periode auch in Rußland in das 16. Jh. zu datieren. Eine solche Lösung ermöglicht eine Würdigung des Neuen in der gesellschaftlichen Entwicklung des Landes, ohne daß gleichzeitig der weiterhin bestimmende Einfluß und die noch ungeteilte Herrschaft der Feudalordnung bestritten, d. h. der Beginn der Genesis des Kapitalismus festgestellt werden müßte. Zugleich werden so die Gemeinsamkeiten und Unterschiede der Entwicklungstypen des Spätfeudalismus in Rußland und im ostelbischen Bereich deutlich. Wie im historischen Ergebnis der Agrarentwicklung im Kapitalismus nach den sehr aufschlußreichen Untersuchungen von Tarnovskij[119] eine weitgehende Differenzierung des preußischen und russischen Entwicklungsweges erkennbar wird, so ist auch ihre Entstehung, ihr Ausgangspunkt verschieden. Dennoch erscheint es begründet, beide Typen als unterschiedliche Varianten einer universalhistorisch einheitlichen Entwicklung des Spätfeudalismus in Ländern mit verspäteter Genesis des Kapitalismus bei relativ frühzeitiger Einbeziehung in den internationalen Zusammenhang der Übergangsepoche vom Feudalismus zum Kapitalismus anzusehen.

118 Die Autoren des Kollektivberichts stellen diesen Zusammenhang selbst sehr klar fest: „Das Aufkommen der kapitalistischen Ära im 16. Jh. verspürten mehr oder weniger alle Länder, darunter auch Rußland. Aber nicht in allen Ländern verlief die Entwicklung in dieser Epoche in Richtung auf den Kapitalismus" (Переход, S. 18); zum internationalen Zusammenhang vgl. auch Čistozvonov, Некоторые аспекты генезиса абсолютизма a. a. O., S. 56.

119 K. N. Tarnovskij, Проблемы аграрно-капиталистической эволюции России. In: История СССР, 1970, Heft 3, S. 60–78.

B. Widera

Anfänge der industriellen Großproduktion und Verbreitung der Lohnarbeit unter den Facharbeitern Rußlands im 17. und 18. Jahrhundert

Nach der Abschüttelung des Mongolenjoches setzte in Rußland eine neue sozialökonomische Entwicklung ein. Im Verlauf des 16. Jh. bildeten sich dort im Schoße der Feudalordnung Keime der kapitalistischen Produktionsweise heraus, die im 17. Jh. in der Lohnarbeit, in größeren Produktionsstätten, die über die bisherige Werkstatt des Handwerkers hinauswuchsen, in einer neuen Produktionstechnik sowie im Aufkommen von Unternehmern erkennbar wurden. Es begannen sich in Rußland neue gesellschaftliche Verhältnisse herauszubilden, die Lenin als „bürgerliche Bindungen"[1] kennzeichnete. Es ist wenig überzeugend, diese Feststellung Lenins losgelöst vom Entstehen kapitalistischer Verhältnisse in Rußland zu interpretieren.

Die folgenden Ausführungen befassen sich mit der Lohnarbeit der Facharbeiter in Rußland in der Zeit vom 16. bis zur Mitte des 18. Jh., wobei vier Produktions- bzw. Gewerbezweige, nämlich das Eisenhüttenwesen, die Herstellung von Pottasche, die Gewinnung von Salz und die Binnenschiffahrt, behandelt werden. Die Lohnarbeit von Facharbeitern bietet sich zur Herausarbeitung des Wesens der Frühformen des russischen Kapitalismus als Forschungsthema an. Sowjetische Sozial- und Wirtschaftshistoriker haben auf diesem Gebiet vieles geleistet, leider sind aber die verschiedenen Einzelstudien bisher noch nicht zusammengefaßt worden.[2]

Fragt man nach den Ursachen für das Entstehen und die Ausweitung der Lohnarbeit bei Facharbeitern, so kommen insbesondere zwei Faktoren in Betracht. Der eine Faktor war die seit dem 12. Jh. kontinuierlich fortschreitende Spezialisierung des Handwerks[3], der andere ergab sich aus der Konzentration der Produktion, die zwangsläufig zur Entstehung größerer Produktionsstätten führte. Auf die Bedeutung dieser neuen Produktionsstätten für die Frühphasen des Kapitalismus hat E. I. Zaozerskaja auf der Konferenz „Entstehung und Entwicklung des Kapitalismus in Rußland" im Juni 1965 in Moskau[4] mit sehr überzeugenden Argumenten hingewiesen, wo-

[1] W. I. Lenin, Was sind die „Volksfreunde" und wie kämpfen sie gegen die Sozialdemokratie? In: Lenin, Werke, Bd. 1, Berlin 1968, S. 146f.

[2] Hingewiesen sei auf A. M. Pankratova, Формирование пролетариата в России, Moskau 1963; Teilaspekte behandeln: N. B. Golikova, Наемный труд в городах Поволжя в первой четверти XVIII века, Moskau 1965; E. I. Zaozerskaja, У истоков крупного производства в русской промышленности XVI–XVII веков, Moskau 1970.

[3] B. A. Rybakov, Ремесло древней Руси, Moskau 1948; B. A. Kol'čin, Ремесло. In: Очерки русской культуры XIII–XV веков, Bd. I, Moskau 1969, S. 156ff.

[4] Переход от феодализма к капитализму в России, Moskau 1969, S. 280.

bei sie die Rolle der großen Unternehmen hervorhob. Bei der Erörterung der Frühphasen des Kapitalismus in Rußland darf nicht übersehen werden, daß in Rußland im 16. und besonders im 17. Jh. in einzelnen Gewerbezweigen sich Industriebetriebe entwickelten. In diesem Zeitraum tritt Rußland in die „Werk"-Periode der Geschichte der Produktionsstätten ein. Der Übergang von der handwerklichen zur industriellen Gütererzeugung ist ohne Großunternehmen unmöglich.

Diese neuen und andersartigen Produktionsstätten erhielten im Russischen eigene Bezeichnungen. In den Quellen finden wir eine ganze Anzahl von Termini. Nur die Seifensiedereien knüpften an die Werkstube des Handwerkers, an die „masterskaja izba", an, sie werden als „mylnye izby" bezeichnet. Bei genauerer Betrachtung ergibt sich, daß eine Seifensiederei aus mehreren „Stuben", „izby", bestand. Die sonstigen Produktionsstätten heißen „masterskie domy" (Handwerkerhäuser), „palaty", „masterovye palaty" (Hallen, Werkkammern), „dvor" (Hof), „varnicy" (Siedereien, vornehmlich für Salz) „zavody", „zavedenia" (Werke) „manufaktury" und „fabriki" (Manufakturen und Fabriken). Am häufigsten findet sich jedoch der Begriff „zavod", Werk. Dabei ist die Doppelbedeutung des Begriffs „zavod" zu beachten, es ist sowohl Bezeichnung der Tätigkeit, so heißt es in einer Versetzungsanweisung der zaristischen Regierung aus dem Jahre 1661 an Waffenschmiede „dlja zavodu monetnogo dela" — zur Aufnahme des Münzwesens,[5] als auch schon in sehr früher Zeit Terminus für die Produktionsstätte. I. T. Pososkov benutzt diesen Ausdruck für in den Jahren 1687/88 bestehende Betriebe. In der ersten Hälfte des 18. Jh. findet sich dieser Terminus in vielen Ukasen Peters I. und seiner Nachfolger, in Anweisungen des Berg-Kollegiums, in der Korrespondenz der Unternehmer (N. Demidov, F. I. Molodoj u. a.), in Bittschriften von Arbeitern und Bauern an Peter I. und Katharina II., in amtlichen Verlautbarungen der Regierung, den „Vedomosti", in Berichten und Verfügungen V. N. Tatiščevs und G. W. v.Hennins. Der „zavod" wird zu einem typischen Terminus für die Produktionsstätten der Zeit. Daneben bestand auch die Handwerkerstube als Produktionsstätte der Kleinproduktion weiter, die industrielle Großproduktion setzt aber das Werk voraus.

Bis in die allerneueste Zeit konnten wir uns über die räumliche Größe und betriebliche Struktur der Werke kein Bild machen. Nur aus den Bezeichnungen der Beschäftigten ließen sich Rückschlüsse auf die betriebliche Struktur gewinnen, z. B. konnte aus Berufsbezeichnungen wie „domnye", „molotniki", „gvozdilščiki", „ugol'ščiki" erschlossen werden, daß ein Eisenhüttenwerk aus Hochöfen und Hämmereien sowie der Köhlerei bestand. Auf Grund der Forschungen der Industriearchäologie wurden nunmehr die Fundamente von Werken und von Teilen ihrer Anlagen bloßgelegt. So wurden beispielsweise in den fünfziger Jahren unseres Jahrhunderts Teile der Hochofenwerke in Tula ausgegraben. Genaue Karten und Zeichnungen veranschaulichen räumliche Ausdehnung und betriebliche Struktur dieses Werkes.[6]

[5] Pankratova, a. a. O., S. 171.

[6] N. K. Lisicina, Археологические исследования в РСФСР в 1956 году. In: Краткие сообщения о докладах и полевых исследованиях института истории материальной культуры, Bd. 77, 1959, S. 125f.

Schließlich verlief die Suche nach zeitgenössischen, technischen Skizzen und Zeichnungen erfolgreich, so daß auch auf Grund dieses Quellenmaterials die Struktur einzelner Werke geklärt werden konnte. Mitte der fünfziger Jahre wurde die Skizze einer mit Wasserkraft angetriebenen Getreidemühle aus dem Jahre 1663 entdeckt. Diese Mühle befand sich bei Putivl'; sie bestand aus 5 nebeneinander auf dem Flußwehr angelegten Mahlstühlen, die etwa 30 Mahlsteine antrieben.[7] Dieser Zeichnung ist zu entnehmen, daß die Wassermühle aus mehreren Gewerken bestand und verschiedene Mehlsorten sowie Graupen auf industrielle Weise herstellte. Eine ähnliche Struktur dürften auch die wasserangetriebenen Tuchwalkmühlen gehabt haben.

Von den Hüttenwerken und Erzbergwerken des Urals liegen aus der ersten Hälfte des 18. Jh. für 8 Betriebe Skizzen bzw. technische Zeichnungen vor.[8] Ihr Quellenwert kann nicht hoch genug eingeschätzt werden, weil sie uns über die größten Produktionsstätten, die im Hüttenwesen und Bergbau Rußlands (einschließlich Sibiriens) in der ersten Hälfte des 18. Jh. gebaut worden waren, anschauliches Material vermitteln. Aus der Zeichnung des Šuralinskij-Werkes[9] geht hervor, daß es aus 12 Betriebseinheiten, darunter Flußwehr bzw. Staudamm, Wasserkanal, Hämmerei, Glühofen, Blasebälgen, Wasserrädern, Nachwärmofen und Handschmieden bestand. Auf dem Werksgelände befanden sich der Zeichnung zufolge auch noch das Kontorgebäude, Unterkünfte für Facharbeiter und andere Arbeitsleute sowie einige Lagerräume. Da das Šuralinskij-Werk ein Hammerwerk war, fehlten Hochöfen. Sehr aufschlußreich ist die technische Skizze des 1734 errichteten Bilimbaevskij-Werkes der Stroganovs, obwohl hier nur 5 Betriebseinheiten eingetragen sind. Flußwehr, Hochofen, Hämmerei, Schuppen für die Roheisenluppen sowie das Verwaltungsgebäude.[10] Die Werkanlagen bildeten einen geschlossenen Komplex, während das Verwaltungsgebäude, die Unterkünfte der Facharbeiter und der anderen Werkbewohner abseits standen.

Schließlich gibt es die Abbildung einer Salzsiederei, einer „varnica", aus Solikamsk, einem bedeutenden Salzgewinnungszentrum Rußlands im 17. und 18. Jh. 3 im Blocksystem gebaute Siedetürme überragen mehrere Nebenanlagen, die wahrscheinlich Speicher für das gekochte Salz und Abstellräume für Gerät waren.[11] Obwohl die zu einer Siederei gehörende Pfannenschmiede, in der die eisernen Siedepfannen hergestellt bzw. repariert wurden, nicht eingezeichnet ist, vermittelt die Zeichnung doch ein deutliches Bild von der Größe und betrieblichen Struktur der russischen Salzsiedereien des 17. Jh., in denen Salz auf industrielle Weise gewonnen wurde.

Aus den Darstellungen der Wassermühlen, der Salzsiedereien und vor allem der Hüttenwerke ist erkennbar, daß die Werke bereits in Abteilungen (cechy) gegliedert waren, obwohl dieser Terminus in der russischen Werkentwicklung und Werkge-

[7] A. A. Uranosov, Неопубликованные чертеж и описание мельницы XVII в. In: Вопросы истории естествознания и техники, Bd. 4, 1957, S. 187f.

[8] A. I. Aleksandrov, Из истории инженерной графики Урала и Сибирии, Sverdlovsk 1959.

[9] Ebenda, S. 16, Vgl. Erläuterungen, S. 93 (Abb. 7).

[10] Ebenda, S. 17, vgl. Erläuterungen, S. 93 (Abb. 8).

[11] История СССР с древнейших времен до наших дней, Bd. III, Moskau 1967, S. 23; Очерки истории СССР. XVII век, Moskau 1955, S. 108.

schichte damals noch nicht benutzt wurde. Leider ist es sehr schwer, sich über die technische Ausrüstung, über die Geräte und deren Zuordnung im Werke ein genaues Bild zu machen, weil die Forschung auf diesem Gebiet noch in den Anfängen steckt. Einstweilen können wir nur über die Wassergetriebe und deren Funktion eine gewisse Vorstellung gewinnen, weil Berichte und Darstellungen über Wehranlagen bzw. Staudämme, über Kanäle, Wasserräder und Übertragungssysteme vorliegen. Völlig ungeklärt ist die Beschaffenheit der Gebläseeinrichtungen für die Hochöfen und Hämmereien der Eisenhütten und für die Schmelzöfen der Kupferhütten. Fast nichts bekannt ist über die in den Werken benutzten, mit Wasserkraft angetriebenen Hebevorrichtungen. Aus den Reiseberichten ist keine klare Vorstellung zu gewinnen, weil deren Autoren mit wenigen Ausnahmen – wie etwa Svedenborg, P. S. Pallas und V. N. Tatiščev – keine Fachleute waren und daher als Laien in technischen Dingen unklare, teilweise verzerrte Angaben machten. Das gilt für die Berichte Herbersteins, Stadens und F. G. Weises – letzterer verwechselte beispielsweise Hochöfen und Röstöfen. Quellenangaben über die Ausrüstungen der sich zu Werken entwickelnden Produktionsstätten und das Studium dieser Ausrüstungen sind notwendig, weil solche Angaben auf die Ausbildung entsprechender Facharbeiter Rückschlüsse zulassen.

Vergegenwärtigt man sich die verhältnismäßig rasche Umwandlung der Produktionsstätten von der Werkstube des Handwerkers zum Handwerkerhaus, Handwerkerhof und weiter bis zum Werk, so drängt sich die Erkenntnis auf, daß der in diesen neuen großen Produktionsstätten sich vollziehende industrielle Produktionsprozeß in entscheidenden Sektoren nur von ausgebildeten Facharbeitern bewältigt werden konnte. Der Betriebskatalog der Facharbeiter erweiterte sich im Verlauf von 200 Jahren von der Mitte des 16. bis zur Mitte des 18. Jh. erheblich, da die technische Vervollkommnung und die organisatorische Verbesserung der Produktionsstätten ständig Fortschritte machte. Neuanlage und Erweiterung der Produktionsstätten, vor allem der Werke, hatten ein ständiges Ansteigen der Zahl der Facharbeiter zur Folge. Generell wurden die Facharbeiter als „mastera" und „podmastera", als Meister oder Untermeister, bezeichnet und den gewöhnlichen Arbeitsleuten, den „rabotnye ljudi", gegenübergestellt.

Am mannigfaltigsten bildete sich das Facharbeitertum im Eisenhüttenwesen und in der Eisenverarbeitung aus. Etwa zu Beginn des 18. Jh. finden wir in den Registern des Bergkollegiums[12] folgende Berufsbezeichnungen für Facharbeiter in den Eisenhütten: „Domennye mastera" (wahrscheinlich Hochofenschmelzer), „domennye podmastera" (wahrscheinlich Hilfsschmelzer am Hochofen), „domennye lituchi" (wahrscheinlich Arbeiter, die den Abstich des geschmolzenen Roheisens besorgen, wozu in langen Jahren gesammelte Fachkenntnisse erforderlich sind), „kričniki" (Former und Gießer der Roheisenluppen); „litejščiki" und „litejnye mastera" bzw. „litejnye podmastera" sind vielleicht nur ein anderer Ausdruck für „lituchi". Zu den fachlich-beruflichen Obliegenheiten der „domennye mastera" gehörte wohl auch die Kenntnis der verschiedenen Eisenerze. Schließlich dürfte auch die Bezeichnung „domennye rabotniki" bestimmte Hochofenfacharbeiter mit einbezogen haben,

[12] B. B. Kafengauz, Хозяйство Демидовых в XVIII–XIX вв., Bd. I, Moskau 1949, S. 358; vgl. Pankratova, a. a. O., 278–319.

etwa die Gichter, deren Aufgabe es war, das Erz, die Holzkohle und die sogenannten Zuschläge, wie Kalk, aus den Bunkern oder Speichern („ambary“) zur Ofengicht zu befördern. Die Bezeichnung „domennye zasypščiki“ galt wahrscheinlich speziell für diese Tätigkeit.

Nicht viel weniger spezialisiert waren die Facharbeiter in den Hammerwerken, in den „molotnye izby“ oder „molotnye domy“ – in der Literatur vielfach als „cechy“ bezeichnet, die zu den Eisenhüttenwerken gehörten; ganz allgemein werden die Arbeiter in den Hämmereien als „molotniki“ bezeichnet –, doch gibt es auch konkretere Bezeichnungen, wie „molotovye mastera“ und „molotovye podmastera“. In den ersteren dürften Hammermeister zu erblicken sein, die die in Frischöfen zu entkohlenden Roheisenluppen frischten und durch Hämmern zusammenschweißten oder zusammenhämmerten. Die letzteren dürften die Gehilfen der „molotovye mastera“ gewesen sein. Vielleicht waren die „molotovye mastera“ Meister des gesamten Hammerwerkes, während die „podmastera“ das Hämmern selbst ausübten. Da in der ersten Hälfte des 18. Jh. das Eisenwalzen über allererste Anfänge noch nicht hinausgekommen war und sich deshalb nur auf das Auswalzen von Feineisen wie Blechen, Draht und Feinstäben zur Herstellung von Gewehrläufen beschränkte, mußten die gefrischten Roheisenluppen zu Stangeneisen verschiedener Stärke und Länge gestreckt werden, was nur in Spezialhammerwerken bewerkstelligt werden konnte. Die Verarbeitung des Roheisens zu schmiedbarem Eisenhalbzeug machte daher eine Spezialisierung der „molotniki“ erforderlich. Hinter dem Terminus „molotniki“, den Hammerschmieden, verbargen sich daher verschiedene Spezialisierungen.

Eine spezielle Gruppe von Facharbeitern des Eisenhüttenwesens waren die „mechovye mastera“ und „mechovye podmastera“. Sie bedienten und beaufsichtigten die durch Wasserkraft angetriebenen Gebläse, mit denen der Wind in die Hochöfen und in die Frischöfen bzw. Glühöfen hineingetrieben wurde. Wahrscheinlich setzten sie auch die an den Öfen aufgestellten Hebevorrichtungen in Bewegung. Unter „mechovyj master“ dürfen wir den Gebläsemeister und im „mechovyj podmaster“ seinen Gehilfen verstehen.

Zum festen Bestand der Facharbeiter in den Eisenhütten gehörten auch die „plotniki“, die „plotnye mastera“ und „plotnye podmastera“, die die „plotiny“, die Staudämme, Wehre und Kanäle sowie die Kraftübertragung zu den Gebläse- und Hebevorrichtungen, aber auch die hölzernen Umfassungen der Werke zu errichten hatten. Es handelte sich hierbei um Zimmerleute mit einer speziellen Ausbildung, wobei die „plotnye mastera“ mit Baumeistern, die „podmastera“ mit Zimmerpolieren der entsprechenden Spezialisierung gleichzusetzen wären, einfachen Zimmerleuten konnten derartige Arbeiten nicht übertragen werden. Diese wurden bei der Errichtung der verschiedenen Werkanlagen, wie Speicher, Schuppen, Transportmittel usw., die hauptsächlich aus Holz ausgeführt wurden, eingesetzt, wobei sie ebenfalls großes Geschick bewiesen. Die Industrialisierung des Eisenhüttenwesens führte zu einer differenzierten Spezialisierung der Zimmerleute, die zu gesuchten Facharbeitern wurden.

In dieser Zeit, da Erzgruben und Wälder zum Gesamtkomplex eines metallurgischen Werkes gehörten, wurden auch Erzgräber „rudokopnye mastera“ und

„rudokopnye rabotniki“ sowie Köhler, „ugol’ščiki“, „ugol’nye mastera“, die die Holzkohlen brannten, unter den Facharbeitern des Hüttenwesens genannt. Ein besonders gefragter Beruf war der des Probierers, eines Fachmannes, der sich in den Gesteinen und Erzen auskannte, und der des Erzsuchers, des „rudnyj priiščik“.

Noch differenzierter als im Eisenhüttenwesen war die Spezialisierung der Facharbeiter in der Eisenverarbeitung, weil diese selbst stärker als das Eisenhüttenwesen spezialisiert war. Einen nicht unbedeutenden Einfluß übte hierauf die Waffenentwicklung in Heer und Flotte aus. Die Feuerwaffen fanden immer breitere Anwendung.

Die wichtigste Facharbeiterkategorie in der Eisenverarbeitung bildeten die Schmiede, die „kuznecy“, die sich als Grob- und Feinschmiede spezialisierten. Die Grobschmiede schmiedeten das Luppen- und Stangeneisen („kričnoe i prutovoe železo“) zu Stäben, Platten und Blechen und spezialisierten sich dementsprechend als doščatniki“, „pljuščil’ščiki“ und šestjanščiki“. Die Klein- und Spezialschmiede wie „skovorodčiki (Pfannenschmiede), „kotelniki“ (Kesselschmiede), „gvozdil’ščiki (Nagelschmiede), „skopščiki (Krampenschmiede), „nožovščiki“ (Messerschmiede) usw. verarbeiteten das von den Grobschmieden gelieferte Stab-, Platten- und Blecheisen u. a. zu Pfannen, Kesseln verschiedener Art, Nägeln verschiedener Größe, zu Krampen und Klammern für Schiffe, Boote und Kähne, zu Messern für den häuslichen und gewerblichen Gebrauch. Um Waffenschmiede handelt es sich bei den „zamočniki“ (Verfertiger von Gewehrschlössern), den „svarščiki“ (Schweißern der Gewehrläufe), teilweise wohl auch bei den „stvol’ščiki“(Herstellern der Gewehrkolben), vor allem jedoch bei den „pušečniki (Geschützgießern). Die Waffenschmiede erfreuten sich verständlicherweise des besonderen Wohlwollens und der Fürsorge der Regierung.

Einen besonderen Platz unter den Facharbeitern Rußlands nahmen im 17. und in der ersten Hälfte des 18. Jh. die Drahtzieher, die „provoločnye mastera“, ein, die das Material für die Nadelmacher, die „igol’ščiki“, lieferten. Noch größere Wertschätzung als diese beiden Facharbeitergruppen genossen die Stahlwerker, die „ukladnye mastera“, die zum ebenfalls festen Bestand der Facharbeiterbelegschaften in den Eisenhütten gehörten.

Ein noch ausführlicheres Verzeichnis der verschiedenen in der Eisengewinnung und Eisenverarbeitung Rußlands anzutreffenden Arten von Facharbeitern finden wir in den „Materialien der Beratungen der Betriebsbesitzer der Uralwerke aus den Jahren 1734 bis 1736“ [13]. Nicht genannt werden hier jedoch die Ofenleute der Frisch-, Flamm- und Glühöfen, die in den Frischereien und Schmieden standen. Die Ofenführer oder „Wärmer“, die später vor den Puddel- und Schweißöfen der Puddelwerke und vor den Glühöfen der Walzwerke des 19. Jh. standen, waren auch in jener Zeit erstklassige Facharbeiter, weil sie über langjährige Erfahrungen und Kenntnisse in der Feuerführung der Öfen und bei der Wärmebehandlung des Eisens verfügten. Von ihrer Berufserfahrung hing in hohem Maße die Qualität des gefrischten und geschmiedeten Eisens ab.

[13] Исторический архив, Bd. IX, Moskau 1953, S. 5–155.

Facharbeiter waren auch für die Gewinnung von Salz, die im 17. Jh. industriell in großen Salzsiedereien, den „varnicy", erfolgte, unerläßlich. In erster Linie sind die Zimmerleute zu nennen, die „plotniki" oder „trubniki", die die hölzernen Rohre herstellten und die Rohrleitungen verlegten. In diesen Rohrleitungen wurde das salzhaltige Wasser, der „rassol", den Siedereien zugeführt. Die Verlegung der Rohrleitungen, der „truby", geschah unter der Anleitung und der Aufsicht des „trubnyj master", den wir uns als einen Zimmerpolier mit einer speziellen Ausbildung vorstellen müssen. An der Spitze der eigentlichen Salzarbeiter stand der Salzsieder, der „solevar" – auch „varec" oder Oberkoch genannt –, dem wahrscheinlich die technische Leitung des ganzen Siedevorgangs oblag. Sieder im engeren Sinne des Wortes waren die „podvary". Die vierte Facharbeitergruppe bildeten die „crenniki", die Pfannenschmiede, die die „creny", die Salzpfannen, herstellten und reparierten. Auch sie waren ein fester Bestandteil der Belegschaften der Salzsiedereien.

Im Gegensatz zur Salzgewinnung gab es bei der Erzeugung von Pottasche nur eine einzige Facharbeitergruppe, die „polivače". Zu ihren Aufgaben gehörte es, die Holzasche mit Wasser zu behandeln. Wahrscheinlich waren sie oder die „budniki" die Betriebsvorsteher der Schwelplätze, der „majdany", auf denen mehrere Meiler standen. Das Anrichten der Meiler (mit Holzstücken) und die Aufschüttung mit Erde konnte von angelernten Arbeitern besorgt werden. Doch die „budniki" mußten über größere Arbeitserfahrungen verfügen, so daß sie gleichfalls als Facharbeiter anzusehen sind.

Einen großen Aufschwung nahm in jener Zeit in enger Verbindung mit der allgemeinen wirtschaftlichen Entwicklung Rußlands auch die Binnenschiffahrt. Zur Bewältigung des wachsenden Warenumschlages mußten größere Wasserfahrzeuge gebaut werden. 1699 erließ Peter I. einen Ukas, in dem er den Bau erheblich größerer Flußschiffe anordnete, zugleich wurde der Bau der bisherigen kleinen Frachtschiffe unter Strafe gestellt. Die Wojewoden erhielten besondere Weisungen, für die Durchführung dieses Ukas Sorge zu tragen.[14] Nach wie vor waren Fahrzeuge unterschiedlicher Größe im Verkehr, je nachdem, welchen Zwecken sie dienten, die eigentlichen Transportfahrzeuge, die „strugi" und „nasady", mußten jedoch erheblich größere Ausmaße haben als bisher. Während sie in der ersten Hälfte des 17. Jh. eine Länge von höchstens 22 bis 28 m (10 bis 14 Sashen) hatten, sollten sie nun mindestens 60 bis 80 m (30 Sashen) lang sein.[15]

Auch die Schiffahrt erforderte Fachkräfte, die „sudovye ljudi" (Schiffsleute). Dabei wurden folgende Gruppen unterschieden: „kormščiki" (Steuermänner), „zavozennye kormščiki" (Steuermannsgehilfen oder die Steuermänner der kleineren Zubringerfahrzeuge), „peredoviki", „locmany" (Lotsen), „rulevye" (Ruderer), „kočevary" (Schiffsköche). Keine gewöhnlichen Schiffsarbeiter waren auch die „tjaglovye ljudi", die Lastträger beim Be- und Entladen der Schiffe, sowie die „vodolivi" (Entleerer des eingeströmten Wassers). Die „kormščiki" waren die quali-

[14] N. A. Baklanova, Торгово-промышленная деятельность Кальмыковых, Moskau 1959, S. 120.

[15] Ebenda, S. 114.

fiziertesten Spezialisten der Schiffsbesatzungen. Zu ihren Obliegenheiten gehörte die Leitung und Verwaltung der Fahrzeuge, sie trugen die Verantwortung für das ganze Schiff und besonders auch für Besatzung und Ladung. Sie beaufsichtigten das Be- und Entladen der Schiffe. Sie mußten über gute Kenntnisse in der Navigation verfügen. Besonders geschätzt waren die Steuermänner der Wolgaschiffe, weil gerade dieser lange Wasserweg sehr unterschiedliche Navigationsverhältnisse aufwies. Wegen der Unterschiedlichkeit der Fahrrinne wurden die Steuermänner gewöhnlich nur auf bestimmten Teilstrecken eingesetzt, die Steuermänner, die die ganze Wolga kannten, ja auch nur die Strecke von Astrachan bis Nižnij Novgorod, waren selten und daher besonders gesucht.

Eine wichtige Funktion fiel dem „vodoliv" zu. Er hatte zu verhindern, daß in das Fahrzeug Wasser eindrang; war ein Leck in der Bordwand oder im Schiffsboden entstanden, mußte er es sofort verstopfen; er brauchte also Kenntnisse eines Schiffszimmermanns. Außerdem hatte er auf einen bestimmten Tiefgang des Schiffes während der Fahrt zu achten. Die Lastträger mußten kräftige und widerstandsfähige Männer sein und im Be- und Entladen verschiedener Wasserfahrzeuge, besonders im Umladen während der Fahrt, Erfahrungen besitzen.

Die Schiffsbauer, besser gesagt die Schiffszimmerer, waren gleichfalls eine eigene Fachsparte im Schiffswesen. Die „sudovye mastera" können als Poliere der Schiffszimmerer angesehen werden. Die Zimmerleute arbeiteten nicht nur auf den Bootswerften, sondern auch auf den Fahrzeugen während der Fahrt, wo sie schadhafte Stellen ausbesserten und notwendige Reparaturen ausführten. Sie führten dabei Weisungen des „vodoliv" aus. Die Komplettierung der Bootsbesatzungen war für die Reeder, Kaufleute und Handelsherren ein oft schwieriges Problem.[16]

Untersuchen wir nun die nationale Herkunft der Facharbeiter. Vertreter der bürgerlichen Geschichtsschreibung versuchen immer wieder darzulegen und zu beweisen, daß die wirtschaftliche Entwicklung Rußlands in der Neuzeit und die Überführung des Landes aus dem Feudalismus in den Kapitalismus das Werk von Ausländern, von Deutschen, Holländern, Franzosen, Engländern gewesen sei, daß demzufolge ausländische Unternehmer und Facharbeiter in Rußland die Industriepioniere gewesen seien.[17] Es ist unbestreitbar, daß Ausländer an der ökonomischen und kulturellen Entwicklung Rußlands Anteil hatten, und zwar schon in der Kiever Rus' – Byzantiner, Deutsche, Skandinavier –, aber es handelt sich hierbei nur um eine Mitwirkung. Um Ausländer bemühten sich die zarische Regierung und russische Unternehmer, sie weckten bei Ausländern das Interesse für eine ökonomische Betätigung in Rußland. Ivan IV. gewann englische Unternehmer für den Bau von Eisenhütten (1567 und 1569) an der Vyčegda.[18] Die Regierung des Zaren Michail Fedorovič erteilte dem Holländer A. D. Vinius (1632) eine Konzession zur Er-

[16] Ebenda, S. 140ff.

[17] Vgl. O. Johannsen, Geschichte des Eisens, 3. Aufl. Düsseldorf 1953; E. Amburger, Die Familie Marselis, Gießen 1957; ders., Die Anwerbung ausländischer Fachkräfte für die Wirtschaft Rußlands vom 15.–19. Jh., Wiesbaden 1968.

[18] S. G. Strumilin, Избранные произведения. История черной металлургии в СССР, Moskau 1967, S. 77.

richtung von Eisenhütten im Gebiet von Tula. Zur Realisierung dieser Konzession zog Vinius 1639 seinen Landsmann Akem und den dänischen Unternehmer P. Marselis heran.[19] Die persönlichen Bemühungen Peters I. um die Mitwirkung von Ausländern an der technischen und ökonomischen und damit industriellen Entwicklung Rußlands sind genügend bekannt.[20] Die ausländischen Unternehmer brachten natürlich Facharbeiter mit. Außerdem schickte die zaristische Regierung Beauftragte ins Ausland, um dort Facharbeiter anzuwerben.[21]

Schließlich darf nicht übersehen werden, daß die Verwendung ausländischer Facharbeiter zuweilen mit negativen Begleiterscheinungen verknüpft war. Nicht immer wurden wirklich geeignete Fachleute geholt, oft erwiesen sich die Ankömmlinge als unfähig zur Ausführung der ihnen übertragenen Aufgaben oder als unwillig.[22] Die Tätigkeit A. Schönbergs in Rußland war beispielsweise weit weniger segensreich[23], als oft behauptet wurde.[24] In Einzelfällen wurden auch bereits angeworbene und in Rußland tätige Facharbeiter wieder von ausländischen Stellen zurückgerufen. So sorgte beispielsweise der schwedische Diplomat Pommerening dafür, daß die im Eisenwerk von Vinius/Marselis arbeitenden schwedischen Facharbeiter 1648 wieder in ihre Heimat zurückkehrten.[25] Von Interesse sind die Beschäftigungslisten, etwa die des Gorodiščenskij-Werkes bei Tula aus dem Jahre 1647. Die Meister kamen aus dem Ausland, der Hochofenmeister dem Namen nach zu urteilen aus Deutschland.[26] Unter den nur summarisch genannten Fachleuten befand sich möglicherweise auch jener „schlechte Fachmann", den dort zurückgelassen zu haben, sich Pommerening in seinem Schreiben an Königin Christine rühmte.[27] Die Zahl der ausländischen Facharbeiter, die im 17. und in der ersten Hälfte des 18. Jh. in Rußlands junger Industrie tätig waren, kann somit nicht so hoch gewesen sein, wie in der Literatur teilweise behauptet wird. Das dürfte nicht einmal für die Eisenindustrie zutreffen, in der aus zwei Gründen für die Aufnahme ausländischer Facharbeiter besonders günstige Bedingungen vorhanden waren. Erstens befand sie sich in einer ungewöhnlich raschen Aufwärtsentwicklung. Zum anderen wurde um ausländische Arbeitskräfte sehr intensiv geworben. Aufschlußreich für die Relation der in den Werken der Eisenindustrie beschäftigten einheimischen

19 Ebenda, S. 78f.

20 Vgl. E. Winter, Halle als Ausgangspunkt der deutschen Rußlandkunde im 18. Jahrhundert, Berlin 1953.

21 C. Grau, Der Wirtschaftsorganisator, Staatsmann und Wissenschaftler Vasilij N. Tatiščev, Berlin 1963, S. 40; N. I. Pavlenko, Развитие металлургической промышленности России в первой половине XVIII в., Moskau 1958, S. 196; A. P. Glagoleva, Олонецкие заводы в первой четверти XVIII века, Moskau 1957, S. 72; Amburger, Anwerbung . . ., a. a. O.

22 Pavlenko, a. a. O., S. 196; Strumilin, a. a. O., S. 244.

23 C. Grau, Russisch-sächsische Beziehungen auf dem Gebiet des Berg- und Hüttenwesens in der ersten Hälfte des 18. Jh. In: Jahrbuch für Geschichte der UdSSR und der volksdemokratischen Länder Europas, Bd. 4, 1960, S. 308–318.

24 Johannsen, a. a. O., S. 269.

25 Strumilin, a. a. O., S. 244.

26 Vgl. Strumilin, a. a. O., S. 81.

27 Pavlenko, a. a. O., S. 191.

und ausländischen Fachkräfte ist die Belegschaftsliste des Gorodiščenskij-Werkes (1647). In den vier wichtigsten Abteilungen des Werkes, den Hochofenbetrieben, der Gießerei, der Hämmerei- und Schmiedeabteilung sowie in der Brennerei von Holzkohle waren unter den dort beschäftigten 122 Facharbeitern nur 20 Ausländer.[28]

In anderen Produktions- und Gewerbezweigen, wie Salzgewinnung, Erzeugung von Pottasche, in der Binnenschiffahrt usw., waren kaum ausländische Facharbeiter beschäftigt.

Obwohl die Mitwirkung ausländischer Facharbeiter an der Schaffung der frühen Industrie Rußlands und ihrer technischen Ausrüstung nachdrücklich zu unterstreichen ist, muß doch zugleich betont werden, daß einheimische Facharbeiter die frühe industrielle Entwicklung Rußlands eingeleitet und fortgeführt haben. Sie stellten das Gros der industriellen Facharbeiterschaft Rußlands im 16., 17. und in der ersten Hälfte des 18. Jahrhunderts. Aus diesen Kreisen wuchsen auch jene Kader heran, nach denen die Nachfrage in der sich ständig entwickelnden Industrie schon in dieser Zeit rasch wuchs.

Bedeutungsvoll ist die Frage, aus welchen gesellschaftlichen Kreisen die Facharbeiter kamen. Diese Frage läßt sich ohne Schwierigkeiten beantworten: Einerseits kann auf die traditionelle Entwicklung des altrussischen Handwerks verwiesen werden, das tüchtige Facharbeiter hervorbrachte, andererseits auf die sozialökonomische Differenzierung der Gesellschaft, wodurch Arbeitskräfte frei wurden. Vor allem bildeten die „wandernden Leute" die „gul'jaščie ljudi", bis weit in das 18. Jh. hinein ein Arbeitskräftereservoir; sie konnten, wenn sie einmal Wurzeln faßten, Facharbeiter werden. Bis zu welchem Grade noch zu Beginn des 18. Jh. auf „wandernde Leute" bei der Gewinnung von Arbeitskräften zurückgegriffen wurde,[29] ist aus den Mitteilungen des russischen Merkantilisten I. T. Posoškov (1652–1726) zu entnehmen. In seinem 1724 fertiggestellten Buch über „Armut und Reichtum"[30] schrieb er, daß man die „wandernden Leute" zu Zehntausenden in die Handwerkerhäuser stecken solle, wo ihnen vieles beigebracht werden könnte.[31] Ein weiteres Reservoir, das sogar teilweise perfekte Facharbeiter stellte, waren die Posadleute.[32] Schließlich ist es nicht abwegig – im Hinblick auf Artikel 32 des Uloženie von 1649[33] – in der Bauernschaft, der es gestattet war, sich außerhalb ihres Dorfes einen Verdienst zu suchen, gleichfalls eine Quelle zu erblicken, aus der sich Facharbeiter rekrutieren konnten. Es ist bekannt, daß Bauern neben ihrer Tätigkeit auf der Scholle auch ein Gewerbe, vor allem in der Winterzeit, betrieben. Insbesondere dürften Bauern die Facharbeiterschaft in der Eisenindustrie ergänzt haben, da bäuerliche

[28] Strumilin, a. a. O., S. 81.

[29] Vgl. Переход от феодализма к капитализму в России, Moskau 1969, S. 31.

[30] B. B. Kafengauz, И. Т. Посошков. Жизнь и деятельность, Moskau 1950, S. 151.

[31] Ebenda, S. 86; Ivan Posoškov, Книга о скудости и богатстве, Moskau 1911, S. 64.

[32] M. Ja. Volkov/S. M. Troickij, О буржуазном расслоении крестьян и складывание рынка наемой рабочей силы в первой половине XVIII в. In: История СССР, 1965, Heft 4, S. 95.

[33] M. N. Tichomirov/P. M. Epifanov, Соборное уложение 1649 г., Moskau 1961, S. 167f. (Kap. XI, Art. 32).

Handwerker schon seit Jahrhunderten im Eisenhüttenwesen, bei der Erzschmelzung von Luppeneisen und bei dessen Verschmieden tätig waren.[34] Angesichts dieser Tatsachen erscheint es durchaus verständlich, wenn sowjetische Forscher in Spezialuntersuchungen zu dem Ergebnis gelangen, daß sich in der zweiten Hälfte des 17. und in der ersten Hälfte des 18. Jh. schon ein Arbeitskräftemarkt herausbildete.[35] Auch Rekruten wurden zur Ausbildung als Facharbeiter an Werke übergeben.[36]

Nach diesem Hinweis zur Herkunft der Facharbeiter ergibt sich die Frage, wie sich ihre Lebensverhältnisse gestalteten. Konkret lautet sie: Waren sie Lohnarbeiter und wie sah ihre Entlohnung aus? Um die Antwort vorwegzunehmen: Beide Fragen können nur fragmentarisch beantwortet werden. Insbesondere trifft dies auf die Art der Entlohnung zu. In der sowjetischen Forschung stellen sowohl die Befürworter eines frühen[37] als auch die eines späten Beginns[38] der kapitalistischen Entwicklung in Rußland (16./17. oder zweite Hälfte des 18. Jh.) übereinstimmend fest, daß die frühe Lohnarbeit in Rußland wenig erforscht ist, da die Quellen widersprüchlich und wenig aussagekräftig sind.

Im Folgenden sollen einige Angaben über Löhne und Lohnarten mitgeteilt werden, wie sie sich aus von sowjetischen Wirtschafts- und Sozialhistorikern veröffentlichten Materialien ergeben. Obwohl es sich um fragmentarische Angaben handelt, enthalten sie dennoch über die Bezahlung der Facharbeiter in den in diesem Aufsatz behandelten Produktions- und Gewerbezweigen einige deutliche Aussagen.

Im Eisenhüttenwesen und in der Eisenverarbeitung wurden Löhne gezahlt, wobei diese für ausländische und einheimische Facharbeiter unterschiedlich festgesetzt wurden. Ausländer wurden erheblich besser bezahlt als russische Facharbeiter. Sowohl die Regierung als auch die Unternehmer befolgten diese Lohnpolitik. I. T. Pososkov forderte beispielsweise für ausländische Facharbeiter vertraglich festgesetzte Löhne.[39] V. N. Tatiščev hielt es für nötig, einheimische Facharbeiter gut zu entlohnen, er vertrat aber zugleich die Auffassung, daß Ausländer[40] bei der Entlohnung bevorzugt werden müßten, weil sie potentielle Lehrkräfte für die Ausbildung einheimischer Facharbeiter seien. In der Reformpolitik Peters I. kam der Gewinnung ausländischer Facharbeiter insbesondere für die Eisenindustrie große Bedeutung zu.

Die frühesten Quellen über Lohnzahlungen an Facharbeiter im russischen Eisenhüttenwesen und in der Eisenverarbeitung stammen aus dem Eisenrevier Tula, in dem von allen Eisenzentren Rußlands zuerst der Handwerksbetrieb vom Werk verdrängt wurde. Hier sind reguläre Hochöfen quellenmäßig zuerst nachweisbar und

34 Vgl. A. P. Glagoleva, a. a. O., S. 19; Strumilin, a. a. O., S. 14ff.

35 Volkov/Troickij, a. a. O., S. 86–105, История СССР, Bd. 3, S. 25.

36 Glagoleva, a. a. O., S. 76f.

37 Strumilin, a. a. O., S. 262.

38 Pankratova, a. a. O., S. 62; N. I. Pavlenko, Спорные вопросы генезиса капитализма в России. In: Вопросы истрории, 1966, Heft 11, S. 98.

39 Posoškov, a. a. O., S. 62.

40 V. I. Tatiščev, Наказ шихтмейстеров. In: Исторический архив, Bd. VI, Moskau 1951, S. 220–222.

zwar in den Eisenhütten von Vinius/Marselis.[41] Zar Michail Fedorovič wurde 1628 berichtet, daß sich in der Gegend von Verchotur'e im Ural Eisenerz findet.

Dorthin waren zwei Schmiede aus Nevjansk zur Untersuchung des Erzes geschickt worden, wie kurze Zeit zuvor aus Ustjužna-Železopol'skaja zwei Schmiede nach Tomsk zur Erkundung von Erzlagerstätten gesandt worden waren. Diese hatten eine „große Bezahlung“ und Unterstützungsgelder erhalten.[42] Aus dem Jahre 1662 ist bekannt, daß der Lohn eines Gewehrlaufschweißers 4 Kupfergrivnen pro Tag betrug, ein Hämmerer erhielt für ein Pud Eisen 1 Den'ga.[43] Im Jahre 1668 erklärte P. Marselis, daß seine Tulaer Schmiede Lohn bekamen.[44] Aus dem Jahre 1690 sind folgende Fakten bekannt: Ein Schmied aus dem Tulaer Gebiet erhielt 1 Den'ga für ein Pud Eisen, ein anderer aber 2 Altyn und 4 Den'gi pro Tag, ein Untermeister für das Brennen von Holzkohle bekam einen Jahreslohn von 40 Rubel, ein Untermeister in der Hämmerei pro Pud 4 Den'gi, ein Hämmerer jedoch nur 1 Den'ga für die gleiche Menge[45]. Im Čencovskij-Werk wurde Jahres-, Tages- und Werklohn gezahlt. Im Jahre 1690 wurden im Tulaer Bezirk ganz allgemein sehr unterschiedliche Löhne innerhalb der gleichen Berufsgruppen gezahlt. Die Hochofenmeister bekamen zwischen 100 und 150 Rubel jährlich, die Stabeisenschmiede bis 120 Rubel, die Meister für das Holzkohlebrennen bis 70 Rubel und die Schlosser bis 35 Rubel im Jahr. Der Werklohn für die Meister in den Hämmereien schwankte, sie erhielten für das Pud bis zu 6 Den'gi. Die Lohnsätze der Ausländer waren viel höher als die der russischen Untermeister, die ersteren erhielten einen Jahreslohn von 50, die letzteren jedoch nur einen von 24 Rubel.[46]

Auch in der ersten Hälfte des 18. Jh. finden wir in den Tulaer Eisenwerken Lohnarbeit. Für das Jahr 1720 verfügen wir über folgende den Akten entnommene Angaben: Im Čencovskij-Werk wurden ausländische und einheimische Facharbeiter unterschiedlich bezahlt. Der ausländische Gebläsemeister („mechovyj master“) erhielt einen Jahreslohn von 60 Rubel, die russischen Meister jedoch nur einen solchen von 25 bis 35 Rubel. Der einheimische Hochofenmeister bekam 35 Rubel, die Untermeister erhielten 25 Rubel im Jahr. Dem einheimischen Gießereimeister wurden ebenfalls 25 Rubel für das ganze Jahr gezahlt. Nach den Akten war jedoch im Čencovskij-Werk Tages- und Werklohn vorherrschend. Die Gießer und die Gichter erhielten 2 Altyn pro Tag, der Untermeister in der Gießerei wurde mit 10 Den'gi täglich entlohnt. In Werklohn standen die Facharbeiter der Hämmereien. Die Hämmereimeister bekamen pro Pud gehämmertes Eisen 8 Den'gi, die Hämmereiuntermeister 6 Den'gi für die gleiche Menge; den anderen Hämmerern wurden 2 Den'gi pro Pud gezahlt. Recht differenziert waren die Tageslöhne für die im Werk arbeitenden 6 Schmiede, sie schwankten zwischen 1 bis 2 Altyn und 1 Den'ga täglich.

[41] Strumilin, a. a. O., S. 77, 78.
[42] Kafengauz, Хозяйство Демидовых, S. 49.
[43] Pankratova, a. a. O., S. 227.
[44] Ebenda.
[45] Ebenda, S. 226.
[46] Ebenda, S. 227.

Der Meister am Drahtzug („provoločnyj master") erhielt 23 Altyn und 2 Den'gi vom Pud Eisendraht. Bemerkenswerterweise erhielten im Elkinskij-Werk die Meister und Untermeister der Hämmereien den gleichen Werklohn wie ihre Berufskollegen im Čencovskij-Werk, nämlich gleichfalls 8 bzw. 6 Den'gi pro Pud. Hier wie dort handelt es sich um Lohnsätze für Ausländer. Die Meister und Untermeister, die Stab- oder Flacheisen ausschlugen, bekamen 2 Altyn und 4 Den'gi pro Pud, bzw. 8 Den'gi pro Pud. Den Arbeitern wurden hingegen nur 4 Den'gi für das Pud gezahlt. Den gleichen Werklohn wie auf dem Čencovskij- und Elkinskij-Werk bekamen auch die Meister und Untermeister der Hämmereien auf dem Vadminskij-Werk, gleiche Lohnsätze galten auch für das Salamykovskij-Werk. Die Gleichheit der Lohnsätze in allen drei Werken dürfte sich aus der Tatsache ergeben, daß sie alle drei dem Grafen Naryškin gehörten. In den drei Eisenwerken, die den Gebrüdern Meller gehörten, wurden die gleichen Facharbeiter etwas niedriger bezahlt, sie erhielten pro Pud etwa 2 Den'gi weniger. Im allgemeinen war hier Tages- und Werklohn üblich. Nur die Ausländer bekamen Jahreslohn.[47]

Aktenmäßige Unterlagen über Lohnarbeit der Facharbeiter des Eisenhüttenwesens und der Eisenverarbeitung liegen für die ersten Jahrzehnte des 17. Jh. aus dem Eisenrevier von Ustjužna – Železopol'skaja vor, das nördlich von Moskau an der Mologa entstand. Es existierte etwa bis zum Ende des 17. Jh. 1954/1955 wurden dort Grabungen durchgeführt,[48] bei denen ermittelt werden konnte, daß die Hüttenanlagen das ganze 16. und 17. Jh. in Betrieb waren. Über Lohnsystem und Lohnhöhe liegen keine Nachrichten vor, aber aus dem Aktenmaterial der Prikaz-Kammer von Ustjužna wissen wir, daß die Löhne für Schmiede und Hämmerer vom Wojewoden von Ustjužna festgelegt worden waren.[49] Da hier die Eisenverarbeitung schon in der zweiten Hälfte des 16. Jh. in beträchtlichem Umfang betrieben wurde,[50] – die Ausgrabungen bestätigen dies – so kann füglich angenommen werden, daß schon zu dieser Zeit die Facharbeiter, vor allem die Schmiede und Hämmerer, in Lohnarbeit standen. Nach dem Wiederaufbau des Werkes 1702 waren 60 Prozent der Schmiede, insgesamt 114 Personen, Lohnarbeiter.[51]

Die Lohnarbeit hielt schließlich auch in das Eisenrevier von Olonec Einzug, wo sich im letzten Drittel des 17. Jh. die Eisengewinnung und Eisenverarbeitung vom Gewerbe zur Industrie entwickelte. Urkundlich lassen sich hier die ersten Hüttenwerke („plavil'nye zavody") in den achtziger Jahren des 17. Jh. nachweisen.[52] Es waren Werke mit Hochöfen und Hämmereien, in denen Hochofenleute, Hämmerer und Schmiede arbeiteten. Erst für die Zeit ab 1699 liegt Aktenmaterial über die

[47] Ebenda, S. 382–384.

[48] G. A. Maksimenko/L. N. Chlopin, Археологические разведки в Устюжне и в прилегающих районах. In: Советская археология, 1958, Heft 4, S. 187–193.

[49] M. Ja. Kolesnikov, Из истории металлургии Устюжно-Железопольского района XVI–XVII вв. In: Проблемы социально-экономической истории и источниковедения периода феодализма в России, Moskau 1961, S. 37.

[50] Zaozerskaja, a. a. O., S. 218–220.

[51] Kolesnikov, a. a. O., S. 38.

[52] Glagoleva, a. a. O., S. 40.

Löhne dieser Facharbeiter vor. In diesem Jahr bekam ein Ankerschmied („jakornyj master") einen Jahreslohn von 12 Rubel, dem Untermeister wurden 10 Rubel jährlich gezahlt. Zu diesen Jahreslöhnen kamen noch Tagegelder sowie Verpflegungsgelder hinzu. Letztere betrugen für den Ankerschmied 5, für den Untermeister 4 Kopeken.[53] Freilich erhielten, wie im Tulaer und Ustjužnaer Revier, ausländische und einheimische russische Facharbeiter unterschiedliche Löhne. Im Jahre 1704 bekam der sächsische Werkleiter einer Drahtzieherei einen Jahreslohn von 300 Rubel.[54] In den nächsten 10 bis 15 Jahren stiegen die Löhne für die ausländischen Facharbeiter im Olonecer Revier erheblich an. So erhielten im Jahre 1718 die Ankerschmiede bis 780 Rubel im Jahr, die Nagelschmiede 156 bis 480 Rubel, die Meister am Drahtzug 300 Rubel, ein Kupferschmelzer 439 Rubel, ein Blechschmied 160 Rubel, die Meister am Holzkohlenmeiler nur 49 Rubel. Die Hammermeister standen im Werklohn und erhielten für das Pud gehämmertes Eisen 3 bis 4 Kopeken.[55]

In den Jahren zwischen 1708 und 1718 bekamen die einheimischen russischen Facharbeiter folgende Löhne: Erzschürfer 2 Rubel monatlich, Schmiede 1 Rubel monatlich, Schmiede, die Geräte und Werkzeuge für die Schmiedewerkstätten herstellten, 40 bis 45 Kopeken wöchentlich, ein Flacheisenschmied („doščatovyj master") 5 Rubel monatlich. In einigen Fällen wurden außer Geld bestimmte Mengen Mehl, Getreide und Graupen als Lohn gegeben.[56] Für die Ankerschmiede stiegen die Jahreslöhne im Verlauf von 20 Jahren erheblich an, denn im Jahre 1718 wurden ihnen 50 bis 60 Rubel gezahlt, 1699 waren es dagegen nur 12, bzw. 10 Rubel gewesen.[57] Aus dem gleichen Jahre sind noch folgende Lohnarten und Lohnsätze bekannt: Hochofenmeister 15 Kopeken pro Tag, Meister der Gebläseanlage 7 bis 10 Kopeken, Flacheisenschmiede („doščatyj master") 20 Kopeken pro Tag oder 1,5 Kopeken für ein Stück Flacheisen, Blechschmiede 20 Kopeken täglich, Meister am Drahtzug 60 Kopeken pro Pud, Drahtzieher, die Degendraht zogen, 80 Kopeken pro Pud. Flacheisen- und Blechschmiede sowie Drahtzieher erhielten zu den Tageslöhnen und dem Werklohn noch zusätzlich eine Jahreszahlung von 10 Rubel. Den Stahlmeistern („ukladovye mastera") wurde im ersten Jahrzehnt ihrer Tätigkeit ein Werklohn von 8 Kopeken pro Pud gezahlt, der sich im zweiten Jahr jedoch auf 18 Kopeken erhöhte. Die Meister der Hämmereien, Russen wie Ausländer, erhielten 3 bis 4 Kopeken pro Pud. Im Tageslohn von 8 bis 9 Kopeken standen die Hochofenuntermeister und die Gichter, der Tageslohn für die gewöhnlichen Schmiede belief sich auf 5 bis 7 Kopeken. Für Generalreparaturen an den großen Hämmern wurden täglich 50 Kopecken, für kleinere Reparaturen täglich 15 Kopeken gezahlt.[58]

Während die Löhne für Ausländer keinerlei kurzfristigen Schwankungen unterworfen waren, mußten die russischen Facharbeiter Kürzungen, teilweise erheblichen

[53] Ebenda, S. 72.
[54] Ebenda.
[55] Ebenda, S. 209f.
[56] Ebenda, S. 76, 84, 214 f.
[57] Ebenda, S. 209.
[58] Ebonda, S. 210.

Umfangs, hinnehmen. Schlechtere Qualität der Lieferungen sowie Produktionsausfälle, die durch ungünstige Wetterverhältnisse, Regengüsse und Dürre und den Wechsel der Jahreszeiten hervorgerufen wurden, nahmen die Unternehmer zum Anlaß, die festgesetzten Lohnsätze zu kürzen. So konnte es vorkommen, daß der Monatslohn des Hammermeisters von 13 Rubel 50 Kopeken auf 2 Rubel fiel und der Hammeruntermeister statt 6 Rubel und 77 Kopeken nur 1 Rubel und 20 Kopeken verdiente. Dennoch konnten bei Berücksichtigung der angeführten Umstände im Olonecer Eisenrevier ein Hammermeister einen monatlichen Durchschnittsverdienst von 7 Rubel, der Hammeruntermeister einen solchen von 3,5 Rubel erreichen, während der Flacheisenschmied 3 Rubel, sein Gehilfe („doščatnyj podmaster") 2 Rubel verdienen konnten. Ein Schmied konnte unter den gleichen Bedingungen im Durchschnitt zwischen 1 Rubel 20 Kopeken und 1 Rubel 40 Kopeken monatlich verdienen.[59] Im zweiten Viertel des 18. Jh. sanken die Löhne der einheimischen Facharbeiter erheblich, während die der Ausländer sich nicht nur auf dem Stand aus dem ersten Viertel des Jh. hielten, sondern sogar eine leichte steigende Tendenz aufwiesen. Der Anteil der Lohnarbeiter innerhalb der Belegschaften verringerte sich gleichfalls und betrug z. B. im Končezerskij-Werk nur 8 Prozent. Noch im Jahre 1727 erhielten die russischen und ausländischen Hammermeister 16 und eine halbe Kopeke pro Tag, im Jahre 1742/1743 verdienten die russischen Schmelzer aber nur 1,5 Rubel im Monat, während an die sächsischen Grobschmiede monatlich bis 18 Rubel gezahlt wurden. Die Benachteiligung der einheimischen Facharbeiter der Olonecker Eisenwerke gegenüber den ausländischen in der Entlohnung dürfte im wesentlichen damit zu erklären sein, daß in den vierziger Jahren die leitenden Stellen der Werke von Ausländern besetzt waren.[60]

Die Eisenindustrie Rußlands war am stärksten im Ural konzentriert, und zwar sowohl das Eisenhüttenwesen als auch die Eisenbearbeitung. Einige kleine Eisenhütten entstanden hier schon in den dreißiger Jahren des 17. Jh., sie stellten aber nach wenigen Jahren die Produktion ein.[61] Erst seit dem Ende des 17. Jh. wurden hier die ersten großen Eisenwerke – Hütten und Waffenschmieden – errichtet, die zur Basis der im 18. und in der ersten Hälfte des 19. Jh. bedeutenden Uralindustrie wurden. Die Initiative zum Bau der Werke ging von der Regierung Peters I. aus, schon bald wurden einzelne Werke vom Staat dem Tulaer Unternehmer Nikita Demidov übergeben, der zugleich ermächtigt wurde, diese Werke zu erweitern und auch neue Werke zu errichten. 1725 war Demidov Besitzer von 5 Eisenhüttenwerken mit 1360 Beschäftigten,[62] ausschließlich Facharbeiter, die in Lohnarbeit standen. Die Werke von Olonec zählten zu dieser Zeit (1721) 369 Beschäftigte.[63] Zur gleichen Zeit bestanden im Ural 14 Eisenwerke – 8 staatliche und 6 private – mit 20 Hoch-

[59] Ebenda, S. 212.

[60] Ja. D. Balagurov, Формирование рабочих кадров Олонецких Петровских заводов первая половина XVIII века, Petrozavodsk 1955, S. 59–61.

[61] Kafengauz, a. a. O., S. 24.

[62] Strumilin, a. a. O., S. 263.

[63] Ebenda.

öfen – 8 staatlichen und 12 privaten – und 54 Hämmern – 26 staatlichen und 28 privaten.[64] Im Verlauf der nächsten 20 Jahre nahm die Konzentration zu, denn aus dem Aktenmaterial des russischen Berg-Kollegiums geht hervor, daß die Söhne Nikita Demidovs 33 Eisenwerke besaßen[65]. Nichts macht die Konzentration der Eisenindustrie so deutlich, wie ein Vergleich der kleinen Werke des 15. Jh. mit höchstens 15 Beschäftigten mit den Werken des 18. Jh., in denen 200 bis 300 Facharbeiter tätig waren. In der ersten Hälfte des 18. Jh. wird der Ural, in dem sich die größten Eisenwerke Rußlands befanden, zu einem erstrangigen Industrierevier. Hier tritt auch vor allem bei Facharbeitern konzentriert Lohnarbeit auf. Peter I. erließ schon bei der Projektierung des ersten Werkes einen Ukas, in dem er anordnete, daß zur Errichtung und Inbetriebsetzung des Werkes in Lohnarbeit stehende Meister herangezogen werden sollen.[66] Als das erste Werk, das sich in Nevjansk befand, an Nikita Demidov übertragen wurde, bekam er zur Auflage, nur Lohnarbeiter zu beschäftigen. Seine Eingaben an die Regierung, leibeigene Bauern kaufen zu dürfen, wurden abgewiesen.[67] Er wollte wie in seinem Hüttenwerk in Tula nur Spezialarbeiten von Lohnarbeitern ausführen lassen. Etwa 20 Facharbeiter schickte er aus diesem Werk in den Ural,[68] nachdem er zuvor mit ihnen die Lohnsätze für die zukünftigen Arbeiten vereinbart hatte. Sein Hochofenbauer und Hochofenmeister Stepan Tregubov erhielt einen Jahreslohn von 40 Rubel.[69]

Obwohl recht detaillierte Informationen über die Eisenwerke des Ural vorliegen[70], sind die Angaben über die Löhne der in den Werken beschäftigten Arbeiter, vor allem der Facharbeiter, unzureichend. Über die in anderen Industrierevieren gezahlten Löhne stehen mehr Angaben zur Verfügung. Die sowjetische Forschung beschäftigte sich bisher vorwiegend mit der Geschichte der Betriebe und der technischen Entwicklung der Eisenindustrie im Ural, weniger mit der sozialen Lage der dort beschäftigten Arbeiter, insbesondere mit deren Entlohnung. Man muß also mit den wenigen hier angeführten Angaben vorliebnehmen, die dennoch für die Verbreitung der Lohnarbeit unter den Facharbeitern Rußlands bis zur Mitte des 18. Jh. recht aufschlußreich sind.[71]

Am detailliertesten sind die Unterlagen über die Löhne in den staatlichen Eisenwerken. Den amtlichen Berichten des Bergkollegiums von 1720 ist zu entnehmen, daß die Facharbeiter in drei Lohngruppen eingeteilt waren. Zur ersten Gruppe gehörten die Facharbeiter mit festen Jahreslöhnen. Der Hochofenmeister bekam 40 Rubel, die Hochofenuntermeister erhielten 20 Rubel, dem Gebläsemeister wurden 15 Rubel gezahlt. Mit weitem Abstand folgten die Gebläseuntermeister mit

64 Ebenda, S. 133.
65 Kafengauz, a. a. O., S. 187.
66 Pankratova, a. a. O., S. 279.
67 Kafengauz, a. a. O., S. 95.
68 Ebenda, S. 100–104.
69 Ebenda, S. 100f.
70 Vgl. u. a. die angeführten Arbeiten von Kafengauz, Pavlenko, Strumilin.
71 Pankratova, a. a. O., S. 270–358; A. A. Preobraženskij, Из истории первых частных заводов на Урале в начале XVIII в. In: Исторические записки, Bd. 63, 1958, S. 156ff.

5 Rubel Jahreslohn. Den Polieren, die Wasserwehre, Staudämme und vielleicht auch die Werkumzäunungen bauten, wurden 12 Rubel gezahlt, derselbe Lohnsatz galt für die Gesellen. Die Werkschmiede („zavodskich del kuznecy") erhielten 13 Rubel, die Kohlenmeister dagegen 20 Rubel, die Untermeister jedoch nur 10 Rubel. Zur zweiten Gruppe gehörten Facharbeiter, die in Tagelohn standen. Ein Hochofenmeister bekam 4 Den'gi ein Bergmeister 6 Den'gi, der Erzsucher und sein Geselle erhielten wie der Bergmeister 6 Den'gi. Zur dritten Gruppe gehörten die im Werklohn beschäftigten Arbeitskräfte. Die Hammerschmiede erhielten pro Pud grob gehämmertes Eisen 6 Den'gi, für ein Pud flach geschlagenes Eisen 10 Den'gi und 1,5 Rubel für die Arbeit an schweren Schmiedehämmern. Die Untermeister in der Hämmerei bekamen die Hälfte des Werklohnes der Meister. Den sonstigen Arbeitern in den Hämmereien zahlte man die Hälfte des Stücklohnes der Untermeister. Der Stahlmeister erhielt pro Pud Stahl 6 Den'gi. Relativ hoch war der Werklohn für die Drahtzieher. Der Meister am Drahtzug bekam für ein Pud Draht 4 Rubel, für einen Korb Nadeln wurden 3 Altyn' und 2 Den'gi gezahlt. Im Werklohn standen auch die Granaten- und Bombenschmiede.[72]

Im Vergleich zu diesen Angaben aus staatlichen Werken sind die zur Verfügung stehenden Unterlagen aus Privatpersonen gehörenden Werken geradezu mangelhaft. Über das Eisenwerk F. I. Molodojs im Kreis Kungur ist nur bekannt, daß dort nicht nur die Facharbeiter, sondern auch die Hilfs- und ungelernten Arbeiter, insgesamt etwa 50 Mann, Lohnempfänger waren.[73] Die Schmiede bekamen 9 Rubel und die Erzgräber 4 Rubel und 10 Altyn im Jahr.[74]

Bis auf die Angaben, daß N. Demidov seinem Hochofenmeister Stepan Tregubov vertraglich einen Jahreslohn von 40 Rubel zusicherte[75], liegen keinerlei Materialien über die Lohnpraktiken der Demidovs für die erste Hälfte des 18. Jh. vor. Obwohl Detailangaben fehlen, gibt es jedoch genügend Quellen, die über die Lohnarbeit in den Demidov-Werken allgemeine Angaben enthalten.

Bereits die Regierungsanordnungen über die Verwendung von Lohnarbeitern, z. B. die Ukase vom 4. März und 6. Dezember 1702, die für Nikita Demidov verbindlich waren, bieten hinreichende Anhaltspunkte dafür, daß er Lohnarbeiter beschäftigte.[76] Diese Angaben werden auch durch andere Quellen bestätigt, aus denen deutlich hervorgeht, daß Demidov es vorzog, Lohnarbeiter, und zwar sowohl Facharbeiter als auch ungelernte Kräfte, zu beschäftigen. Diese Angaben bezeugen, daß er und später sein Sohn Akinfij, an Lohnarbeit interessiert waren. Aus einer im Zentralen staatlichen Archiv alter Akten aufbewahrten Beschwerdeschrift von Bauern, die den Demidov-Werken „zugeschrieben" worden waren, ist zu entnehmen, daß die Beauftragten Demidovs die Bauern zwangen, in seinen Werken Lohnarbeit

[72] Pankratova, a. a. O., S. 307f.
[73] Preobraženskij, Из истории ... S. 158–162.
[74] Derselbe, Очерки колонизации западного Урала в XVII начале XVIII вв., Moskau 1956, S. 156 u. 158.
[75] Kafengauz, a. a. O., S. 100.
[76] Pankratova, a a. O., S. 289f.

zu verrichten.[77] In einem anderen Aktenstück dieses Archivs erklärt N. Demidov, daß in seinen Werken „alle Arbeiten nur gegen Lohn verrichtet werden“[78]. Als N. Demidov bei einer Überprüfung seiner Werke durch eine staatliche Kontrolle 1721 nachgewiesen wurde, daß er über einhundertfünfzig flüchtige Rekruten beschäftige, erklärte er, daß sie Lohnarbeiter seien und er nicht wisse, daß es sich um flüchtige Rekruten handle.[79] N. Demidov nahm Arbeiter in Lohn, wo sie sich anboten, auch wenn es sich um Arbeiter handelte, die andere Werke verlassen hatten. Als er von V. N. Tatiščev deswegen zur Rede gestellt wurde, ließ er ihm durch seine Beamten sagen, daß er auch ihn als Lohnarbeiter beschäftigen würde, wenn er zu ihm käme.[80] Schließlich bezeugt eine Erklärung Nikita Nikitič Demidovs aus dem Jahre 1721 die Anwendung von Lohnarbeit in den Eisenwerken der Demidov. Er erklärte, daß er sowohl ausländische als auch nicht leibeigene russische Meister und Untermeister entsprechend einem mit ihnen vertraglich vereinbarten Lohn beschäftige.[81]

Obwohl den Eisenwerken auch Arbeitskräfte „zugeschrieben“ wurden, suchten die privaten Werkbesitzer im Ural vor allem Fachkräfte als freie Lohnarbeiter zu gewinnen. In einer Erklärung des Senats aus dem Jahre 1753 wurde festgestellt, daß viele Werkbesitzer lieber Lohnarbeiter beschäftigten, weil dies für die Werke vorteilhafter sei.[82] Wie wichtig und allgemein üblich die Lohnarbeit in den Uralwerken war, beweisen auch die Bemühungen V. N. Tatiščevs, sie gesetzlich zu sanktionieren. Er beabsichtigte deshalb, entsprechende Verordnungen zu erlassen, so den Werkustav, den Bergustav sowie die Anweisung an die Schichtmeister. Die Projekte legte er einer Versammlung von Werkbesitzern des Urals zur Beratung und Beschlußfassung vor. Von 1734 bis 1736 fanden einige Beratungen statt, die Projekte wurden aber von den zuständigen Regierungsinstanzen nicht akzeptiert.[83] Immerhin ist in den Gesetzesprojekten festgehalten worden, wie vorteilhaft es sei, Lohn-

77 Ebenda, S. 295.

78 „А у нас таких людеи никогда не бывает, чтоб всякую работу работались даром, безденежно ... нанимаем повольною ценою.“ zitiert nach Strumilin, a. a. O., S. 257.

79 „У него оные беглые жили на заводах из найму и что они беглы-не ведал.“ zitiert nach ebenda, S. 258.

80 „Хотя де и сам Татищев придет, мы и его примем и деньги за работу платить будем.“ zitiert nach ebenda, S. 258.

81 „... а при деле оного железа работают у меня мастеровые люди и подмастерья и работники из иноземцев и русские изо всяких чинов, с воли, из найму, з договору доволной платы“ zitiert nach ebenda, S. 257.

82 „... Правительствующим Сенатом из вышепоказанных ведомостей усмотрено, многие заводчики в заводы свои производят не столько покупными крестьянами, но более вольными наемными людьми, из чего следует и впредь следовать может не малая подлому народу от найма оных к заводам польза“, zitiert nach Strumilin, a. a. O. S. 267.

83 Die Protokolle der Versammlungen und die Projekte wurden von M. N. Gorlovskij und N. I. Pavlenko veröffentlicht: Материалы совещаний Уральских промышленников (1734–1736). In: Исторический архив, Bd. IX, Moskau 1953, S. 5–155.

arbeiter zu beschäftigen.[84] Für die Beschäftigung vertraglich gebundener Lohnarbeiter sprachen sich auch die auf der Versammlung anwesenden Beauftragten der Stroganovs aus.[85] Aus den veröffentlichten Materialien ist ersichtlich, daß die Beauftragten Akinfij Demidovs und er selbst den Vorschlägen Tatiščevs zustimmten.[86]

Beratungen fanden auch über ein sehr umfangreiches Register von Lohnarten und Lohnsätzen statt, dem für unser Thema Bedeutung zukommt, da es der Praxis entsprach und nun gesetzliche Verbindlichkeit erlangen sollte. Dieses in der Kanzlei Tatiščevs ausgearbeitete Dokument („Obstojatel'noe rospisanie o zaplate masterovym rabotnym ljudem“)[87] sollte nach der Annahme durch die Unternehmerversammlung den Charakter eines verbindlichen Lohntarifs erhalten. Der Hochofenbauer („domenny ustavščik“) sollte 48 bis 84 Rubel Jahreslohn erhalten, dem Hochofenmeister waren 36 Rubel und dem Hochofenuntermeister 24 Rubel jährlich zu zahlen. Für den Gichter waren 16 Rubel vorgesehen, der Formermeister („furmovyj master“) sollte mit 30 Rubel und der Formeruntermeister („furmovyj podmaster“), der etwa dem zweiten Former entsprach, 24 Rubel erhalten. Die Hämmerer sollten nach wie vor in Werklohn stehen; der Hammermeister sollte je nach Qualität und Gattung des Eisens 1 bis 3 Kopeken pro Pud bekommen. Für den Bau einer Hämmerei wurde 60 Rubel Jahreslohn vorgesehen. Es war beabsichtigt, die Flacheisen- und Blechschmiede sowie die Drahtzieher gleichfalls im Werklohn zu bezahlen, wobei für den ersten Schmied („master“) 1,5 Kopeken und für den zweiten Schmied („podmaster“) 0,75 Kopeke pro Pud festgesetzt wurden. Den Gebläsemeistern sollten 48 und den Gebläseuntermeistern 30 Rubel jährlich gezahlt werden.

Aus dem „Lohntarif“ wurden nur einige Beispiele herausgegriffen, er enthielt Festlegungen für insgesamt etwa 120 Berufsgruppen. Die faktisch gezahlten Löhne, die Bemühungen Tatiščevs um eine gesetzliche Regelung der Löhne und der Lohnarbeit in den Uralwerken sowie die Beratung der Werkbesitzer der Eisenindustrie über die von Tatiščev unterbreiteten Gesetzesvorlagen belegen eindeutig, daß Lohnarbeit bei den Facharbeitern und in beträchtlichem Umfang auch bei Hilfsarbeitern der Eisenwerke eine allgemeine und keine vereinzelte Erscheinung war. Ohne Lohnarbeit kam man in diesem bedeutendsten Eisenrevier Rußlands nicht aus. In Erkenntnis der ökonomischen und technischen Notwendigkeit der Lohnarbeit ordnete Peter I. im Ukas vom 18. Dezember 1696 an, für die neu zu errichtenden Werke Lohnarbeiter heranzuziehen.[88] Als Peter I. 1719 anordnete, daß die Facharbeiter in den Werken bleiben sollten, in denen sie die Arbeit aufgenommen hatten, befahl

[84] Ebenda, S. 53: „Буде ж который заводчик вычислит при таком месте произвесть завод, при котором в найме работных людей имеетца. великая выгода.“

[85] Ebenda, S. 54; vgl. S. 67: „Во мнении прикащиков Строгановых и Турчаниновой показано: а плату вольным работником вольно давать по договорам.“

[86] Zustimmung zum Artikel 1 des Kapitels 4 des Berggesetzes, ebenda, S. 72–74.

[87] Ebenda, S. 92–116.

[88] Полное собрание законов Российской империи, Serie I, Bd. III, Nr. 1561, S. 269–270, zitiert bei Pankratova, a. a. O., S. 279.

er, die Lohnarbeit beizubehalten.[89] Charakteristisch für die Einsicht in diese Notwendigkeit erscheint auch die Anordnung von Hennin vom Dezember 1722, in der er sich an die persönlich freie Bevölkerung („vol'nye ljudi") verschiedener Städte und Sloboden wandte und sie aufforderte, sich gegen Lohn für Arbeiten bei der Errichtung der Isetzkie-Werke und für Arbeiten in den Werken zu verdingen.[90] Die echte freie Lohnarbeit verschwand selbst dann nicht, als die Masse der Arbeitskräfte feudal abhängig geworden war. Neben Leibeigenen der Unternehmer und den zur Abarbeit der Kopfsteuer an das Werk „verschriebenen" Arbeitskräften gab es dem Unternehmer gegenüber Freie, die sich mit Genehmigung und Paß ihres Feudalherrn zur Arbeit im Werk verdingten. Unklar war die juristische Stellung jener Arbeitskräfte, die einst als freie Lohnarbeiter in das Werk gekommen waren, dann aber in die Kopfsteuer mit einbezogen wurden, womit sie das Werk nicht mehr verlassen durften, obwohl sie nicht als feudal gebunden galten. Als durch Ukase der Kaiserin Anna 1736 und 1738 auch die noch nicht in die Kopfsteuer einbezogenen Arbeitskräfte, die über ihre Herkunft keine Auskunft geben konnten, an das Werk gebunden wurden, betraf das in den Werken Akinfij Demidovs – wie 1747 bei der Revision festgestellt wurde, – 18% aller Arbeitskräfte.[91] Durch einen Ukas des Senats vom 30. 12. 1755 wurde noch einmal ausdrücklich bestimmt, daß sowohl Stammarbeiter als auch neu angenommene Arbeitskräfte die Werke nicht mehr ohne Genehmigung des Unternehmers verlassen durften, sie verloren also ihre Freizügigkeit,[92] hörten damit aber nicht auf, Lohnarbeiter zu sein. Sie wurden nicht zu Leibeigenen der Unternehmer; der Unternehmer durfte diese Arbeitskräfte nicht verkaufen, verpfänden usw. Eine Umfrage des Berg-Kollegiums im Jahre 1756 ergab, daß die Unternehmer auch weiterhin viele Bauern und Posadleute mit Pässen ihrer Feudalherren entsprechend frei getroffenen Vereinbarungen als Lohnarbeiter beschäftigten.[93] Am Charakter der Lohnarbeitsverhältnisse der „auf Lebenszeit" an die Eisenwerke gebundenen Facharbeiter und Hilfskräfte änderte sich grundsätzlich nichts, sie hatten jetzt nur das Recht auf Freizügigkeit eingebüßt, d. h. die Möglichkeit, den Betrieb nach eigener Willkür zu verlassen, um sich anderswo bessere Arbeitsbedingungen zu sichern.[94]

Noch deutlicher als in der Eisenindustrie tritt die Lohnarbeit der Facharbeiter in der Salzindustrie hervor, die in Rußland im 17. und 18. Jh. zu den wichtigen Produktionszweigen gehörte.[95] Das bedeutendste und älteste Salzrevier lag in der Gegend

[89] Die Anordnung lautet: „А тех работных людей с тех заводов не ссылать неволею, дабы тех заводов не опустошить и тем промыслов оных не остановить. Токмо тем работным людем указом объявлять с запискою, дабы положенныя на них денги ...", zitiert nach: M. Ja. Volkov, Материалы первой ревизии как источник по истории торговли и промышленности России первой четверти XVIII в. In: Проблемы источниковедения, Bd. XI, 1963, S. 291.

[90] Pankratova, a. a. O., S. 305.

[91] Strumilin, a. a. O., S. 266.

[92] Ebenda. [93] Ebenda, S. 272f. [94] Ebenda, S. 265.

[95] N. V. Ustjugov, Солеваренная промышленность Соли Камской в XVII веке, Moskau 1957; G. S. Rabinovič, Наемный и принудительный труд в соляных промыслах Старой

von Staraja Russa, wo im 16. Jh. 500 und zu Ende des 17. Jh. noch etwa 100 Siedehäuser standen.[96] Da zu einer Salzsiederei (usol'e) in der Regel wohl drei Siedehäuser gehörten[97], waren gegen Ende des 17. Jh. in Staraja Russa noch immer 30 bis 35 Salzsiedereien in Betrieb. In der zweiten Hälfte des 17. Jh. kam es zu einer Konzentration der Salzsiedereien in den Händen einiger weniger Unternehmer. Die bedeutendsten waren der Moskauer Gost' Fedor Venevitov, der zunächst Eigentümer von 6 Siedehäusern war, dessen Söhne jedoch schon 11 Siedehäuser besaßen, und einige Klöster, von denen wiederum das 1653 gegründete Iverskij-Kloster zum größten Salzunternehmer wurde.[98] Zu Beginn des 18. Jh. schwang sich in Staraja Russa der Novgoroder Gost' P. I. Malenkij zum größten Salzunternehmer auf; er besaß 3 Salzsiedereien mit 8 Siedehäusern.[99] Besitzer, die höchstens 2 Siedehäuser, meistens aber nur eines besaßen, verloren im Salzrevier von Staraja Russa gegen Ende des 17. Jh. jegliche Bedeutung. Im 16. Jh. entstanden in Staraja Russa einige kleine staatliche Salzsiedereien, die jedoch zu Beginn des 17. Jh. ihre Tätigkeit wieder einstellten, wozu auch die schwedische Invasion wesentlich beitrug.[100]

In den Salzsiedereien der Privatunternehmer und der Klöster waren viele Lohnarbeiter beschäftigt, vor allem die Facharbeiter: Rohrleger, Salzsieder und Pfannenschmiede. In Lohnarbeit standen auch Werkschmiede und Hilfsarbeiter, die in den Lagerräumen und Speichern tätig waren. Vielfältige schriftliche Quellen, wie Betriebsbücher („varničnye knigi"), Rechnungsbücher, Steuerbücher („okladnye knigi") und Arbeitsverträge bezeugen die Lohnarbeit und geben Auskunft über die Lohnsätze und die Lohnarten nicht nur der Facharbeiter, sondern auch der Gelegenheitsarbeiter und der ungelernten Arbeitskräfte in den Salzsiedereien von Staraja Russa.[101] Aus ihnen geht nach der Feststellung der sowjetischen Historikerin G. S Rabinovič hervor, daß in den Salzwerken von Staraja Russa „die freie Lohnarbeit eindeutig überwog"[102]. Es kam aber auch Arbeit Unfreier in den verschiedenen Formen vor, jedoch ausschließlich bei den Hilfsarbeitern und bei den im Verwaltungsapparat Beschäftigten.[103]

Am ausführlichsten sind die Angaben über die Lohnsätze der in den Salzsiedereien des Iverskij-Klosters beschäftigten Facharbeiter. Aus den Betriebsbüchern, die seit den sechziger Jahren des 17. Jh. über 40 Jahre hindurch erhalten sind, ist zu entnehmen, daß während der Hochkonjunktur 1665 die Pfannenschmiede 35 Rubel,

Русси в XVII в. In: Возникновение капитализма в промышленности и сельском хозяйстве стран Европы, Азии и Америки, Moskau 1968, S. 198–241; Zaozerskaja, a. a. O., S. 16–198.

96 Rabinovič, a. a. O., S. 198.

97 История СССР, Bd. III, S. 23; Очерки истории СССР, XVII век, S. 108.

98 Rabinovič, a. a. O., S. 199f u. 211.

99 Ebenda, S. 220.

100 Zaozerskaja, a. a. O., S. 71.

101 Rabinovič, a. a. O., S. 235–241.

102 „На старорусских промыслах также обнаруживается полное преобладание вольного найма", ebenda, S. 201.

103 Ebenda, S. 226–234.

16 Altyn und 4 Den'gi verdienten. Im Jahre 1667 erhielten ein Pfannenschmiedemeister und sein Geselle 45 Rubel, 1662 und 1663 wurden an 4 Pfannenschmiede 170 Rubel im Jahr gezahlt. In den neunziger Jahren sanken jedoch ihre Löhne, denn jetzt bekamen sie jährlich nur 11,5 bis 12,5 Rubel. G. S. Rabinovič teilt mit, daß die Lohnzahlungen an die Pfannenschmiede 40 Jahre hindurch in den Betriebsbüchern verzeichnet wurden.[104] Die gewöhnlichen Schmiede, ebenfalls Facharbeiter, die einfache Schmiedearbeiten verrichteten, erhielten einen Jahreslohn von 6 bis 8 Rubel. Für die Wasserschöpfer oder Wasserträger („vodolivy"), die das salzhaltige Wasser aus den Wassertrögen, in die es aus der Rohrleitung floß, in die Siedepfannen gossen, war ein Jahreslohn von 13 bis 15 Rubel angesetzt. Manchmal wurden sie für die einzelne Siedung bezahlt und erhielten dann dafür 5 Altyn. Ein ähnliches Lohnsystem galt auch für die Sieder. Entsprechend ihrer höheren Qualifikation, da sie im Vergleich zu den Wasserträgern kompliziertere Arbeiten verrichteten, wurden ihnen 7 Altyn für eine Siedung gezahlt. Aus den Betriebsbüchern ist auch zu erkennen, wie lange Pfannenschmiede und Sieder im Iverskij-Kloster beschäftigt waren. Die Pfannenschmiede waren 10,16, ja 26 Jahre, die Sieder waren 5 bis 10 Jahre im Werk.[105] Als Lohnarbeiter waren in den Salzwerken dieses Klosters auch Zimmerleute und ungelernte Arbeiter beschäftigt. Die Zimmerleute errichteten die Siedehäuser und Speicher und wurden pro Baueinheit und für jedes Auflegen von Blockkränzen bezahlt. Außerdem mußten sie Wassertröge und Lagerschuppen anlegen und ausbessern. Über ihre Löhne liegen nur spärliche schriftliche Unterlagen vor, beispielsweise erhielten sie 15 Altyn.[106]

Aus Staraja Russa liegt aber auch Aktenmaterial vor, aus dem hervorgeht, daß Facharbeiter bei privaten Salzunternehmern in Lohnarbeit standen. Der bedeutende Salzunternehmer P. Malenkij, der 8 Siedehäuser besaß, schloß in der Zeit von 1705 bis 1711 Lohnverträge mit Pfannenschmieden ab, in denen er vereinbarte, daß sie für alle Arbeiten in den 8 Siedehäusern jährlich 45 Rubel erhalten würden. Arbeitsverträge, die Lohnvereinbarungen enthielten, schlossen Wasserschöpfer mit kleineren Salzunternehmern ab. Der Wasserschöpfer Ivan Andreev verpflichtete sich schriftlich, für 1,5 Rubel Lohn in der Salzsiederei des Filimonov salzhaltiges Wasser für 10 Siedungen in die Siedepfanne zu gießen. Aus anderen Lohnvereinbarungen geht hervor, daß die Sieder für eine bestimmte Anzahl von Siedungen bezahlt wurden. Im Jahre 1707 erhielt ein Sieder für 15 Siedungen 5 Rubel, ein anderer für 10 Siedungen 2 Rubel. Für 20 Siedungen erhielt ein weiterer Sieder 4 Rubel.[107]

Im 600 bis 650 km nordöstlich von Staraja Russa gelegenen Salzrevier Tot'ma, das spätestens seit der Mitte des 17. Jh. in starkem Umfang der Konkurrenz des in den Gebieten von Perm und Astrachan gewonnenen Salzes ausgesetzt war, lagen die Lohnverhältnisse ähnlich. Noch stärker als in Staraja Russa hatten sich hier Klöster des Salzwesens bemächtigt. Der einzige Salzunternehmer war das Priluckij-Kolster.[108]

[104] Ebenda, S. 211.

[105] Ebenda, S. 212, Lohntabelle S. 235–241.

[106] Ebenda, S. 217 u. 241.

[107] Ebenda, S. 221f.

[108] L. S. Prokof'eva, Вотчинное хозяйство в XVII веке, Moskau 1959, S. 39ff.

Über die Lohnarbeit der Fach- sowie Hilfs- und Transportarbeiter sind die Korrespondenz- und Rechnungsbücher recht aufschlußreich. Aus den Rechnungsbüchern kann entnommen werden, daß Rohrleger, Pfannenschmiede, Sieder und Wasserschöpfer in Lohnarbeit standen. Im Jahre 1610 erhielten der Rohrlegermeister und seine 6 Gehilfen für die Anlage einer Rohrleitung 18 Rubel und 16 Altyn. Als Tagelohn erhielt ein Rohrlegermeister 10 Den'gi. Die Lohnsätze der Pfannenschmiede sind zwar nicht überliefert, es wurden an sie aber ansehnliche Löhne gezahlt, denn das Rechnungsbuch aus den Jahren 1624/25 weist aus, daß sie über 50 Rubel an Lohn erhielten. Die Sieder wurden für eine bestimmte Menge Salz, nämlich für eine halbe Siedung, etwa 190 Pud, bezahlt. Die sieben Arbeitskräfte an einer Salzpfanne erhielten 1610 zusammen 1 Rubel, 3 Altyn, 2 Den'gi, wobei der Salzkoch am höchsten bezahlt war. 1681 betrug sein Anteil alleine 8 Altyn. 1686 berichtete der für die Siederei verantwortliche Mönch an den Archimandriten, daß die Arbeiter mit dem bisherigen Lohn von 1 Rubel, 19 Altyn 2 Den'gi für die halbe Siedung unzufrieden seien, sie fordern 1 Rubel, 24 Altyn.[109] Bemerkenswert ist, daß die Facharbeiter, in diesem Falle die Sieder, schon höheren Lohn forderten. Der Unternehmer in Gestalt der Klosterleitung konnte nicht mehr einseitig die Löhne festsetzen. Die Kontinuierlichkeit und beständige Ausweitung der Lohnarbeit in den Salzsiedereien des Spasso-Priluckij-Klosters in Tot'ma bezeugen folgende Eintragungen in den Rechnungsbüchern: Im Jahre 1609 wurden an die Sieder etwa 100 Rubel gezahlt, im Jahre 1616 schon 200 Rubel, im Jahre 1624 210 Rubel. Aus anderen Aufstellungen geht hervor, daß die Löhne, die früher etwa 10 bis 20 % der Geldausgaben der Salzsiedereien ausmachten, jetzt auf einen Anteil von 60 bis 70 % anstiegen.[110]

In sehr erheblichem Umfang bürgerte sich die Lohnarbeit für Facharbeiter in dem größten und bedeutendsten Salzrevier Rußlands, Solikamsk an der Kama, ein. Hier gab es Dutzende von Salzsiedereien, und Ende des 17. Jh. standen auf engem Raum mehr als 230 Siedehäuser.[111] Besitzer der Salzsiedereien waren: Gost'i, Klöster, der Staat und vor allem die Großgrundbesitzer- und Unternehmerfamilie der Stroganov.[112] Gegen Mitte des 17. Jh. wurden 7 Millionen Pud Salz erzeugt, die auf dem Kama-Wolga-Weg in verschiedene Teile Rußlands gelangten.[113]

Konkret sind die Quellenangaben für die Löhne, die in den Salzsiedereien des Pyskorskij-Klosters und des Voskresenskij-Novo-Ierozalimskij-Klosters gezahlt wurden. Rechnungsbücher, Korrespondenzbücher und teilweise Arbeitsverträge enthalten ausreichende Angaben über Lohnsätze und Lohnnormen, die über ein Jahrhundert lang gültig waren und einen überaus aufschlußreichen Beitrag zur Geschichte der Löhne und der Lohnpolitik während der frühkapitalistischen und frühindustriellen Entwicklung in Rußland darstellen.

Am höchsten bezahlt wurden die Rohrlegermeister, die als Baupoliere die Anlage hölzerner Rohrleitungen beaufsichtigten; sie bekamen einen Jahreslohn von 25

[109] Ebenda, S. 62f.
[110] Ebenda, S. 64.
[111] Ustjugov, a. a. O., S 137.
[112] Ebenda, S. 134.
[113] История СССР, Bd. 3, S. 24.

Rubel. Die Arbeiter, die die Holzrohre verlegten, erhielten im Jahr 10,5 Rubel. Im Jahreslohn standen auch die Zimmerer, Meister und Gesellen, deren Aufgabe es war, die Siedehäuser und Speicher zu errichten. Für sie war ein Lohnsatz von 6 Rubel vorgesehen. Die Pfannenschmiede verdienten jährlich 15 bis 19 Rubel, etwas abgestuft war der Jahreslohn der gewöhnlichen Schmiede, die 13 bis 15 Rubel erhielten. In die gleiche Lohnstufe waren auch die Salzsieder eingereiht, wobei der Sieder 15 und der Siedegeselle 13 Rubel bekam. Zwischen 11 und 13 Rubel jährlich lag der Lohn der Wasserträger und Wasserfüller, die das Salzwasser aus Trögen in die Siedepfanne schütteten. Die Auszahlung des Lohnes für die Sieder und Wasserträger erfolgte monatlich und wöchentlich, wobei der erste Sieder 70 und der Geselle 60 Kopeken bekam. Der Wasserschöpfer konnte wöchentlich zwischen 50 und 80 Kopeken verdienen. Es konnte auch vorkommen, daß für die Anlage einer Rohrleitung ein Sammellohn ausgesetzt wurde. So zahlte die Administration des Pyskorskij-Klosters im Jahre 1697 an 32 Zimmerleute und Hilfsarbeiter, die eine solche Leitung bauten, insgesamt 304 Rubel und 40 Kopeken. Die Anfertigung der Rohre wurde im Werklohn vergeben. Für ein bestimmtes Quantum wurden 4,5 Rubel gezahlt. Für die Ausführung einer Siedepfanne zahlte das Voskresenskij-Kloster im Jahre 1685 an einen Pfannenschmied und zwei Gesellen 31 Rubel; sie mußten sich dabei verpflichten, auch noch eine schadhafte Pfanne zu reparieren. Bemerkenswert ist, daß nicht nur Facharbeiter, sondern auch ungelernte Zuarbeiter, wie Holzfahrer (drovovozy) und die Sackfüller oder Sackhalter („meškodery"), in Lohnarbeit standen. Die Lohnbedingungen der Arbeiter, die in Salzwerken der Klöster arbeiteten, verbesserten sich zusätzlich dadurch, daß sie auch verpflegt wurden.[114] So kam es vereinzelt vor, daß sich Rohrlegermeister auf Grund ihres guten Verdienstes selbständig machen konnten, sich eigene Siedehäuser bauten.[115] Über die von privaten Unternehmern gezahlten Löhne sind den Quellen nur unklare Angaben zu entnehmen. Einige Anhaltspunkte lassen sich nur aus der Tatsache gewinnen, daß bei Privatunternehmern Beschäftigte Steuern zahlten.[116] Von dem staatlichen Salzwerk Zyrjansk ist nur bekannt, daß 1697 die dortigen Facharbeiter in Lohnarbeit standen. Zur Ausbesserung der Grundkammer (matica), die auf dem Grundwasser errichtet wurde und als Ausgangsbau der Rohrleitung anzusehen ist, wurden 12 Zimmerer gedungen, von denen jeder 1 Rubel Lohn bekam.[117]

Unklar ist dagegen immer noch die Situation in den Salzsiedereien der Stroganov. Obwohl die Besitzverhältnisse der Stroganov recht eingehend erforscht sind,[118] fehlten detaillierte Angaben über die von dieser großen russischen Unternehmerdynastie gezahlten Löhne. N. V. Ustjugov konnte feststellen, daß man auch in den Stroganovschen Salzsiedereien von Solikamsk in den letzten Jahrzehnten des 17. Jh. in zunehmendem Maße die Arbeit Unfreier aufgegeben hatte und sie durch freie Lohnarbeit ersetzte. Dies wurde vor allem erforderlich, als G. D. Stroganov staat-

[114] Ustjugov, a. a. O., S. 219–234.
[115] Ebenda, S. 218.
[116] Ebenda, S. 202.
[117] Ebenda, S. 221.
[118] A. A. Vvedenskij, Дом Строгановых XVI–XVII веках, Moskau 1962.

liche Salzsiedereien übernahm und sich teilweise in den Besitz der Salzsiedereien von Klöstern setzte.[119] Jetzt warben die Beauftragten G. D. Stroganovs bei den anderen Salzunternehmen die Facharbeiter ab, so daß sich der Starost des Posad von Solikamsk im Jahre 1682 wegen dieser Methoden beschweren mußte.[120]

Zweifellos arbeiteten in den Salzsiedereien auch feudalabhängige Arbeitsleute,[121] insbesondere auf denen der Stroganovs. Vorwiegend waren in den Siedehäusern jedoch freie Facharbeiter beschäftigt. Zu jedem Siedehaus gehörten 1 Sieder, 1 Gehilfe, 4 Wasserträger, 1 Holzfahrer und 1 Sackhalter. Da mindestens 2 Siedehäuser zu einer Siederei gehörten, kamen noch der Rohrlegermeister, sein Geselle sowie die Zimmerleute, die die Rohre herstellten, hinzu, so daß in einer Salzsiederei 20 bis 24 qualifizierte Arbeiter tätig waren. Die Abwerbungsaktionen der Beauftragten G. D. Stroganovs sind ein Beweis dafür, daß diese Facharbeiter noch das Recht der Freizügigkeit besaßen. Sie verließen den Unternehmer, wenn es mit ihm zu Unstimmigkeiten kam. Die ausgewerteten Quellen über die Lohnarbeit der Facharbeiter geben keine Auskunft über die Ursachen solcher Unstimmigkeiten, so daß nicht erkennbar wird, ob diese aus den Lohnverhältnissen oder aus den Arbeitsbedingungen herrührten, um nur zwei der wichtigsten Ursachenkomplexe zu nennen, die Konflikte zwischen Arbeitern und Unternehmern auslösen konnten. N. V. Ustjugov wies in seiner Untersuchung über die Lohnarbeit in den Salzsiedereien des 17. Jh. auf ein Protokoll aus dem Archiv der Stroganov über eine Gerichtsverhandlung hin, aus dem hervorgeht, daß „Arbeitsleute“, die verschiedene Arbeiten verrichteten und persönlich frei waren „wegen Streit“ die Salzsiedereien in Solikamsk verlassen hatten.[122] Freilich ist das nur ein einzelner Quellenbeleg, er macht aber deutlich, daß im 17. Jh. im Solikamsk die Facharbeiter das Recht auf Freizügigkeit besaßen.

Zeitgenössische Quellen, beispielsweise Briefe, enthalten auch Nachrichten über Lohnarbeit der Facharbeiter bei der Herstellung von Pottasche in Rußland im 17. Jh. Die Pottasche war ein bewährtes Mittel zur Reinigung der geschorenen Schafwolle und daher in den Niederlanden und in England ein gefragter Artikel. Diese Länder waren für die russische Pottasche überaus günstige Absatzmärkte. Die russischen Großgrundbesitzer, die über ausgedehnte Wälder verfügten, begannen daher, Pottasche herzustellen. In besonders großem Umfang tat dies der Bojar B. I. Morozov. Nachdem er anfangs – in den vierziger Jahren des 17. Jh. – etwa 6 Meiler in Betrieb nahm, legte er im Jahre 1651 12 weitere und in den folgenden Jahren noch einmal so viele an, so daß er in der Mitte der sechziger Jahre im Kreis Nižni Novgorod das größte etwa 30 Meiler umfassende Produktionszentrum dieses Gewerbezweiges in Rußland geschaffen hatte. Die Produktion betrug etwa 100000 Pud jährlich. 1667 übernahm einen Teil der Produktionsstätten der Staat.[123]

Eine Produktionsstätte bestand aus einem Standplatz mit mehreren Meilern und 24 bis 36 Trögen sowie den entsprechenden Lagern und Speichern, in denen Arbeits-

[119] N. V. Ustjugov, a. a. O., S. 133.

[120] Ebenda, S. 214 u. 246. [121] Ebenda, S. 244.

[122] „Многие работные люди от хозяев отходят иногда и ссорою“, ebenda, S. 240; „те работные люди разных чинов и вольные люди“, ebenda, S. 241.

[123] D. I. Petrikeev, Крупное крепостное хозяйство XVII в, Moskau 1967, S. 113f.

geräte, Werkzeuge und die fertige, meist in Fässern gefüllte Pottasche lagerte. Auch eine Schmiede und eine Böttcherei gehörten dazu. Den unmittelbaren Herstellungsprozeß bewerkstelligten zwei Facharbeiter, der Aschenbrenner, der zugleich den Meiler aufrichtete („budnik“) und der Beriesler („polivač“), der in den Trögen die Holzasche mit Wasser unter Zusatz von Salz anrührte und die erforderlichen Chemikalien zusetzte. Die Qualität der Pottasche hing entscheidend davon ab, daß die richtige wässrige Lösung hergestellt wurde. Die Beriesler mußten daher über reiche Berufserfahrungen verfügen. In Briefen wies Morozov seine Beauftragten an, die „besten“ Beriesler anzustellen.[124]

Über die Löhne sind authentische Unterlagen erhalten. In einem Brief aus dem Jahre 1659 fordert Morozov seine Beauftragten auf, jedem auf den Meilern von Arzamask beschäftigten Beriesler 20 Rubel auszuzahlen, wenn er 100 Faß Pottasche liefert. Denjenigen Berieslern, die diese Leistung nicht erbringen, sollte der „frühere“ Lohn gezahlt werden.[125]

Zweifellos soll hier eine hohe Produktionsleistung gut bezahlt werden. Wahrscheinlich handelt es sich um die Zahlung der Produktion einer ganzen Saison, die von April bis zum November, also bis zum Eintritt der Fröste, dauerte. Morozov zahlte Zeit-, Werk- und zugleich auch Prämienlohn. Da es sonst üblich war, von einer 50 Fässer umfassenden Produktionseinheit auszugehen,[126] ist anzunehmen, daß die Beriesler der anderen Meiler 10 Rubel bekamen und dieser Betrag der „altfestgesetzte“ war.

Über die Löhne der Aschenbrenner, Böttcher und Schmiede, also der übrigen auf den Meilern tätigen Facharbeitern, ist wenig bekannt. Viele von ihnen mögen Frondienste verrichtet haben, einige dürften aber auch Lohnarbeiter gewesen sein. Im Jahre 1660 schickten Beauftragte Morozovs aus seinen Besitzungen in Galič Lohnarbeiter nach Nižni Novgorod.[127] Von 1667 bis 1678 flohen 73 Aschenbrenner mit ihren Familien und verließen ihre Arbeitsplätze beim Grafen Ja. K. Čerkasskij in Arzamassk; sie wandten sich vor allem nach Sergač, wo die ehemals B. I. Morozov gehörenden Meiler nach dessen Tode 1661 vom Staat übernommen worden waren. Dort wurden sie in Lohnarbeit beschäftigt.[128] Auch beim Grafen Čerkasskij hatten sie bereits Lohn erhalten,[129] offensichtlich fanden sie an ihren neuen Arbeitsplätzen bessere Lohnverhältnisse vor. Auf den Besitzungen der Morozov erhielten die Budniki 3 Rubel,[130] wo-

124 Ebenda, S. 116ff.

125 „А на которых моих нижегородцких и орзамаских мойданех поливочи добры и мне радели, поташу зделали по 100 бочек с лишком, и вам бы велеть тем поливочем давать за их работу по 20-ти руб. денег. А кои поливочи на коем мойдане меньши 100 бочек зделали, и тем денежное жалованье давать постарому ...“, ebenda, S. 118.

126 Ebenda, S. 119.

127 Ebenda, S. 143.

128 K. N. Ščepetov, Помещичье предпринимательство в XVII в. In: Русское государство в XVII веке, Moskau 1961, S. 29.

129 Ebenda.

130 A. M. Pankratova, a. a. O., S. 194.

bei nicht klar ist, ob sie hierbei als Aschenbrenner oder nur für die Aufrichtung von Meilern bezahlt wurden.

Als die Meiler in Staatsbesitz übergingen, sollen die Löhne der Pottaschearbeiter noch weiter angestiegen sein. Die Beriesler bekamen jetzt nicht 5, sondern 8 bis 20 Rubel und die Aschenbrenner zwischen 16 Altyn und 6 Rubel.[131]

Wenden wir uns jetzt der Flußschiffahrt zu, in der die Lohnarbeit stärker als in allen anderen Wirtschaftszweigen Rußlands verbreitet war. Schon beim Schiffsbau war sie unerläßlich. Die Wasserfahrzeuge verschiedener Typen und Größen wurden gewöhnlich von Schiffszimmerleuten, die sich im Artel zusammenschlossen, auf Bestellung von Großhändlern oder auch zum Verkauf auf eigenes Risiko gebaut. Großunternehmer, wie Kalmykov, Stroganov und Demidov mieteten Fahrzeuge oder erteilten Bauaufträge. Später ließen sie sich von Lohnarbeitern Fahrzeuge herstellen.[132] In Rußland waren die bedeutendsten Zentren des Fluß-Schiffbaues im 17. und 18. Jh. Nižnij-Novgorod an der mittleren Wolga und Čerdyn' an der oberen Kama. Beide Orte, vor allem aber Nižnij-Novgorod, waren auch Zentren der Anwerbung von Schiffsbesatzungen. Aus einem zeitgenössischen Bericht aus dem Jahre 1722 geht hervor, daß in Nižnij-Novogrod 11119 Männer und Jungen gegen Lohn die Arbeit auf Flußschiffen aufnahmen.[133] So wurde diese russische Stadt um die Wende vom 17. zum18. Jh. ein sehr lebhafter und bedeutender Arbeitsmarkt. Darüber gibt es unter den sowjetischen Historikern, die sich mit diesem Problem befaßten, keine Meinungsverschiedenheiten.[134] Die Frage nach der Beschaffenheit und der Herkunft dieser Arbeitskräfte wird jedoch unterschiedlich beantwortet.[135]

Zur Mannschaft der aneinandergekoppelten Flußfahrzeuge, die industriell hergestellte Erzeugnisse wie Eisen, Salz und Pottasche mit einer Gesamtlast bis zu 500000 Pud von der Čusovaja und der Kama im Osten zum Volchov (Novgorod) und der Neva (Petersburg) im Westen und von Astrachan an der Wolgamündung im Süden nach Archangelsk an der Dvinamündung im Norden transportierten, gehörten nicht nur Hunderte sondern oft Tausende Mann. Die große Drehscheibe dieses binnenländischen Schiffsverkehrs war die Stadt Nižnij-Novgorod. Für den Transport von Salz und Pottasche wurden größere Fahrzeuge mit einer Tragfähigkeit von 20000 bis 80000 Pud,[136] für den Transport von Eisen kleinere, mit einer Tragkraft von 10000

131 Ebenda, S. 195.

132 N. V. Ustjugov, a. a. O., S. 300 (Stroganov); N. A. Baklanova, a. a. O., S. 110–112.

133 N. B. Golikova, a. a. O., S. 23f.

134 Переход a. a. O., S. 30f.; M. Ja. Volkov/S. M. Troickij, a. a. O., S. 92f.; M. Ja. Volkov, Об особенностях первой стадии первоначального накопления в России. In: Вопросы истории 1970, Heft 10, S. 108.

135 Volkov, Об особенностях .. S. 107 vertritt unter Berufung auf Marx und Lenin die Ansicht, daß als Personen, die auf dem Arbeitsmarkt ihre Arbeitskraft anbieten, nur diejenigen anzusehen wären, die über keine anderen Unterhaltsmittel verfügen. Die Autoren des Hauptreferats, das den Teilnehmern der Tagung als Diskussionsgrundlage diente, sind der Auffassung, daß diese Arbeitskräfte auch persönlich frei sein mußten. Переход, a. a. O., S. 30f.

136 Ustjugov, a. a. O., S. 300.

Pud verwendet. 1747 wurden auf 62 Kähnen 414900 Pud Eisen aus den Uralwerken der Demidov verladen und zu einem großen Teil bis nach Petersburg transportiert, 1758 brachten 17 Kähne 116200 Pud dorthin.[137] Bereits um die Mitte des 17. Jh. konnte F. P. Stroganov nach Angaben aus den Zollbüchern Nižnij-Novgorods in 2 Fahrzeugen 126 000 Pud Salz von Solikamsk nach Nižnij-Novgorod transportieren.[138] Der gleichen Quelle ist zu entnehmen, daß im Jahre 1649 Stroganov auf 13 Kähnen etwa 400000 Pud Salz nach Nižnij-Novgorod bringen ließ.[139]

Die Zollbücher, die über die Betriebe und deren Produktion Aufschluß geben, enthalten auch Angaben über die Entlohnung der beim Schiffstransport eingesetzten Facharbeiter und ungelernten Arbeitskräfte. Forscher, die sich mit diesem Thema beschäftigten, wie Archangel'skij, Vvedenskij, Baklanova, Golikova, Volkov, Troikkij, Pankratova, Zaozerskaja, Ustjugov, Kafengauz, Stepanov, Pavlenko, Bachrušin, u. a. stellten fest, daß solche Angaben „dürftig“ und nur „vereinzelt“ vorkommen, aber dennoch die Tatsache bekräftigen, daß die Binnenschiffahrt Rußlands im 17. und 18. Jh. fast ausschließlich auf Lohnarbeit basierte. Besonders bemerkenswert und für die neue ökonomische Entwicklungsphase, die in Rußland nach den Feststellungen Lenins mit dem 17. Jh. einsetzte, aufschlußreich ist die Tatsache, daß gerade die großen Grundherren, wie die Stroganov und Demidov, in der Binnenschiffahrt Lohnarbeit einsetzten.

Über die Entlohnung der Arbeitskräfte beim Transport auf Schiffen durch die Stroganov lassen sich einige Aussagen machen. In den zwanziger Jahren des 17. Jh. wurden dem Steuermann für eine Fahrt von Sol'vyčegodsk nach Vologda 4 bis 6 Rubel gezahlt, für die Route von Orel-Gorodok nach Nižnij-Novgorod erhielt er 6 bis 7 Rubel. Beim Antritt der Fahrt erfolgte eine Anzahlung in Höhe von 2 Rubel. Die Treidler (jaryžki) bekamen für die erste Route 1 bis 2 Rubel und für die zweite 3 Rubel. Die Vorauszahlung betrug bei ihnen 5 bis 8 Grivnen.[140] Die Höhe des Lohns der Treidler konnte der Steuermann entscheidend beeinflussen, denn er vereinbarte mit den Beauftragten der Stroganov nicht nur seinen eigenen Lohn, sondern auch die Entlohnung der Treidler.[141] Im Jahre 1649 bekamen die Treidler für eine Fahrt nach Nižnij-Novgorod 1 Rubel 49 bis 1 Rubel 60 Kopeken, im Jahre 1653 wurde ihnen nur 1 Rubel 22 bis 1 Rubel 54 Kopeken gezahlt[142]. 1666 bekam ein Steuermann für die Fahrt von Laišev nach Moskau 3 Rubel, ein Vodoliv für die Hin- und Rückfahrt auf der Strecke von Chlynov nach Moskau 11 Rubel. Die Entleerer wurden für die Hin- und Rückfahrt gedungen[143], während der Steuermann sich nur für Teilstrecken engagieren ließ. Ende des 17. Jh. zahlten die Stroganov den Lotsen und Steuermännern 20 Rubel, dem Vodoliv 15 Rubel und den Treidlern 12 Rubel.[144] Die Zoll-

137 Kafengauz, a. a. O., S. 400f.
138 Ustjugov, a. a. O., S. 301.
139 Vvdenskij, a. a. O., S. 282.
140 Ebenda, S. 212.
141 Ebenda.
142 Ustjugoy, a. a. O., S. 303.
143 Ebenda, S. 301.
144 Ebenda, S. 304.

bücher von Nižnij-Novgorod bieten Anhaltspunkte über die Zahl der Schiffsleute, die bei den Transportfahrzeugen der Stroganovs beschäftigt waren und dafür in Geld entlohnt wurden. 1649 waren es 813 Mann, 1651 waren es 1251, 1653 waren es 1115 und 1655 1100 Mann.[145] A. A. Vvedenskij, der sich eingehend mit dem „Haus Stroganov" beschäftigte, konnte aus dem ihm reichlich zur Verfügung stehenden Aktenmaterial ermitteln, daß diese Lohnarbeiter unter den „wandernden Leuten" und den „ackerlosen Bauern", also unter persönlich Freien, angeheuert wurden.[146]

Lohnarbeiter beschäftigten auch die Gebrüder Kalmykov, eine im letzten Drittel des 17. Jh. in Nižnij-Novgorod lebende Kaufmanns- und Unternehmerfamilie.[147] Die Kalmykov widmeten sich der Salzgewinnung und der Herstellung von Branntwein, sie betrieben aber vor allem einen ausgedehnten Handel mit Getreide, Fisch, Salz und Branntwein. Zu diesem Zweck unterhielten sie eine große Anzahl von Flußschiffen. Anfangs mieteten sie Wasserfahrzeuge, später ließen sie sie selbst auf eigenen Bootswerften in der Nähe von Nižnij-Novgorod bauen. Noch vor der Anweisung Peters I. an die Werftbesitzer, große Fahrzeuge herzustellen, ließen sich die Kalmykov über 80 m lange Flußschiffe bauen; aber auch kleinere Zubringerboote wurden gebaut.[148]

Aus den im „Kalmykov-Archiv" aufbewahrten Aufzeichnungen ist zu ersehen, daß die Kalmykov folgende Löhne zahlten: 20 bis 21 Rubel Jahreslohn an Steuermänner, für Teilfahrten 6 bis 8 Rubel; 6 bis 8 Rubel dem Vodoliv, für Teilfahrten 1,5 bis 5 Rubel; die Treidler wurden im Artel für eine Hin- und Rückfahrt von Astrachan nach Nižnij-Novgorod mit 5 Rubel pro Mann entlohnt. In den neunziger Jahren zahlten die Kalmykov den Treidlern in der Regel 5 Rubel 30 Kopeken. Zuweilen schwankten die Löhne jedoch recht erheblich, für Hin- und Rückfahrt von Astrachan nach Nižnij-Novgorod wurden zwischen 4 Rubel 40 Kopeken und 6,5 Rubel gezahlt. Für Kurzstrecken, etwa von Astrachan nach Saratov oder Simbirsk, zahlten die Kalmykov in den neunziger Jahren 2 Rubel 25 Kopeken (1694), 4 Rubel 25 Kopeken (1696) und 3 Rubel 20 Kopeken (1699)[149].

Die Tatsache, daß die Kalmykov ihre Binnenschiffer mit Geld entlohnten, ist nicht weiter verwunderlich, weil sie im Unterschied zu den Stroganov und Morozov keine Leibeigenen besaßen.[150] Die Kalmykov mußten die benötigten Arbeitskräfte – nicht nur für die Binnenschiffahrt – auf dem Arbeitsmarkt gewinnen. Die Anwerbung geschah vorwiegend in Nižnij-Novgorod, aber auch in Astrachan, und zwar unter den „wandernden Leuten" und den Posadleuten. Über die Gesamtzahl der auf den Flußfahrzeugen der Kalmykov beschäftigten Binnenschiffer konnten keine Zahlen vorgelegt werden, so daß sich nur aus der Stärke der verschiedenen Bootsbesatzungen annähernd eine Gesamtzahl gewinnen läßt. Danach bewegten sich die Besatzungsstärken zwischen 60 und 200 Mann.[151] Zieht man in Betracht, daß besonders in den neun-

[145] Vvedenskij, a. a. O., S. 200.
[146] Ebenda, S. 282.
[147] Baklanova, a. a. O., S. 14–38.
[148] Ebenda, S. 112, 117.
[149] Ebenda, S. 151ff.
[150] Ebenda, S. 134f.
[151] Ebenda, S. 150–156.

ziger Jahren die Binnenwassertransporte der Kalmykov anstiegen, so können sie zeitweilig mehrere Tausend Lohnschiffer beschäftigt haben.

Der sowjetische Historiker Kafengauz wertete die in den Kontoren der Demidov geführten Rechnungs- und Flottillenbücher unter dem Gesichtspunkt aus, was sie über die Rolle der Lohnarbeit in den Unternehmen dieser Familie aussagen. Diesem Aktenmaterial ist zu entnehmen, daß für die Eisentransporte ungewöhnlich viele Arbeitskräfte benötigt wurden. Zahlreiche Leibeigene arbeiteten beim Transport, aber noch größer war die Zahl der freien Leute, die an den Wolga- und Kamahalteplätzen für die Flotillen angeheuert wurden, stellte Kafengauz an Hand seines Materials fest.[152] Große Geldsummen mußten den Kontoren der Demidov für Löhne zur Verfügung gestellt werden, weil die Arbeitsleute fortwährend höhere Lohnforderungen durchsetzten.[153] Aus einem Vertrag, den die Beauftragten mit den Lotsen von der Tverca schlossen, geht hervor, daß diese für eine kurze Strecke 39 Rubel pro Fahrzeug verlangten.[154] Im Jahre 1762 betrug der Lohn für die Besatzung einer Flotille von 13 Fahrzeugen mittlerer Größe (strugi), die von der Ausgangsstation an der Čusovaja nach Petersburg aufbrach, 12 391 Rubel und 86 Kopeken.[155] Insgesamt waren bei diesem Transport, der in Teilabschnitten sich über Monate hinzog, rund 2500 Mann beschäftigt.

Im einzelnen zahlten die Kontore der Demidov an die Schiffsleute folgende Löhne: an die Lotsen 17,5 Rubel für 39 Fahrtage, 7 bis 10 Rubel für 20 Fahrtage, 50 Kopeken für 2 Fahrtage, 55 Kopeken für eine Tagesfahrt, für eine Überquerung der Stromschnellen (porogi) des Ladoga-Sees 40 Kopeken. Die Vodolivy bekamen 2 Rubel 10 Kopeken für eine Fünftagefahrt, 4 Rubel 25 Kopeken für eine Zwanzigtagefahrt und 7 Rubel 30 Kopeken für eine Fahrt von 39 Tagen. Die übrigen Arbeitsleute erhielten für eine Fahrt von 39 Tagen pro Mann 7 Rubel 30 Kopeken.[156] Diese Zahlenangaben stammen zwar aus einem Flottillenbuch der fünfziger bzw. sechziger Jahre des 18. Jh.; sie bieten aber auch Anhaltspunkte für die Höhe der Löhne in der ersten Hälfte des Jahrhunderts, weil der Arbeitskräftemangel in diesem Zeitraum, vor allem zu Beginn des 18. Jh., im Wolgagebiet überaus kraß war.[157] Die Demidov entlohnten in der ersten Hälfte des 18. Jh. nicht nur die Facharbeiter ihrer Eisenwerke in Geld, sondern auch die Binnenschiffer, die ihr Eisen transportierten.

In dieser Abhandlung wurden nur Nominallöhne der Facharbeiter angeführt, weil sich daraus zur Genüge ergibt, daß die Facharbeiter in Geld entlohnt wurden. Von einer Bestimmung des Reallohnes der Facharbeiter und der Kaufkraft des Geldes mußte Abstand genommen werden, da diese Untersuchungen, obwohl die sowjetische Forschung schon eine gewisse Bestandsaufnahme vorgenommen hat, sehr zeitraubend gewesen wären. Immerhin lassen sich aus den angeführten Tatsachen folgende allgemeine Feststellungen treffen:

152 Kafengauz, a. a. O., S. 400.
153 Ebenda, S. 402.
154 Ebenda, S. 404.
155 Ebenda, S. 412f.
156 Ebenda, S. 413.
157 Ebenda, S. 412.

Die wichtigsten Sektoren des industriellen Produktionsprozesses im Eisenhüttenwesen, bei der Salzgewinnung, bei der Herstellung von Pottasche und in der Binnenschiffahrt waren von Facharbeitern besetzt, die in Lohnarbeit standen. Gewisse Arbeiten konnten von Leibeigenen verrichtet werden, die Verwendung von freien Lohnarbeitern wies aber eine steigende Tendenz auf. Die Unternehmer erkannten, daß die Lohnarbeit zur Steigerung der Arbeitsproduktivität und damit auch des Profits beitrug und wandten sie daher in zunehmendem Maße an. Um zu beurteilen, welche Bedeutung der Lohnarbeit der Facharbeiter zukam, ist es notwendig, die Tatsache zu berücksichtigen, daß die Lohnarbeit nicht auf die Werke beschränkt blieb, sondern auch in den kleineren Produktionsstätten, auf die ein ganz erheblicher Anteil der industriellen Produktion entfiel, verbreitet war. In diesen Werkstätten bestanden die Arbeitskräfte nicht nur aus dem Besitzer und seiner Familie. In ihnen wurden im Durchschnitt 5 bis 10 fremde Arbeitskräfte beschäftigt, die nur auf dem Arbeitsmarkt gewonnen werden konnten, weil den kleinen Werkstattbesitzern Leibeigene nicht zur Verfügung standen. Infolge des für den industriellen Produktionsprozeß kennzeichnenden Zwangs zur Kooperation mußten immer größere Kontingente von Hilfsarbeitern in Lohnarbeit genommen werden. Die wichtigsten Lohnarten kamen bereits zur Anwendung: der Zeitlohn (Jahres-, Monats-, Wochen- und Tageslohn), der Werklohn und der Prämienlohn. Die Löhne wurden vertraglich vereinbart, wobei auch staatliche Instanzen sie festsetzen konnten. Dort, wo Arbeitskräftemangel bestand, setzten die Facharbeiter ihre Lohnforderungen durch. In Tatiščevs Werkordnung liegt ein staatlicherseits ausgearbeiteter Lohntarif für Arbeiter der Eisen- und Kupferhütten vor – ein wichtiges Dokument zur Geschichte der Arbeitslöhne in der Periode der frühen kapitalistischen Entwicklung. Die Lohnarbeit der Facharbeiter ist im 17. und in der ersten Hälfte des 18. Jh. auch in Rußland keine sporadische Erscheinung; sie tritt kontinuierlich auf und gewinnt zunehmend an Bedeutung. Das Arbeitskräftereservoir für Lohnarbeiter bildeten die „wandernden Leute", weiterhin die mittellose Posadbevölkerung der Städte und landlose Bauern. In Rußland stellten die „wandernden Leute" die „leichte Infantrie des Kapitalismus"[158].

Die Behauptung, die „wandernden Leute" hätten den Arbeitskräftebedarf nicht decken können, sollte nicht verabsolutiert werden. Beachtet man die Äußerung von Pososkov, daß Zehntausende „wandernder Leute" und Landstreicher im Lande tatenlos in den Tag lebten, so drängt sich der Eindruck auf, daß in manchen Regionen Rußlands auf dem Arbeitsmarkt sogar ein Überangebot an freien Arbeitskräften bestand. Dieses wurde jedoch nicht abgeschöpft, weil den Unternehmern und Werkstattbesitzern nicht genügend finanzielle Mittel zur Verfügung standen. Am Beispiel der Stroganov, Morozov und Demidov ist deutlich erkennbar, daß zur Beschaffung von Arbeitskräften enorme Finanzmittel erforderlich waren. Schon mittleren Unternehmern, wie den Kalmykov standen diese Mittel nicht immer ausreichend zur Verfügung, so daß sie ihre Tätigkeit nach etwa 30 Jahren einstellen mußten. Recht aufschlußreich für die Schwierigkeiten der kleineren Unternehmer ist das Schicksal des Fedor Molodoj, der wie die Demidov ein Pionier des Eisenhüttenwesens im Ural war,

158 K. Marx, Das Kapital, Bd. I. In: Marx/Engels, Werke, Bd. 23, Berlin 1962, S. 693, 766.

sich aber neben ihnen nicht behaupten konnte. Landpächter und Werkstattbesitzter konnten erst recht nicht alle sich anbietenden Arbeitskräfte beschäftigen und sie als freie Lohnarbeiter in den industriellen Produktionsprozeß einsetzen. Bei der Beurteilung der Rolle der freien Lohnarbeit innerhalb der Wirtschaft Rußlands im 17. Jh. und in der ersten Hälfte der 18. Jh. müßten stärker als bisher auch die beschränkten ökonomischen Mittel der Unternehmer in Betracht gezogen werden. Bei aller Notwendigkeit, die Bedeutung der Großindustrie für die frühkapitalistische Entwicklung Rußlands gebührend zu beachten – E. I. Zaozerskaja lieferte hierzu mit ihrer neuesten viel Faktenmaterial enthaltenden Publikation einleuchtende Argumente – darf auch die Kleinproduktion mit den entsprechenden Werkstätten und deren technischer Ausrüstung, mit der personellen Stärke und der Zusammensetzung der Belegschaften sowie die Kleinunternehmer[159] nicht unterschätzt oder gar übersehen werden. Werke und Werkstätten, Großunternehmer und Kleinunternehmer bestimmten in jener Zeit das wirtschaftliche Gesicht Rußlands, und beide beschäftigten Facharbeiter in Lohnarbeit.

159 L. L. Murav'eva, Деревенская промышленность центральной России второй половины XVII в., Moskau 1971; vgl. meine Rezension in: Jahrbuch für Wirtschaftsgeschichte 1972, Bd. IV, S. 223 ff.

E. Donnert

Zu einigen Grundfragen der Entwicklung des Kapitalismus in Rußland

Die marxistische Geschichtsforschung hat sich bislang weit mehr mit den Grundlagen des Kapitalismus beschäftigt als mit denen des Feudalismus. Allerdings sind die konkreten historischen Entwicklungswege des Kapitalismus nach wie vor ein wenig bekanntes Feld, und dies ungeachtet der überzahlreichen Arbeiten, die es zu unzähligen Einzelfragen seiner Evolutionsgeschichte gibt.

Der Feudalismus und Kapitalismus als große weltgeschichtliche ökonomische Gesellschaftsformationen umfassen Hunderte von Jahren und bieten die verschiedenartigen wirtschaftlichen, sozialen, politischen und ideologischen Formen, Lehren, Meinungen und Revolutionen, „besonders im Zusammenhang mit den politischen, philosophischen und sonstigen Lehren der bürgerlichen Gelehrten und Politiker“[1]. Ihre Geschichte trägt „in verschiedenen Ländern verschiedene Färbung“, „durchläuft die verschiedenen Phasen in verschiedener Reihenfolge und in verschiedenen Geschichtsepochen“[2].

Der Kapitalismus als Gesellschaftsformation, wie er im 19. und 20. Jh. in Erscheinung tritt, ist das Ergebnis eines langen Entwicklungsprozesses. Welthistorisch nimmt er, wie Marx bemerkt hat, seinen Anfang im 16. Jh. Der Kapitalismus kommt auf verschiedene Art zur Welt, auf revolutionärem Wege, mit Hilfe der neuen Bourgeoisklasse, unter den Verhältnissen der politischen Zentralisation des Staates, mit Unterstützung des Absolutismus oder auch unter den Bedingungen der staatlichen Dezentralisation und Zersplitterung, der Opposition gegen die Zentralgewalt, im Rahmen von Kleinstaaterei, unter Bedingungen krasser Ausbeutung von Kolonien, d. h. verbunden mit Kolonialsystem, aber auch ohne Kolonialsystem etc. In Teilen West- und Mitteleuropas führte die gesellschaftliche Entwicklung im 16. Jh. zu frühbürgerlichen Revolutionen oder zu frühbürgerlichen revolutionären Erscheinungen[3] sowie zur Verstärkung der kapitalistischen Produktionsansätze und Produktionsverhältnisse. Für weite Teile des östlichen Mitteleuropa und für Osteuropa wurde das

[1] W. I. Lenin, Über den Staat. In: Lenin, Werke, Bd. 29, Berlin 1961, S. 467. Zum Grundsätzlichen vgl. auch E. V. Gutnova, Основные проблемы истории средних веков в трудах К. Маркса и Ф. Энгельса, Moskau 1964; E. S. Kompan, W. I. Lenin über Klassen, Stände und Klassenkampf in der Feudalgesellschaft, In: W. I. Lenin und die Geschichtswissenschaft, Berlin 1970, S. 173–182.

[2] K. Marx, Das Kapital, Bd. I. In: Marx/Engels, Werke, Bd. 23, Berlin 1962, S. 744.

[3] B. Töpfer, Zur Frage nach dem Beginn der Neuzeit. In: Zeitschrift für Geschichtswissenschaft, 1968, Heft 6, S. 778f.

16. Jh. gleichzeitig der Ausgangspunkt einer feudalen Reaktion, die in der Einführung der Leibeigenschaft, nach Engels der „neuen", „zweiten" oder „2ten Ausgabe"[4] der Leibeigenschaft gipfelte. Dieser Vorgang hemmte die Entwicklung kapitalistischer Bindungen auf das empfindlichste und lenkte die Evolution des Kapitalismus auf einen äußerst qualvollen Weg.[5] Jürgen Kuczynski hat drastisch von einer „Art von konterrevolutionärer Nachgeburt des Feudalismus"[6] gesprochen.

Die Entwicklung des Kapitalismus in den verschiedenen Teilen Ost- und Mitteleuropas verlief häufig auf ungleichen Wegen. Mancherorts überschnitten sich mehrere Wirtschaftsweisen und Lebensstile, und zahlreiche Regionen stellten ausgesprochene Übergangszonen dar. Es handelte sich hierbei meist um Gebiete, die Agrar- und Industrieländer zugleich waren.[7] Wichtiger als alle Unterschiedlichkeiten im Übergang vom Feudalismus zum Kapitalismus erwiesen sich jedoch die nahezu überall zutage tretenden Gemeinsamkeiten. Sie verkörperten die grundlegenden Entwicklungstendenzen der Übergangsepoche vom Feudalismus zum Kapitalismus. Diese Entwicklungstendenzen standen in engem Zusammenhang mit der Feudalstruktur der ost- und mitteleuropäischen Gesellschaft, vor allem mit der inneren Organisation der alten Feudalwirtschaft. Die ersten kapitalistischen Elemente in der Volkswirtschaft Ost- und Mitteleuropas traten bereits im 16. und 17. Jh. in Erscheinung.[8]

Die Vorstufen und Frühformen kapitalistischer Verhältnisse, bei denen von einem Sieg des Kapitalismus über den Feudalismus noch nicht gesprochen werden kann, sind dem Feudalismus zuzurechnen, die Spätformen feudaler Verhältnisse, die den Sieg des Kapitalismus überdauern, dem Kapitalismus.[9] So gehören die Vorstufen, Ansätze, Frühformen und Elemente des russischen Kapitalismus vom 16. bis zum 19. Jh. in die Feudalepoche, die feudalen Überbleibsel nach 1861 in das kapitalistische Zeitalter Rußlands.

Ähnlich wie die deutsche Geschichte kennt auch die russische Geschichte keinen klassischen Übergang von der Feudalordnung zur Bourgeoisgesellschaft in Gestalt von siegreichen bürgerlichen Revolutionen. In dieser Hinsicht zeigt die Entstehungsgeschichte des Kapitalismus in Ost- und Mitteleuropa überhaupt frappierende Ähnlichkeiten. Auf sie hat besonders Friedrich Engels immer wieder aufmerksam gemacht: „Als in der letzten Hälfte des Mittelalters Italien, Frankreich, England, Belgien, Nord- und Westdeutschland sich nacheinander aus der feudalen Barbarei

[4] F. Engels an K. Marx vom 15. und 16. Dezember 1882. In: Marx/Engels, Werke, Bd. 35, Berlin 1967, S. 128, 130.

[5] Originelle Gedanken bei J. Kuczynski, Allgemeine Wirtschaftsgeschichte, Berlin 1951, S. 119.

[6] Ebenda.

[7] A. Klima/J. Macůrek, La Question de la Transition du Feodalisme au Capitalisme en Europe Centrale (16e–18e siècles), in: XIe Congrès International des Sciences Historiques. Rapports IV: Histoire moderne, Göteborg-Stockholm-Uppsala 1960, S. 105.

[8] Ebenda, S. 130f.

[9] G. Mühlpfordt, Der Übergang vom Feudalismus zum Kapitalismus auf dem „preußischen Weg". In: Jahrbuch für Geschichte der deutsch-slawischen Beziehungen und Geschichte Ost- und Mitteleuropas, Bd. 1, 1956, S. 137.

herausarbeiteten, als die Industrie sich entwickelte, der Handel sich ausdehnte, die Städte sich hoben, die Bürger politische Bedeutung bekamen, blieb ein Teil von Deutschland hinter der westeuropäischen Entwicklung zurück. Die bürgerliche Zivilisation verfolgte die Seeküsten und den Lauf der großen Flüsse. Die Binnenländer, besonders die unfruchtbaren und unwegsamen Hochgebirge, blieben der Sitz der Barbarei und des Feudalismus." [10]

In den Ländern Ost- und Mitteleuropas vermochte der Kapitalismus nur mühsam voranzukommen. Sein Weg zeigte unzählige Windungen und kurvenreiche Mäander. Das Problem der Übergangszeit wird hier durch den ungewöhnlich langen und schleppenden, nicht selten rückläufigen Weg kompliziert. In Rußland umschließt die Zeit vom ersten Aufkeimen bürgerlich-kapitalistischer Verhältnisse bis zu deren vollem Sieg im Jahre 1861 die riesige Periode eines fast halben Jahrtausends.[11]

Die Gemeinsamkeit der Länder des östlichen Teils Mitteleuropas mit denen Osteuropas beim Übergang vom Feudalismus zum Kapitalismus besteht darin, daß diese im Zeitraum vom 16. bis zum 19. Jh. die Periode der Leibeigenschaft durchlebten, die in der Geschichte der anderen Länder Europas fehlt. Der Übergang zur neuen Gesellschaftsformation vollzog sich nicht, wie bereits bemerkt, in Form von Revolutionen, sondern auf dem Wege von Reformen. Die Entwicklung des Kapitalismus in der Landwirtschaft Europas östlich der Elbe verlief nach einem Wort Lenins auf dem „preußischen" und nicht auf dem „amerikanischen "Weg[12]. Im „preußischen Weg" der Entwicklung des Kapitalismus in der Landwirtschaft sah Lenin eine der beiden Hauptformen der kapitalistischen Agrarentwicklung. Der Kapitalismus konnte sich „sowohl durch Umgestaltung der Gutswirtschaften als auch durch Liquidierung der grundherrlichen Latifundien, d. h. auf dem Wege der Reform oder auf dem Wege der Revolution" [13] entwickeln.

Reform oder Revolution, so lautete nach Lenin die Alternative in der kapitalistischen Agrarentwicklung, der beiden Möglichkeiten der Durchsetzung des Kapitalismus in der Landwirtschaft. Der „amerikanische Weg" war der echt bürgerliche, der revolutionäre Weg in der Agrarentwicklung. Der „preußische Weg" bedeutete hingegen eine von starken feudalen Resten durchsetzte Entwicklung des Kapitalismus in der Landwirtschaft, *feudalbürgerliche Agrarentwicklung* im Rahmen der Feudalordnung und *bürgerlich-feudale Agrarentwicklung* im Rahmen des Kapitalismus. Der „amerikanische Weg" war gekennzeichnet durch den freien, kapitalistisch wirtschaftenden Bauern, personifiziert durch den amerikanischen Farmer, der „preußische" durch die Großwirtschaft der feudalen Gutsherren, die nur „allmählich immer mehr bürgerlich werden und allmählich die fronherrlichen Ausbeutungsmethoden durch

[10] F. Engels, Der Anfang des Endes in Österreich. In: Marx/Engels, Werke, Bd. 4, Berlin 1959, S. 504f.

[11] Mühlpfordt, a. a. O., S. 138.

[12] W. I. Lenin, Das Agrarprogramm der Sozialdemokratie in der ersten russischen Revolution von 1905 bis 1907. In: Lenin, Werke, Bd. 13, Berlin 1966, S. 236; W. I. Lenin, Die Agrarfrage in Rußland am Ausgang des 19. Jahrhunderts. In: Lenin, Werke, Bd. 15, Berlin 1962, S. 131.

[13] Lenin, Das Agrarprogramm, a. a. O., Bd. 13, S. 235f.

bürgerliche ersetzen ..."[14] Die Leibeigenschaft wird bei der Entwicklung des Kapitalismus in der Landwirtschaft auf dem „preußischen Weg" nicht „mit einem Schlage beseitigt", sondern langsam an den Kapitalismus angepaßt, „dem infolgedessen noch lange Zeit halbfeudale Züge anhaften"[15].

Durch die „preußische" Agrarentwicklung des Kapitalismus geriet das Europa östlich der Elbe über einen recht langen Zeitraum gleichsam ins Hinterhaus der Geschichte. Der gutsbesitzende Adel zwischen Elbe und Wolga paßte sich den Gegebenheiten an und suchte den neuen Anforderungen des aufkommenden bürgerlichen Zeitalters durch vermehrte Ausbeutung der Bauern Rechnung zu tragen. Die wichtigste soziale Kraft bildete im östlichen Europa im Unterschied zu stärker verstädterten und industrialisierten Teilen Westeuropas nicht die hier verhältnismäßig schwache, ja, z. T. überhaupt erst in Entstehung begriffene bürgerliche Klasse, sondern ein *Neuadel*, der Kleinadel, der die staatliche Zentralgewalt unterstützte. Der osteuropäische, besonders der russische Kleinadel, war vielfach erst als Dienstmannstand der Fürsten, Könige, Großfürsten und Zaren emporgekommen. Der Leibeigenschaft als Refeudalisierung, Weiterfeudalisierung und Neufeudalisierung ging die Bildung dieses Kleinadels voraus. Es handelte sich hierbei um eine zweite Adelsschicht, die die herrschende feudaladlige Ausbeuterklasse zahlenmäßig um ein beträchtliches vermehrte. Diesem neuen Adel gelang es, sich im Bündnis mit der Zentralgewalt zur entscheidenden sozialen Kraft bei der Einführung der Leibeigenschaft in Rußland emporzuschwingen.

Eine nicht unwichtige Seite bei der Festlegung der Anfangsperiode des niedergehenden Feudalismus und aufkommenden Kapitalismus in den einzelnen Ländern Europas stellt der welthistorische Aspekt dar. In dieser Hinsicht gibt es recht eindeutige Hinweise von Karl Marx. So heißt es im ersten Band des „Kapital": „Obgleich die ersten Anfänge kapitalistischer Produktion uns schon im 14. und 15. Jh. in einigen Städten am Mittelmeer sporadisch entgegentreten, datiert die kapitalistische Ära erst vom 16. Jh."[16] Im gleichen Sinne hatte Marx bereits in seiner berühmten Einleitung zur „Kritik der politischen Ökonomie" von der „bürgerlichen Gesellschaft, die seit dem 16. Jahrhundert sich vorbereitet und im 18. Riesenschritte zu ihrer Reife machte" sowie von den „seit dem 16. Jh. neu entwickelten Produktivkräften"[17] gesprochen. Diese Worte von Marx besagen nichts anderes, als daß der Feudalismus weltgeschichtlich im 16. Jh. bereits seine Fortschrittlichkeit verloren hatte und ein neues Zeitalter, die kapitalistische Ära, angebrochen war.[18]

Marx hat das welthistorische bedeutsame 16. Jh. treffend die „Kindheitsperiode

[14] Ebenda, S. 236.

[15] Ebenda, S. 131, Vgl. Mühlpfordt, a. a. O., S. 140.

[16] K. Marx, Das Kapital, Bd. 1. In: Marx/Engels, Werke, Bd. 23, S. 743.

[17] K. Marx, Einleitung [zur Kritik der politischen Ökonomie]. In: Marx/Engels, Werke, Bd. 13, Berlin 1961, S. 615.

[18] Kuczynski, a. a. O., S. 166: Das 16. Jh., „das wir ein kapitalistisches nennen können ..." Wichtig zum vorstehenden Thema auch die gehaltvolle Studie von K. P. Matschke, Materialien zur Geschichte des Frühkapitalismus in West- und Mitteleuropa. In: Geschichtsunterricht und Staatsbürgerkunde, 1969, Heft 2, S. 154–172.

der kapitalistischen Produktion"[19] genannt und damit den Prozeß des ersten Beginnens und des Aufbruchs des bürgerlichen Zeitalters einprägsam gekennzeichnet. Seit dieser Zeit stand weltgeschichtlich die Frage des Übergangs vom Feudalismus zum Kapitalismus auf der Tagesordnung.

Marx unternahm den Versuch, die Kindheitsperiode der kapitalistischen Produktion vom Standpunkt der universalhistorischen Entwicklung als Anfang eines neuen Weltzeitalters zu erfassen und sich gleichsam mit dem Skalpell Einblick in das tiefste Innere des geschichtlichen Prozesses des 16. Jh. zu verschaffen sowie den ökonomischen und gesellschaftlichen Unterbau der damaligen Zeit freizulegen. Der Gedankenreichtum seiner Entdeckungen und Schlußfolgerungen ist von der Forschung bislang bei weitem nicht voll ausgeschöpft.

Einen zentralen Platz bei der Untersuchung der Ursprünge der Kindheitsperiode des kapitalistischen Zeitalters, der „Morgenröte der kapitalistischen Produktionsära"[20], nimmt bei Marx die Frage der sogenannten ursprünglichen Akkumulation[21] ein. Diese stellt auch für die gegenwärtige marxistische Geschichtsforschung, die sich mit der Genesis des Kapitalismus beschäftigt, nach wie vor ein Kardinalproblem dar. Es handelt sich hierbei um eine der kapitalistischen Akkumulation vorausgehende „ursprüngliche Akkumulation", um „eine Akkumulation, welche nicht das Resultat der kapitalistischen Produktionsweise ist, sondern ihr Ausgangspunkt"[22]. „Die sog. ursprüngliche Akkumulation ist also nichts als der historische Scheidungsprozeß von Produzent und Produktionsmittel. Er erscheint als ‚ursprünglich' weil er die Vorgeschichte des Kapitals und der ihm entsprechenden Produktionsweise bildet."[23] Gleichermaßen äußerte sich Lenin: „Von der Akkumulation des Kapitals auf der Basis des Kapitalismus muß die sogenannte ursprüngliche Akkumulation unterschieden werden: die gewaltsame Trennung von den Produktionsmitteln, die Verjagung der Bauern von ihrem Boden, der Raub der Gemeindeländereien, das System der Kolonien, der Staatsschulden, des Schutzzolls usw. Die ‚ursprüngliche Akkumulation' erzeugt auf dem einen Pol den ‚freien' Proletarier, auf dem Gegenpol den Geldbesitzer, den Kapitalisten."[24]

Die Methoden der ursprünglichen Akkumulation des Kapitals waren im übrigen, wie Marx im Zusammenhang auch mit dem Kolonialsystem drastisch zeigt, alles andere als idyllisch. „Historisch epochemachend in der Geschichte der ursprünglichen Akkumulation sind alle Umwälzungen, die der sich bildenden Kapitalistenklasse als

[19] K. Marx, Das Kapital, Bd. 1. In: Marx/Engels, Werke, Bd. 23, S. 777.

[20] Ebenda, S. 779. [21] Ebenda, S. 741–791.

[22] Ebenda, S. 741.

[23] Ebenda, S. 742.

[24] W. I. Lenin, Karl Marx. In: Lenin, Werke, Bd. 21, Berlin 1960, S. 53. Vgl. Ju. M. Saprykin, В. И. Ленин о феодализме и генезисе капиталистических отношений в земледелии. In: Средние века, 18, 1960, S. 49; S. D. Skazkin, В. И. Ленин и некоторые проблемы медиевистики. In: Ebenda, S. 3–8; A. I. Danilov, К вопросу о критике буржазной историографии в произведениях В. И. Ленина. In: Ebenda, S. 9–21; E. V. Gutnova, Значение трудов В. И. Ленина для разработки проблем историографии средних веков. In: Ebenda, S. 22–36.

Hebel dienen; vor allem aber Momente, worin große Menschenmassen plötzlich und gewaltsam von ihren Subsistenzmitteln losgerissen und als vogelfreie Proletarier auf den Arbeitsmarkt geschleudert werden. Die Expropriation des ländlichen Produzenten, des Bauern, von Grund und Boden bildet die Grundlage des ganzen Prozesses. Ihre Geschichte nimmt in verschiedenen Ländern verschiedene Färbung an und durchläuft die verschiedenen Phasen in verschiedener Reihenfolge und in verschiedenen Geschichtsepochen. Nur in England, das wir daher als Beispiel nehmen, besitzt sie eine klassische Form."[25]

Nach Marx' Auffassung verteilten sich die verschiedenen Momente der ursprünglichen Akkumulation in mehr oder minder zeitlicher Reihenfolge vor allem auf Spanien, Portugal, Holland, Frankreich und England. Dabei benutzte man allerorts „die Staatsmacht, die konzentrierte und organisierte Gewalt der Gesellschaft, um den Verwandlungsprozeß der feudalen in die kapitalistische Produktionsweise treibhausmäßig zu fördern und die Übergänge abzukürzen"[26].

„Die ökonomische Struktur der kapitalistischen Gesellschaft ist hervorgegangen aus der ökonomischen Struktur der feudalen Gesellschaft. Die Auflösung dieser hat die Elemente jener freigesetzt."[27] Gesetz der feudalen wie überhaupt der vorkapitalistischen Produktionsweise ist die Wiederholung des Produktionsprozesses in früherem Umfang und auf früherer Grundlage. „Gesetz der kapitalistischen Produktion dagegen ist die ständige Umgestaltung der Produktionsverfahren und die schrankenlose Erweiterung der Produktion."[28]

In den vorkapitalistischen Produktionsweisen bestanden bestimmte Wirtschaftseinheiten jahrhundertelang, ohne ihren Charakter und ihren Umfang zu verändern, ohne über die Grenzen der Feudalwirtschaft, der Bauernschaft, des Lokalmarkts und der handwerklichen Produktion hinauszugehen. Die kapitalistischen Wirtschaften und Unternehmen überschritten und durchbrachen die bestehenden feudalen Schranken und anderen vorkapitalistischen Hindernisse. Die vorkapitalistischen Produktionsweisen beruhten zum überwiegenden Teil auf der Produktion für den Eigenbedarf des unmittelbaren Produzenten und des Ausbeuters, der die Produktionsmittel besaß. Nur ein geringfügiger Teil der Produktion nahm Warenform an.

Die neuaufkommende Klasse der bürgerlichen Gesellschaft, die Bourgeoisie, war in allen Ländern mit der Entwicklung des Welthandels und der großen Industrie untrennbar verbunden. Repräsentierte der Kleinbürger der vorkapitalistischen Produktionsweise den binnenländischen und Küstenhandel, das Handwerk, die auf der Handarbeit beruhende Manufaktur und das Gewerbe, die sich auf einem beschränkten Terrain bewegten und demgemäß nur geringe Kapitalien erforderten, diese Kapitalien nur langsam umschlugen und nur eine lokale und schläfrige Konkurrenz erzeugten, so der neue Bourgeois den Welthandel, den Großhandel, die große maschinelle Produktion, die Fabrikindustrie, d. h. Erwerbszweige und Unternehmen, die

[25] K. Marx, Das Kapital, Bd. 1. In: Marx/Engels, Werke, Bd. 23, S. 744.
[26] Ebenda, S. 779.
[27] Ebenda, S. 743.
[28] W. I. Lenin, Die Entwicklung des Kapitalismus in Rußland. In: Lenin, Werke, Bd. 3, Berlin 1956, S. 55.

ein großes Territorium und umfangreiche Kapitalien und deren raschen Umschlag erforderten und eine stürmische Konkurrenz hervorriefen. Der vorkapitalistische Kleinunternehmer repräsentierte lokale, der kapitalistische Unternehmer universelle Interessen. Eine klassische Schöpfung des vorkapitalistischen Kleinbürgertums waren zum Beispiel die mittelalterlichen deutschen Reichs- und Hansestädte. „Der Kleinbürger ist konservativ, sobald ihn die herrschende Klasse nur einige Konzessionen macht, der Bourgeois ist revolutionär, bis er selbst herrscht."[29] Diese Rolle spielt der Kleinbürger auch in der bürgerlichen Gesellschaft.

Der Kleinbürger der dem Kapitalismus vorausgehenden Feudalgesellschaft erweist sich der herrschenden Adelsklasse gegenüber als äußerst schwach. Besonders Friedrich Engels hat auf diesen Tatbestand aufmerksam gemacht.[30] Die Typologie und Soziologie der Klassen und Schichten der vorkapitalistischen Gesellschaftsformationen sind ein bislang von der Forschung äußerst vernachlässigtes Gebiet. Jedoch ohne gründliche Herausarbeitung gerade der Rolle der Kleinbürger und der Bauern in den vorkapitalistischen Gesellschaftsordnungen und ganz besonders im Feudalismus werden sich auch die Anfänge des Kapitalismus und der Platz des Bourgeois und frühen kapitalistischen Lohnarbeiters nicht klären lassen.

Der Kleinbürger der Feudalgesellschaft, der „Feudalbürger", wie er auch genannt wird, durchlebt seine glorreichste Zeit im späten Mittelalter, d. h. vor dem Aufkommen des Kapitalismus. In diese Zeit fallen auch die geschichtlichen Hauptleistungen des Kleinbürgertums. Sie sind verkörpert in den Städten mit ihrer Wirtschaft und Gesellschaft, im mittelalterlichen Handel und Gewerbe, die häufig bereits einen großen Umfang annahmen, was Forscher veranlaßt, bereits von einer mittelalterlichen Weltwirtschaft[31] und einem mittelalterlichen Welthandel zu sprechen.

Es besteht kein Zweifel, daß das Kleinbürgertum der spätmittelalterlichen Feudalgesellschaft mit seinen Korporationen und Gesellschaften, aber auch durch sein Aufbegehren gegen die Adelsgewalten den gesellschaftlichen Fortschritt beflügelt hat. Engels fand dafür anerkennende Worte, die allgemein bekannt sind: „Während die wüsten Kämpfe des herrschenden Feudaladels das Mittelalter mit ihrem Lärm erfüllten, hatte die stille Arbeit der unterdrückten Klassen in ganz Westeuropa das Feudalsystem untergraben, hatte Zustände geschaffen, in denen für den Feudalherrn immer weniger Platz blieb ... ringsherum hatten sich Städte erhoben ... Hinter diesen Mauern und Gräben entwickelte sich – zunft-bürgerlich und kleinlich genug – das mittelalterliche Handwerk, sammelten sich die ersten Kapitalien an, entsprang das Bedürfnis des Verkehrs der Städte untereinander und mit der übrigen Welt, und, mit dem Bedürfnis, allmählich auch die Mittel, diesen Verkehr zu schützen. Im fünfzehnten Jh. waren die Städtebürger bereits unentbehrlicher in der Gesellschaft gewor-

29 F. Engels, [Der Status quo in Deutschland]. In: Marx/Engels, Werke, Bd. 4, Berlin 1959, S. 45.

30 Ebenda, S. 44f.

31 F. Rörig, Mittelalterliche Weltwirtschaft, Jena 1933. Modifizierend O. Brunner, Zum Begriff des Bürgertums. In: Untersuchungen zur gesellschaftlichen Struktur der mittelalterlichen Städte in Europa. Reichenau-Vorträge 1963–1964, Stuttgart 1966, S. 13–23 (= Vorträge und Forschungen, Bd. 11, S. 13).

den als der Feudaladel."[32] „Im 15. Jh. war also die Feudalität in ganz Westeuropa in vollem Verfall; überall hatten sich Städte mit antifeudalen Interessen, mit eignem Recht und mit bewaffneter Bürgerschaft in die feudalen Gebiete eingekeilt, hatten die Feudalherren teilweise schon gesellschaftlich, durch das Geld, und hie und da sogar auch politisch in ihre Abhängigkeit gebracht."[33]

Ja, selbst auf dem Lande hatten es die Kleinbürger in großen Teilen Westeuropas verstanden, die alten Feudalbande vor allem durch Geld zu lockern. Besonders wichtig wurde ihr Aufbegehren gegen das ewige Kriegführen und die unendlichen Fehden der Feudalherren, die den inneren Krieg permanent machten. Es war das mittelalterliche Städtebürgertum vor allem Westeuropas, an dem die staatliche Zentralgewalt, das Königtum, eine Stütze im Kampf gegen die feudale Anarchie fand. Hier wurden die Kleinbürger des feudalen Mittelalters zweifellos auch zu einer spürbaren politischen Kraft, die der späteren bürgerlich-kapitalistischen Ordnung Vorschub leistete.

Indes, die Kleinbürger der Feudalgesellschaft waren politisch eine nur geduldete Kraft. Die allgemeine politische Herrschaft errangen sie nirgends. Mit dem Aufkommen der Bourgeoisie verliert die „Klasse der *Kleinbürger*"[34] selbst den Schein ihrer bisherigen geschichtlichen Initiative. „Zwischen Adel und Bourgeoisie eingeklemmt, von dem politischen Übergewicht des ersteren, von der Konkurrenz der schweren Kapitalien der zweiten gleich gedrückt, teilt sie sich in zwei Fraktionen. Die eine, die der reicheren und großstädtischen Kleinbürger, schließt sich der revolutionären Bourgeoisie mit mehr oder weniger Zaghaftigkeit an, die andre, die sich aus den ärmeren Bürgern, besonders der Landstädtchen, rekrutierte, klammerte sich an das Bestehende und unterstützt den Adel mit dem ganzen Gewicht ihrer Trägheitskraft. Je weiter sich die Bourgeoisie entwickelt, desto schlimmer wird die Lage der Kleinbürger. Allmählich sieht auch die zweite Fraktion ein, daß bei den bestehenden Verhältnissen ihr Ruin sicher ist, während sie unter der Herrschaft der Bourgeoisie neben der *Wahrscheinlichkeit* des gleichen Ruins wenigstens die *Möglichkeit* genießt, zur Bourgeoisie zu avancieren. Je sicherer ihr Ruin wird, desto mehr stellt sie sich unter die Fahnen der Bourgeoisie."[35] „Die Kleinbürger können den Adel nie stürzen, sich ihm nicht einmal gleichstellen; sie bringen es nur dahin, ihn zu schwächen. Um den Adel zu stürzen, bedarf es einer anderen Klasse mit umfassenderen Interessen, größerem Besitz und entschiedenerem Mut; der *Bourgeoisie.*"[36]

Bleiben noch die Bauern und die besitzlosen Schichten der Feudalgesellschaft. Die „Bauern bilden eine ähnliche hilflose Klasse wie die Kleinbürger, von denen sie sich übrigens vorteilhaft durch größeren Mut unterscheiden"[37]. Jedoch ihre Befreiung

[32] F. Engels, [Über den Verfall des Feudalismus und das Aufkommen der Bourgeoisie]. In: Marx/Engels, Werke, Bd. 21, Berlin 1962, S. 392.

[33] Ebenda, S. 394; Methodologisch jetzt wichtig zur Frage der antifeudalen Gesellschafts- und Staatsinstitutionen I. G. Rozner, Антифеодальные государственные образования в России и на Украине в XVI–XVIII вв. In: Вопросы Истории 1970, Heft 8, S. 42ff.

[34] F. Engels, [Der Status quo in Deutschland]. In: Marx/Engels, Werke, Bd. 4, S. 44.

[35] Ebenda, S. 47.

[36] Ebenda, S. 44.

[37] Ebenda, S. 48.

aus den Ketten der feudalen Knechtschaft und Leibeigenschaft vermögen sie nicht allein zu bewerkstelligen. Auch sie sind wie die Kleinbürger eingeklemmt zwischen Adel und Bourgeoisie und nicht zu selbständiger Herrschaft fähig. Auch ihre Befreiung kommt in der Feudalgesellschaft nur unter dem Schutz der Bourgeoisie zustande.[38]

Diese Bemerkungen zur Typologie und Soziologie wichtiger Zwischenklassen und Zwischenschichten der Übergangsperiode vom Feudalismus zum Kapitalismus sind fragmentarisch und bedürfen der Ergänzung. Das eingeschlagene Verfahren erweist sich als besonders wichtig und unerläßlich bei der Untersuchung des Übergangs vom Feudalismus zum Kapitalismus namentlich in den Ländern Mittel- und Osteuropas, darunter besonders Deutschlands, Österreichs, Ungarns und Rußlands, deren Entwicklung, wie bemerkt, in vieler Hinsicht frappierende Ähnlichkeiten und Gemeinsamkeiten zeigt. So schrieb schon Friedrich Engels: „Während in Frankreich und England die *Städte* das *Land* beherrschten, beherrscht in Deutschland das Land die Städte, der Ackerbau den Handel und die Industrie.“[39] Auch in Rußland war dies so.

Von großer Bedeutung ist das richtige Verständnis der geschichtlichen Rolle des vorkapitalistischen Kleinbürgertums und der vorkapitalistischen Bauernschaft, die diese im Unterschied zur aufkommenden Bourgeoisieklasse im Rahmen der Entwicklung der Manufakturproduktion, der frühen Lohnarbeit und des Handelskapitals spielten. Marx hat diese Grundfragen der geschichtlichen Entwicklung der beginnenden Übergangsperiode vom Feudalismus zum Kapitalismus im ersten und dritten Band seines „Kapital“ in tiefschürfender Weise behandelt. Engels äußerte sich programmatisch hierzu in seinem berühmten „Anti-Dühring“.

„Vor der kapitalistischen Produktion, also im Mittelalter, bestand allgemeiner Kleinbetrieb auf Grundlage des Privateigentums der Arbeiter an ihren Produktionsmitteln: der Ackerbau der kleinen, freien oder hörigen Bauern, das Handwerk der Städte. Die Arbeitsmittel – Land, Ackergerät, Werkstatt, Handwerkzeug – waren Arbeitsmittel des einzelnen, nur für den Einzelgebrauch berechnet, also notwendig kleinlich, zwerghaft, beschränkt. Aber sie gehörten eben deshalb auch in der Regel dem Produzenten selbst.“[40] Diese zersplitterten und engen Produktivkräfte zu konzentrieren, zu erweitern und in einen mächtigen Produktionshebel umzuwandeln, war die geschichtliche Rolle der neuen Bourgeoisklasse.

Eine ursprüngliche Form, in der das Kapital zunächst sporadisch oder lokal auftritt, gleichsam neben den alten vorkapitalistischen Produktionsweisen, aber doch auf sie einwirkend und schließlich sprengend, stellt die Manufaktur dar. Diese ist die klassische Gestalt der auf Teilung der Arbeit beruhenden Kooperation. Die Manufak-

38 Vgl. W. I. Lenin, Was sind „Volksfreunde“ und wie kämpfen sie gegen die Sozialdemokraten? In: Lenin, Werke, Bd. 1, Berlin 1961, S. 281; W. I. Lenin, Das Agrarprogramm der russischen Sozialdemokratie. In: Lenin, Werke, Bd. 6, Berlin 1956, S. 103f.

39 Engels, [Der Status quo in Deutschland]. In: Marx/Engels, Werke, Bd. 4, S. 43.

40 F. Engels, Herrn Eugen Dührings Umwälzung der Wissenschaft („Anti-Dühring“). In: Marx/Engels, Werke, Bd. 20, Berlin 1962, S. 250.

tur[41] entsteht da, wo in Massen für die Ausfuhr, für den auswärtigen Markt, produziert wird, auf der Grundlage von großem See- und Landhandel. Anfänge solcher Manufakturen finden sich bereits im 14. und 15. Jh. in den italienischen Städten, in Konstantinopel, den flandrischen und holländischen sowie auch in einigen spanischen Städten.

Marx hat im ersten Band des „Kapital" auf den doppelten Ursprung der Manufaktur aufmerksam gemacht. Im ersten Falle werden Arbeiter von verschiedenartigen, selbständigen Handwerken, durch deren Hände ein Produkt bis zu seiner Endfertigung geht, in einer Werkstatt unter einem Kapitalisten vereinigt. Hierbei handelt es sich um die einfache Kooperation. Im zweiten Falle werden viele Handwerker, die dasselbe oder Gleichartiges verfertigen, von demselben Kapitalisten in derselben Werkstatt beschäftigt. Die Manufaktur geht also einerseits von der Kombination verschiedenartiger, selbständiger Handwerker aus, die jetzt nur noch einander ergänzende Teiloperation im Produktionsprozeß ein und derselben Ware ausführen, andererseits von der Kooperation gleichartiger Handwerker, wo jeder von diesen ausschließlich die Funktion eines bezahlten Arbeiters ausübt. Die Manufaktur ist ein Produktionsmechanismus, dessen Organe Menschen sind. Ihre Grundlage bildet das Handwerk, die Handarbeit.

Sporadisch und lokal kann sich die Manufaktur auch inmitten eines Rahmens entwickeln, der noch zu den vorkapitalistischen Produktionsweisen gehört. Als allgemein beherrschende Form einer Epoche müssen die Bedingungen für das Kapital nicht nur lokal, sondern in großem Maßstab gegeben sein. Dies zu beachten, ist von größter Wichtigkeit, da die Entwicklung der Manufaktur nicht in jedem Falle eine kapitalistische Umwelt voraussetzt und auf kapitalistischem Wege vor sich geht.

Schon Marx hat gezeigt, daß die Manufaktur bedeutend älter ist als der Kapitalismus.[42] Die auf Handwerksarbeit beruhende Manufaktur trifft man bereits im alten Orient und Rom an, ebenso in den mittelalterlichen Städten. Es handelt sich hierbei, wie der angeführte Hinweis von Engels bereits deutlich gemacht hat[43], um den allgemeinen Kleinbetrieb, die Werkstatt.

Eine ganz besonders interessante Seite der Entstehungsgeschichte der Manufaktur ist, daß diese zunächst nicht in erster Linie das städtische, sondern das ländliche Gewerbe erfaßt, das Spinnen und Weben, d. h. die Arbeit, die am wenigsten Kunstfertigkeiten und künstlerische Fähigkeiten verlangt. Abgesehen von solchen, die mit der Schiffahrt verknüpft waren, schlugen die Manufakturen ihre ersten Domizile nicht in den Städten, sondern in den Dörfern auf. So erhielt das Dorfgewerbe bereits frühzeitig in der Manufaktur eine relativ breite Basis.

Der Grund für diese Sachlage ist wohl darin zu suchen, daß das städtische Gewerbe, wie bereits angedeutet, eine höhere Arbeitsorganisation und umfangreichere technische Voraussetzungen erheischte. Auf der Basis der auf der einfachen Arbeitsteilung beruhenden, handwerklichen Manufaktur war es nicht möglich, solche Produk-

[41] Vgl. K. Marx, Das Kapital, Bd. 1. In: Marx/Engels, Werke, Bd. 23, S. 356ff.

[42] K. Marx, Grundrisse der Kritik der politischen Ökonomie (Rohentwurf), Berlin 1953, S. 397, 405, 410.

[43] F. Engels, „Anti-Dühring". In: Marx/Engels, Werke, Bd. 20. S. 250.

tionszweige wie Eisenwerke, Kanonenfabriken, Glasfabriken, Holzsägereien, Papiermühlen u. a. zu entwickeln. Diese verlangten von vornherein eine umfangreiche Konzentration von Arbeitskräften, stärkste Ausnutzung der Naturkräfte sowie eine große Konzentration der Arbeitsmittel und eine Massenproduktion.[44]

Die Entstehung von Elementen und Frühformen der neuen kapitalistischen Produktion und Wirtschaft ist organisch mit dem Auflösungsprozeß des Feudalismus verbunden. Die kapitalistischen Elemente und frühen Formen werden in diesem Prozeß freigesetzt. Daher bilden die Auflösung der alten und die Entstehung der neuen Gesellschaftsformation zwei Seiten desselben Prozesses und müssen auch als solche erforscht werden.

Die ersten Kapitalisten fanden die Manufaktur und damit die Lohnarbeit bereits vor: „Aber Lohnarbeit als Ausnahme, als Nebenbeschäftigung, als Aushülfe, als Durchgangspunkt.“[45] Die vorkapitalistische Lohnarbeit trug verschiedenartigsten Charakter. Häufig handelte es sich um den Kauf von Dienstleistungen von Lohnarbeitern zur Produktion von unmittelbaren Gebrauchswerten. Im Mittelalter waren Praktiken üblich, daß der Feudalherr den freien Arbeiter gleichsam zur Verstärkung der Arbeit seiner Leibeigenen hinzuzog, nicht selten zur Luxusproduktion. Wo diese Form der Lohnarbeit um sich griff und breitere Ausmaße annahm, d. h. die Zahl der Arbeiter stieg, war die feudale Produktionsweise gefährdet, und es bildeten sich Elemente wirklicher Lohnarbeit. Die freien Lohnknechte sind vor allem eine Erscheinung der polnischen und russischen Geschichte. Sie tauchten auf, verschwanden dann, so in Polen, für längere Zeit wieder.[46] Dies führte dazu, daß sich die alte feudale Produktionsweise nicht oder nur unbeträchtlich und vor allem äußerst langsam änderte.

Ein Grund für die vor allem in Osteuropa erfolgte zeitweilige Zurückdrängung der ersten Lohnarbeiter lag in der feudalen Reaktion, die in der Einführung der Leibeigenschaft gipfelte. Die Entwicklung der frühen kapitalistischen Elemente wurde zurückgestoßen, deren Existenz indes nicht völlig ausgelöscht.

Bei der Beurteilung des Auftretens von Lohnarbeit und Lohnarbeitern ist es ganz besonders wichtig, zwischen Erscheinungen zu unterscheiden, die sich als zufällig und sporadisch erweisen, und jenen, die bereits die neue Entwicklung verkörpern, die Tendenz der gesetzmäßigen Entwicklung ausdrücken und die historische Perspektive darstellen.[47] So hatten die Fälle von Lohnarbeit und Lohnarbeitern in der Antike oder auch in der frühmittelalterlichen Kiever Ruś, um bei der russischen Geschichte zu bleiben, keine historische Entwicklungsperspektive; denn sie zeigten keinen neuen zukunftsträchtigen Prozeß an, auch wenn in den freien Tagelöhnern und Handlangern der vorkapitalistischen Städte natürlich ein Element für die Bildung der eigentlichen Lohnarbeit enthalten war. Anders verhielt es sich mit den russischen Lohnarbeitern vor allem des 17. und 18. Jh. Sie kündigten bereits den aufkommenden Kapitalismus an, der zur Perspektive der weiteren Entwicklung des Zarenreiches wurde.

[44] K. Marx, Grundrisse der Kritik der politischen Ökonomie, S. 410f.
[45] F. Engels, „Anti-Dühring“. In: Marx/Engels, Werke, Bd. 20, S. 252.
[46] K. Marx, Grundrisse der Kritik der politischen Ökonomie, S. 373.
[47] Ebenda, vgl. auch F. Engels, Die deutsche Ideologie, In: Marx/Engels, Werke, Bd. 3, Berlin 1958, S. 56.

Die Lohnarbeit in der Antike und im Mittelalter, früher Ausnahme und Aushilfe, wurde mit dem Aufkommen des Kapitalismus Regel und Grundform der gesamten Produktion. Früher Nebenbeschäftigung, „wurde sie jetzt ausschließlich Tätigkeit des Arbeiters. Der zeitweilige Lohnarbeiter verwandelte sich in den lebenslänglichen“[48]. Die neue kapitalistische Gesellschaft schob sich gleichsam ein in eine Gesellschaft von Warenproduzenten und Einzelproduzenten, deren gesellschaftlicher Zusammenhang durch den Austausch der Produkte vermittelt wurde. Die Manufaktur als charakteristische Form des kapitalistischen Produktionsprozesses war vorherrschend in der eigentlichen Manufakturperiode des Kapitalismus, „die, rauh angeschlagen, von Mitte des 16. Jh. bis zum letzten Drittel des achtzehnten währt“[49].

Die Manufakturperiode des Kapitalismus stand fast vollständig im Zeichen des Handelskapitals. Marx schreibt im dritten Band des „Kapital“: „Der Übergang aus der feudalen Produktionsweise macht sich doppelt. Der Produzent wird Kaufmann und Kapitalist, im Gegensatz zur agrikolen Naturalwirtschaft und zum zünftig gebundnen Handwerk der mittelalterlichen städtischen Industrie. Dies ist der wirklich revolutionierende Weg. Oder aber, der Kaufmann bemächtigt sich der Produktion unmittelbar. So sehr der letztre Weg historisch als Übergang wirkt . . . sowenig bringt er es an und für sich zur Umwälzung der alten Produktionsweise, die er vielmehr konserviert und als seine Voraussetzung beibehält . . . Diese Manier steht überall der wirklichen kapitalistischen Produktionsweise im Wege, und geht unter mit deren Entwicklung. Ohne die Produktionsweise umzuwälzen, verschlechtert sie nur die Lage der unmittelbaren Produzenten, verwandelt sie in bloße Lohnarbeiter und Proletarier unter schlechtern Bedingungen, als die direkt unter das Kapital subsumierten, und eignet sich ihre Mehrarbeit auf Basis der alten Produktionsweise an.“[50]

Diese Feststellung von Marx ist von grundlegender Bedeutung für das Verständnis der Wirkungsweise des Handelskapitals. Wie bekannt, wurde dieser methodologische Leitsatz seinerzeit in der Sowjetunion von Michail Pokrovskij und seinen Schülern nur ungenügend beachtet, was zu fehlerhaften Auffassungen, zu einer Übertreibung der geschichtlichen Rolle des Handelskapitals und zu seiner Identifizierung mit dem Kapitalismus schlechthin und anderem mehr führte.[51]

Wie die Manufakturen und die Lohnarbeit, sind auch das Wucherkapital, der Handel und das Handelskapital bedeutend älter als die kapitalistische Produktionsweise; „Das zinstragende Kapital, oder wie wir es in seiner altertümlichen Form bezeichnen können, das Wucherkapital, gehört mit seinem Zwillingsbruder, dem kauf-

[48] F. Engels, „Anti-Dühring“. In: Marx/Engels, Werke, Bd. 20, S. 253.

[49] K. Marx, Das Kapital, Bd. 1. In: Marx/Engls, Werke, Bd. 23, S. 356.

[50] K. Marx, Das Kapital, Bd. 3. In: Marx/Engels, Werke, Bd. 25, Berlin 1964, S. 347; vgl. W. Biasloff, Zum Problem des Übergangs vom Feudalismus zum Kapitalismus in Österreich. In: Studien zur Geschichte der österreichisch-ungarischen Monarchie, Budapest 1961 (= Studia Historica, Bd. 51), S. 30.

[51] E. Donnert, Pokrovskijs Stellung in der sowjetischen Geschichtswissenschaft, In: Jahrbuch für Geschichte der UdSSR und der volksdemokratischen Länder Europas, Bd. 7, 1963, bes. S. 56f.

männischen Kapital, zu den antediluvianischen Formen des Kapitals, die der kapitalistischen Produktionsweise lange vorhergehn und sich in den verschiedensten ökonomischen Gesellschaftsformationen vorfinden. Die Existenz des Wucherkapitals erfordert nichts, als daß wenigstens ein Teil der Produkte sich in Waren verwandelt und zugleich mit dem Warenhandel das Geld in seinen verschiedenen Funktionen entwickelt hat."[52] Das Handelskapital „ist in der Tat die historisch älteste freie Existenzweise des Kapitals"[53]. „In allen früheren Produktionsweisen, und um so mehr, je mehr die Produktion unmittelbar Produktion der Lebensmittel des Produzenten ist, erscheint Kaufmannskapital zu sein als die Funktion per excellence des Kapitals."[54]

Die Funktion des Kaufmanns- oder Handelskapitals besteht darin, den Warenaustausch zu vermitteln. Abgesehen vom primitiven Tauschhandel der Zeit der Urgemeinschaft, ist hierfür keine andere Voraussetzung nötig als die einfache Waren- und Geldzirkulation. Die Geldzirkulation ist dabei eine Existenzbedingung. Auf der Grundlage welcher Produktionsweise auch immer die Produkte hergestellt werden, die als Waren in die Zirkulation eingehen, es ändert dies nichts an ihrem Charakter als Waren, und als Waren haben sie den Austauschprozeß und die mit diesem einhergehenden Formwandlungen durchzumachen.

In welchem Umfang die Produktion in den Handel eingeht, ist abhängig von der Produktionsweise. Das größte Ausmaß erreicht sie unter dem Kapitalismus, wo das Produkt nur noch als Ware und nicht als unmittelbares Subsistenzmittel produziert wird.

Innerhalb der kapitalistischen Produktionsweise, d. h. sobald sich das Kapital der Produktion selbst bemächtigt, erscheint das Kaufmannskapital als Kapital nur in einer besonderen Form. Das Kaufmannskapital als geschichtliche Form des Kapitals tritt, wie bereits bemerkt, lange bevor das Kapital sich die Produktion selbst unterworfen hat, auf. Sein Vorhandensein und sein Entwicklungsstand stellen jedoch selbst die historische Voraussetzung für die Entwicklung der kapitalistischen Produktionsweise dar. Vorbedingung hierfür sind die Konzentration von Geldvermögen und der Absatz im großen. Die gesamte Entwicklung des Kaufmannskapitals läuft darauf hinaus, der Produktion einen mehr und mehr auf den Tauschwert gerichteten Charakter zu verleihen und die Produktion mehr und mehr in Waren zu verwandeln. Jedoch reicht seine Entwicklung nicht aus, um den Übergang einer Produktionsweise in die andere zu vermitteln und zu erklären.

Innerhalb der kapitalistischen Produktion fungiert das Handelskapital nur noch als Agent des Industriekapitals. Dort, wo sich das Handelskapital vorwiegend selbständig als Kaufmannskapital entwickelt, bedeutet dies die Nichtunterwerfung der Produktion unter das Kapital. Ein solcher Vorgang vollzieht sich beispielsweise unter den Bedingungen der feudalen Produktionsweise. „Die selbständige Entwicklung des Kaufmannskapitals steht also im umgekehrten Verhältnis zur allgemeinen ökonomischen Entwicklung der Gesellschaft."[55]

52 K. Marx, Das Kapital, Bd. 3. In: Marx/Engels, Werke Bd. 25, S. 607.
53 Ebenda, S. 337.
54 Ebenda, S. 339.
55 Ebenda. S. 340.

Durch den Handel werden die Produkte zu Waren. Kapital als Kapital tritt zuerst im Zirkulationsprozeß auf. In ihm entwickelt sich das Geld zu Kapital. Das Gesetz, wonach die selbständige Entwicklung des Handelskapitals im umgekehrten Verhältnis zum Entwicklungsgrad der kapitalistischen Produktion steht, äußert sich am augenscheinlichsten in der Geschichte des Zwischenhandels. Der Hauptgewinn wird hier nicht nur durch Ausfuhr eigener Produkte, sondern durch Vermittlung des Austausches der Produkte kommerziell unterentwickelter Staaten und deren Ausbeutung als Produktionsländer erzielt. Hier haben wir sozusagen „reines“ Handelskapital vor uns, isoliert von den Produktionssphären, zwischen denen es vermittelt.[56] Es leuchtet ein, daß das Monopol des Zwischenhandels verfallen muß mit der ökonomischen Entwicklung der Völker und Staaten, die bisher exploitiert wurden und deren Unterentwickeltheit die Existenzgrundlage des reinen Handelskapitals dargestellt hatte.

Die Verbindung von Handelskapital und feudalstaatlichem Unternehmertum ist kennzeichnend geworden für die Frühphase der kapitalistischen Produktion vor allem in Mittel-, Nord- und Osteuropa. Aus ihr resultiert auch der besondere Charakter des frühen Manufakturkapitalismus, der noch ein ausgeprägtes feudales Antlitz trägt und nicht unbedingt die Sprengung der Feudalgesellschaft zur Voraussetzung hat. Es handelt sich hier gleichsam um den *konservativen Entwicklungsweg des Kapitalismus*, den Marx als den zweiten Weg bezeichnet, der stark mit feudalen Überbleibseln durchsetzt ist oder ganz in feudalem Rahmen verläuft, so daß es häufig sehr schwer ist, die nach vorwärts drängenden Kräfte überhaupt klarer zu erkennen. Marx schrieb treffend: „Die große Ökonomie und Zeitersparung, die aus der unmittelbaren Verbindung von Ackerbau und Manufaktur hervorgehn, bieten hier hartnäckigsten Widerstand den Produkten der großen Industrie, in deren Preis die faux frais (falschen Kosten — E. D.) des sie überall durchlöchernden Zirkulationsprozesses eingehn.“[57]

Eine wichtige Funktion des Handelskapitals bestand darin, den Zersetzungsprozeß des Feudalismus voranzutreiben und damit die Voraussetzung für die Entstehung der kapitalistischen Produktionsweise zu schaffen. Wie schwer es jedoch war, einen Einbruch in das Gefüge des Feudalismus zu erzielen, wird nicht nur aus dem russischen, sondern auch aus anderen Beispielen, etwa dem österreichischen, deutlich. Dort, wo die feudale Agrarstruktur intakt blieb, vermochte das Handelskapital die Manufakturproduktion nur in sehr beschränktem Maße kapitalistisch zu infizieren.

Ein typischer Repräsentant des Handelskapitals der frühen Manufakturperiode des Kapitalismus ist der Großhändler oder Großkaufmann, der wohl in vielen Bereichen der europäischen Geschichte dieser Zeit eine große Initiative, und zwar in allen Branchen und Industrien, entfaltet.

Es hilft der Forschung wenig voran, wenn die Feudalordnung häufig und immer wieder im wesentlichen mit der Natural- und Gebrauchswirtschaft, der Kapitalismus hingegen mit der Geld- und Warenwirtschaft gleichgesetzt wird. Hier ist bereits zur Genüge verdeutlicht worden, daß die Geld- und Warenwirtschaft viel älter ist als der

[56] Ebenda, S. 341.
[57] Ebenda, S. 346.

Kapitalismus. Als entscheidend stellt sich die Frage nach den Voraussetzungen der kapitalistischen Produktion heraus. Diese hängen mit der Entstehung von Lohnarbeit und Kapital zusammen. Das Kernstück dieses Prozesses bildet nach Marx, wie bemerkt, die ursprüngliche Akkumulation. Dieser Vorgang weist mannigfaltige Formen auf. Sein Kardinalproblem bildet jedoch offenbar die Expropriation des unmittelbaren Produzenten und dessen Vertreibung von Grund und Boden. Dadurch werden einerseits die für die kapitalistische Produktionsweise notwendigen Kapitalien als auch die Lohnarbeiter selbst geschaffen, die erst eine Anwendung der Kapitalien in der kapitalistischen Produktion ermöglichen und einen inneren Markt entstehen lassen.

Ein äußerst gewichtiges Problem der Entwicklung des Kapitalismus ist die Frage der ursprünglichen Akkumulation. Die Mehrheit der sowjetischen Historiker setzt die Anfänge der ursprünglichen Akkumulation in Rußland ins 17. Jh. Dabei besteht keine Übereinstimmung darüber, ob Rußland die von Marx als klassisch bezeichnete englische Form der ursprünglichen Akkumulation des Kapitals kennt oder nicht.

Die Herausarbeitung der Besonderheiten der ursprünglichen Akkumulation in Rußland darf nicht dazu führen, den Niedergang der alten Feudalformation überhaupt zu leugnen. Die Langwierigkeit der Zersetzung der feudalen Leibeigenschaftsordnung in Rußland erklärt sich vor allem aus der Stärke der Leibeigenschaft selbst und der überragenden ökonomischen und politischen Machtposition der Krepostniki, der Leibeigenenbesitzer und Vertreter des Leibeigenschaftssystems, sowie aus dem verhältnismäßig langsamen Tempo der Entwicklung kapitalistischer Verhältnisse.

Bei der Erforschung von Problemen der ursprünglichen Akkumulation des Kapitals ist es notwendig, diese von der kapitalistischen Akkumulation zu unterscheiden. Diese Unterscheidung hat nicht nur Marx, sondern ausdrücklich auch Lenin vorgenommen: „Von der Akkumulation des Kapitals auf der Basis des Kapitalismus muß die sogenannte ursprüngliche Akkumulation unterschieden werden: die gewaltsame Trennung des Arbeitenden von den Produktionsmitteln, die Verjagung der Bauern von ihrem Boden, der Raub von Gemeindeländereien, das System der Kolonien, der Staatsschulden, des Schutzzolls usw. Die ‚ursprüngliche Akkumulation' erzeugt auf dem einen Pol den ‚freien' Proletarier, auf dem Gegenpol den Geldbesitzer, den Kapitalisten."[58]

Als wichtiger Gesichtspunkt, den Lenin Marx' Gedanken von der ursprünglichen und kapitalistischen Akkumulation ergänzend hinzufügt, dient die Unterscheidung zwischen einer Bourgeoisie der Epoche der ursprünglichen Akkumulation und einer Bourgeoisie der Epoche der kapitalistischen Akkumulation. Lenin spricht dabei von der „Schicht der Grundbesitzer und Industriebourgeoisie, die für die Epoche der ursprünglichen Akkumulation charakteristisch ist . . ." Diese ist darauf aus, „aus der staatlichen Futterkrippe einen fetten Happen in der Form von Garantien, Subventionen, Konzessionen, Schutzzöllen usw. zu erwischen." Die typischen Bourgeois „der

[58] W. I. Lenin, Karl Marx. In: Lenin, Bd. 21, Berlin 1960, S. 53.

Epoche der kapitalistischen Akkumulation" waren für Lenin die russischen Kadetten.[59]

Diese grundlegenden Hinweise Lenins werden, wie es scheint, von der Forschung zu wenig beachtet, was dazu führt, die Trennung zwischen der ursprünglichen und der kapitalistischen Akkumulation zu verwischen und beide unstatthaft zu vermengen.[60] Wie die umfangreiche sowjetische Literatur zur Frage der ursprünglichen Akkumulation in Rußland klar ausweist, werden nicht selten die verschiedenartigen Begriffe und Inhalte der ursprünglichen und der kapitalistischen Akkumulation gleichgesetzt oder doch nur ungenügend auseinandergehalten. In diesem Verfahren liegt anscheinend auch ein Grund für die häufig ausgesprochenen krassen Meinungsverschiedenheiten, die es in dieser Frage unter den verschiedenen Forschern gibt. Die ursprüngliche Akkumulation bleibt, wie Marx bemerkt hat, diejenige Akkumulation, die der Akkumulation des Kapitals auf kapitalistischer Grundlage vorausgeht.

Die Frage nach den Besonderheiten und spezifischen Eigenarten der russischen Geschichte kann nur auf der Grundlage des konkreten historischen Quellenmaterials geklärt werden. Marx hat bei der Behandlung des Problems der ursprünglichen Akkumulation und der Aufzählung der Länder, die von ihr erfaßt wurden, Rußland nicht ausdrücklich genannt. Er äußerte sich erst später zu diesem Problem, und zwar im Zusammenhang mit einer brieflichen Anfrage der russischen Revolutionärin Vera Zasulič vom 16. Februar 1881. In Zasuličs Schreiben an Marx wurde dieser gebeten, doch seine Ansichten über die Perspektiven der historischen Entwicklung Rußlands und insbesondere über das Schicksal der russischen Dorfgemeinde zu äußern. Bei dem aufgeworfenen Problem handelte es sich um eine sehr schwierige Frage, deren Beantwortung größte Sorgfalt und Abgewogenheit erforderte. Marx fertigte daher bei der Vorbereitung seiner Antwort auf Vera Zasuličs Brief insgesamt vier, z. T. sehr ausführliche Entwürfe an. Das endgültige, relativ kurz gehaltene Antwortschreiben ist mit dem 8. März 1881 datiert.

Am ausführlichsten geht Marx auf das hier zur Erörterung stehende Problem in seinem ersten Briefentwurf ein. Im offiziellen Antwortbrief selbst wiederholt Marx das, was er im ersten Band des „Kapital" bei der Analyse der Entstehung der kapitalistischen Produktion sagt: „Dem kapitalistischen System liegt also die radikale Trennung des Produzenten von den Produktionsmitteln zugrunde ... Die Grundlage dieser ganzen Entwicklung ist die *Expropriation der Ackerbauern.* Sie ist auf radikale Weise erst in England durchgeführt ... Aber *alle anderen Länder Westeuropas* durchlaufen die gleiche Bewegung ... Die ‚historische Unvermeidlichkeit' dieser Bewegung ist also *ausdrücklich* auf die Länder *Westeuropas* beschränkt."[61] Im ersten Briefentwurf hatte Marx hierzu noch ergänzend bemerkt: „Um die Ackerbauern zu expropriieren,

[59] W. I. Lenin, Die Dritte Duma, in: Lenin, Werke, Bd. 13, Berlin 1963, S. 117ff.

[60] Streng auseinandergehalten etwa bei: Ju. M. Saprykin, В. И. Ленин о феодализме и генезисе капиталистических отношений в земледелии. In: Средние века,, Bd. 18, 1960, S. 49ff.; derselbe, В. И. Ленин о генезисе капитализма в земледелии. In: Вестник Московского университета. История, 1969, Heft 3, S. 3–21.

[61] K. Marx an V. I. Sassulitsch. In: Marx/Engels, Werke, Bd. 19, Berlin 1962, S. 242.

braucht man sie nicht von ihrem Land zu verjagen, wie das in England und anderweitig geschehen ist ..."[62]

In den angeführten Stellungnahmen von Marx wird ein weiteres Mal darauf aufmerksam gemacht, die verschiedenen Momente, die „verschiedene Färbung"[63] und die verschiedene zeitliche Abfolge der ursprünglichen Akkumulation in den verschiedenen Ländern zu beachten. Es geht Marx somit um die Berücksichtigung der Verschiedenheiten und geschichtlichen Eigenheiten dieses Prozesses in den verschiedenen Ländern. Nun hat Marx in den siebziger Jahren ausgedehnte Spezialstudien zur russischen Geschichte betrieben, um sich auf der Grundlage der Durchforschung des russischen originalsprachigen Quellenmaterials, das ihm von seinen russischen Freunden in breitestem Umfang zur Verfügung gestellt wurde, ein selbständiges Bild von den Gesetzmäßigkeiten und den spezifischen Eigenheiten der Geschichte Rußlands zu machen. Auf diesen Umstand macht Engels in seinem Vorwort zu dem von ihm herausgegebenen dritten Band von Marx' „Kapital" aufmerksam. Dort heißt es: „Für den Abschnitt über Grundrente hatte Marx in den siebziger Jahren ganz neue Spezialstudien gemacht. Er hatte die nach der ‚Reform' von 1861 in Rußland unvermeidlich gewordenen statistischen Aufnahmen und sonstigen Veröffentlichungen über Grundeigentum, die ihm von russischen Freunden in wünschenswertester Vollständigkeit zur Verfügung gestellt wurden, jahrelang in der Ursprache studiert und ausgezogen, und beabsichtigte, sie bei der Neubearbeitung dieses Abschnitts zu verwerten. Bei der Mannigfaltigkeit der Formen sowohl des Grundbesitzes wie der Ausbeutung der ackerbauenden Produzenten in Rußland, sollte im Abschnitt über Grundrente Rußland dieselbe Rolle spielen wie im Buch I, bei der industriellen Lohnarbeit, England. Leider blieb ihm die Ausführung dieses Plans versagt."[64]

Aus den zitierten Bemerkungen von Marx und Engels über Grundfragen der russischen Geschichte wird deutlich, welche Bedeutung die Begründer des wissenschaftlichen Kommunismus deren genauer Erforschung für die Formulierung auch allgemeingültiger wissenschaftlicher Erkenntnisse beimaßen. Der heutige marxistische Forscher auf dem Gebiet der russischen Geschichte kann nur bedauern, daß Marx sein Vorhaben, bei der Untersuchung der Probleme der Grundrente Rußland als Hauptbeispiel zu wählen, nicht mehr zu verwirklichen vermochte. Um so bedeutungsvoller sind die Arbeiten Lenins geworden, in denen Grundfragen der kapitalistischen Entwicklung Rußlands behandelt werden.

Der Prozeß der ursprünglichen Akkumulation in seiner ganzen historischen Vielfalt und Mannigfaltigkeit wirft zahlreiche schwierige Forschungsfragen auf. Nun hat schon Marx, wie erwähnt, darauf hingewiesen, daß die Freisetzung der neuen, der kapitalistischen Elemente nicht in jedem Fall in der Expropriation der unmittelbaren Produzenten besteht. Die Freisetzung der neuen Produktivkräfte vollzieht sich in den verschiedenen Ländern meist auch in verschiedener Weise.

[62] K. Marx, [Entwürfe einer Antwort auf den Brief von V. I. Sassulitsch. Erster Entwurf]. In: Marx/Engels, Werke, Bd. 19, S. 392.

[63] K. Marx, Das Kapital, Bd. 1. In: Marx/Engels, Werke, Bd. 23, Berlin 1962, S. 744.

[64] F. Engels, Vorwort [zu Marx' Kapital, Bd. 3]. In: Marx/Engels, Werke, Bd. 25, Berlin 1964, S. 14.

Lenin entwickelte in seiner bekannten Abhandlung „Die Agrarfrage in Rußland am Ausgang des 19. Jh." vom Jahre 1906 die These von den beiden Entwicklungswegen des Kapitalismus in der Landwirtschaft, vom „preußischen" und „amerikanischen" Weg der bürgerlichen Agrarrevolution: „Der erste ist dadurch gekennzeichnet, daß die mittelalterlichen Grundbesitzverhältnisse nicht mit einem Schlag vernichtet werden, sondern daß sie sich langsam dem Kapitalismus anpassen, dem infolgedessen noch lange Zeit hindurch halbfeudale Züge anhaften."[65] In Amerika „hingegen gab nicht die alte Sklavenwirtschaft der Großgrundbesitzer die Grundlage der kapitalistischen Landwirtschaft ab . . ., sondern die freie Wirtschaft des freien Farmers auf freiem Boden – frei einerseits von allen mittelalterlichen Fesseln, von Fronherrschaft und Feudalismus . . ."[66]

Lenin hat diesen Gedanken auch in anderen Arbeiten immer wieder zum Ausdruck gebracht: „Es gibt Kapitalismus verschiedener Prägung: einen gutsherrlichen, halbfeudalen Kapitalismus mit unzähligen Überresten aller möglichen Privilegien, der äußerst reaktionär und für die Masse unendlich drückend ist, und einen Kapitalismus der freien Farmer, der demokratisch, für die Masse weniger bedrückend und mit wenigen Überresten von Privilegien behaftet ist."[67]

Nun konstatierte Lenin die beiden Wege der kapitalistischen Agrarentwicklung in Rußland vor allem für die Zeit nach 1861. Indessen sind diese auch bereits in den vorausgehenden Jahrhunderten des Übergangs vom Feudalismus zum Kapitalismus deutlich zu erkennen. Der sowjetische Forscher V. M. Lavrovskij hat Lenins Lehre von den beiden Entwicklungswegen des Kapitalismus in der Landwirtschaft durch Hinzunahme des „englischen Weges" zur Theorie von den „drei Wegen" erweitert und die Frage nach den Besonderheiten und spezifischen Eigenarten dieser drei verschiedenen Formen der Entwicklung des Kapitalismus in der Landwirtschaft aufgeworfen.[68] Er konstatiert den „englischen" Weg der Expropriation der unmittelbaren Produzenten im Anschluß an die Forschungen von Maurice Dobb auch in der ursprünglichen Akkumulation in Schweden, Frankreich und im westlichen Teil Deutschlands. Eng verbunden mit dem Freisetzungsprozeß englischer Prägung war dabei nach Lavrovskij die Umwandlung der letzten Form der Feudalrente, der Geldrente, in die kapitalistische Rente. In Frankreich wurde die feudale Geldrente dabei erst durch die Revolution von 1789 vollends beseitigt.

Lenins preußischer Entwicklungsweg des Kapitalismus in der Landwirtschaft, d. h. die langsame Anpassung der halbfeudale Züge tragenden mittelalterlichen Grundbesitzverhältnisse an den Kapitalismus steht für den marxistischen Forscher seit jeher in engstem Zusammenhang mit der Entwicklung der strengen Erbuntertänig-

[65] W. I. Lenin, Die Agrarfrage in Rußland am Ausgang des 19. Jahrhunderts. In: Lenin, Werke, Bd. 15, Berlin 1962, S. 131.

[66] Ebenda, S. 132.

[67] W. I. Lenin, Flurbereinigung und Dorfarmut. In: Lenin, Werke, Bd. 19, Berlin 1962, S. 368.

[68] V. M. Lavrovskij, К вопросу первоначального накопления в странах Западной и Восточной Европы. In: Ежегодник по аграрной истории Восточной Европы 1959, Moskau 1961, S. 134 ff.

keit und der Leibeigenschaft im östlichen Teil Mitteleuropas und in Osteuropas, besonders in Rußland.

Das Problem der ursprünglichen Akkumulation in Rußland muß gestellt werden. Dabei wird einzusehen sein, daß diese Erscheinung seit dem 17. Jh. immer greifbarer wird. Diese Auffassung bringen bereits recht anschaulich das sowjetische Sammelwerk „Zur Frage der ursprünglichen Akkumulation in Rußland"[69] vom Jahre 1958 sowie das Buch F. Ja. Poljanskijs „Die ursprüngliche Akkumulation des Kapitals in Rußland"[70] vom gleichen Jahr zum Ausdruck. Beide Publikationen sind von den Fachkennern zum Teil recht scharf kritisiert worden.[71] In der Tat finden sich in ihnen auch zahlreiche Unzulänglichkeiten. Jedoch die Erforschung der ursprünglichen Akkumulation in Rußland verdankt den beiden Werken sowohl wertvolle Materialien als auch fruchtbare Anregungen.

Die Mängel der genannten Arbeiten bestehen wohl vor allem darin, daß der Versuch gemacht wird, die Grundformen der ursprünglichen Akkumulation des Kapitals in England, die Marx so eindrucksvoll dargestellt hat, auch in Rußland nachzuweisen. Die Kritiker vor allem des Sammelwerkes hingegen haben sich vielfach darauf beschränkt, immer wieder zu vermerken, daß Rußland ein feudales Land war, was unbestritten ist. Dabei wird, so scheint es, nicht sorgfältig genug zwischen der ursprünglichen Akkumulation und der kapitalistischen Akkumulation unterschieden.[72] Dies geht, wie sich zeigt, auch aus den Argumenten Lavrovskijs hervor, die dieser gegen die Herausgeber und Autoren des Sammelbandes vorbringt. Der sich nach 1861 oder noch gar zur Zeit Stolypins entwickelnde Kapitalismus kann doch in seinem Ausmaß kaum ernsthaft mit der Einhegungsbewegung im England des 16. Jh. verglichen werden.[73]

Lavrovskij hat allerdings recht, wenn er feststellt, daß die Anfangs- und Frühstadien der Entwicklung des Kapitalismus gegenwärtig noch immer äußerst unzulänglich erforscht sind. Es stimmt auch, daß das Verhältnis, das zwischen der „2ten Ausgabe" der Leibeigenschaft, der „feudalen Reaktion", und der ursprünglichen Akkumulation in den Ländern vor allem Osteuropas besteht, noch äußerst wenig aufgehellt ist.[74] Eine wichtige Forschungsfrage besteht daher in der Klärung, wie es zu der in Rußland seit dem 16. Jh. datierten Leibeigenschaft gekommen ist, die es bekanntlich in der aufsteigenden Phase des Feudalismus in dieser Form in Europa nirgends gegeben hat.

[69] К вопросу о первоначальном накоплении в России (XVII–XVIII вв.). Сборник статей, Moskau 1958; vgl. auch Вопросы генезиса капитализма в России. Сборник статей, Leningrad. 1960.

[70] F. Ja. Poljanskij, Первоначалное накопление капитала в России, Moskau 1958.

[71] L. V. Milov, О некоторых вопросах первоначального накопления и генезиса капитализма в России. In: Вопросы истории 1969, Heft 7, S. 89ff., bes. S. 92f.

[72] Lavrovskij, a. a. O., S. 135.

[73] Wichtige Hinweise bei A. A. Zimin, Проблемы истории России XVI века в светле ленинской концепции истории русского феодализма. In: Ленин и историческая наука, Moskau 1968, S. 325; derselbe, Diskussionsbeitrag in: Переход от феодализма к капитализму в России. Материалы Всесоюзной дискуссии, Moskau 1969, S. 397ff.

[74] Lavrovskij, a. a. O., S. 136.

Klarheit muß auch darüber herrschen, daß die Entwicklung der „Formen des mittelalterlichen, ländlichen Kapitalismus“[75] nicht das einzige Anzeichen für das Einsetzen der ursprünglichen Akkumulation ist. Hierher gehören auch zahlreiche rein feudale Erscheinungen, die kennzeichnend dafür sind, daß der Feudalismus mehr und mehr die Fähigkeit einbüßt, den einfachen Reproduktionsprozeß durchzuführen. Der sich in halbsklavischer Abhängigkeit befindende russische Bauer der „2ten Ausgabe“ der Leibeigenschaft ist und bleibt ein eindrucksvolles Symbol des „absteigenden“ Feudalismus und „aufkeimenden, mittelalterlichen Kapitalismus“ in Rußland.[76]

Das Problem, um das es bei der Erforschung der Anfänge der ursprünglichen Akkumulation in Rußland geht, wird, so scheint es, treffend in Lenins Formulierung vom „aufkeimenden, mittelalterlichen Kapitalismus“ umrissen. Die Forscher, die sich um die Aufhellung der frühen Genesis des Kapitalismus unter den Bedingungen des „absteigenden“ Stadiums des Feudalismus bemühen, stehen vor der Aufgabe, den Kapitalismus auf einer Entwicklungsstufe zu untersuchen, „als dieser sich noch nicht völlig aus den mittelalterlichen Einrichtungen herausgelöst hatte“[77]. Der „aufkeimende, mittelalterliche Kapitalismus“ entwickelte sich im „absteigenden“ Stadium des Feudalismus. Diejenigen Historiker, für die sich der russische Feudalismus ungeachtet der feudalen Reaktion und barbarischen Leibeigenschaft noch immer in seinem „aufsteigenden“ Stadium befindet, müßten „erklären, wie sich das mit der Tatsache vereinbaren läßt, daß die feudalen Verhältnisse im 16. und 17. Jh. im Weltmaßstab ihre Fortschrittlichkeit bereits verloren hatten“[78].

Der sowjetische Historiker V. K. Jacunskij[79] gehört zu denjenigen Forschern, die die Auffassung vertreten, daß der Kapitalismus in Rußland sich zunächst in der Industrieproduktion und erst bedeutend später in der Landwirtschaft entwickelte. Jacunskij ging dabei so weit festzustellen, daß von einer Herausbildung kapitalistischer Verhältnisse in der russischen Landwirtschaft bereits im 18. Jh. oder gar in noch früherer Zeit überhaupt keine Rede sein könne. Er wandte sich betont scharf gegen die Einwände, die von N. M. Družinin, N. L. Rubinštejn und anderen gegen seine Auffassungen vorgebracht wurden.[80]

75 W. I. Lenin, Was sind die „Volksfreunde“ und wie kämpfen sie gegen die Sozialdemokraten? In: Werke, Bd. 1, S. 326.

76 Ebenda.

77 W. I. Lenin, Der ökonomische Inhalt der Volkstümlerrichtung und die Kritik an ihr in dem Buch des Herrn Struve. In: Lenin, Werke, Bd. 1, S. 439.

78 M. W. Netschkina, Zu den Ergebnissen der Diskussion über das „aufsteigende“ und das „absteigende“ Stadium des Feudalismus. In: Sowjetwissenschaft/Gesellschaftswissenschaftliche Beiträge, 1964, Heft 11, S. 1202.

79 Ich bin dem 1966 verstorbenen Professor Viktor Jacunskij für zahlreiche Anregungen u. a. in persönlichen Gesprächen zu herzlichem Dank verpflichtet.

80 V. K. Jacunskij, Генезис капитализма в сельском хозяйстве России. In: Ежегодник по аграрной истории Восточной Европы 1959, Moskau 1961, S. 35; derselbe, Еще к вопросу о возникновении капиталистического расслоения земледельческого крестьянства в дореформенной Росии. In: История СССР, 1963, Heft 1, S. 119ff.; derselbe, in: Ежегодник по аграрной истории Восточной Европы 1961, Riga 1963, S. 565ff. derselbe, Diskussionsbeitrag in: Переход от феодализма к капитализму в России, a. a. O., S. 265–272.

Jacunskij läßt Kapitalismus in Rußland im Grunde eigentlich erst seit dem Jahre 1861 gelten. Dabei solidarisiert er sich allerdings auch mit der Ansicht derer, die das Auftreten von Keimen des Kapitalismus in das 17. Jh. datieren. In der Landwirtschaft anerkennt Jacunskij kapitalistische Ansätze erst für das beginnende 19. Jh.

Nicht uninteressant und recht instruktiv in dieser Hinsicht ist die Kollektivarbeit von E. I. Indova, A. A. Preobraženskij und Ju. A. Tichonov zur Frage der Klassendifferenzierung der russischen Bauernschaft in der Periode des Spätfeudalismus[81], eine Untersuchung, die ebenfalls auf scharfe Kritik und leidenschaftliche Einwände gestoßen ist. Preobraženskij hat sich temperamentvoll mit den Kritikern dieser Arbeit auseinandergesetzt.[82] Dabei stellte er nochmals eindeutig heraus, daß es sich bei der russischen Geschichte in 17. und 18. Jh. um eine Periode des Feudalismus handelt, in der sich als ein nicht wegzudenkender Prozeß die Herausbildung des Kapitalismus vollzieht. Das Aufkommen des Kapitalismus ist nach seiner Ansicht dabei untrennbar mit dem Prozeß der Klassendifferenzierung des russischen Dorfes verknüpft.

Dieser Auffassung muß zugestimmt werden. Es ist und bleibt Aufgabe der Forschung, den Differenzierungsprozeß der Bauernschaft anschaulich nachzuweisen und zu verdeutlichen.[83]

Wie ersichtlich, besteht in der Klärung der Grundfragen der Geschichte der ursprünglichen Akkumulation des Kapitals, besonders in Rußland, unter den sowjetischen Forschern keine Übereinstimmung. Jedoch im Hinblick auf die neuestens mit Recht geforderte Ausarbeitung einer Typologie der weltgeschichtlichen Erscheinung der ursprünglichen Akkumulation wie überhaupt der universalhistorischen Genesis des Kapitalismus lassen sich doch bereits einige zusammenfassende Überlegungen anstellen, wenn diese auch keineswegs allgemeingültig und vollständig sind.

Die in der Hitze des Gefechts von Preobraženskij in seinem Verteidigungsplädoyer gegen seine Kritiker vorgebrachte Formulierung von der „englischen Postkutsche"[84], in die man das Problem der universalhistorischen Genesis des Kapitalismus und der ursprünglichen Akkumulation in Rußland nicht mit Gewalt zwingen dürfe, verdeutlicht nicht nur anschaulich, worum es geht, sondern ist sachlich auch völlig richtig. Wenn im Sinne von Marx davon ausgegangen wird, daß die ursprüngliche Akkumulation nicht nur in der Expropriation der unmittelbaren Produzenten, sondern auch im „Kolonialsystem, Staatsschuldensystem, modernen Steuersystem und Protektionssystem" verkörpert ist, in der feudalen Staatsmacht als der konzentrierte und organisierten Gewalt der Gesellschaft, die den Verwandlungsprozeß der feuda-

[81] E. I. Indova, A. A. Preobraženskij, Ju. A. Tichonov: Проблема классого расслоения крестьянства периода позднего феодализма в свете трудов В. И. Ленина о развитии капитализма в России. In: Ежегодник по аграрной истроии Восточной Европы 1961, Riga 1963, S. 11–24.

[82] Ebenda, S. 562–565. Zur Diskussion über den genannten Kollektivbeitrag vgl. auch die Bemerkungen von A. L. Sidorov, in: ebenda, S. 544f.

[83] In Переход от феодализма к капитализму в России wird in dem von mehreren Verfassern stammenden einleitenden Beitrag dieses wichtige Thema nur gestreift.

[84] Ежегодник по аграрной истории Восточной Европы 1961, Riga 1963, S. 563.

len in die kapitalistische Produktionsweise „treibhausmäßig" fördert und die Übergänge abkürzt, wenn die Gewalt der Geburtshelfer jeder alten Gesellschaft ist, die mit einer neuen schwanger geht, und selbst eine ‚ökonomische Potenz' darstellt"[85], so muß der Blick doch auf weit mehr Faktoren und Erscheinungen gerichtet werden, will man das weltgeschichtliche so verschiedenartige Grundphänomen der Geburt der bürgerlichen Gesellschaft in seiner wirklichen Bedeutung und Vielgestaltigkeit erfassen.

Zweifelsohne reichen die Vorformen ursprünglicher Akkumulation auch in Rußland in die Zeit vor dem 17. Jh. zurück. Man denke nur an die nicht geringen Kapitalien, die in Novgorod und von Novgorodern angehäuft worden sind. Der Prozeß der ursprünglichen Akkumulation in Rußland wird aber erst deutlicher vor allem seit dem 17. Jh., nicht zuletzt gerade im Zusammenhang mit dem Auftreten von Unternehmern und Lohnarbeitern.[86] Im 18. Jh. nimmt der Prozeß der ursprünglichen Akkumulation des Kapitals in Rußland bedeutend umfangreichere und intensivere Formen an.

Der Prozeß der ursprünglichen Akkumulation in Rußland muß auf der Grundlage des konkreten russischen Quellenmaterials erforscht werden. Dabei sind historisch vergleichende Untersuchungen dieser Erscheinung von ganz besonderem Wert. Sie dürfen freilich nicht auf eine Konfrontation mit dem englischen Beispiel beschränkt bleiben.[87]

In Italien, das bekanntlich bei der Entwicklung kapitalistischer Produktionsformen zeitlich am Anfang steht und erstmalig auch umfangreichere Kapitalien anhäuft, rekrutierten sich die freien Lohnarbeiter der frühen kapitalistischen Manufakturen des 14. und 15. Jh. vorwiegend aus Handwerksgesellen, deren Zahl relativ bedeutend war. Die Leibeigenschaft wurde in Italien verhältnismäßig früh beseitigt. Dennoch verblieben die italienischen Bauern jahrhundertelang in der Abhängigkeit von Grundherren und Latifundienbesitzern. Ihre ökonomischen Verpflichtungen beruhten vor allem auf dem Grundzins, den sie ihren Herren zu entrichten hatten. Die Formierung von Lohnarbeitern aus den Reihen der abhängigen Zinsbauern verlief in Italien äußerst langsam. Das Land durchlebte vom 16. bis 18. Jh. sogar einen ökonomischen Niedergang, was wohl auch damit zusammenhing, daß es nur am Rande an den Einkünften aus dem frühneuzeitlichen Kolonialsystem beteiligt war. Die politische Aufsplitterung Italiens machte die dortige Staatsmacht, diesen Hebel der ursprünglichen Akkumulation, weitgehend unfähig, größere Kapitalien anzuhäufen.

85 K. Marx, Das Kapital, Bd. 1. In: Marx/Engels, Werke, Bd. 23. S. 779.

86 Vgl. jetzt E. I. Zaozerskaja, У истоков крупного производства в русской промышленности XVI–XVII веков. К вопросу о генезисе капитализма в России, Moskau 1970.

87 Zum Folgenden schon Poljanskij, a. a. O., besonders S. 403ff. Jetzt auch V. I. Rajcev, Из истории раннего этапа первоначального накопления во Франции. In: Возникновение капитализма в промышленности и сельском хозяйстве стран Европы, Азии и Америки. Сборник статей, Moskau 1968, S. 33–49; A. D. Rolova, Основные черты экономического развития Италии в XVI–XVII веков. in: ebenda, S. 50–97; V. F. Stratanovič, Рабовладение и его влияние на процесс генезиса капитализма в североамериканских колониях Англии в XVII–XVIII веков. In: ebenda, S. 98–135.

Die holländische ursprüngliche Akkumulation zeigte eine ähnliche Färbung wie die spanische. Was die Anhäufung von Handelskapitalien anlangt, werden auch Analogien zu Italien deutlich. Allerdings spielte in den Niederlanden des 14. und 15. Jh. der Transithandel eine geringere Rolle als in Italien. Typisch geworden für die Geschichte der holländischen ursprünglichen Akkumulation ist das in Übersee etablierte, auf Sklaverei beruhende Kolonialsystem, auf das, wie bereits bemerkt, Karl Marx mit besonderem Nachdruck hingewiesen hat.

Einen eigenartigen Weg nahm der Prozeß der ursprünglichen Akkumulation in Frankreich. Hier wurden bereits im 16. Jh. umfangreiche Kapitalien angesammelt, und zwar vor allem auf der Grundlage des Binnenhandels und des Wuchers. Diese Kapitalien fanden allerdings nur teilweise Anwendung in der Industrieproduktion. Die koloniale Expansion Frankreichs im 17. Jh. führte zu einer Ausweitung und Beschleunigung des Prozesses der ursprünglichen Akkumulation. Die Hebel bildeten hierbei wie in Spanien, Portugal, den Niederlanden und England die Handelskompanien sowie die merkantilistische Politik der absolutistischen Staatsmacht. Dieser gelang es, in hohem Maße das Kaufmannskapital und die Reichtümer des Feudaladels zur Anregung der Industrieproduktion zu benutzen.

Im 17. und 18. Jh. nahm der Formierungsprozeß der manufakturellen Lohnarbeiter in Frankreich bereits recht ungestüme Formen an. Diese rekrutierten sich vor allem aus ehemaligen Handwerksgesellen, aber auch aus breiten Schichten der übrigen städtischen und bäuerlichen Bevölkerung. Das im französischen Dorf während des 16. bis 18. Jh. vorherrschende Grundzinssystem ermöglichte die Abwanderung bäuerlicher Bevölkerungsteile in die städtische Industrie. Dieser Vorgang begünstigte die Differenzierung innerhalb der Bauernschaft und ließ eine frühe proletarische Reservearmee entstehen. Vielerorts kam es zur Aufteilung der Gemeindeländereien, die sich die reichen Seigneurs aneigneten. In dieser Hinsicht zeigten sich große Übereinstimmungen mit dem gleiche Vorgang in England. Verständlicherweise verhalf erst die Revolution von 1789 mit dem Sturz der Feudalordnung all diesen Prozessen zum endgültigen Durchbruch.

Welche Rolle das von Marx so drastisch gekennzeichnete Kolonialsystem der beginnenden Neuzeit im Prozeß der ursprünglichen Akkumulation spielte, zeigte das spanische Beispiel. Spanien wie auch Portugal vermochten im Gefolge der Ausplünderung von Kolonien eine riesige Menge Kapitalien zu akkumulieren. Enorme Profite wurden aus den Plantagen und Bergwerken gezogen, in denen versklavte Indianer unter unmenschlichen Bedingungen arbeiten mußten. Spanien etablierte in den amerikanischen Kolonien ein grausames System der staatlichen Fronarbeit. Die einheimische Bevölkerung wurde den spanischen Plantagenbesitzern verschrieben. So entstand die berüchtigte Encomienda.

Charakteristisch war, daß die spanische absolutistische Staatsmacht die umfangreichen Kapitalien, die sie aus dem kolonialen Raubbau abschöpfte, nur in sehr geringem Maße oder fast gar nicht zur Belebung der einheimischen Manufakturproduktion benutzte. Die am Königshof praktizierte feudale Verschwendung und Verschleuderung riesiger Kapitalien ließ eine solche Maßnahme nicht zu. So vermochte auch keine größere Masse von Manufakturarbeitern zu entstehen, obgleich das städtische Handwerk bereits einen recht beachtlichen Entwicklungsstand erreicht hatte. Die spanische Bauernschaft befand sich vor allem in den Ketten der feudalen Arbeit und die Abwanderung vom Land in die Stadt stieß auf umfangreiche Hindernisse. Die traditionelle feudale Adelsherrschaft blieb unangetastet, auch die grundbesitzenden Klosteräbte behaupteten ihre Macht. Der Hidalgo, der heruntergekommene Kleinadlige, war ein typischer Repräsentant der Praktiken der spanischen ursprünglichen Akkumulation.

Ein Kennzeichen der russischen ursprünglichen Akkumulation im Vergleich zur italienischen ist, daß in Rußland die Handwerksgesellen nicht die Rolle von Vorfahren der frühen Proletarier spielen wie in Italien. Allerdings entwickelte die russische Staatsmacht eine weit größere Aktivität bei der Mobilisierung von Kapitalien als in Italien. Typisch für Rußland war auch die Verwendung von halbfeudaler Lohnarbeit in der Manufakturindustrie, eine Erscheinung, die in Italien unbekannt blieb.

Gemeinsamkeiten im Prozeß der ursprünglichen Akkumulation in Italien und Rußland ergaben sich vor allem im Wirken des Handelskapitals und Wucherkapitals. Obwohl die italienischen Bauern im Unterschied zu ihren Klassengenossen in Rußland nicht leibeigen waren, unterlagen sie dem Zinsdruck, was auch in Italien die Herausbildung der Lohnarbeit beträchtlich erschwerte.

Als Quelle der ursprünglichen Akkumulation spielte in Rußland im Vergleich zum spanischen, portugiesischen und niederländischen Beispiel das Kolonialsystem eine bedeutend geringere Rolle. Im Zarenreich gab es keine Plantagensklaverei und auch kein Hüttenwesen nach dem Muster der kolonialamerikanischen Zwangsarbeit. Sklavenhandel war in Rußland weitgehend unbekannt und wurde nur in Ausnahmefällen praktiziert. Die von der russischen Staatsmacht und ihren Repräsentanten entwickelten Praktiken trugen weitgehend das Gepräge des Feudalzeitalters. Im Unterschied zu Spanien führte die Zarenmacht der Manufakturindustrie und dem Hüttenwesen recht umfangreiche Kapitalien zu und stimulierte damit wesentlich die ursprüngliche Akkumulation des Kapitals. Infolgedessen ging auch der Formierungsprozeß von Lohnarbeitern, die aus der Landwirtschaft kamen, in Rußland intensiver vonstatten als in Spanien und dessen überseeischen Kolonien. Interessant ist auch, daß die Finanzwirtschaft des spanischen Absolutismus weitgehend auf der Stufe des Monetarsystems verharrte, während in Rußland wohl bereits sehr früh Prinzipien des Merkantilismus zur Geltung gebracht wurden.

Übereinstimmung zwischen der russischen und spanischen Entwicklung ergaben sich im Bereich der Zwangsarbeit, die in verschiedenen Formen in beiden Ländern angewandt wurde. Die Zwangsarbeit als Quelle der Anhäufung von Kapitalien spielte eine recht wesentliche Rolle. Allerdings waren die Unterschiede in ihren Methoden, wie bereits bemerkt, häufig recht beträchtlich.

Die Geschichte der spanischen ursprünglichen Akkumulation zeigt im Unterschied zum analogen Vorgang in anderen Staaten Westeuropas tiefgreifende Unterschiede und spezifische Eigenheiten, die sie mehr mit den Prozessen der ursprünglichen Akkumulation in Verbindung bringen lassen, die in Ost- und Südosteuropa vor sich gingen. Die Entstehungsgeschichte des Kapitalismus spanischer Prägung ist gekennzeichnet durch eine bizarre Symbiose, die der aufkommende Kapitalismus mit dem

Feudalsystem, der Leibeigenschaft und Sklaverei eingeht. Wir haben hier einen aufkeimenden mittelalterlichen, leibeigenschaftlichen und sklavenhalterischen Kapitalismus vor uns, der im Hinblick auf den osteuropäischen, russischen und preußischen Weg der Entwicklung des Kapitalismus weit reaktionärere Züge trägt. Dies gilt es zu beachten, wenn man in altbekannter Manier die gesellschaftlichen Verhältnisse in Ost und West einander gegenübergestellt und vorschnell den Osten Europas in den Bereich der Rückständigkeit verweist. Weit richtiger ist, daß die Entstehungsgeschichte des Kapitalismus in Spanien und Rußland wichtige Ähnlichkeiten zeigt, die sich auch in der Abhängigkeit der spanischen und russischen Bauern äußerten.

Auch eine kurze Gegenüberstellung der russischen ursprünglichen Akkumulation mit dem bereits oft genannten analogen englischen Vorgang erscheint in der hier gebotenen Gesamtschau sinnvoll. In Rußland spielten die kolonialen Quellen der ursprünglichen Akkumulation eine weit geringere Rolle als in England. Die russischen Manufakturen erhielten im Unterschied zu denen in England umfangreiche staatliche Subsidien. Im Gegensatz zu England blieben im Zarenreich die feudalen Agrarverhältnisse noch über Jahrhunderte intakt. Eine ursprüngliche Akkumulation in der klassischen Form der englichen Einhegungsbewegung des 16. Jh. gab es in Rußland zu dieser Zeit nicht. Die Formierung der freien Manufakturarbeiter wurde in Rußland über Jahrhunderte hinweg durch das feudale Leibeigenschaftsregime auf das empfindlichste gehemmt. Die russische Leibeigenenmanufaktur ist in der englischen Geschichte unbekannt. In Rußland fehlt die siegreiche bürgerliche Revolution, die in England des 17. Jh. vor sich ging. Die Periode der industriellen Revolution setzte im Zarenreich bedeutend später ein als in England. In Rußland blieb die bäuerliche Dorfgemeinde sogar über den Zeitraum von 1861 hinaus erhalten. Der Prozeß der ursprünglichen Akkumulation verlief im Zarenreich unter der Ägide des absolutistischen Zartums. In England kam es zu einer Übereinkunft zwischen Absolutismus und bürgerlicher Revolution. In der russischen Industrie spielte das Auslandskapital nicht die Rolle, die dem holländischen in der englischen Manufakturindustrie zukam. Im Prozeß der ursprünglichen Akkumulation nahm der bäuerliche Aufkäufer und Händler in Rußland einen weit bedeutenderen Platz ein als in England .

In der Tätigkeit des russischen und englischen Kaufmanns sowie im Wirken des Handelskapitals in beiden Ländern gab es wichtige Gemeinsamkeiten. Protektionismus und Merkantilismus bildeten Praktiken sowohl des russischen als auch des englischen Absolutismus. Der Pauperismus bildete in Rußland ebenso wie in England eine wichtige Quelle für die Mobilisierung von Manufakturlohnarbeitern. Die Entwicklung der englischen Manufaktur erhielt durch die Verelendung eines Teils der freien Bauernschaft starke Impulse. Eine ähnliche Bedeutung besaß die Differenzierung der russischen Bauernschaft für die Manufakturentwicklung des Zarenreiches. Die Einverleibung weiter Teile Sibiriens in den russischen Staat und deren koloniale Durchdringung erschwerten ebenso wie die überseeischen Besitzungen Englands in beiden Staaten die Formierung der Klasse der Industriearbeiter. Sowohl in Rußland als auch in England betätigte sich der Adel als Expropriateur des bäuerlichen Grund und Bodens, wenn auch dabei unterschiedliche Praktiken angewandt wurden. In England benutzte die aufkommende Bourgeoisie die Freisetzung der unmittelbaren Produzenten durch den Adel im Sinne der Entwicklung des bürgerlichen Agrarkapitalismus. In Rußland gelangte derselbe Prozeß erst mit großer zeitlicher Verspätung zum Durchbruch und Abschluß.

Das recht buntscheckige universalhistorische Bild der ursprünglichen Akkumulation zu Beginn der Neuzeit wird um so vollständiger sein, je mehr Länder und Ländertypen zum konkreten Forschungsgegenstand gemacht werden. Wichtig wäre vor allem, auch Deutschland, die USA und Japan in diese Betrachtung einzubeziehen, wie dies zum Teil bereits geschehen ist. Die deutsche wie überhaupt im weiteren Sinne mitteleuropäische Entwicklung zeigt, worauf, wie bemerkt, Friedrich Engels hingewiesen hat, im feudalen Auflösungsbereich und bürgerlichen Entstehungsprozeß auffallende Ähnlichkeiten mit gleichen Prozessen in Osteuropa. Nötig wäre dabei auch, die Losungen des Amerikanismus von der „reinen" demokratischen Abkunft des amerikanischen Kapitalismus einer eingehenden Kritik zu unterziehen.

Der amerikanische Kapitalismus insgesamt entstand auf der Grundlage weitgehend ausgereifter kapitalistischer Formen europäischer Provenienz. Er assimilierte sich die Pauperheere der gesamten übrigen Welt. Der amerikanische Kapitalismus bildete bei seiner Formierung bereits eine Neuauflage der vorausgehenden europäisch-amerikanischen kapitalistischen Verhältnisse. Wenn vom „amerikanischen" Weg des Kapitalismus insgesamt die Rede ist, darf nicht dessen Abstammung vom System der Plantagensklaverei[88] vergessen werden.

Die hier in Thesenform entwickelte Typologie des Prozesses der ursprünglichen Akkumulation in einigen Ländern vor allem Europas zu Beginn des Zeitalters der Neuzeit bedarf im einzelnen der sorgfältigen Nachprüfung und genauesten Untersuchung dieser grundlegenden, in ihrem Erscheinungsbild so schillernden Erscheinung der Geburtsepoche der bürgerlichen Gesellschaft. Dabei kann allerdings schon jetzt gesagt werden, daß Rußland in keiner Weise aus diesem vielgesichtigen Prozeß herausfällt und Formen zeigt, die Veranlassung geben könnten, die Geltung grundlegender Gesetzmäßigkeiten, die im Wirken der ursprünglichen Akkumulation in allen Ländern zum Ausdruck kommt, für Rußland zu leugnen und das Zarenreich im Sinne der antisowjetischen Rußlandhistoriographie in den Bereich gesellschaftlicher Abnormitäten zu verbannen.

[88] B. M. Kosarev, О роли американского плантационного рабства первой половины XIX века в генезисе капитализма. In: Вопросы Истории 1970, Heft 8, S. 57–71.

P. Hoffmann

Zur Problematik der sogenannten ursprünglichen Akkumulation in Rußland

In Rußland hat sich die kapitalistische Produktionsweise in einem sehr langwierigen, vielfach gehemmten und deformierten Entwicklungsprozeß durchgesetzt. Da in Rußland die Keime des Neuen oft schwer erkennbar und in die Feudalordnung eingefügt blieben, da vor allem die Entwicklung mehrfach durch staatliche Refeudalisierungsmaßnahmen gebrochen wurde, gibt es über die Einschätzung bestimmter Vorgänge oft weit auseinandergehende Ansichten. Dabei ist der enge Zusammenhang zwischen dem allgemeinen Oberbegriff Genesis des Kapitalismus, der die gesamte sozialökonomische Struktur, die politische und auch ideologische Entwicklung mit einbezieht, und den speziellen, die kapitalistische Produktionsweise vorbereitenden Vorgängen in der sozialökonomischen Basis, die seinerzeit von Marx als sogenannte ursprüngliche Akkumulation zusammengefaßt wurden, klar herauszuarbeiten.

Zu unterscheiden ist zwischen den beiden gegenläufigen, wenn auch in sich verwobenen Prozessen einerseits dem Niedergang der Feudalordnung, andererseits der Genesis des Kapitalismus. Der Niedergang der Feudalordnung als solcher setzt bereits ein, bevor es zur Ausbildung kapitalistischer Formen kommen muß. Eine Gleichsetzung dieser beiden unterschiedlichen Entwicklungstendenzen oder auch die Gleichsetzung von Niedergang und Krisis der Feudalordnung muß zu einseitigen bzw. überspitzten Schlußfolgerungen führen. Für unsere Untersuchung steht nur der eine Prozeß, die Genesis kapitalistischer Verhältnisse im Mittelpunkt, wir werden deshalb auf verschiedene Vorgänge nicht eingehen, die den Übergang des Feudalismus in seine Spätphase, die mit dem niedergehenden Stadium gleichzusetzen ist, charakterisieren.

Bei der Untersuchung der Genesis kapitalistischer Verhältnisse in England hatte Marx seine Aufmerksamkeit vor allem auf die sich in der sozialökonomischen Basis vollziehenden Vorgänge konzentriert, auf die einfache kapitalistische Kooperation und auf die Manufaktur, die die Herausbildung kapitalistischer Verhältnisse anzeigen. Dabei stellte Marx fest, daß dem Entstehen kapitalistischer Verhältnisse eine besondere Phase vorausgeht, die er als „sogenannte ursprüngliche Akkumulation“ bezeichnete. Marx betonte dabei, daß diese ursprüngliche Akkumulation „nicht das Resultat der kapitalistischen Produktionsweise ist, sondern ihr Ausgangspunkt“[1]. Für das Entstehen kapitalistischer Produktionsverhältnisse hat Marx die notwendigen Bedingungen eindeutig formuliert: „Zweierlei sehr verschiedene Sorten von Warenbesitzern müssen sich gegenüber und in Kontakt treten, einerseits Eigner von

[1] K. Marx, Das Kapital, Bd. I. In: Marx/Engels, Werke, Bd. 23, Berlin 1962, S. 741.

Geld, Produktions- und Lebensmitteln ..., andererseits freie Arbeiter, Verkäufer der eignen Arbeitskraft und daher Verkäufer von Arbeit."[2] Diese für das Entstehen der kapitalistischen Produktionsweise angeführten Charakteristika entwickelten sich in einem langwierigen und wechselvollen Prozeß, dessen Anfänge Marx für England bis in das 15. und 16. Jh. zurückverfolgt hat.[3]

Die von Marx untersuchte klassische Entwicklung, wie sie sich in England vollzog, läßt die wesentliche Grundtendenz der kapitalistischen Entwicklung klar hervortreten; aber selbst für das englische Beispiel bedeutete das Herausarbeiten der verschiedenen Elemente der ursprünglichen Akkumulation bereits eine Abstraktion von den jeweiligen konkret-historischen Vorgängen. Entscheidend ist dabei weniger der Prozeß selbst, als das Ergebnis, eben die Entwicklung der gesellschaftlichen Arbeitsteilung auf einer höheren Stufe. Diese Grundrichtung des allgemeinen Entwicklungsprozesses ist gesetzmäßig. Konkret hat sich aber der Übergang vom Feudalismus zum Kapitalismus in jedem Lande anders vollzogen mit jeweils mehr oder weniger starken Abweichungen gegenüber dem klassischen englischen Entwicklungsgang. Eine schematische Übernahme der durch das englische Beispiel gegebenen Maßstäbe muß deshalb grundsätzlich zu Fehlinterpretationen führen.[4]

Für jede Untersuchung zu Fragen der ursprünglichen Akkumulation ist die Frage von grundsätzlicher Bedeutung, wie und unter welchen spezifischen Bedingungen sich im betreffenden Lande kapitalistische Verhältnisse herausgebildet haben. Der Vergleich mit den Vorgängen in England sagt höchstens etwas über die Besonderheiten, nichts aber über das Vorhandensein des Prozesses als solchen aus.

Wenig überzeugend erscheint mir das Vorgehen von Milov, der Genesis des Kapitalismus und ursprüngliche Akkumulation voneinander scharf zu trennen sucht, mit dem ersten Terminus den Gesamtprozeß der Herausbildung kapitalistischer Verhältnisse bezeichnet, die Anwendung des Terminus ursprüngliche Akkumulation aber auf einige spezielle, dem klassischen englischen Beispiel vergleichbare Erscheinungen beschränkt.[5] Seine Schlußfolgerung ist, daß in Rußland „der Prozeß der ursprünglichen Akkumulation in den frühen Stadien der Genesis des Kapitalismus Seite an Seite mit dem Entstehen kapitalistischer Verhältnisse verläuft, wobei dieser Prozeß nur in einzelnen konkreten Fällen zur ‚Vorgeschichte des Kapitals' wird, ohne daß es damit zur Herausbildung einer Epoche der ursprünglichen Akkumulation im Lande kommt"[6]. Diese Ausführungen fordern zum Widerspruch heraus. Natürlich lassen sich Genesis des Kapitalismus und ursprüngliche Akkumulation nicht gleichsetzen – Genesis des Kapitalismus ist der weit umfassendere Begriff, – aber beide Begriffe lassen sich auch nicht trennen, denn ohne ursprüngliche Akkumulation kann es keine Genesis des Kapitalismus geben. Die ursprüngliche Akku-

[2] Ebenda, S. 742.

[3] Ebenda, S. 771.

[4] Vgl. den Protokollband: Переход от феодализма к капитализму, Материалы всесоюзной дискуссии, Moskau 1969, S. 100.

[5] L. V. Milov, О некоторых вопросах первоначального накопления и генезиса капитализма в России. In: Вопросы истории 1969, Heft 7, S. 107.

[6] Ebenda, S. 108.

mulation schafft mit der Umgestaltung der Produktion und der Produktionsverhältnisse die Grundlage für das Heranreifen grundlegender Veränderungen in der gesamten Gesellschaftsstruktur. Im unmittelbaren Bereich der materiellen Produktion vollzieht sich die Genesis des Kapitalismus in Form der ursprünglichen Akkumulation, aber der Begriff Genesis des Kapitalismus ist nicht auf diesen Bereich einzuschränken. Und selbst wenn kapitalistische Elemente wie in Rußland in einer noch sehr unreifen, nicht klar ausgeprägten, ja sogar stark feudal deformierten Form entstehen, müssen wir bereits wesentliche Elemente der ursprünglichen Akkumulation voraussetzen.

Erschwert wird die Erforschung der verschiedenen Momente der ursprünglichen Akkumulation dadurch, daß sie meist in durch andere Erscheinungen überlagerten, nicht klar erkennbaren Formen auftreten. Das ist, wie Volkov in einem Beitrag zu unserer Thematik richtig festgestellt hat, keine Besonderheit der russischen Entwicklung. Auch in England zeigte der Prozeß der ursprünglichen Akkumulation in seiner Anfangsphase durchaus nicht „reine" Formen.[7]

Bei der Erforschung der ursprünglichen Akkumulation, darauf hat meines Erachtens Volkov richtig hingewiesen, muß das Wesen dieses Prozesses von den äußeren Erscheinungsformen klar getrennt werden. Die Vielfalt der kapitalistischen Entwicklungsformen bringt es mit sich, daß typische Einzelelemente fehlen können, ohne daß damit der Prozeß als Gesamterscheinung fehlt.[8] Gerade diese Sachlage erklärt die stark divergierenden Auffassungen der sowjetischen Historiker zu diesem Problem.

Waren noch bei den in den dreißiger Jahren in der Sowjetunion geführten Diskussionen nur wenige Teilnehmer geneigt, für die Zeit vor dem 19. Jh. in Rußland von einer ursprünglichen Akkumulation zu sprechen,[9] so hat sich seitdem dieses Bild doch erheblich gewandelt. Heute wird von vielen Historikern bei Untersuchungen zu Fragen der ursprünglichen Akkumulation das gesamte 18. Jh. und vielfach auch das 17. Jh. mit einbezogen. Für die zweite Hälfte des 18. Jh., von der an sich eine relativ gradlinige Entwicklung kapitalistischer Verhältnisse bis zu ihrer endgültigen Durchsetzung mit den bürgerlichen Reformen der sechziger Jahre des 19. Jh. verfolgen läßt, gibt es kaum Auseinandersetzungen, obwohl in Einzelfragen auch hier Divergenzen bestehen. Die Frage, wann der Prozeß der Genesis des Kapitalismus in Rußland beginnt, löst noch immer heftige Auseinandersetzungen aus, wobei sich zwei extreme Auffassungen klar gegenüberstehen: Die einen setzen die Entwicklung kapitalistischer Verhältnisse überhaupt erst mit der zweiten Hälfte des 18. Jh. – und teilweise, wie etwa Milov, sogar noch später – an,[10] sie sind geneigt alle früheren Formen entweder als unwesentlich, episodenhaft, nicht die Entwick-

[7] M. Ja. Volkov, Об особенностях первой стадии первоначального накопления в России. In: Вопросы истории 1970, Heft 10, S. 106.

[8] Ebenda, S. 111.

[9] M. D. Kurmačeva, Вопрос о первоначальном накоплении в России в советской исторической литературе. In: К вопросу о первоначальном накоплении в России (XVII–XVIII вв.), Сборник статей, Moskau 1958, S. 9.

[10] Milov, a. a. O., S. 89.

lung bestimmend abzutun oder aber als feudale Erscheinungen aus der allgemeinen Entwicklung des Kapitalismus auszuklammern. In den letzten Jahren haben Vertreter dieser eine relativ späte Genesis des Kapitalismus vertretenden Richtung ihre Auffassungen in verschiedenen Publikationen dargelegt, zuletzt in dem Kollektivbeitrag von Gindin, Danilova, Koval'čenko, Milov, Novosel'cev, Pavlenko, Rožkova und Ryndzjunskij zur Diskussion des Übergangs vom Feudalismus zum Kapitalismus. Dort lesen wir: „Aus dem Vorherrschen des Feudalsystems ergeben sich die Besonderheiten der ursprünglichen Akkumulation in Rußland. Während es in der Geschichte Englands eine Periode gibt, in der der Prozeß der ursprünglichen Akkumulation der dominierende Prozeß war, der den Charakter der Epoche bestimmte, gab es in der Geschichte Rußlands vor den Reformen, wie auch in der Geschichte vieler anderer Staaten, eine solche Periode nicht. In der russischen Variante der ursprünglichen Akkumulation treten ihre wesentlichen Momente weniger klar hervor."[11] Offensichtlich handelt es sich bei dieser Formulierung um einen Kompromiß, denn Pavlenko betont in seinen die Diskussion eröffnenden Bemerkungen ausdrücklich, daß gerade zu Fragen der ursprünglichen Akkumulation unter den Autoren des Kollektivbeitrages keine einheitliche Auffassung erzielt werden konnte.[12] Er selbst spricht bereits im 17. Jh. von der Existenz einzelner kapitalistischer Manufakturen in Rußland[13], erkennt also offensichtlich für diese frühe Zeit bereits zumindest Elemente der ursprünglichen Akkumulation auch für Rußland an. Die in dem Kollektivbeitrag gewählte Formulierung bedeutet letztlich doch, daß für Rußland die ursprüngliche Akkumulation nicht als ein vor 1861 die Entwicklung bestimmender Prozeß angesehen wird, ohne daß aber eine ursprüngliche Akkumulation selbst für frühere Zeiten geleugnet wird. Als Beweis für diese Auffassung wird auf die außerordentlich langsame Expropriierung der Bauern verwiesen. Vor 1861 hat es in Rußland bekanntlich keine Forcierung dieses Prozesses gegeben, und auch noch nach den Reformen wurde die Freisetzung der Bauern durch die weitere Existenz der Dorfgemeinschaft stark gehemmt.

Diese Beobachtungen sind natürlich richtig, sie berücksichtigen aber zu wenig, daß in Rußland der Ausgangspunkt der ursprünglichen Akkumulation ein anderer war als in England. In England überwog, als der Prozeß der ursprünglichen Akkumulation einsetzte, bereits das Privateigentum des unmittelbaren Produzenten an den Produktionsmitteln, in Rußland dagegen war das Gemeineigentum, sei es in Form des Artels in Handwerk und Gewerbe, sei es in Form der Dorfgemeinde im agrarischen Bereich, vorherrschend. Daran änderte auch nichts das Obereigentum des Feudalherrn bzw. des feudalen Staates und die seit der zweiten Hälfte des 16. Jh. sich durchsetzende Leibeigenschaft. Schon dieser andere Ausgangspunkt mußte zwangsläufig andere Erscheinungsformen der ursprünglichen Akkumulation nach sich ziehen.

[11] Переход, a. a. O., S. 39; vgl. Milov, S. 91.

[12] Переход, a. a. O., S. 109.

[13] Vgl. Schlußwort von N. I. Pavlenko, Переход, S. 367; N. Pavlenko, Zum Problem der Struktur der russischen Manufaktur im 17.–19. Jh. In: Jb. f. Gesch. d. soz. Länder Europas, Bd. 13/2, Berlin 1969, S. 111f.

Von denjenigen Historikern, die ein spätes Einsetzen der ursprünglichen Akkumulation in Rußland feststellen, wird die feudale Bindung der Arbeitskräfte an ihren Arbeitsplatz in den Manufakturen als eine Festigung des Feudalsystems aufgefaßt, nicht aber als eine Deformierung, als ein Zeichen des Niedergangs. Zu beachten ist natürlich die von Vertretern dieser Richtung vorgetragene Argumentation, daß die Entwicklung der einfachen Warenproduktion,[14] wie sie seit dem 15./16. Jh. zu beobachten ist, zwar zur Entwicklung örtlicher Märkte führte, die allmählich zu einem gesamtrussischen Markt zusammenwuchsen, aber noch nicht als kapitalistische Produktion aufgefaßt werden darf.

In der in den fünfziger Jahren über die ursprüngliche Akkumulation in Rußland geführten Diskussion stand entgegen diesem Standpunkt vor allem das 17. und 18. Jh. im Mittelpunkt. Nachdem 1955 im Band 54 der „Istoričeskie zapiski“ ausführlich über die im Institut für Geschichte an der Akademie der Wissenschaften der UdSSR geführte Diskussion berichtet worden war, wurden die dort dargelegten Grundthesen in einem Sammelband und in der Monographie von Poljanskij zu Fragen der ursprünglichen Akkumulation[15] ausführlicher entwickelt und begründet. Noch über diese Grenzen hinaus ging der Smolensker Historiker D. P. Makovskij, der schon für das 15./16. Jh. in Rußland den Beginn der Überleitung zur kapitalistischen Entwicklung ansetzte. Die meisten Fürsprecher einer relativ frühen Entwicklung des Kapitalismus in Rußland vertreten einen weniger extremen Standpunkt; sie sind der Ansicht, daß etwa seit dem 17. Jh. in Rußland eine kapitalistische Entwicklung einsetzt, daß dementsprechend auch in dieser Zeit bereits Elemente und Formen der ursprünglichen Akkumulation in Rußland vorhanden sein müssen. Für jene Historiker, die einen solchen Standpunkt vertreten, ist die Einführung der Leibeigenschaft und vor allem die mit Leibeigenen betriebene Manufaktur nicht ein Kennzeichen der Festigung des Feudalismus, sondern seines Niederganges und seiner Deformierung, wobei einmal auf den welthistorischen Zusammenhang verwiesen wird – unter diesem Aspekt ist das 17. Jh. der Beginn des Manufakturzeitalters –, zum anderen aber auch auf die rasche Entwicklung der Ware-Geld-Beziehungen, die zwar insgesamt noch nicht den feudalen Rahmen sprengen, aber doch die Aufrichtung eines absolutistischen Regimes jetzt ermöglichten. Verwiesen wird weiterhin auf den Aufschwung der gewerblichen Produktion[16]. Für die Einschätzung des Charakters der wenigen Manufakturen im Rußland des 17. Jh. wird ihr relativ hoher Entwicklungsstand hervorgehoben.[17]

M. Ja. Volkov hat darauf hingewiesen, daß sich erst mit dem Entstehen eines Arbeitskräftemarktes die Möglichkeit bietet, Geldreichtum in Kapital umzuwandeln.

[14] Vgl. A. M. Pankratova, О роли товарного производства при переходе от феодализма к капитализму. In: A. M. Pankratova, Формирование пролетариата в России, Moskau 1963, S. 472ff. (erstmals veröffentlicht in: Вопросы истории 1953, Heft 9)

[15] К вопросу о первоначальном накоплении, a. a. O., F. Ja. Poljanskij, Первоначальное накопление капитала в России, Moskau 1958.

[16] Vgl. Переход, S. 150 (Diskussionsbeitrag von S. M. Troickij).

[17] Vgl. Ebenda, S. 282 (Diskussionsbeitrag von E. I. Zaozerskaja) und S. 379 (Schlußwort von N. I. Pavlenko).

Er vertritt die Ansicht, daß damit das entscheidende Kriterium gegeben sei, um die Verelendung und Expropriierung des unmittelbaren Produzenten als Element der ursprünglichen Akkumulation von ähnlichen Erscheinungen der Pauperisierung in früheren Zeiten zu unterscheiden.[18] Da Volkov diesen Gesichtspunkt einseitig hervorhebt, andere Aspekte aber, insbesondere die Gesamtstruktur der bestehenden sozialökonomischen Verhältnisse, in seine Analyse kaum einbezieht, kommt er meiner Meinung nach zu einer zu frühen Datierung des Prozesses der ursprünglichen Akkumulation, die er als mehr oder weniger kontinuierliche Entwicklung seit dem 17. Jh. glaubt feststellen zu können. Er bagatellisiert die Bedeutung der Refeudalisierungsmaßnahmen, die mit der ersten Revision und der Fesselung der bisher freien Lohnarbeiter an die Manufakturen 1721 durchgesetzt wurden.

Für eine Gesamteinschätzung des Prozesses der ursprünglichen Akkumulation in Rußland ist zu beachten, daß sich in diesem Lande Manufakturen überwiegend nicht aus Handwerksbetrieben entwickelt haben, sondern direkt als Manufaktur gegründet wurden, wobei die in Westeuropa gesammelten Erfahrungen bewußt übernommen wurden.[19]

Bei einer solchen Einschätzung wird durchaus zugegeben, daß es in Rußland auf Grund der relativen Stärke des Feudalismus im 18. Jh. gelingen konnte, die verschiedenen neuen, kapitalistischen Elemente – zumindest für eine gewisse Zeit – in das Feudalsystem zu integrieren, ohne daß aber damit die Richtung dieses Entwicklungsprozesses grundsätzlich verändert wurde. Die Durchsetzung des Kapitalismus als allgemein herrschendes Wirtschaftssystem verzögerte sich jedoch für viele Jahrzehnte.

Die unter den sowjetischen Historikern geführten Diskussionen lassen erkennen, daß vor allem strittig ist, welche Erscheinungen notwendig sind, um bereits vom Einsetzen des Prozesses der ursprünglichen Akkumulation in Rußland sprechen zu können. Zugleich ergibt sich damit die Frage, welche anderen – zwar für England typischen – Erscheinungsformen in diesem Prozeß fehlen können oder nur in Ansätzen vorhanden zu sein brauchen, ohne den Gesamtprozeß damit in Frage zu stellen.

Der kurze Überblick über die bisher in der sowjetischen Geschichtswissenschaft geäußerten Ansichten zur Frage der ursprünglichen Akkumulation in Rußland führt zu der Schlußfolgerung, daß von einem Teil der Forscher der Begriff der ursprünglichen Akkumulation übermäßig eingeengt wird (z. B. Milov), von anderen aber dieser gleiche Begriff übermäßig ausgeweitet wird (z. B. Makovskij), wenn einerseits erst im 19. Jh., andererseits schon im 15. Jh. von ursprünglicher Akkumulation in Rußland gesprochen wird. Zu der zuletzt genannten Ansicht sei hier nur angemerkt, daß in Rußland vor dem 17. Jh. auf Grund der noch immer schwachen Entwicklung der Marktbeziehungen sowie der in weiten Gebieten des großen Reiches noch fehlenden Einbeziehung der Landbevölkerung in die allgemein nur relativ schwach entwickelte gewerbliche Produktion noch nicht von einer Genesis kapitalistischer

[18] Volkov, a. a. O., S. 101.
[19] Pavlenko, zum Problem, S. 116 f.

Verhältnisse – selbst in Teilbereichen und in deformierter Form oder als Keim – gesprochen werden kann. Auch fehlte damals noch der internationale Rahmen, der es erlauben würde, selbst schwächere Ansätze in den Gesamtprozeß mit einzubeziehen.

Die Vertreter beider Auffassungen erkennen in der Diskussion zwar die von beiden Seiten angeführten Fakten an, aber in der Interpretation und in der Wertung der Fakten bestehen sehr krasse Gegensätze.

Während es für die englische Entwicklung, die Marx seinerzeit untersucht hatte, über Inhalt und Umfang der ursprünglichen Akkumulation keine Diskussion gibt, gehen die Meinungen darüber auseinander, welche Erscheinungen in Rußland diesem Prozeß zuzurechnen sind. Um inhaltliche und terminologische Klarheit zu gewinnen, wird es notwendig sein, die seinerzeit von Marx im Gesamtzusammenhang seiner Darlegungen über die ursprüngliche Akkumulation gegebenen Hinweise sowie seine in anderem Zusammenhang zu dieser Thematik geäußerten Bemerkungen, weiterhin die speziell auf die russische Geschichte bezogenen Hinweise Lenins sorgfältig zu analysieren. Da sich in der bisherigen Diskussion beide Seiten vielfach auf die gleichen Äußerungen der Klassiker des Marxismus-Leninismus berufen, erhalten für die Untersuchung der aufgeworfenen Fragen methodische Gesichtspunkte eine besondere Bedeutung.

Marx schreibt: „Historisch epochemachend in der Geschichte der ursprünglichen Akkumulation sind alle Umwälzungen, die der sich bildenden Kapitalistenklasse als Hebel dienen.“ In einem Nachsatz erläutert dann Marx diese Feststellung durch ein Beispiel: „... vor allem aber die Momente, worin große Menschenmassen plötzlich und gewaltsam von ihren Subsistenzmitteln losgerissen und als vogelfreie Proletarier auf den Arbeitsmarkt geschleudert werden“[20]. Das Beispiel hat Marx aus der englischen Entwicklung gewählt, wir müssen die Frage stellen, welche Umwälzungen in der von Marx unter diesem Aspekt nicht untersuchten russischen Geschichte der sich herausbildenden russischen Kapitalistenklasse als Hebel dienten. Unter diesem Gesichtspunkt ist meines Wissens die Frage nach den Besonderheiten der ursprünglichen Akkumulation in Rußland bisher nicht gestellt worden. Die gewaltsame Losreißung großer Volksmassen von ihren Subsistenzmitteln ist in Rußland nicht zu einer die Entwicklung bestimmenden Erscheinung geworden. Genauso, wie sich die Bourgeoisie auf einem sehr langen, mühseligen Wege entwickelte, vollzog sich auch die Trennung des Produzenten von den Produktionsmitteln und die Herausbildung des Proletariats in einem stark gehemmten sehr qualvollen Prozeß. Die russische Entwicklung von der Mitte des 17. Jh. bis zu den bürgerlichen Reformen in der Mitte des 19. Jh. ist meines Erachtens nur dann voll zu verstehen, wenn man sie auch unter dem Blickwinkel der ursprünglichen Akkumulation, der allmählichen Vorbereitung und Durchsetzung kapitalistischer Produktionsverhältnisse, sieht. Eine solche Fragestellung bedeutet, bei der Bestimmung des Begriffs der ursprünglichen Akkumulation die Vielfalt der historischen Erscheinungen, die in diesem Prozeß in der einen oder anderen Form wirksam werden, mit einzubeziehen.

[20] K. Marx, Das Kapital Bd. I. In: Marx/Engels, Werke, Bd. 23, Berlin 1962 S. 744.

Bereits in seinem Schlußwort zu der 1955 geführten Diskussion hatte L. V. Čerepnin darauf hingewiesen, daß es notwendig sei, den Begriff „ursprüngliche Akkumulation" exakter zu fassen.[21]

Die Durchsetzung der kapitalistischen Produktionsweise ist der Abschluß eines Prozesses, dessen Spezifika für jedes einzelne Land gesondert herausgearbeitet und gewertet werden müssen. Die Elemente des Neuen sind zu analysieren, es ist zu untersuchen, inwieweit sie bereits als unmittelbare oder mittelbare Vorformen und Frühformen der sich allmählich herausbildenden kapitalistischen Produktionsverhältnisse anzusehen sind.

Die Genesis der kapitalistischen Produktionsweise kann nicht von der ursprünglichen Akkumulation getrennt werden. In dem Augenblick, in dem kapitalistische Produktionsverhältnisse erkennbar sind, muß der Prozeß der ursprünglichen Akkumulation bereits eingesetzt haben.

Die russische Entwicklung zeigt in der Herausbildung des Kapitalismus gegenüber dem klassischen englischen Beispiel so starke Besonderheiten und Abweichungen, daß – trotz der grundsätzlichen Gleichartigkeit des Entwicklungsprozesses zum Kapitalismus hin – die Einordnung der russischen Entwicklung in den welthistorischen Prozeß Schwierigkeiten bereitet. Die Elemente der kapitalistischen Entwicklung sind anfangs oft nur in einer stark feudal deformierten Form vorhanden und deshalb nicht immer klar erkennbar.

Bestimmte Erscheinungen, die später als Teilmomente in der ursprünglichen Akkumulation von Bedeutung wurden, lassen sich bis weit in die Vergangenheit zurückverfolgen, sie treten als sporadische Erscheinung schon in früheren Gesellschaftsformationen auf. So ist die Anhäufung von Reichtum zwar eine Voraussetzung der kapitalistischen Produktion, die Schatzanhäufung wird aber erst dann zu einem Element der ursprünglichen Akkumulation, wenn die Besitzer dazu übergehen, ihren Reichtum in der Produktion für den Markt anzulegen und Lohnarbeiter zu beschäftigen. Da in bestimmten Produktionszweigen – vor allem im Bergbau und in der Salzsiederei – bereits früh relativ große Betriebe entstehen,[22] die vielfach auch bereits für den Markt produzieren, ist es schwer, die Phasen des allmählichen Übergangs zu kapitalistischen Verhältnissen abzugrenzen, damit auch im Einzelfall exakt festzustellen, ab wann wir von ursprünglicher Akkumulation im betreffenden Bereich sprechen können. Auf alle Fälle dürfte es verfehlt sein, mit dem Entstehen eines einzelnen größeren Betriebes oder in dem Vorhandensein einer reichen Familie schon den Beginn einer eigenen Phase der ursprünglichen Akkumulation ansetzen zu wollen. Solche der allgemeinen Entwicklung vorauseilenden Einzelerscheinungen verdienen zwar als erste Elemente der neuen Entwicklungstendenz Aufmerksamkeit, sie müssen aber im Gesamtzusammenhang gesehen und dürfen keinesfalls verabsolutiert oder überwertet werden.

[21] Vgl. Научно-теоретическая конференция о первоначальном накоплении в России. In: Исторические записки, Bd. 54, Moskau 1955, S. 429.

[22] Vgl. E. I. Zaozerskaja, У истоков крупного производства в русской промышленности XVI–XVII веков. К вопросу о генезисе капитализма в России, Moskau 1970.

1955 hatte Kafengauz in der Diskussion darauf hingewiesen, daß unter bestimmten Bedingungen auch rein feudal erscheinende Zwangsmaßnahmen zu Teilmomenten der ursprünglichen Akkumulation werden können,[23] wenn sie direkt oder indirekt die Entwicklung von Handel und Gewerbe stimulieren oder aber zu einer – wenn auch nur teilweisen – Expropriierung der unmittelbaren Produzenten führen und damit zur Entwicklung kapitalistischer Elemente beitragen. Dieser richtige Gedanke birgt in sich jedoch die Gefahr, den Begriff der ursprünglichen Akkumulation unzulässig auszuweiten, wenn der größere Gesamtzusammenhang nicht genügend beachtet bleibt. Marx hatte durchaus feudale Zwangsmaßnahmen als Teilmoment der ursprünglichen Akkumulation für die englische Entwicklung festgestellt; er schrieb: „Vielmehr ... schuf der große Feudalherr ein ungleich größeres Proletariat durch gewaltsame Verjagung der Bauernschaft von dem Grund und Boden, worauf sie denselben feudalen Rechtstitel besaß wie er selbst, und durch Usurpation des Gemeindelandes."[24] In Rußland spielte die gewaltsame Vertreibung von Grund und Boden keine entscheidende Rolle, vorherrschend war die allmähliche, qualvolle Expropriation durch erzwungene Arbeit in Manufakturen oder auf den feudalen Gütern, die die Bauern ruinierte.[25] Die Flucht als Form der Expropriation spielte im 18. Jh. eine recht beachtliche Rolle. Immerhin bestand ein relativ großer Teil der Arbeitskräfte beim Aufbau der Uralindustrie im ersten Viertel des 18. Jh. aus geflüchteten ehemaligen Bauern.

Lenin hat die Entwicklung in England von der in Rußland ausdrücklich abgehoben, wenn er bei seinen allgemeinen Darlegungen des Entwicklungsprozesses des Kapitalismus darauf hinweist: „Vor der kapitalistischen Ära fand, wenigstens in England, Kleinbetrieb statt, auf der Grundlage des Privateigentums des Arbeiters an den Produktionsmitteln."[26] In England bestand, wie Lenin weiter darlegt, die ursprüngliche Akkumulation im wesentlichen „in der Expropriation dieser unmittelbaren Produzenten, d. h. in der Auflösung des auf eigner Arbeit beruhenden Privateigentums"[27]. Für Rußland war dieses Privateigentum des kleinen Produzenten eine Ausnahmeerscheinung, es überwog – auf Grund besonderer hier nicht zu untersuchender historischer Bedingungen – das Gemeineigentum. Damit ergibt sich die Frage, welche Besonderheiten im Prozeß der ursprünglichen Akkumulation sich aus diesem veränderten Ausgangspunkt ergeben, was wir für Rußland als die wesentlichen Charakteristika der ursprünglichen Akkumulation anzusehen haben. Eine solche Fragestellung ist durchaus legitim, wenn man davon ausgeht, daß eine kapitalistische Produktion ohne vorhergehende ursprüngliche Akkumulation nicht möglich ist, sofern sich der Kapitalismus im Innern eines Landes durchsetzt und nicht – wie etwa in Kolonien – importiert wird.

[23] Научно-теоретическаиа конференция, a. a. O., S. 420.

[24] K. Marx, Das Kapital Bd. I. In: Marx/Engels, Werke, Bd. 23, Berlin 1962, S. 746.

[25] Vgl. N. I. Pavlenko, О некоторых сторонах первоначального накопления в России (по материалам XVII–XVIII вв.). In: Исторические записки, Bd. 54, Moskau 1955, S. 385, 390.

[26] W. I. Lenin, Was sind die „Volksfreunde" und wie kämpfen sie gegen die Sozialdemokratie? In: Lenin, Werke, Bd. 1, Berlin 1968, S. 165. [27] Ebenda.

Schon von den Narodniki war die Frage erbittert diskutiert worden, welche Rolle die Dorfgemeinde in der Entwicklung Rußlands spielen werde. Eine entsprechende Anfrage war seinerzeit von Vera Zasulič Karl Marx in einem Brief vorgelegt worden. Für wie schwierig Marx diese Frage hielt, beweisen seine drei Entwürfe zur Antwort auf diesen Brief. Im ersten Entwurf stellte Marx fest: Die klassische Entwicklung des Kapitalismus ist „in letzter Instanz die Verwandlung einer Form des Privateigentums in eine andere Form des Privateigentums" und kommt zu der Frage: „. . . läßt sich diese Entwicklung" auf Rußland, wo das Land niemals Privateigentum der Bauern war, „anwenden"?[28] Im zweiten Entwurf wird diese Frage nicht wiederholt, sondern es wird festgestellt, daß man, wenn man in Rußland die kapitalistische Produktion einführen will, damit beginnen muß, „das Gemeineigentum abzuschaffen und die Bauern, d. h., die große Masse des Volkes, zu expropriieren."[29] Er betont in diesem Zusammenhang, daß bei dem eigenen Entwicklungsgang in Rußland „der westliche Präzedenzfall hier überhaupt nichts beweisen" würde.[30] In der endgültigen Antwort vom 8. Mai 1881 sind diese Gedanken weiter abgeschwächt. Dort lesen wir: Bei der Entwicklung „im Westen handelt es sich um die *Verwandlung einer Form des Privateigentums in eine andere Form des Privateigentums*. Bei den russischen Bauern würde man im Gegenteil *ihr Gemeineigentum in Privateigentum umwandeln*." (Hervorhebungen von Marx – P. H.) Marx fährt dann fort: „Die im ‚Kapital' gegebene Analyse enthält also keinerlei Beweise – weder für noch gegen die Lebensfähigkeit der Dorfgemeinde . . ."[31] Wenn man diese Ausführungen verallgemeinert, gelangt man zur Schlußfolgerung, daß die von Marx untersuchte spezifische Form der ursprünglichen Akkumulation, wie sie sich in England vollzog, keinen unmittelbaren Aussagewert für die andersgeartete Entwicklung in Rußland hat, in der ja nicht das auf persönlicher Arbeit gegründete Privateigentum an Produktionsmitteln Ausgangspunkt der ursprünglichen Akkumulation war, sondern Formen des kollektiven Eigentums, sei es im Artel der Handwerker und Arbeitsleute, sei es in der Obščina der Bauern.

Marx, der sich in seinen letzten Lebensjahren sehr intensiv mit russischen Verhältnissen beschäftigt hatte, hielt die ihm zur Verfügung stehenden Angaben offensichtlich nicht für ausreichend, um weiterführende Schlußfolgerungen daraus zu ziehen. Die große Gewissenhaftigkeit von Marx gerade bei der Formulierung grundsätzlicher theoretischer Probleme für eine Veröffentlichung hat Engels in seinem Vorwort zum zweiten Band des Kapitals ausdrücklich hervorgehoben.[32]

Auf die uns interessierende Frage ist Marx nicht eingegangen. Bei Lenin finden sich einige allgemeine Bemerkungen,[33] aber in der Auseinandersetzung mit den

[28] K. Marx, [Entwürfe einer Antwort auf den Brief von V. I. Sassulitsch]. In: Marx/Engels, Werke, Bd. 19, Berlin 1962, S. 384.
[29] Ebenda, S. 396.
[30] Ebenda, S. 397.
[31] Ebenda, S. 243.
[32] K. Marx, Das Kapital, Bd. II. In: Marx/Engels, Werke, Bd. 24, Berlin 1963, S. 8.
[33] W. I. Lenin, Die Entwicklung des Kapitalismus in Rußland. In: Lenin, Werke, Bd. 3, Berlin 1968, S. 55ff.

Narodniki stand für ihn nicht die Frage des Entstehens kapitalistischer Verhältnisse in Rußland im Mittelpunkt, sondern der Nachweis, daß sich im russischen Dorf trotz der weiterbestehenden Dorfgemeinschaft der Kapitalismus bereits durchgesetzt hatte, obwohl die Mir-Verfassung nicht liquidiert worden war. Dabei spielte, wie Lenin herausgearbeitet hat, vor allem das Heimgewerbe, die Kustarindustrie, eine große Rolle. Damit erhält für Rußland das Problem der Expropriierung des unmittelbaren Produzenten einen von der englischen Entwicklung völlig abweichenden Aspekt, es verliert für Teilbereiche der Entwicklung der kapitalistischen Wirtschaft seine vorrangige Bedeutung, ohne daß aber deshalb das Vorhandensein einer ursprünglichen Akkumulation zu leugnen ist.

Kommen wir auf unsere oben gestellte Frage zurück: Welche Besonderheiten ergeben sich für die ursprüngliche Akkumulation in Rußland? Relativ gut erforscht ist der eine Aspekt der ursprünglichen Akkumulation – das Entstehen einer Schicht von „Eignern von Produktionsmitteln". Die Anhäufung von Reichtum ist in Rußland eine weit zurückzuverfolgende Erscheinung. Die Stroganov begründeten ihren Reichtum bereits im 15./16. Jh.[34] Gut untersucht sind auch die Handelsunternehmungen der Kalmykov, die in der zweiten Hälfte des 17. Jh. den Wolgahandel beherrschten.[35] In beiden Fällen geht es um Handelskapital, wie es durchaus mit feudalen Verhältnissen vereinbar ist. Es dreht sich hier – zumindest vom Ansatz her – noch nicht um eine Erscheinung der ursprünglichen Akkumulation, obwohl eine Abgrenzung schwierig ist, denn sowohl die Kalmykov als auch die Stroganov wie auch andere Großkaufleute begannen bereits im 17. Jh. – teilweise noch früher – zumindest Teile ihrer vorwiegend im Handel erworbenen Reichtümer in der Produktion anzulegen;[36] die Stroganov gehörten zu den wenigen einflußreichen Familien, denen in einer späteren Zeit der Sprung vom Feudalherrn zum kapitalistischen Unternehmer gelang. Vorerst zeugt die Entwicklung des Handelskapitals nur davon, daß der Feudalismus in seine Spätphase eingetreten ist.

Auch wenn bereits relativ früh eine Anlage der im Handel, durch Monopolrechte usw. erworbenen Vermögen in der Produktion nachweisbar ist, bleibt strittig, wann diese Anhäufung von Reichtum in Rußland zu einem Moment der ursprünglichen Akkumulation wird, denn dazu ist nicht der Einsatz in der Produktion schlechthin notwendig, sondern es muß sich um kapitalistische Produktion handeln. Diese Frage ist also unmittelbar von der Beantwortung der anderen Frage abhängig, ab wann man in Rußland von kapitalistischer Produktion und damit von einer Genesis des Kapitalismus, dementsprechend also auch von ursprünglicher Akkumulation sprechen kann. Die von Marx seinerzeit für England angeführten Quellen für die Bildung großer Kapitalien – „Kolonialsystem, Staatsschulden, Steuerwucht, Protektion, Handelskriege usw."[37] – finden wir fast alle, wenn auch teilweise mit

[34] Vgl. A. A. Vvedenskij, Дом Строгановых в XVI–XVII веках, Moskau 1962.

[35] N. A. Baklanova, Торгово-промышленная деятельность Калмыковых во второй половине XVII в. К истории формирования русской буржуазии, Moskau 1959.

[36] Vgl. Volkov, a. a. O., S. 106.

[37] K. Marx, Das Kapital, Bd. I. In: Marx/Engels, Werke, Bd. 23, Berlin 1962, S. 785.

unterschiedlicher Wertigkeit, in Rußland seit dem 17. Jh. als die Entwicklung in steigendem Maße beeinflussende Faktoren. Das Entstehen von Handelskapital deutet auf eine stärkere Entwicklung bürgerlicher, aber noch nicht kapitalistischer Verhältnisse hin, wie sie sich in der russischen Stadtgeschichte des 17. Jh. widerspiegeln.[38] Dieses Städtebürgertum bleibt noch über lange Zeit ein Stand der feudalen Gesellschaft, zeigt noch keine Tendenzen zu einem Hinüberwachsen zur modernen kapitalistischen Bourgeoisie. Damit gehört das Entstehen und die Entwicklung des russischen Städtebürgertums des 17. Jh. und auch noch des 18. Jh. nicht zum Prozeß der ursprünglichen Akkumulation, obwohl diese Entwicklung notwendige Voraussetzungen dafür schuf. Die sich in Rußland seit dem 15. Jh. stärker entwickelnde Warenwirtschaft sprengte noch nicht den Rahmen der bestehenden Feudalordnung. Es scheint mir jedenfalls falsch zu sein, Warenwirtschaft und Kapitalismus ohne weiteres gleichzusetzen. Erst eine relativ hoch entwickelte Warenwirtschaft schafft die Voraussetzung für das Entstehen kapitalistischer Verhältnisse, wobei durchaus nicht die Größe des Betriebes ausschlaggebend ist, sondern seine Struktur. Zaozerskaja hat meines Erachtens zu Recht darauf hingewiesen, daß beispielsweise die größeren Unternehmen in der Salzsiederei im 17. Jh. noch nicht Manufakturcharakter tragen, sondern auf der Stufe der einfachen Kooperation stehen.[39] Bis zur kapitalistischen Kooperation und gar zur Manufaktur blieb noch ein gutes Stück Weg.

Nach den grundlegenden Publikationen sowjetischer Forscher wird die Entwicklung der Warenwirtschaft in Rußland im 17. Jh. nicht mehr bezweifelt, Diskussionen gibt es aber darüber, wie diese Entwicklung einzuschätzen ist. In Ansätzen und Einzelfällen sind in jener Zeit unter dem Einfluß der internationalen Entwicklung bereits Frühformen des Kapitalismus als sporadische Erscheinung aufgetreten, die aber noch nicht tendenzbestimmend wurden und deshalb nicht verabsolutiert werden dürfen. Isaev hat folgende interessante Beobachtung gemacht: Auf der frühen Stufe der kapitalistischen Produktion (im 17. und in der ersten Hälfte des 18. Jh.) entstehen die Voraussetzungen für eine kapitalistische Produktion nur in sehr eng begrenzten Kreisen der Großkaufmannschaft, seit der Mitte des 18. Jh. aber in breiten Schichten der Bevölkerung, wie vor allem die rasche Entwicklung des Heimgewerbes, der einfachen kapitalistischen Kooperation, der heterogenen und der zentralisierten Manufaktur deutlich beweist.[40] Zu erklären wäre diese Erscheinung damit, daß im 17. und in der ersten Hälfte des 18. Jh. sich die Entwicklung des Kapitalismus vorwiegend unter dem Einfluß des Außenmarktes vollzog, dessen Aus-

[38] Vgl. K. N. Serbina, Очерки из социально-экономической истории русского города. Тихвинский посад XVI–XVIII вв., Moskau/Leningrad 1951; A. C. Merzon/Ju. A. Tichonov, Рынок Устюга Великого в период складывания всероссийского рынка (XVII век), Moskau 1960; Русское государство в XVII веке. Новые явления в социально-экономической, политической и культурной жизни. Сборник статей Moskau 1961.

[39] Vgl. Zaozerskaja, У истоков, a. a. O., S. 447; vgl. zu diesem Problem auch den im vorliegenden Band veröffentlichten Beitrag von N. I. Pavlenko.

[40] G. S. Isaev, Роль текстильной промышленности в генезисе и развитии капитализма в России 1760–1860, Leningrad 1970, S. 4.

wirkungen kaum über die Kreise der reichen Kaufmannschaft und die staatliche Sphäre hinausgingen. Seit der zweiten Hälfte des 18. Jh. wurde dann der Binnenmarkt zum entscheidenden Stimulans der Entwicklung, womit breiteste Bevölkerungsschichten in diese Entwicklung hineingerissen wurden.

Der andere Teilaspekt der ursprünglichen Akkumulation – das Entstehen einer besonderen Schicht von „Verkäufern der eigenen Arbeitskraft und daher Verkäufern von Arbeit“ – ist weit stärker umstritten. Ab wann können wir in Rußland von einem Arbeitskräftemarkt – und sei es auch nur in ersten Ansätzen – sprechen? Da die massenweise Freisetzung von Arbeitskräften, die für die Entwicklung in England charakteristisch war, in der russischen Geschichte fehlt – auch die bürgerlichen Reformen haben in diesem Prozeß, da die Dorfgemeinde weiter bestehen blieb, nur für Teilbereiche eine endgültige Lösung gebracht – ist auch die Entwicklung eines Arbeitskräftemarktes in Rußland erst relativ spät erkennbar. Von den ersten Ansätzen im 17. Jh. bis zum letzten Drittel des 18. Jh. vollzog sich nur eine sehr allmähliche, in sich mehrfach durch Gewaltmaßnahmen der absolutistischen Regierung gebrochene Entwicklung.

Etwa seit den sechziger Jahren des 18. Jh. bildete sich dann in Rußland ein echter Arbeitskräftemarkt heraus – aber es waren in der Regel keine doppelt freien Lohnarbeiter, sondern Leibeigene, die mit Genehmigung ihrer Herren sich Lebensunterhalt, Staatssteuer und Kopfzins (Obrok) durch Arbeit in der Manufaktur verdienten, die als Verkäufer ihrer Arbeitskraft auf diesem Markt in Erscheinung traten.

Gerade das Problem der Arbeitskräfte, oft zugespitzt zur Frage des „doppelt freien Lohnarbeiters“, ist in der Auseinandersetzung um Fragen der ursprünglichen Akkumulation in Rußland zu einem Angelpunkt geworden.

Marx betont für die Expropriierung des ländlichen Produzenten und damit für den für unsere Fragestellung entscheidenden Aspekt der ursprünglichen Akkumulation: „Ihre Geschichte nimmt in verschiedenen Ländern verschiedene Färbung an und durchläuft die verschiedenen Phasen in verschiedener Reihenfolge und in verschiedenen Geschichtsepochen, nur in England . . . besitzt sie die klassische Form.“[41] Diese Feststellung kann, ohne den Sinn zu verfälschen, auch auf den Gesamtprozeß der ursprünglichen Akkumulation übertragen werden, hat doch Marx an anderer Stelle für die Akkumulation von Kapitalien ausdrücklich festgestellt, daß sich „die verschiedenen Momente der ursprünglichen Akkumulation . . . mehr oder minder in zeitlicher Reihenfolge“ aufgliedern können.[42] Eine solche von Marx unter chronologischem und territorialem Aspekt konstatierte, aber nicht eingehender untersuchte Aufgliederung des Gesamtprozesses der ursprünglichen Akkumulation läßt sich in der russischen Entwicklung unter einem systematischen Aspekt erkennen: Der unmittelbare Produzent wird zuerst von den Produktionsmitteln getrennt, d. h. als Bauer aus dem Gemeinbesitz an Produktionsmitteln ausgeschlossen, und erst sehr viel später erhält dieser noch feudalabhängige Arbeiter dann auch die persön-

[41] K. Marx, Das Kapital, Bd. I. In: Marx/Engels, Werke, Bd. 23, Berlin 1962, S. 744.
[42] Ebenda, S. 779.

liche juristische Freiheit und wird damit zum doppelt freien Lohnarbeiter. Untersuchen wir diesen Vorgang unter dem Aspekt der ursprünglichen Akkumulation:

Für England ist es charakteristisch, daß der persönlich freie, vom Lande verjagte ehemalige Bauer zum Proletarier wird, daß also der wesentliche Prozeß der ursprünglichen Akkumulation in der Befreiung der bereits persönlich freien Arbeitskräfte von den Produktionsmitteln besteht. Aber Marx läßt durchaus auch andere Varianten zu. Er schreibt: „Worauf kommt die ursprüngliche Akkumulation des Kapitals, d. h. seine historische Genesis, hinaus? *Soweit sie nicht unmittelbare Verwandlung von Sklaven und Leibeignen in Lohnarbeiter, also bloßer Formwechsel ist,* bedeutet sie nur die Expropriation der unmittelbaren Produzenten ..."[43] Den von mir hervorgehobenen Nebensatz bezieht Marx auf den agrarischen Bereich. Zu einer ganz ähnlichen Schlußfolgerung ist auch Lenin gekommen, wenn er schreibt, daß die „theoretische These, der Kapitalismus erfordere den freien, landlosen Arbeiter, häufig allzu schablonenmäßig verstanden wird"[44]. Er fügt hinzu, daß das „als Grundtendenz ... ganz richtig" ist, daß aber der Kapitalismus außerordentlich mannigfaltige Formen vorfindet, denen er sich in seiner Entwicklung anpaßt. Dazu gehört offensichtlich die von Marx nicht untersuchte Umwandlung des in der industriellen Produktion beschäftigten Leibeigenen in den Lohnarbeiter; dieser Leibeigene wird mit den Reformen von 1861 unmittelbar zum Proletarier. Es tritt der von Marx als eine Variante der ursprünglichen Akkumulation durchaus anerkannte „bloße Formwechsel" ein, wobei dieser Formwechsel in einem langwierigen Prozeß vorbereitet und dann mit den Reformen der sechziger Jahre des 19. Jh. abgeschlossen wurde.

In Rußland war die Epoche des Niedergangs des Feudalismus für einige Jahrzehnte mit einer vorübergehenden, relativen Festigung der Feudalverhältnisse verbunden. Die sich entwickelnden kapitalistischen Verhältnisse wurden deshalb stärker deformiert, sie sind im Anfangsstadium weniger klar als solche erkennbar, obwohl diese neuen Verhältnisse bereits den Übergangsprozeß kennzeichnen. Das Problem der Trennung des unmittelbaren Produzenten von den Produktionsmitteln illustriert diese in sich widersprüchliche Entwicklung besonders deutlich. Zu Recht hat Milov darauf verwiesen, daß als Einzelerscheinung solche „Trennung" in allen Formen der Klassengesellschaft vorkommen kann,[45] daß es in jedem Fall auf den Gesamtzusammenhang der gesellschaftlichen Entwicklung ankommt. Aber er vergißt, daß dieser Gesamtzusammenhang nicht nur im Rahmen des einzelnen Gebietes oder Landes zu sehen ist, sondern unter welthistorischem Aspekt. Und da ist eben das 18. Jh. eine Zeit der raschen Entwicklung kapitalistischer Verhältnisse, in die Rußland mit einbezogen ist. Die russische Wirtschaft muß auf die neuen internationalen Tendenzen reagieren. Von Milov selbst wird angeführt, daß die russische Manufakturproduktion zu wesentlichen Teilen ins Ausland exportiert wurde,[46] womit doch zumindest diese Produktionszweige in den sich bildenden kapitalistischen Weltmarkt einbezogen wurde. Es gelang in Rußland, die kapitalistischen Produktions-

[43] Ebenda, S. 789.
[44] W. I. Lenin, Die Entwicklung des Kapitalismus. In: Lenin, Werke, Bd. 3, Berlin 1968, S. 173.
[45] Milov, a. a. O., S. 94; Pavlenko, O некоторых a. a. O., S. 383.
[46] Переход, S. 351 f.

verhältnissen entsprechende Arbeitsorganisation in der Manufaktur der noch herrschenden Feudalordnung anzupassen, indem vor allem nach 1721 überwiegend Leibeigene in der Produktion beschäftigt wurden. Der Prozeß der Akkumulation war aber in diesen Betrieben nicht mehr rein feudal, er zeigte wesentliche Züge der kapitalistischen Akkumulation. Diese Feststellung gilt nicht nur für das Berg- und Hüttenwesen, sondern auch für andere Produktionszweige, in denen sich die Possessionsmanufaktur zeitweilig durchsetzen konnte.

Die notwendige rasche Erweiterung der Produktion verlangte die Trennung des unmittelbaren Produzenten von den Produktionsmitteln – es vollzieht sich der Übergang zu teilweise schon sehr großen Manufakturen mit bis zu zehntausend Arbeitskräften, vor allem im Berg- und Hüttenwesen. Aber diese Trennung des unmittelbaren Produzenten von den Produktionsmitteln wurde vollzogen, ohne die Feudalverhältnisse anzutasten, d. h. sie war nicht von der persönlichen Freiheit des unmittelbaren Produzenten begleitet, sondern diese persönliche Freiheit war erst das Ergebnis eines langwierigen Prozesses. Aber auch das ist durchaus keine Besonderheit der russischen Entwicklung. Lenin stellte fest: „Wenn die Manufakturperiode des Kapitalismus nicht einmal in Westeuropa imstande war, die industriellen Arbeiter von der Landwirtschaft völlig zu lösen, dann mußte sich dieser Prozeß in Rußland, bei dem Weiterbestehen vieler Institutionen, die die Bauern an die Scholle fesseln, unweigerlich verzögern.“[47]

Bei der ursprünglichen Akkumulation handelt es sich noch nicht, das müssen wir immer im Auge behalten, um die kapitalistische Produktion selbst, sondern um ihre Vorbereitung und Einführung. Das Wesen der ursprünglichen Akkumulation ist es, wie Marx betont hat, daß „sie statt historisches Resultat historische Grundlage der spezifisch kapitalistischen Produktion ist.[48]“ Letztlich ist – wie Marx an anderer Stelle in Auseinandersetzung mit bürgerlichen Ökonomen, die nur den juristischen Aspekt dieses Prozesses erkannten, – die ursprüngliche Akkumulation nur „der historische Scheidungsprozeß von Produzent und Produktionsmitteln“[49], oder anders ausgedrückt, der Geburtsprozeß von Kapital und Lohnarbeit. In Rußland vollzog sich dieser Prozeß besonders qualvoll und in sich widersprüchlich.

Die russische Entwicklung kennt die weit verbreitete Erscheinung, daß Leibeigene mit Genehmigung ihrer Herren in die Manufakturen gehen, also als Verkäufer von Arbeitskraft auf dem Markt auftreten, bevor sie „aufgehört hatten, an die Scholle gefesselt und einer anderen Person leibeigen oder hörig zu sein“[50].

Isaev hat diese Tatsache in folgende Worte gekleidet: „In Rußland blieben die Bauern juristisch an das Land und an den Gutsherrn gebunden, aber sie arbeiteten regelmäßig in den Manufakturen, ihr weiteres Schicksal war mit den Manufakturen verbunden, faktisch beschäftigten sie sich kaum noch mit der feudalen Wirtschaft, sie hatten sich im Grunde genommen bereits von ihr gelöst[51]“.

Wir haben es hier mit einer feudal deformierten Form der Lohnarbeit zu tun, die

[47] W. I. Lenin, Die Entwicklung des Kapitalismus. In: Lenin, Werke, Bd. 3, Berlin 1968, S. 443.
[48] K. Marx, Das Kapital, Bd. I. In: Marx/Engels, Werke, Bd. 23, Berlin 1962, S. 652.
[49] Ebenda, S. 742. [50] Ebenda, S. 743.
[51] Isaev, a. a. O., S. 7.

aber bereits eindeutig zur kapitalistischen Lohnarbeit tendierte und die Trennung des unmittelbaren Produzenten von den Produktionsmitteln (von der feudalen Wirtschaft) einleitete.

Die Trennung des unmittelbaren Produzenten von den Produktionsmitteln ist hier in der Manufaktur bereits vollzogen; durch die Arbeit in der Manufaktur wird auch die allmähliche Trennung von der Landwirtschaft vorbereitet. Es ist das, wie Pavlenko richtig feststellt, eine „langsame und deshalb qualvolle Expropriation",[52] die meiner Meinung nach – diese Schlußfolgerung zieht Pavlenko nicht – als besondere Form der ursprünglichen Akkumulation in Rußland zu betrachten ist.

Die Einordnung der frühen Formen der Lohnarbeit, der Arbeit nach Vertrag (Podrjad), bereitet in der russischen Entwicklung größere Schwierigkeiten. Lohnarbeit läßt sich bis weit in die Vergangenheit zurückverfolgen. Aber welches Merkmal läßt die Lohnarbeit zur kapitalistischen Lohnarbeit werden? Ausschlaggebend ist nicht der Umfang der Anwendung von Lohnarbeit, sondern ihre Qualität. Nur dann beginnt, wie Poršnev nachwies, die Lohnarbeit die feudalen Fesseln zu sprengen, „wenn das Kapital die materiellen Bedingungen und damit die Organisation der großen Produktion in seine Hände nimmt." Erst dann „wird das Lohnverhältnis mit dem entsprechenden ökonomischen Inhalt ausgefüllt"[53]. Die Abgrenzung ist vor allem deshalb schwierig, weil ein allmähliches Hinüberwachsen in die neue Qualität entsprechend dem allmählichen Heranwachsen kapitalistischer Verhältnisse stattfindet. Und doch läßt sich, wie Poršnev in seiner Studie feststellt, keine direkte Linie von den verschiedenen Formen des Naim, Podrjad bis zur Vorgeschichte und Geschichte des Proletariats ziehen.[54] Deshalb ist Milovs These, die er in seinem Beitrag über die ursprüngliche Akkumulation darlegt, nicht ohne weiteres von der Hand zu weisen. Milov schreibt dort: „Die Formen des Podrjad können in vielen Fällen typisch feudal sein, obwohl sie im Prinzip auch rein kapitalistisch sein können."[55] Wenn in einer Quelle von einem Verdingen (Naim) zu dauerndem Dienst[56] die Rede ist, dann handelt es sich offensichtlich nicht um Lohnarbeit im kapitalistischen Sinne. In anderen Fällen ist die Abgrenzung weit schwieriger. Milov verkennt meines Erachtens, daß es zwischen den beiden Extremen, der noch typisch feudalen und der bereits rein kapitalistischen Lohnarbeit, auch eine Vielzahl von Zwischenstufen und Übergangsformen geben kann, die feudale und kapitalistische Elemente in sich vereinigen, die trotz feudaler Form bereits zu neuen, kapitalistischen Verhältnissen überleiten und damit zum Problemkreis der ursprünglichen Akkumulation in Rußland gehören. Volkov hat zu Recht auf die Tatsache hingewiesen, daß die Terminologie der Quellen durchaus nicht eindeutig ist, daß man also nicht grundsätzlich Lohnarbeit erwarten darf, wenn in den Quellen Termini wie Naim, Podrjad usw. gebraucht werden.[57] Hinter diesen Termini können sich von unserer heutigen Sicht aus völlig andersgeartete Beziehungen verbergen.

[52] Pavlenko, O некоторых, S. 390.
[53] B. F. Poršnev, Очерк полилической экономии феодализма, Moskau 1956, S. 139.
[54] Ebenda, S. 157. [55] Milov, a. a. O., S. 100.
[56] A. P. Glagoleva, Олонецкие заводы в первой четверти XVIII века, Moskau 1957, S. 77.
[57] Volkov, a. a. O., S. 104.

Eine allmähliche Überleitung zu kapitalistischen Formen der Lohnarbeit scheint mir für Rußland etwa seit der zweiten Hälfte des 17. Jh. zumindest für die wirtschaftlich am stärksten entwickelten Gebiete gegeben zu sein, auch wenn die weitere Entwicklung keineswegs geradlinig verlaufen ist. Auf die komplizierte Verflechtung feudaler und kapitalistischer Verhältnisse im Prozeß der ursprünglichen Akkumulation hat u. a. für Sibirien Z. G. Karpenko aufmerksam gemacht.[58]

Wenn wir zu einer richtigen Einordnung der geschilderten Vorgänge kommen wollen, müssen wir die Frage zu beantworten suchen, ab wann und unter welchen Umständen es in Rußland zur Herausbildung solcher gesellschaftlicher Verhältnisse gekommen ist, die unmittelbar zum Kapitalismus überleiten, die bereits wesentliche Merkmale der kapitalistischen Produktionsweise in sich vereinigen. Die einfache Kooperation und in gewissen Grenzen sogar die Manufaktur sind durchaus mit dem Feudalismus vereinbar. Um die gestellte Frage zu beantworten, sind außer den Entwicklungstendenzen innerhalb des jeweiligen Betriebes vor allem die allgemeine gesellschaftliche Entwicklung zu berücksichtigen. Die Forderung von Milov, daß in diesem Zusammenhang eine Untersuchung der Finanzen der betreffenden Betriebe notwendig sei,[59] ist nur zu begrüßen, obwohl solche Forschungen alleine ebenfalls keine vollständige Auskunft geben können. Gerade das Eisenhüttenwesen, in dem bis 1861 überwiegend feudalabhängige Arbeitskräfte beschäftigt wurden, war schon in der ersten Hälfte des 18. Jh. in die kapitalistische Entwicklung mit einbezogen worden, weniger über den Binnenmarkt, als über den sich herausbildenden kapitalistischen Weltmarkt, was bei einer Einschätzung berücksichtigt werden muß.

Die Anpassung des Feudalsystems an die sich international herausbildenden kapitalistischen Verhältnisse zeugt nicht nur von der Zersetzung des Feudalismus in Rußland, wie es Milov konstatiert,[60] sondern auch von dem Zwang, auf Grund der veränderten Umwelt neue in ihrem Ursprung kapitalistische Verhältnisse bei Gefahr des eigenen Untergangs zu adaptieren, zu integrieren. Und das ist in Rußland so gut gelungen, daß heute von vielen Historikern diese Erweiterung der Produktion durch die Übernahme von für den feudalen Staat systemfremden vom Kapitalismus entwickelten Methoden ausschließlich als eine Festigung des Feudalismus angesehen wird,[61] ohne die innere Zwiespältigkeit dieser absolutistischen Politik zu berücksichtigen. Mir erscheint in diesem Punkt das Herangehen von Kafengauz richtiger, der den engen Zusammenhang zwischen Zersetzung des Feudalismus und Entstehen kapitalistischer Elemente unterstreicht, Zersetzung der feudalen Wirtschaft und ursprüngliche Akkumulation als zwei unterschiedliche Aspekte eines in sich einheitlichen Prozesses auffaßt.[62]

[58] Z. G. Karpenko, Некоторые особенности первоначального накопления капитала в Сибири. In: Вопросы истории Сибири и Дальнего Востока. Труды конференции по истории Сибири и Дальнего Востока, Novosibirsk 1961, S. 121.

[59] Milov, a. a. O., S. 103.

[60] Ebenda.

[61] Vgl. Переход, S. 379.

[62] Научно-теоретическая конференция, a. a. O., S. 420.

Als Beispiel kann die mit Leibeigenen betriebene Manufaktur dienen. Ich kann mich nicht der Ansicht von Pavlenko anschließen, daß der Kauf und die Verschreibung von Bauern keine Expropriierung bedeuten soll, daß es sich hier um die Ausbeutung „nichtexpropriierter Produzenten" handele.[63] Natürlich ist die Expropriation bei diesen Formen der Ausbeutung nicht abgeschlossen, aber durch außerökonomischen Zwang wird – wie Pavlenko selbst feststellt – der Lohn extrem niedrig gehalten, der freie Arbeiter erhält einen bis zehnmal größeren Lohn,[64] so daß allein durch diese „ökonomischen" Maßnahmen die Verelendung und damit auch Expropriierung der Bauern allmählich vollzogen wird.

Bauern wurden vielfach für einen ausschließlichen Einsatz in der industriellen Produktion gekauft, dabei war also die Expropriierung die unmittelbare Folge. Aber selbst dann, wenn nur ein teilweiser Einsatz in dieser Produktion erfolgte, wenn die Bauern auch weiterhin ihren Lebensunterhalt – wie die verschriebenen Bauern – ausschließlich aus ihrer Landwirtschaft bezogen, bedeutete die zusätzliche Arbeit in der Manufaktur eine Verschlechterung ihrer allgemeinen Lage und damit auch ihre allmähliche „ökonomische" Expropriierung. Dieser Prozeß, der in seinem Ausgangspunkt rein feudal ist, leitet mit der allgemeinen Entwicklung kapitalistischer Verhältnisse für die betroffenen Bauern die kapitalistische Ära ein. In der späteren Zeit, seit der zweiten Hälfte des 18. Jh., spielten Kauf von Bauern und Verschreibung keine Rolle mehr.[65] Diese Methoden wurden durch Formen der unmittelbaren Expropriierung abgelöst, wie beispielsweise den Einsatz von Rekruten, die in der industriellen Produktion ihren lebenslangen Wehrdienst abzuleisten hatten.

Anders ist die Sachlage beim Possessionsbauern, dem ausschließlich in der Manufaktur arbeitenden Leibeigenen. Das hat schon Pavlenko eindeutig herausgearbeitet: „In den Beziehungen zwischen Manufakturist und leibeigenem Arbeiter zeigen sich bei Beibehaltung der alten Form deutlich qualitativ neue Erscheinungen, wie sie der kapitalistischen Produktionsweise eigen sind – der leibeigene Arbeiter ist von den Produktionsmitteln getrennt, er erhält einen Lohn usw."[66] Hier erkennt also auch Pavlenko zumindest indirekt an, daß es sich möglicherweise um eine Erscheinungsform der ursprünglichen Akkumulation handeln kann, obwohl er sich direkt dazu nicht äußert. Letztlich ist die mit Leibeigenen betriebene Manufaktur der Versuch – ein historisch gesehen in die Sackgasse führender Versuch – der Anpassung an die sich international entwickelnden kapitalistischen Verhältnisse. In dieser mit Leibeigenen betriebenen Possessionsmanufaktur wird teilweise bereits ein leistungsabhängiger Lohn gezahlt, in der Literatur findet sich der den zwiespältigen Charakter dieser Erscheinung widerspiegelnde Terminus „feudale Lohnarbeit"[67]. Letztlich handelt es sich zumindest seit Beginn des 18. Jh. auch hier um Erschei-

[63] Pavlenko, O некоторых, S. 390.

[64] Ebenda, S. 389.

[65] Vgl. Переход, S. 282 (Diskussionsbeitrag von E. I. Zaozerskaja).

[66] Pavlenko, O некоторых S. 400.

[67] Vgl. Z. K. Janel', О природе так называемого принудительного найма. In: История СССР, 1965, Heft 4, S. 76ff.

nungsformen einer stark deformierten, verkrüppelten ursprünglichen Akkumulation. Die feudalen Verhältnisse werden im Interesse der Machtstärkung des feudalen Staates dazu benutzt, der allgemeinen kapitalistischen Entwickung angepaßt, für den Feudalismus systemfremde Verhältnisse zu schaffen und zu schützen. Eine derartige Symbiose feudaler Relikte und neuer kapitalistischer Elemente, wie es gerade diese Form der Manufaktur darstellte, war ohne den besonderen Schutz der absolutistischen Staatsmacht nicht lebensfähig. Es gelang deshalb auch nur in Einzelfällen, solche mit Leibeigenen betriebene Manufakturen zu echten kapitalistischen Betrieben weiterzuentwickeln.

Marx schreibt zu einem speziellen Aspekt dieser Entwicklung: „Die aufkommende Bourgeoisie braucht und verwendet die Staatsmacht, um den Arbeitslohn zu ‚regulieren', d. h. innerhalb der Plusmacherei zusagender Schranken zu zwängen, um den Arbeitstag zu verlängern und den Arbeiter selbst in normalem Abhängigkeitsgrad zu erhalten". Marx betont dabei: „Es ist dies ein wesentliches Moment der sog. ursprünglichen Akkumulation."[68] Es muß in diesem Zusammenhang betont werden, daß Arbeitssklaverei und staatliche Reglementierung den antagonistischen Gesellschaftsformationen von vornherein eigen sind, hier werden sie aber im Interesse einer rasch expandierenden, in ihrem Wesen dem Kapitalismus angepaßten Produktion eingesetzt, wobei sich außerökonomischer und ökonomischer Zwang miteinander verflechten. Das russische Eisenhüttenwesen mit seiner starken Abhängigkeit vom englischen Markt ist dafür ein überzeugendes Beispiel. Die rasche Entwicklung dieses Industriezweiges im 18. Jh. ist ohne die Verbindung zum Markt nicht erklärbar, sie greift über die feudalen Verhältnisse bereits hinaus.

Für Rußland treffen die weiteren Ausführungen, die Marx für die kapitalistische Entwicklung bis zur industriellen Revolution gibt, im 17. und 18. Jh. ebenfalls voll zu: Im Anfangsstadium der kapitalistischen Entwicklung war „die Unterordnung der Arbeit unter das Kapital nur formell, d. h., die Produktionsweise selbst besaß noch keinen spezifisch kapitalistischen Charakter. Das variable Element des Kapitals wog sehr vor über sein konstantes. Die Nachfrage nach Lohnarbeit wuchs daher rasch mit jeder Akkumulation des Kapitals, während die Zufuhr von Lohnarbeit nur langsam nachfolgte"[69]. In Rußland war mit der Einführung der Leibeigenschaft die Zahl freier Arbeitskräfte begrenzt. Aber im Anfangsstadium der Manufakturentwicklung – bis in das erste Viertel des 18. Jh. – ließ sich der Bedarf an freien Arbeitskräften noch einigermaßen befriedigen; mit dem raschen Aufschwung der Produktion im Zusammenhang mit der Durchsetzung des Absolutismus in der petrinischen Zeit wuchs jedoch der Widerspruch zwischen Angebot und Nachfrage auf dem sich herausbildenden Arbeitskräftemarkt derartig stark an, daß der feudale Staat und die entstehenden Unternehmerschichten nach einem Ausweg suchten. Pavlenko fand für diese Erscheinung eine recht prägnante Formulierung: Die Manufaktur hatte erheblich das Wachsen des Arbeitskräftemarktes überholt.[70] Bei der Weite des Landes

[68] K. Marx, Das Kapital, Bd. I. In: Marx/Engels, Werke, Bd. 23, Berlin 1962, S. 765f.
[69] Ebenda, S. 766.
[70] Pavlenko, О некоторых S. 388.

mit seiner regional außerordentlich unterschiedlichen Entwicklung bot sich entsprechend den in sich noch relativ gefestigten Feudalverhältnissen der Einsatz von Leibeigenen in der industriellen Produktion an, wie er bereits neben der freien Lohnarbeit praktiziert wurde. In Rußland konnte der Staat die Interessen der herrschenden Adelsklasse noch besser vertreten als etwa vor den bürgerlichen Revolutionen die Staatsmacht in England oder in Frankreich. Aber zugleich führte diese Entwicklung zu einer verstärkten Deformierung der kapitalistischen Verhältnisse, die Herausbildung der „spezifisch kapitalistischen Produktionsweise"[71] verzögerte sich.

Verfolgen wir die weiteren Darlegungen bei Marx. Er stellt für die Anfangsperiode der kapitalistischen Entwicklung fest: „Ein großer Teil des nationalen Produkts, später in Akkumulationsfonds des Kapitals verwandelt, ging damals noch ein in den Konsumtionsfonds des Arbeiters."[72] Die Unternehmer waren natürlich daran interessiert, diesen Anteil möglichst gering zu halten – die Verwendung von Leibeigenen in der Produktion hielt den Konsumtionsfonds des Arbeiters niedrig, bewirkte zugleich aber auch als ein die kapitalistische Entwicklung hemmender Faktor eine Einschränkung des inneren Marktes, auf dem der Arbeiter kaum als Käufer auftrat.

Es muß als eine Besonderheit der russischen Manufakturentwicklung angesehen werden – teilweise sind ähnliche Erscheinungen auch in Polen und in einigen deutschen Territorien zu beobachten –, daß lange Zeit nur in geringem Umfang für den inneren Markt produziert wurde. Ein großer Teil der Produktion diente unmittelbar den Bedürfnissen des Staates, des Hofes und des Heeres, war also vorwiegend Produktion auf Bestellung, die Monopolprofite von vornherein sicherte, nicht aber unmittelbare Marktproduktion. Für verschiedene Zweige der russischen Manufaktur war der west- und mitteleuropäische Markt das entscheidende Stimulans, im 18. Jh. ging beispielsweise die Produktion von Eisen, Segelleinen, Tauwerk usw. überwiegend nach England.

In Rußland wurde – wie in anderen Ländern in jener Epoche – ebenfalls „die Staatsmacht, die konzentrierte und organisierte Gewalt der Gesellschaft" dazu benutzt, „treibhausmäßig" die Produktion zu fördern,[73] so lange diese Produktionssteigerung den Notwendigkeiten und Interessen des absolutistischen Staates entsprach. Aber da die Kapitalakkumulation vorwiegend der alten herrschenden Feudalklasse diente, führte diese Förderung der Produktion bei der stark verzögerten Ausbildung des inneren Marktes nicht dazu, „den Umwandlungsprozeß der feudalen in die kapitalistische Produktionsweise ... abzukürzen"[74], wie es Marx für die analogen Erscheinungen in England vom 15. bis 17. Jh. feststellen konnte. In Rußland wurden letztlich die Feudalverhältnisse in steigendem Maße der kapitalistischen Umwelt angepaßt, wodurch der Prozeß der Zersetzung der Feudalordnung verzögert, die ursprüngliche Akkumulation – trotz ständiger Steigerung der Produktion – verlangsamt wurde.

[71] K. Marx, Das Kapital, Bd. I. In: Marx/Engels, Werke, Bd. 23, Berlin 1962, S. 653.
[72] Ebenda, S. 766.
[73] Ebenda, S. 779.
[74] Ebenda.

Diese Entwicklung kann man nicht als eine Festigung des Feudalsystems bezeichnen, denn es handelt sich hier doch um eine durch die allgemeine kapitalistische Entwicklung im internationalen Rahmen bedingte Entartung, also um eine Erscheinung des Niederganges, der allmählich heranreifenden Zersetzung. Ausdruck dieser Entwicklung ist u. a. auch die Errichtung des Absolutismus in Rußland.[75]

In England ging der Manufakturentwicklung die Freisetzung der Arbeitskräfte im wesentlichen voraus, sie wurde sogar zur Grundlage der Manufakturentwicklung.[76] In Rußland entwickelte sich dagegen die Manufaktur zu einem Zeitpunkt, da die feudale Abhängigkeit noch verschärft wurde; erst als notwendige Folge einer langwierigen Entwicklung erhielt der schon lange von seinen Produktionsmitteln befreite feudalabhängige Manufaktur- und Fabrikarbeiter dann in den Reformen von 1861 auch die persönliche Freiheit.

Bezeichnend für die rasche Entwicklung kapitalistischer Verhältnisse seit der zweiten Hälfte des 18. Jh. ist es aber, daß 1861 nur noch ein relativ geringer Prozentsatz der in der Produktion beschäftigten Arbeitskräfte von den Reformgesetzen unmittelbar betroffen wurde, es überwog bereits – von einigen stagnierenden Produktionszweigen, wie dem Berg- und Hüttenwesen im Ural abgesehen – eindeutig die echte freie Lohnarbeit.

Auf Grund dieser allgemeinen Entwicklung erhält das Jahr 1861 auch innerhalb des Prozesses der ursprünglichen Akkumulation in Rußland grundsätzliche Bedeutung. Der Abschluß dieses Prozesses wird eingeleitet, wenn auch diese Abschlußphase durch die Anlage eines Teils der großen, durch die „Bauernbefreiung" aus den Bauern herausgepreßten Geldmittel in der Industrieproduktion noch einmal besondere Bedeutung erlangt. Durch die Beibehaltung der Dorfgemeinde und durch die Konservierung anderer feudaler Relikte wurde gleichzeitig die weitere Entwicklung noch immer verzögert. Aber der Prozeß der ursprünglichen Akkumulation geht jetzt auch in Rußland rasch seinem Abschluß entgegen; die kapitalistische Akkumulation, das Wachstum des Kapitalismus in die Breite und in die Tiefe, wird immer mehr zum vorherrschenden Prozeß.

Marx schrieb über seine Zeit, über die sechziger Jahre des 19. Jh.: Es war „der Prozeß der ursprünglichen Akkumulation mehr oder minder vollbracht. Das kapitalistische Regiment hat hier entweder die ganze nationale Produktion sich direkt unterworfen, oder, wo die Verhältnisse noch unentwickelter, kontrolliert es wenigstens indirekt die neben ihm fortexistierenden, verkommenden, der alten Produktionsweise angehörigen Gesellschaftsschichten"[77]. Diese von Marx für West- und Mitteleuropa getroffene Feststellung ist in ihrer zweiten Variante weitgehend auch auf das Rußland nach den bürgerlichen Reformen der sechziger Jahre zu übertragen. Bereits 1875 stellte Engels fest: „Es gibt kein Land, wo, bei aller Waldursprünglichkeit der

[75] W. Küttler, Gesellschaftliche Voraussetzungen und Entwicklungstyp des Absolutismus in Rußland. In: Jb. f. Gesch. d. soz. Länder Europas, Band 13/2, Berlin 1969, S. 96, 99; P. Hoffmann, Entwicklungsetappen und Besonderheiten des Absolutismus in Rußland. In: ebenda, Band 14/2, Berlin 1970, S. 110.

[76] K. Marx, Das Kapital, Bd. I. In: Marx/Engels, Werke, Bd. 23, Berlin 1962, S. 761 ff.

[77] Ebenda, S. 792.

bürgerlichen Gesellschaft, der kapitalistische Parasitismus so entwickelt ist, so das ganze Land, die ganze Volksmasse mit seinen Netzen überspannt und umspinnt, wie gerade in Rußland."[78]

Gilt diese Feststellung schon für die Jahre unmittelbar nach den bürgerlichen Reformen, wieviel mehr dann nach dem industriellen Aufschwung der achtziger Jahre, mit dem die kapitalistische Entwicklung in Rußland einen mächtigen Schritt vorwärts machte. 1909 schrieb Lenin: „Die Selbstherrschaft päppelt seit langem die Bourgeoisie hoch, die Bourgeoisie verschaffte sich seit langem durch den Rubel Zutritt zu den ‚Oberschichten', Einfluß auf Gesetzgebung und Verwaltung, einen Platz neben dem Hochadel."[79] Alle diese Erscheinungen stimmen mit der oben angeführten Charakterisierung durch Marx weitgehend überein. Lenin datiert sie weit zurück, demnach haben diese Erscheinungen schon lange vor der ersten russischen Revolution eingesetzt. Als Schlußfolgerung bietet sich an, daß entsprechend der oben von Marx gegebenen Charakterisierung der Endphase der ursprünglichen Akkumulation auch in Rußland etwa mit den achtziger Jahren der Prozeß der ursprünglichen Akkumulation als Vorstufe der kapitalistischen Produktion im wesentlichen als abgeschlossen anzusehen ist.

Poljanskij will den Abschluß der ursprünglichen Akkumulation ganz exakt bestimmen, er schreibt: „1873 erlebte Rußland eine industrielle Krise, die davon zeugt, daß es bereits ein kapitalistisches Land geworden war. Dieses Datum kann man also als abschließende Grenze der ursprünglichen Akkumulation in der Geschichte Rußlands ansetzen."[80] Ursprüngliche Akkumulation und kapitalistische Expansion sind nicht immer klar zu trennen – die Übergänge sind fließend und als letztlich entscheidendes Kriterium ist die Gesamtheit der Umweltfaktoren anzusehen. Deshalb halte ich es für nicht glücklich, den Endpunkt der ursprünglichen Akkumulation einheitlich und exakt für das gesamte Gebiet des russischen Staates festlegen zu wollen.

Auch weiterhin lassen sich im russischen Wirtschaftsleben Erscheinungen beobachten, wie sie für die ursprüngliche Akkumulation charakteristisch sind, wobei es sich jedoch jetzt oft weniger um eine ursprüngliche, d. h. der kapitalistischen Produktion vorausgehende Akkumulation außerhalb der Sphäre der kapitalistischen Produktion, als um eine Ausdehnung des Einflußbereiches der kapitalistischen Produktion handelt.

Die Forderung von Milov an jene Historiker, die sich mit der Epoche des Kapitalismus in Rußland beschäftigen, den Prozeß der ursprünglichen Akkumulation in der Zeit nach den Reformen der sechziger Jahre zu untersuchen, erscheint grundsätzlich berechtigt.[81] Wenn Milov aber die Epoche der ursprünglichen Akkumulation bis in die Zeit des Imperialismus ausdehnen will, sogar die Gründung großer Fabriken als Ergebnis der ursprünglichen Akkumulation anerkennt, wenn hier nur „kapitalistische Verhältnisse erstmalig entstehen"[82], dann erscheint das überspitzt. Können die

[78] F. Engels, Flüchtlingsliteratur – V. Soziales aus Rußland. In: Marx/Engels, Werke, Bd. 18, Berlin 1962, S. 559.

[79] W. I. Lenin, Auf dem Weg. In: Lenin, Werke, Bd. 15, Berlin 1968, S. 349.

[80] Poljanskij, a. a. O., S. 21.

[81] Milov, a. a. O., S. 108. [82] Ebenda, S. 107.

für die Gründung einer Fabrik notwendigen Mittel am Ende des 19. Jh. überhaupt noch aus einer Sphäre kommen, die nicht in der einen oder anderen Weise mit der kapitalistischen Akkumulation direkt verbunden ist?

Für solche Auffassungen beruft sich Milov auf eine – meines Erachtens falsch interpretierte – Äußerung Lenins in der Arbeit „Was sind die ‚Volksfreunde'". Lenin hatte darauf hingewiesen, daß die „russische Bourgeoisie . . . nach den östlichen und nördlichen Randgebieten des Europäischen Rußlands, wo noch ‚ursprüngliche Akkumulation' möglich ist, die hundertfache Profite einbringt", abwandere [83] – aber ist die Anlage von bereits in der kapitalistischen Reproduktion gewonnenem Kapital, denn um das handelt es sich doch überwiegend zumindest seit den achtziger Jahren des 19. Jh., in industriell noch nicht erschlossene, vom Kapitalismus noch nicht unmittelbar erfaßte Gebiete als ursprüngliche Akkumulation zu bezeichnen? Gewinnspanne, Methode der Expropriierung der unmittelbaren Produzenten – also die äußeren Erscheinungsformen ähneln natürlich sehr den Vorgängen der ursprünglichen Akkumulation, weshalb Lenin diesen Termin auch als Vergleich anführt, aber da es sich nicht mehr um den Prozeß selbst handelt, sondern nur noch um Erscheinungsformen, setzt Lenin den Begriff in Anführungsstriche. Es handelt sich nicht um das ursprüngliche Entstehen kapitalistischer Verhältnisse, sondern um das Wachstum des Kapitalismus in die Breite. Auch das muß natürlich intensiver als bisher erforscht werden, aber es gehört nicht mehr unmittelbar zum Prozeß der ursprünglichen Akkumulation. Mit seinem extremen Standpunkt steht Milov in der sowjetischen Geschichtswissenschaft ähnlich alleine wie Makovskij mit dem anderen Extrem einer ursprünglichen Akkumulation in Rußland bereits im 15. und 16. Jh.

Versuchen wir, einige Schlußfolgerungen zu ziehen:

Die ursprüngliche Akkumulation ist ein außerordentlich vielschichtiger Prozeß. Einzelerscheinungen, die in diesem Prozeß bedeutungsvoll sind, können auch schon unter früheren gesellschaftlichen Verhältnissen bestehen, viele dieser Erscheinungen treten in gleichartiger oder ähnlicher Form noch nach der allgemeinen Etablierung des Kapitalismus im Zuge der kapitalistischen Expansion auf. Zu Teilaspekten der ursprünglichen Akkumulation werden sie nur im Zusammenhang mit der Genesis kapitalistischer Verhältnisse. L. V. Milov stellt dazu, wie mir scheint sehr richtig, fest: „Die Schatzanhäufung in Geld als Kaufmanns- oder Wucherkapital gab es zu Beginn der Feudalzeit und in der Zeit der antiken Sklaverei, aber sie wurde nicht zu Kapital. Die Geschichte vieler Zivilisationen kennt auch die Trennung des unmittelbaren Produzenten von den Produktionsmitteln, aber Proletarier wurden sie nicht. Die ursprüngliche Akkumulation ist nicht nur einerseits die bloße Trennung des unmittelbaren Produzenten von den Produktionsmitteln . . . und andererseits die Anhäufung von Reichtum. Die ursprüngliche Akkumulation – das ist ein Prozeß, der im Ergebnis zu kapitalistischen Verhältnissen führt."[84]

Diese Feststellung kann nur voll und ganz unterstrichen werden. Strittig bleibt

[83] W. I. Lenin, Was sind die „Volksfreunde". In: Lenin, Werke, Bd. 1, Berlin 1968, S. 316.
[84] Milov, a. a. O., S. 94.

aber, wann in Rußland dieser Prozeß einsetzt. Für England hat ihn Marx bekanntlich schon für das 15. Jh. – also volle zwei Jh. vor der vollen Durchsetzung des Kapitalismus in der bürgerlichen Revolution – festgestellt, für Rußland ist bei der Datierung dieses Prozesses der Einfluß der allgemeineuropäischen Entwicklungstendenzen zu berücksichtigen. Wenn man von diesem Gesichtspunkt ausgeht, dann kann man – trotz zeitweiliger Deformierung, trotz vielfältiger Hemmnisse und Rückschläge – davon sprechen, daß seit dem 17. Jh. in Rußland Entwicklungstendenzen zum Kapitalismus in Ansätzen zu erkennen, daß im ersten Viertel des 18. Jh. in Teilbereichen der Wirtschaft kapitalistische Verhältnisse entstanden sind, das aber alle diese Erscheinungen noch einen stark sporadischen Charakter tragen, die noch nicht die allgemeine sozialökonomische Entwicklung bestimmen. Mit der zweiten Hälfte des 18. Jh. geht der Niedergang des Feudalsystems allmählich in die Zersetzung dieses Systems über, die dann folgerichtig in der ersten Hälfte des 19. Jh. zur allgemeinen Krise des Feudalsystems als ganzem führt. Seit der zweiten Hälfte des 18. Jh. erhalten die verschiedenen Aspekte der ursprünglichen Akkumulation damit eine neue Qualität: Sie werden – trotz aller dargelegten Besonderheiten der russischen Entwicklung – zu Faktoren, die die wirtschaftliche Entwicklung in steigendem Maße bestimmen.

In den zentralen russischen Gebieten schließt die Freisetzung der Arbeitskräfte mit den Reformen von 1861 im wesentlichen den Prozeß der ursprünglichen Akkumulation ab, auch wenn natürlich durch die Beibehaltung der Dorfgemeinde, und die Schwierigkeiten, die für den Einzelnen beim Ausscheiden aus dieser Gemeinde auch weiterhin bestanden, die allgemeine Entwicklung noch immer stark gehemmt blieb. In den wirtschaftlich weniger entwickelten Randgebieten ist auch weiterhin ursprüngliche Akkumulation möglich, obwohl sie hier vielfach mit dem Breitenwachstum des russischen Kapitalismus verflochten ist und deshalb nicht als selbständiges Phänomen betrachtet werden kann.

Das scheinen mit einige Schlußfolgerungen aus den dargelegten allgemeinen Feststellungen zu sein. Die Leugnung von wesentlichen Keimen, Ansätzen, Aspekten einer zum Kapitalismus tendierenden Entwicklung in Rußland seit dem 17. Jh. und damit auch des Vorhandenseins von Elementen der ursprünglichen Akkumulation seit jener Zeit läßt wichtige Erscheinungen des wirtschaftlichen Lebens unberücksichtigt. Meines Erachtens sollte man die seit dem 17. Jh. in der sozialen und ökonomischen Entwicklung Rußlands zu beobachtenden neuen Tendenzen sehr aufmerksam verfolgen, sie als Erscheinungsformen der ursprünglichen Akkumulation werten, die aber in ihrer weiteren Entwicklung vor allem durch die feudalen Maßnahmen des Staatsapparates seit den zwanziger Jahren des 18. Jh. noch einmal stark zurückgedrängt und deformiert wurden, und sich deshalb erst nach der Mitte des 18. Jh. in einem noch immer qualvollen Weg allmählich durchsetzen konnten.

E. I. Družinina

Die Entwicklung kapitalistischer Verhältnisse in den südlichen und südöstlichen Gebieten des europäischen Rußlands

Die Menschheit vollzieht in ihrer fortschreitenden Entwicklung den Übergang von einer sozialökonomischen Formation zur anderen, von einer niedrigen zu einer höheren. Das ist ein allgemeingültiges Gesetz der gesellschaftlichen Entwicklung. Unterschiede zwischen den einzelnen Ländern ergeben sich nur aus dem Tempo und den Formen dieser Bewegung. Es gibt Situationen, in denen das eine oder das andere Volk in seiner Entwicklung stagniert oder sogar zurückgeworfen wird. Und umgekehrt: Zurückgebliebene Völker können, gestützt auf Erfahrungen weiter fortgeschrittener, die eine oder andere Phase der gesellschaftlichen Entwicklung überspringen, ihre Vorwärtsentwicklung beschleunigen und selbst andere Völker überholen. All dies steht durchaus nicht im Widerspruch zum aufeinanderfolgenden Übergang der menschlichen Gesellschaft vom Feudalismus zum Kapitalismus und anschließend zum Sozialismus.

Die Darlegung der allgemeinen Gesetzmäßigkeiten, nach denen sich die Entwicklung der einzelnen Länder und Völker im wesentlichen vollzieht, gewinnt zur Zeit besondere Bedeutung, da die dem Marxismus feindlich gegenüberstehenden Ideologen bestrebt sind, die zur Großen Sozialistischen Oktoberrevolution hinführende historische Entwicklung als etwas ausschließlich für Rußland Eigentümliches darzustellen. Unter diesem Aspekt gewinnt das Aufzeigen chronologischer und tatsächlicher Parallelen zwischen der Geschichte Rußlands und der Entwicklung anderer Völker allgemeines Interesse. Andererseits ist es auch wichtig, die Besonderheiten jedes dieser Länder, die sich u. a. aus den geographischen, ethnischen und historischen Bedingungen ergeben, aufzuzeigen. Für Rußland wurden die Größe des Landes, das Vorhandensein umfangreicher brachliegender Ländereien und das lange Fehlen eines Zugangs zu den Meeren und damit die Erschwerung von Kontakten zu anderen Völkern bedeutsam. Auch das Tatarenjoch, das vom Volke nur nach langen und hartnäckigen Kämpfen abgeschüttelt werden konnte, zeigte ernste Nachwirkungen. Weiterhin gehört die Tatsache, daß in Rußland viele Völker lebten und verschiedene sozialökonomische Entwicklungsstufen nebeneinander bestanden, zu diesen Besonderheiten. Die verschiedenen Regionen Rußlands entwickelten sich ungleichmäßig.

Während eines langen Zeitraumes blieb Rußland hinter den fortschrittlichen Staaten Westeuropas zurück. Durch die Anerkennung dieser Tatsache wird unsere nationale Würde durchaus nicht gekränkt. Das Leben bestätigt fortlaufend die Richtigkeit des bekannten Ausspruches: „Die Geschichte liebt, wie die Großmutter, besonders leidenschaftlich die kleinen Enkelkinder. Tarde venientibus gibt sie nicht ossa, sondern medullam ossium."[1]

Dieser bildhafte Ausspruch N. G. Černyševskijs enthält einen wichtigen Gedanken, dem wir auch bei den Klassikern des Marxismus-Leninismus wiederholt begegnen. So wiesen Marx und Engels im „Manifest der Kommunistischen Partei" und in Reden und Kundgebungen aus dem Jahre 1848 darauf hin, es sei möglich, daß die im Vergleich zu England und Frankreich verspätete bürgerliche Revolution in Deutschland zum Prolog der proletarischen Revolution werde, weil Deutschland „diese Umwälzung unter fortgeschritteneren Bedingungen der europäischen Zivilisation überhaupt, und mit einem viel weiter entwickelten Proletariat vollbringt als England im siebzehnten und Frankreich im achtzehnten Jahrhundert"[2]. Anders ausgedrückt: Deutschland *konnte* unter bestimmten Umständen in politischer Hinsicht die fortschrittlichen Länder Westeuropas überholen. Die von Marx und Engels erstrebten Maßnahmen übertrafen in ihrem Radikalismus all das, was durch die bürgerlichen Revolutionen in England und Frankreich verwirklicht worden war.[3]

Vor Rußland öffnete sich solch eine Möglichkeit 1917. Es war Lenins großes Verdienst, den Zeitpunkt für die Weiterführung der Februarrevolution, die den Zarismus gestürzt hatte, bis zur sozialistischen Revolution richtig bestimmt zu haben.[4] Alles in allem bedurfte es nur einiger Monate, um Lenins grandioses Vorhaben zu verwirklichen. Im Ergebnis der Oktoberrevolution wurde Rußland zum führenden sozialistischen Land. Dieser Sprung ist ohne Berücksichtigung der vorhergegangenen Geschichte Rußlands, der Verzögerung der bürgerlich-demokratischen Revolution und der Beibehaltung zahlreicher feudaler Überbleibsel nach der Reform von 1861 nicht verständlich. Es entstand ein Widerspruch, den Lenin mit folgender lakonischen und ausdrucksvollen Formulierung kennzeichnete: „der rückständigste Grundbesitz, das unkultivierteste Dorf – aber fortgeschrittenster Industrie- und Finanzkapitalismus"[5]. Die durch Überbleibsel der Leibeigenschaft gedrückte Bauernschaft wurde zum Bundesgenossen des Proletariats und zu einer mächtigen Reserve der proletarischen Revolution.

Jedes neue Land, das nach Rußland die sozialistische Umwälzung vollführt, kann sich auf die Hilfe des mächtigen sozialistischen Staates stützen, kann seine positiven und negativen Erfahrungen berücksichtigen und unnötige Opfer und Verluste

[1] N. G. Černyševskij, Критика философских предубеждений против общинного владения. In: N. G. Černyševskij, Полное собрание сочинений, Bd. V, Moskau 1950, S. 387. Das lateinische Sprichwort paraphrasierend schreibt Černyševskij: „Den Spätkommenden gibt sie nicht Knochen sondern Knochenmark".

[2] Karl Marx/Friedrich Engels, Manifest der Kommunistischen Partei. In: Marx/Engels, Werke, Bd. 4, Berlin 1959, S. 493.

[3] Vgl. Karl Marx/Friedrich Engels, Forderungen der Kommunistischen Partei in Deutschland. In: Marx/Engels, Werke, Bd. 5, Berlin 1959, S. 3–5.

[4] Vgl. V. I. Lenin, Доклад на собрании большевиков – участников Всероссийского совещания Советов рабочих и солдатских депутатов 3 (17) апреля 1917 г. In: Lenin, Полное собрание сочинений, Bd. 31, Moskau 1962, S. 106–112.

[5] W. I. Lenin, Politische Notizen. In: Lenin, Werke, Bd. 13, Berlin 1965, S. 449.

vermeiden. Jetzt haben andere Länder die Rolle der „kleinen Enkelkinder" übernommen.

Um die im vorrevolutionären Rußland vor sich gehenden sozialökonomischen Prozesse und besonders die Herausbildung kapitalistischer Verhältnisse richtig zu erfassen, ist es wichtig, diese Prozesse in den verschiedenen Regionen des riesigen russischen Kaiserreiches zu erforschen. Zwischen dem Zentrum und den Randgebieten bestanden große Unterschiede, und die Randgebiete entwickelten sich entsprechend den durch die Geschichte geprägten Verhältnissen auch sehr unterschiedlich.

Im 17. Jh., als Archangel'sk der einzige Hafen im Norden des europäischen Rußlands war, rückten die Gebiete an der nördlichen Dvina und an der Suchona an die erste Stelle. Der sich auf diesen Flüssen vollziehende Warenaustausch gab hier den Anstoß zur Herausbildung kapitalistischer Verhältnisse, die aber nur sporadischen Charakter trugen. Gleichzeitig siedelten Russen systematisch in Gebieten östlich des Ural und begannen zusammen mit den Völkern Sibiriens die dortigen Naturschätze auszubeuten.[6]

Die Gewinnung des Zugangs zur Ostsee begünstigte die Entwicklung jener nordwestlichen Gebiete Rußlands, die nach Petersburg, Reval, Riga und anderen Häfen gute Verbindungswege hatten. Diese Häfen blühten im 18. Jh. auf, Archangel'sk verlor seine frühere Bedeutung. Auch im folgenden Jahrhundert, während Rußland auf Grund der erfolgreichen Kriege gegen die Türken die Möglichkeit erhielt, das riesige am Schwarzen und am Asowschen Meer gelegene Territorium südlich von Poltava zu besiedeln und zu nutzen, entwickelten sich die Ostseeprovinzen rasch. Die Entwicklung im Süden – Neurußland, das Gebiet der Donkosaken, das Vorland des Kaukasus und die damit eng verbundenen Gebiete am Unterlauf der Wolga – war für die Genesis des Kapitalismus in Rußland von großer Bedeutung. Diesen Territorien sind die weiteren Ausführungen gewidmet.

Die sozialökonomische Entwicklung Neurußlands, wie das Gebiet nördlich des Schwarzen Meeres zwischen der Mündung der Donau und des Kuban genannt wurde, war nachdrücklich durch die Grenzlage beeinflußt. Die russische Regierung begriff, daß diese Grenzgebiete als Bestandteil des russischen Kaiserreiches nur gesichert werden konnten, wenn es gelang, sie möglichst schnell zu besiedeln und wirtschaftlich zu erschließen. Diesen Bestrebungen entsprang der Erlaß einer Reihe von Gesetzen: so die Beseitigung des Monopols des Adels auf Landbesitz in Neurußland (1764), das Verbot, in den südlichen Gouvernements nach entflohenen Leibeigenen zu forschen (1796)[7], das wiederholte Verbot, freie Siedler in Leibeigene zu verwandeln. Gleiche Bedeutung besaß die Verordnung, die alle Krimtataren und andere Mohammedaner zu Staatsbauern erklärte, weiterhin das Verbot, Leibeigene in Bessarabien anzusiedeln. Auch das 1804 herausgegebene „Reglement", durch das annähernd 15000 auf Gutsländereien des Dnestrgebietes lebende Bauern die persönliche Freiheit erhielten und dementsprechend nicht mehr von den Gutsbesitzern verkauft, ohne Gerichts-

6 Vgl. История Сибири, Bd. 2, Leningrad 1968.

7 Полное собрание законов Российской империи, Serie I – (weiterhin: PSZ I) Bd. 16. Nr. 12099; Bd. 24, Nr. 17638.

urteil bestraft und in die Reihen des Hofgesindes eingereiht werden konnten, wirkte in der gleichen Richtung.[8]

Es braucht nicht darauf hingewiesen zu werden, daß diese Politik von der Notwendigkeit diktiert war, den Widerstand der Bauern Neurußlands gegen alle Versuche, sie zu Leibeigenen zu machen, zu berücksichtigen. Der Entschluß, in Bessarabien die Leibeigenschaft nicht einzuführen, wurde in Regierungskreisen direkt damit motiviert, daß sonst die Gefahr einer Massenflucht der Siedler über die Donau bestehe.

Selbstverständlich war der Zarismus daran interessiert, daß die Besiedlung des Südens für die Gutsbesitzer der zentralen Gouvernements möglichst geringe Nachteile mit sich brachte, weshalb zu Beginn des 19. Jh. die Ansiedlung sogenannter „ausländischer Kolonisten" im Süden verhältnismäßig weite Verbreitung fand. Die Bezeichnung „ausländische Kolonisten" trifft nur sehr bedingt zu: Erstens nahmen die in Neurußland ankommenden Immigranten – Bulgaren und Gagausen, Griechen, Armenier, Deutsche, Juden, Polen u. a. – die russische Staatsangehörigkeit an und hörten damit auf, Ausländer zu sein, und zweitens wurde das für die „ausländischen Kolonisten" erlassene Statut zuweilen auch auf aus dem Russischen Reich stammende Siedler ausgedehnt.

In Neurußland konzentrierte sich auf diese Weise eine bedeutende Anzahl nichtleibeigener, freier Siedler, die auf Guts- und Staatsländereien lebten. Das Gesetz von 1764, das den Vertretern aller freien Stände das Recht gab, im Süden Gutsländereien zu erwerben, schuf eine Schicht von *Gutsbesitzern*, die ihrer Herkunft nach Kaufleute, Rasnotschinzen, Offiziere unterer und mittlerer Dienstgrade und andere Nichtadlige waren. Diese Gutsbesitzer hatten nicht das Recht, Leibeigene zu erwerben; die auf ihren Ländereien lebenden nichtleibeigenen Bauern wurden bis zur 6. Revision 1811 im Unterschied zu den Leibeigenen, den „Gutsbauern", als „Gutsuntertanen" bezeichnet. Das Arbeitskräftereservoir für alle Gutsbesitzer Neurußlands (sowohl Adlige wie Nichtadlige) bildeten darüber hinaus Lohnarbeiter aus den von Staatsbauern besiedelten Dörfern und aus den Städten sowie leibeigene Wanderarbeiter aus den nördlicher gelegenen Gouvernements.

Ungeachtet der Beschränkung der Gutsbesitzerwillkür zogen die Siedler es vor, sich in Städten oder von Staatsbauern besiedelten Dörfern einschreiben zu lassen. Um größere Sicherheit zu erlangen, verbargen sie sich häufig unter dem Namen verstorbener Stadtbewohner bzw. Staatsbauern. Daraus ergibt sich die auffallende „Langlebigkeit" der Bewohner des nördlichen Schwarzmeergebietes. So wird in einem Dokument aus dem Jahre 1827 mitgeteilt, daß „in einigen von Staatsbauern besiedelten Dörfern seit der ersten Revision im Jahre 1795 keine Verstorbenen verzeichnet sind, da unter deren Namen neu hinzugekommene flüchtige Bauern eingeschrieben werden"[9]. Ein in einer Stadt oder in einem von Staatsbauern bewohnten

[8] Центральный государственный исторический архив СССР (weiterhin: CGIA), F. 1308 Op. I, D. 2, Blatt 19 r; PSZ I, Bd. 28, Nr. 21458; Положение крестьян и крестьянское движение в Бессарабии (1812–1864 году), Teil 1, Kišinev 1962, S. 14.

[9] Замечания о Новороссийском крае и особенно о Херсонской губернии, CGIA, F. 994, Op. 2, D. 151, Bl 2.

Dorf eingeschriebener Bauer konnte sich auf Gutsländereien niederlassen und dort auf der Grundlage einer freiwilligen Übereinkunft arbeiten, ohne befürchten zu müssen, Leibeigener zu werden. Die Zahl dieser Arbeiter, die ursprünglich die feudale Rente in Form eines Zehntels des Ernteertrages entrichteten (daher auch die Bezeichnung: Desjatinščiki – Zehntleute), wuchs während der ersten Hälfte des 19. Jh. unaufhörlich.

Besonders in der Zeit, in der die Militäransiedlungen entstanden, ließen sich viele Dorfbewohner im Süden als Stadtbewohner (meščane) einschreiben und wurden damit zu Zehntleuten. Viele Bauern, die keine Lust zeigten, sich dem strengen, durch Arakčeev begründeten Militärregime zu unterwerfen, verließen ihre Häuser mit ihren Familien, mit ihrem Vieh und mit ihren landwirtschaftlichen Geräten. Insgesamt zogen etwa 2000 solcher Familien,[10] d. h. annähernd 10000 Menschen davon und ließen sich auf den Ländereien von Gutsbesitzern nieder, wobei sie sich verpflichteten, als Entgelt für die Nutzung des Bodens und für das Wohnrecht gewisse Leistungen zu erbringen. Falls die Zehntleute irgendwie bedrückt wurden, verließen sie das eine Gut und siedelten auf ein anderes über.

Die relative Freiheit der Zehntleute übte auf verschiedene Kategorien der Ansiedler Anziehungskraft aus; Staatsbauern, Tataren und Kolonisten, die zusätzliches Land zu erwerben trachteten, wurden zu Zehntleuten. Da der Boden den Zehntleuten nicht gehörte, waren sie nicht daran interessiert, sich Wohnsitze zu errichten. Selbst reiche Zehntleute begnügten sich gewöhnlich mit rasch errichteten Lehm- oder Erdhütten.

In Neurußland gab es auch flüchtige Leibeigene, die ihren Aufenthalt nicht zu legalisieren vermochten, jahrelang mußten sie ihren Wohnsitz ständig wechseln, mußten sich im Schilf, auf den Gehöften reicher Kosaken oder auf Gütern verbergen. Ihren Unterhalt bestritten sie durch Fischfang und durch Lohnarbeit. Während einer Fahndungsaktion in der Dneprniederung wurden 1810 insgesamt 158 solcher Flüchtlinge aufgespürt – Erwachsene, Kinder und Greise –, die zwischen 5 und 20 Jahren illegal gelebt hatten.[11]

Untersuchen wir die Zahlenangaben über die Zusammensetzung der Bevölkerung Neurußlands, wobei das Gebiet der Schwarzmeerkosaken unberücksichtigt bleibt: 1801 betrug die Zahl der Männer 488965,[12] Frauen wurden von den Revisionen nicht erfaßt, desgleichen nicht Adlige, Offiziere und Beamte im Dienst. Demgegenüber bildeten die 28692 Leibeigenen (sowohl Guts- wie Kronbauern) nur einen unbedeutenden Bruchteil – 5,9 Prozent. Die Zahl der nichtleibeigenen „Gutsuntertanen" war um ein Vielfaches größer: Sie betrug 165759 Menschen oder 33,9 Prozent. Wenn wir zu dieser Zahl jene Bevölkerung addieren, die auf städtischen und staatlichen Ländereien lebte, dann ergibt sich, daß 94,1 Prozent der Bevölkerung persönlich freie Einwohner waren.

Seit der 1811 durchgeführten 6. Revision veränderte sich die Form der statistischen

[10] Материалы для географии и статистики России, собранные офицерами генерального штаба. Херсонская губерния, Zusammengestellt vom Oberstleutnant im Generalstab A. Šmidt, Teil 2, St. Petersburg 1863, S. 380 (in Folgenden abgekürzt: A. Šmidt).

[11] CGIA, F. 11, Op. I, D. 160, Bl. 7.

[12] Ebenda, F. 1307, Op. I, D. 5, Bl. 2–7.

Erfassung der Bevölkerung. Alle Einwohner auf privaten Ländereien wurden in eine gemeinsame Rubrik eingetragen, wobei zwischen freien und leibeigenen Bauern nicht mehr klar unterschieden wurde. Es wäre jedoch falsch, daraus den Schluß zu ziehen, daß beide Kategorien zu einer Gruppe verschmolzen und alle juristischen Unterschiede zwischen ihnen verschwunden waren. Gegen solch eine Folgerung spricht die Tatsache, daß in der Überschrift der entsprechenden Rubrik bis zur 7. Revision neben den „Gutsbauern" auch die „kleinrussischen Untertanen" genannt wurden.[13] Offensichtlich wurden auch mit der sich seit der 7. Revision durchsetzenden allgemeineren Bezeichnung „Bewohner auf privaten Gütern" beide Kategorien zusammengefaßt.[14] Man darf dabei nicht vergessen, daß im Süden nicht nur Adlige Gutsbesitzer waren; eine allgemeine Umwandlung der „Bewohner der privaten Güter" in Leibeigene war daher ausgeschlossen.

Der auf dem Grund und Boden privater Gutsbesitzer lebende Anteil der Bevölkerung wurde geringer. 1827 betrug er 31,1 Prozent der gesamten Bevölkerung, wobei er in den Gouvernements Ekaterinoslav und Cherson, in denen die sozialen Verhältnisse einander glichen, 40,5 Prozent, im Gouvernement Taurien aber nur 5,3 Prozent ausmachte.[15] Am Vorabend der Reform von 1861 bildeten „Gutsbauern" in den hier gesondert betrachteten Gouvernements Ekaterinoslav und Cherson etwas mehr als 31 Prozent der Bevölkerung, im Gouvernement Taurien – etwa 6 Prozent.[16]

In Bessarabien gab es zum Zeitpunkt der Bauernreform 1,17 Prozent leibeigene Bauern, es handelte sich dabei um Zigeuner. In den südlichen Kreisen war dieser Prozentsatz noch niedriger: Im Kreise Bender gab es 0,03 und im Kreise Akkerman 0,01 Prozent Leibeigene.[17]

Wenn man berücksichtigt, daß im größeren Teil der übrigen Gouvernements die Leibeigenen mehr als die Hälfte der Bevölkerung ausmachten,[18] wird es klar, daß die sozialen Verhältnisse in Neurußland sich freier als in den zentralen russischen Gouvernements entwickelten. Das war eine der wichtigsten Voraussetzungen für die verhältnismäßig schnelle Entwicklung der kapitalistischen Verhältnisse im Süden des Landes. Es gab auch andere Voraussetzungen: der Reichtum an Brachland, die Schwarzmeerhäfen und die ständige Nachfrage nach russischen landwirtschaftlichen Produkten im Ausland. Große Bedeutung besaß schließlich auch die Nachbarschaft der in industrieller Hinsicht fortgeschrittenen Gouvernements, die die Randgebiete mit Textilien, Geschirr, Werkzeugen und anderen Manufakturprodukten sowie mit Handwerkern und qualifizierten Arbeitern versorgten. Da alle diese notwen-

[13] Ebenda, F. 571. Op. 9, D. 14, Bl. 87 r. (Окладная книга 1814 г.).

[14] Ebenda, D. 18 (Окладная книга 1815–1830 гг.).

[15] Die Zahlenangaben auf Grund der Okladbücher aus dem Jahre 1827, CGIA, F. 571, Op. 9, D. 25, Bl. 55–66, 184–190 r, 214–219.

[16] A. Trojnickij, Крепостное население России по 10-й народной переписи, St. Petersburg, 1861, S. 49.

[17] Ja. Grosul, Крестьяне Бессарабии (1812–1861 гг.) Kišinev 1956, S. 125.

[18] Beispielsweise bildeten die leibeigenen Bauern in den Gouvernements Smolensk und Tula annähernd 70 Prozent der Bevölkerung, in den Gouvernements Podolien, Nižnyj Novgorod, Kiew und einigen anderen annähernd 60 Prozent. A. Trojnickij, a. a. O., S. 85.

digen Waren aus den zentralen Gouvernements bezogen werden konnten, war es für die Bevölkerung der südlichen Gouvernements möglich, sich auf die Erzeugung von Getreide Wolle, Leder, Talg u. a. zu spezialisieren.

Lenken wir unser Augenmerk auf bestimmte Wirtschaftsformen, wie sie sich in der ersten Hälfte des 19. Jh. in Neurußland herausbildeten. Es handelt sich dabei um ein Gebiet, das 21158085 Desjatinen[19] oder 231100 km² umfaßte, d. h. um ein Territorium, das fast so groß wie Großbritannien mit seinen 244000 km² ist. Dazu gehörte Bessarabien, das zusammen mit den Gouvernements Ekaterinoslav, Cherson und Taurien in der Mitte des 19. Jh. ein einheitliches Ganzes, Neurußland, bildete. Dabei wurde nur der südliche Teil Bessarabiens (Budžak) kolonisiert, das Territorium nördlich von Bender, in dem seit altersher die Gutswirtschaft vorherrschte, war dicht besiedelt.

Der beste vorrevolutionäre Kenner Neurußlands, der Nationalökonom und Statistiker A. A. Skal'kovskij, schrieb 1859, daß ein bedeutender Teil der Ländereien in diesem Teile Rußlands nicht nur nicht bebaut, sondern, „was fast unglaublich ist, bis jetzt noch nicht vermessen ist“[20]. Im gleichen Geiste schrieb über das Gouvernement Taurien in den vierziger Jahren des 19. Jh. der mit einer Untersuchung beauftragte Oberstleutnant Gersivanov: Von der ganzen Fläche dieses 5854056 Desjatinen umfassenden Gouvernements sei nur ein Fünfzehntel bebaut. In den nördlichen Teilen des Gouvernements wäre der Boden vorzüglich und die Wasserversorgung ausreichend, nichtsdestoweniger „liegt ein großer Teil des Bodens unbebaut, vom Pfluge vielleicht seit Jahrtausenden nicht berührt“. Nach der Meinung Gersivanovs könnte das Gouvernement Taurien „die Zahl der Landwirte verdreifachen, ja sogar vervierfachen“[21]. Ähnliche Beobachtungen liegen auch für andere Teile dieses umfangreichen Territoriums vor.

Den Gutsbesitzern, nicht nur den Adligen, sondern auch den Angehörigen anderer freier Stände, gehörten in Neurußland 10606200 Desjatinen Land, das war annähernd die Hälfte der Gesamtfläche.[22] Es handelt sich dabei um 6000 Gutsbesitzer, von denen etwa zwei Drittel den Bauern gegenüber die gleichen Rechte besaßen, „wie die anderen russischen Gutsbesitzer“. Die übrigen größeren Güter mit „zeitweise besiedelten Gehöften“, gehörten „ausländischen bessarabischen Klöstern, Kolonisten, Kaufleuten, tatarischen Mursen und Moscheen, bessarabischen freien Ackerbauern, Juden, den Karaim und Kosaken“[23].

[19] A. A. Skal'kovskij, Опыт статистического описания Новороссийского края, Teil 1, Odessa 1850, S. 323 (Eine Desjatine hat 10925 m²).

[20] A. A. Skal'kovskij, Крестьянский вопрос и землевладение в Новороссии. In: Русский дневник, Nr. 56 u. 57, 13. und 14. März 1859.

[21] Военно-статистическое обозрение Российской империи, Bd. 11, Teil 2: Таврическая губерния. Zusammengestellt vom Oberstleutnant im Generalstab Gersivanov, Petersburg 1849, S. 119, 134. (weiterhin: Gersivanov).

[22] A. A. Skal'kovskij, Крестьянский вопрос, a. a. O.; im Süden Bessarabiens war der Anteil des Gutsbesitzerlandes geringer, er betrug zusammen mit dem Klosterbesitz nur 30 Prozent der Gesamtfläche, vgl. Ja. Grosul, a. a. O., S. 77.

[23] Ebenda. Die Karaim bekannten sich zur jüdischen Religion, lebten auf der Krim und sprachen tatarisch.

Zwischen der ersten und der zweiten Gruppe der Gutsbesitzer gab es keinen prinzipiellen Unterschied, da die einen wie die anderen auf ihren Gütern vorwiegend Lohnarbeiter beschäftigten, beziehungsweise das Land verpachteten. Der mit umfangreichen Untersuchungen im Gouvernement Cherson beauftragte A. Šmidt schrieb 1863: „Hier wird seit altersher das Vermögen durch die Anzahl der Desjatinen und nicht durch die Zahl der Leibeigenen bestimmt, da die Ländereien der Gutsbesitzer insgesamt schwach besiedelt sind ..." Er wies besonders auf die „Firma Piktet", eine der größeren Musterwirtschaften, hin, in der es keine Leibeigenen gab, sondern nur Lohnarbeiter.[24]

Unter den Latifundienbesitzern fiel vor allem der Bankier N. Stieglitz auf, der durch Handelsoperationen reich geworden war und den persönlichen Adel erworben hatte. Dort wo die drei Gouvernements Cherson, Taurien und Ekaterinoslav zusammenstießen, besaß er ein 126000 Desjatinen großes Landgut.[25] Andere Großgrundbesitzer waren Fürst Voroncov mit 100800, der Mennonit Fein mit knapp 100000, der berühmte Schafzüchter René Vassal mit 70000 Desjatinen und ukrainische, moldauische und polnische Adlige, wie Fürst Kočubej, der schwerreiche Skarżynski, die Fürstin Sturdza oder der Graf L. Potocki. Nach den Angaben A. Šmidts gab es im Gouvernement Cherson 34 Gutsbesitzer, die mehr als 10000 Desjatinen besaßen, was als sehr großes Besitztum galt.[26]

Auf den Ländereien jener Adligen, die Leibeigene besaßen, gab es 220000 Arbeiter beiderlei Geschlechts. Zieht man von dieser Zahl das Hofgesinde und jene Arbeiter ab, die ausschließlich für die unmittelbaren Bedürfnisse des Gutsbesitzers und seiner Familie tätig waren, bleiben annähernd 205000 Menschen, die für die Gutsbesitzer etwa 1 Million Desjatinen bearbeiteten. Die übrigen Ländereien mußte man von „Lohnarbeitern, die aus anderen Gouvernements hierher auf Arbeitssuche kamen," bestellen lassen.[27] Auch für die Arbeiten in den Weingärten und auf den Maulbeerbaumplantagen, sowie für die Viehzucht – es gab mehr als 10 Millionen Haustiere, auf 3 Millionen Desjatinen Weideland – wurden Arbeitskräfte gebraucht. Schließlich wurden solche Arbeiten wie der Transport landwirtschaftlicher Produkte nach den Schwarzmeerhäfen, das Auf- und Abladen, der Häuser- und Wegebau und das Graben von Brunnen ausschließlich von zugewanderten Arbeitern verrichtet. Ohne sie kam man auch beim Fischfang und bei der Salzgewinnung nicht aus, die für den Süden und das ganze Land große Bedeutung besaßen.

Nach offiziellen Angaben arbeiteten in den Städten und in den Steppen Neurußlands jährlich mehr als 100000 Arbeiter mit besonderen Pässen aus anderen Gouvernements. Die tatsächliche Zahl der Wanderarbeiter war um ein vielfaches höher, d. h. es überwogen „Wanderarbeiter ohne Paß", die keine offizielle Erlaubnis erhalten hatten, ihr Dorf zu verlassen.[28]

24 A. Šmidt, a. a. O., S. 299.
25 Ebenda, S. 298.
26 Vgl. A. A. Skal'kovskij, Крестьянский вопрос, a. a. O., A. Šmidt, a. a. O., S. 298f.
27 A. A. Skal'kovskij, Крестьянский вопрос, a. a. O.
28 Ebenda.

Als Ergänzung muß zu diesen Angaben noch hinzugefügt werden, daß zur Heumahd, zur Ernte und zu anderen Arbeiten auch die örtlichen Staatsbauern zusammenströmten. Das beweisen die Angaben über die Anzahl der ausgestellten Pässe. So wurden 1848 allein im Gouvernement Ekaterinoslav an 24272 Bauern, die ihre Dörfer als Wanderarbeiter verließen, Pässe ausgegeben. Das waren nach den Angaben der letzten Revision 12 Prozent aller männlichen Einwohner.[29]

Mit den ansässigen und den zugewanderten Bauern konnten die Gutsbesitzer nur einen Teil ihrer Ländereien kultivieren. Es blieben beträchtliche Flächen, die sie an Zehntleute abgaben, wobei diese zuweilen nicht nur Ackerland, sondern auch Vieh erhielten. Zwischen den Gutsbesitzern und den Zehntleuten bildeten sich Verhältnisse heraus, die Karl Marx als „Metäriesystem oder Teilwirtschaft-System", d. h. als eine Übergangsform „von der ursprünglichen Form der Rente zur kapitalistischen Rente" bezeichnete.[30]

Die Zehntleute hatten kein Land, ihnen fehlte also das wichtigste Produktionsmittel, gleichzeitig besaßen sie aber landwirtschaftliche Geräte und zuweilen auch Zugvieh. Für die Nutzung des Bodens waren sie verpflichtet, an den Gutsbesitzer einen Teil ihrer Erträge, u. a. Getreide, Heu ,Vieh und Wein abzuführen. Zwischen Zehntleuten und Lohnarbeitern gab es einen wesentlichen Unterschied: Die ersten benutzten eigene Arbeitswerkzeuge, besaßen eine eigene Wirtschaft, erhielten keinen Lohn und zahlten sogar für die Nutzung des Bodens. Ihre Lage war bedeutend besser als die leibeigener Bauern, da sie persönlich frei waren und mit dem Gutsbesitzer ein freiwilliges Abkommen schlossen; sie konnten, und das war sehr wichtig, nach der Bezahlung der vereinbarten Rente an den Gutsbesitzer über den restlichen Ertrag ihrer Wirtschaft frei verfügen. Für die Zehntleute gab es also einen Anreiz, Arbeitswerkzeuge sowie Wirtschaftsmethoden zu vervollkommnen und sich als Unternehmer zu betätigen. Natürlich konnten einzelne Zehntleute größeres Vermögen erwerben; von Zeitgenossen wurden sie als „kommerzielle Landwirte" bezeichnet[31]. Sie beschäftigten Lohnarbeiter und verkauften große Mengen Getreide auf dem Markt. Von der Größe ihrer Wirtschaft zeugen folgende Angaben: Viele Zehntleute ließen durch Lohnarbeiter 50 bis 100 Tschetwert aussähen. Dabei wurde bei der Aussaat durchschnittlich pro Arbeitskraft 1 Tschetwert gerechnet. Demnach wurde von einer Familie der Zehntleute Arbeit für 50 bis 100 Menschen vergeben.[32] Viele Zehntleute zahlten ihren Arbeitern mehr als andere Unternehmer, wodurch die Arbeitslöhne stiegen.

Auf den im Privatbesitz befindlichen Ländereien entstanden damit einerseits Wirtschaften der Gutsbesitzer und der Gutsbauern, andererseits Wirtschaften der Päch-

29 N. M. Družinin, Государственные крестьяне и реформа П. Д. Киселева,Bd. 2, Moskau 1958, S. 427f.

30 Karl Marx, Das Kapital, Bd. III. In: Marx/Engels, Werke, Bd. 25, Berlin 1964, S. 811.

31 Статистическое описане Херсонской губернии, Handschrift aus den dreißiger Jahren des 19. Jh. In: Leningrader Abteilung des Instituts für Geschichte der Akademie der Wissenschaften der UdSSR, Handschriftenabteilung, F. 36, Op. I, D. 541/81, Bl. 36.

32 Военно-статистическое обозрение Российской империи, Bd. 11, Teil 1; Херсонская губерния, zusammengestellt von Hauptmann Rogalev, Stabskapitän von Witte und Stabskapitän Pestov, Petersburg 1849, S. 119 u. 122. (weiterhin: Rogalev).

ter, besonders der Zehntleute, deren Lage sich zum Teil mit der von Großbauern vergleichen läßt.

Die wenigen Güter, die überwiegend mit der Arbeit von Leibeigenen bewirtschaftet wurden, verfielen immer mehr. Dort herrschte die Routine vor, die Geräte waren primitiv. Die Arbeitsproduktivität der von der Knute bedrohten Bauern war nicht hoch. Als Beispiel für diese Wirtschaftsform kann auf den Erbbesitz der Buturlin verwiesen werden, den wir dank der Erhaltung des umfangreichen Archivs gut kennen.[33]

Anders entwickelten sich die Wirtschaften der sogenannten „Gutsbesitzer-Rationalisatoren“, die Lohnarbeiter beschäftigten. Hier wurden Dreschmaschinen und andere vervollkommnete Geräte eingesetzt. Viele Gutsbesitzer begnügten sich nicht damit, Getreide anzubauen, sondern führten arbeitsintensive technische Kulturen ein (Weinbau, Maulbeerbaumplantagen und Obstkulturen) und gründeten Betriebe zur Verarbeitung landwirtschaftlicher Rohstoffe (Weinkelterei, Seidenspinnerei, Herstellung getrockneter Früchte). In der Gutswirtschaft spielte die verhältnismäßig wenig Arbeitskräfte erfordernde Viehzucht eine wesentliche Rolle; dabei fand die für die Wolle und teilweise auch für die Tuchherstellung wichtige Zucht von Feinwollschafen weite Verbreitung.

Im Taurischen Gouvernement entwickelten sich Weinbau und Weinkelterei für den Markt. In beiden Produktionszweigen waren Lohnarbeiter beschäftigt. In Šenchlarsk im Kreise Evpatorija – einem Gut der Voroncov – gab es bereits in der Mitte des 19. Jh. annähernd 80000 Weinstöcke. Nach den Berechnungen Gersivanovs konnte eine für den Weinbau genutzte Desjatine Land bis zu 220 Rubel Reingewinn bringen.[34]

Auch der Wirtschaftsbetrieb des Gutsbesitzers Skarżynski, der im Städtchen Trikraty in der Nähe von Voznesensk im Gouvernement Cherson einen 26 Desjatinen großen Obstgarten anlegte, hatte den Charakter eines kapitalistischen Unternehmens. Hier wurden 240 verschiedene Apfel-, 130 Birnen-, 60 Pflaumen- und 20 Kirschsorten angebaut. Außerdem wurden Aprikosen, Pfirsiche, Quitten und anderes Obst gezüchtet. Dieser Gutsbesitzer begnügte sich nicht mit dem Verkauf der Früchte: Aus seinen Treibhäusern und Orangerien wurden Ableger und Setzlinge in das ganze Gouvernement versandt. Einen Teil der erworbenen Gelder benutzte Skarżynski zur Gründung einer Tuchmanufaktur in dem am südlichen Bug im Kreise Bobrinez gelegenen Dorfe Migeja.[35]

In der Schafzucht erwarben sich die Schafställe des Baron Stieglitz, der bereits zu Beginn des 19. Jh. besonders auf seinem im Gouvernement Ekaterinoslav gelegenen Gute Gruševka Feinwollschafe züchtete, allgemeine Anerkennung. Im gleichen Gouvernement besaßen die Fürsten Voroncov, die Gutsbesitzer Kočubej, Sinel'nikov, Gavrilenko, Miklaševskij u. a. große reinrassige Schafherden.[36] In den südlichen Steppen war die Fütterung des Viehs verhältnismäßig einfach und billig – das Vieh

[33] Handschriftenabteilung der M. E. Saltykov-Ščedrin-Bibliothek Leningrad, F. 16.

[34] Gersivanov, a. a. O., S. 145 u. 150.

[35] Rogalev, a. a. O., S. 126 u. 149.

[36] Материалы для географии и статистики России, составленные офицерами генерального штаба. Екатеринославская губерния, Zusammengestellt von Hauptmann V. Pavlovič, Petersburg 1862, S. 158f.

blieb fast das ganze Jahr hindurch auf der Weide –, weshalb die Viehzucht den Gutsbesitzern große Einnahmen brachte. Beispielsweise gaben die im Gouvernement Cherson in der Viehzucht angelegten Kapitalien annähernd 25 Prozent Gewinn.[37]

Im südlichen Bessarabien besaßen die Grafen Ödling im Kreise Bender und die Grafen Benckendorff im Kreise Akkerman die größten Herden von Merinoschafen. Unter den Gestüten ragte das des im Süden begüterten Gutsbesitzers Balsch hervor. Außer mit dem Verkauf von Vieh befaßten sich die Gutsbesitzer auch mit dem Vertrieb von Schafwolle, Fellen, Käse und Butter im In- und Ausland.[38]

Die kapitalistische Wirtschaftsweise setzte sich nicht nur in den Gütern durch, sondern erfaßte auch die Staatsbauern, also einen großen Teil der Bevölkerung Neurußlands. In materieller Hinsicht ging es den Staatsbauern in den südlichen Gouvernements besser als den Staatsbauern in den anderen Gouvernements des Landes. Damit begann bei ihnen der Prozeß der sozialen Differenzierung. Die wohlhabenden Schichten, die sich mit dem zugeteilten Anteilland nicht begnügten, pachteten und kauften Land vom Staat und von Gutsbesitzern. 1857 besaßen 512 Staatsbauern im Gouvernement Ekaterinoslav 15650 Desjatinen Land. Einzelne mit Vieh handelnde Bauern pachteten bis zu 10000 Desjatinen Weideland.[39]

Nicht nur durch den Verkauf landwirtschaftlicher Produkte sondern auch als Fuhrleute, besonders durch den Transport von Waren nach den Schwarzmeerhäfen, konnten sich die Staatsbauern gewinnbringend betätigen, was, wenn auch nicht immer, mit dem Verkauf und Wiederverkauf von Waren Hand in Hand ging. Manche Fuhrleute besaßen mehrere Leiterwagen, die bis zu 120 Pud laden konnten, und eine beträchtliche Anzahl Ochsen. Viele von ihnen ließen sich, nach dem sie wohlhabend geworden waren, in den Kaufmannsstand eintragen.[40]

Das Anwachsen der Einlagen in den Dorfsparkassen und die Beteiligung wohlhabender Bauern an landwirtschaftlichen Ausstellungen bewiesen, daß einzelne bäuerliche Besitzer Kapitalien häuften. Auf der Aussstellung in Simferopol 1846 wurden Ochsen aus der Herde des Staatsbauern A. Il'in gezeigt, der außerdem noch ein Gestüt mit mehreren Hundert Pferden besaß. Bäuerliche Züchter zeigten neugezüchtete Getreidesorten, ein erfinderischer Autodidakt stellte ein Gerät zum Jäten in Obst- und Gemüsegärten vor. Ein Bauer war Besitzer einer Ziegelei und stellte seine Erzeugnisse aus.[41]

Auf der Ausstellung in Kišinev 1847 waren 185 von 200 Exponenten, also der überwiegende Teil, Staatsbauern.[42] 1863 demonstrierte auf einer ähnlichen Aus-

[37] Ebenda, S. 158. [38] Ja. Grosul, a. a. O., S. 81.

[39] N. M. Družinin, a. a. O., S. 419ff.

[40] I. S. Slabeev, Торгово-транспортный (чумацкий) промысел и его роль в социально-экономическом развитии Украины в XVIII – первой половине XIX в. Автореферат кандидатской диссертации, Kiew 1960.

[41] N. M. Družinin, a. a. O., S. 426f.

[42] Ja. S. Grosul/I. G. Budak, Очерки истории хозяйства Бессарабии (1821–1861), Kišinev 1967, S. 141. Es ist möglich, daß unter der Bezeichnung „Staatsbauern" die Zeitgenossen auch die Kolonisten, eine sehr starke Bevölkerungsgruppe der Staatsländereien in Bessarabien, miteinbegriffen.

stellung der Staatsbauern Roženko aus dem südlichen Bessarabien seine Errungenschaften der letzten Jahre: Er bestellte auf von benachbarten Gutsbesitzern gepachteten 150 Desjatinen Land Getreide, auf 40 Desjatinen Flachs, außerdem besaß er einen 2 Desjatinen großen Weingarten; weiterhin gehörten ihm 250 Feinwollschafe und 60 Rinder. Die Erträge seiner Wirtschaft verkaufte Roženko in Odessa und auf den örtlichen Märkten. V. F. Krezu, ein anderer Aussteller, hatte aus seinem Handel mit Früchten und Wein mehr als 500 Silberrubel Gewinn.[43]

Selbst reiche Staatsbauern litten jedoch unter feudalen Lasten, so unter zahlreichen Dienstleistungen, kleinlichen Bevormundungen, die ihnen das Verlassen des Dorfes erschwerten und ihre Selbständigkeit einengten, und unter dem Recht des Staates, über das dem Bauern zugeteilte Land und sogar über seine Persönlichkeit zu verfügen. Der Staat konnte den Bauern in eine Militärsiedlung eingliedern oder in einem anderen Gouvernement ansiedeln.

Die Lage der Kolonisten war unvergleichlich besser. Vor allem besaßen sie beträchtlich mehr Land als die Staatsbauern. Diese hatten durchschnittlich 7 Desjatinen pro Kopf, d. h. 35 Desjatinen für eine fünfköpfige Familie, während die Kolonisten pro Familie, unabhängig von ihrer Größe, 50 bis 65 Desjatinen besaßen. Diese Ländereien waren praktisch unantastbar, sie gehörten der „Kolonie" und wurden den einzelnen Familien in Erbpacht zugeteilt. Zu den wichtigsten Vorrechten, die die Kolonisten genossen, gehörten die Befreiung von Rekrutierung, Einquartierung und von einer Reihe anderer drückender Verpflichtungen sowie Steuererlaß für einen unterschiedlich festgelegten Zeitraum und Gewährung von Anleihen.

Die Herkunft der Kolonisten war sehr verschieden. Aus Südosteuropa und Transkaukasien kamen Bulgaren, Gagausen, Griechen, Armenier und Albanier; aus dem Westen stammten Deutsche, Holländer, Polen, dazu kamen noch Kinder aus Mischehen. Die russischen Kolonisten waren zu einem großen Teil zwangsweise nach dem Süden gebracht worden, wofür die Übervölkerung in einigen Landesteilen, wie etwa dem Gouvernement Smolensk, und die Bildung von Militärsiedlungen beispielsweise im Gouvernemt Mogilev ausschlaggebend waren.

Kolonistensiedlungen waren über ganz Neurußland verstreut; in nationaler Hinsicht waren die Kolonistendörfer recht buntscheckig. Es war jedoch üblich, nach der Nationalität der Mehrheit der Bewohner eine Siedlung als „bulgarisch", „deutsch" usw. zu bezeichnen. 1856 zählte man unter den Kolonisten 112000 „Revisionsseelen", zusammen mit den Frauen ergab das eine Einwohnerzahl von etwa 200000 Menschen.[44]

Die materielle Lage der Kolonisten war, genau wie ihre wirtschaftliche Erfahrung, unterschiedlich. Die Mennoniten, die beachtliche Geldmittel, Vieh und Arbeitskräfte mitgebracht hatten, paßten sich natürlich leichter den Verhältnissen an, als arme Einwanderer aus den Städten Südwestdeutschlands oder die jüdischen und weißrussischen Umsiedler aus dem Gouvernement Mogilev. Darüber hinaus hatten sich

[43] Ebenda.

[44] Ja. Grosul, a. a. O., S. 57; vgl. I. Meščerjuk, Переселение болгар в южную Бессарабию, Kišinev 1965, S. 136 (Angaben aus dem Jahre 1831).

die Mennoniten während ihres Aufenthaltes in Holland hervorragende Methoden der Bodenbearbeitung, der Viezucht und der landwirtschaftlichen Produktion angeeignet.

Der gelehrte Reisende und Agronom August von Haxthausen, der 1843 die Mennonitenkolonie am Fluß Moločnaja besuchte, gab eine sehr detaillierte Schilderung ihrer Wirtschaften.[45] Die 2517 Mennonitenfamilien, insgesamt 12561 Personen, siedelten damals in 44 Dörfern und besaßen mehr als 148767 Desjatinen eigenes und gepachtetes Land. Zu den 2517 Mennonitenfamilien gehörten auch 938 Tagelöhnerfamilien. Außerdem wurden in den Mennonitendörfern 242 zugewanderte Arbeiter beschäftigt.[46]

Die Wirtschaften der Mennoniten waren mit dem Binnen- und Außenmarkt eng verbundene vielseitige Betriebe. Berdjansk am Asowschen Meer war das Tor, durch das ihre Waren nach dem Ausland vertrieben wurden. Außer Weizen und anderem Getreide bauten die Mennoniten Kartoffeln, Flachs, Ölpflanzen, Tabak, Obst- und Maulbeerbäume an. Sie verzeichneten auch Erfolge beim Aufforsten. Dadurch konnten sie sich von einer Zufuhr von Brennmaterial unabhängig machen. Der Dung wurde zur Verbesserung des Bodens benutzt, der nach einem Vierfeldersystem bestellt wurde. Die gute Bodenbearbeitung, die Anpflanzung von Bäumen zum Schutz der Felder gegen Stürme, und die Verwendung verbesserter Geräte und Maschinen – u. a. 89 Dreschmaschinen, 42 Häckselmaschinen – begünstigte die Ertragssteigerung.[47]

Die höchsten Erträge brachte der Anbau von Weizen, der in Berdjansk für 17 Rubel in Assignaten pro Tschetwert verkauft werden konnte. 1842 brachten die Mennoniten Getreide für insgesamt 208708 Rubel auf den Markt.

Neben der Landwirtschaft beschäftigten sie sich auch mit der Viehzucht, die gleichfalls Warencharakter trug. 1842 verkauften sie Pferde, Kühe und Schafe für 118432, Wolle für 145992, Butter, Käse und Schinken für 76719 Rubel.

In ihren Dörfern errichteten die Mennoniten Ziegeleien und Kalkbrennereien, sie gründeten Färbereien und Webereien. Die Produktion wurde teilweise verkauft.

Einige Mennoniten verwandelten sich in Gutsbesitzer. Dazu gehörte der bereits erwähnte Mennonit Fein. Zu nennen ist auch der seinerzeit bekannte Johann Kornies, der als Fuhrunternehmer reich geworden war und sich allmählich zum Besitzer großer Schafherden, Gestüte, ausgedehnter Ländereien und Wälder entwickelte. „. . . und man behauptete, er sei weit mehr als eine Million Rubel reich“[48] schrieb Haxthausen über ihn. Nach seinem Tode erhielten seine Erben 1848 drei große

45 A. Frh. v. Haxthausen, Studien über die inneren Zustände, das Volksleben und insbesondere die ländlichen Einrichtungen Rußlands, Hannover 1847, Teil 2, S. 180ff.

46 Gersivanov, der fast die gleiche Anzahl zugewanderter Arbeiter nennt (250), vemerkt, daß sie sich bei den Mennoniten für das ganze Jahr verdingten, wofür die Männer 29 bis 71, die Frauen 17 bis 40 Rubel erhielten. Vgl. Gersivanov a. a. O., S. 135.

47 Nach den Angaben Gersivanovs (a. a. O., S. 131) wurden die Dreschmaschinen in den Kolonien selbst angefertigt; die einzelne Maschine kostete 1200 Assignatenrubel.

48 Haxthausen, a. a. O., S. 185.

Güter mit 30000 Feinwollschafen.[49] A. A. Skal'kovskij erwähnt einen „Mennoniten Kornies", offensichtlich einen Sohn Johanns, als einen der großen Gutsbesitzer Neurußlands: Er besaß 25000 Desjatinen Land.[50]

Wie wir sehen, kann die überwiegende Masse der Mennonitenwirtschaften als Farmen bezeichnet werden, die in großem Umfange Lohnarbeiter beschäftigten; sie produzierten für den Markt. Einzelne Mennoniten wurden zu rationell wirtschaftenden Gutsbesitzern. Sowohl bei dem einen wie bei dem anderen Typ handelte es sich um kapitalistische Betriebe, die zur Entwicklung der Produktivkräfte des Landes beitrugen.

Die Lage war für die Bulgaren, Gagausen und Griechen weit komplizierter: Sie hatten früher gegen türkische Paschas, vor denen sie dann geflohen waren, gekämpft, hatten sich dann gegen bessarabische Gutsbesitzer, die sie zu Leibeigenen machen wollten, zu wehren. Nichtsdestoweniger gab es auch unter ihnen reiche Siedler, die mit Pferde-, Schaf- und Rinderherden aus der Türkei gekommen waren.[51]

Die Bulgaren und Gagausen, aber auch die anderen Völker, brachten ihre verschiedenen Fertigkeiten mit nach Neurußland: Sie waren nicht nur erfolgreiche Viehzüchter, sondern legten auch Obst- und Gemüsegärten sowie Weinberge an. Zusammen mit den Moldauern und den Armeniern schufen sie Grundlagen für die Seidenraupenzucht im Süden unseres Landes. Ihre Frauen webten Tuche und Teppiche. Auf den landwirtschaftlichen Ausstellungen in Odessa erhielten die Bulgaren die meisten Preise.[52]

1847 gab es unter den Bulgaren des Budžak 448 Kaufleute, von denen 13 der Kaufmannsgilde angehörten; sie verschickten große Getreidemengen nach Odessa und Ismail, Vieh verkauften sie auf den Märkten Neurußlands. Der durchschnittliche Jahreshandelsumsatz der bulgarischen Kolonisten in den vierziger Jahren des 19. Jh. betrug 2 Millionen Rubel in Assignaten.[53]

Kapitalistische Verhältnisse entwickelten sich, wie zu erkennen ist, am reinsten in den Kolonistendörfern. Die im Lande herrschende Feudalordnung war aber auch hier spürbar. Sie zeigte sich in verschiedenen Vorschriften, die die wirtschaftliche Selbständigkeit der Kolonisten einengten; so forderten beispielsweise die örtlichen Behörden von jedem Kolonisten die Aufforstung einer bestimmten Fläche oder verpflichteten ihn, eine bestimmte Anzahl der die Saat schädigenden Zieselratten zu fangen.[54] Nur auf gekauftem Land durfte der Kolonist machen, was er wollte.

Die aufgezeigten Entwicklungsprozesse lassen sich auch in den übrigen Kolonien nachweisen. Im Weinbau und in der Kelterei spielten Immigranten aus dem in der

49 A. Petzholdt, Reise im westlichen und südlichen Europäischen Rußland im Jahre 1855, Leipzig 1864, S. 190ff.

50 Skal'kovskij, Крестьянский вопрос, a. a. O., Vgl. Gersivanov, a. a. O., S. 157.

51 I. Meščerjuk, a. a. O., S. 175.

52 Rogalev, a. a. O., S. 89f.

53 Ja. S. Grosul/I. G. Budak, a. a. O., S. 142.

54 J. A. Malinowsky (Hg.), Die deutschen katholischen Kolonien am Schwarzen Meere. Berichte der Gemeindeämter über Entstehung und Entwicklung dieser Kolonien in der ersten Hälfte des neunzehnten Jahrhunderts, Stuttgart 1926, S. 12, 18 u. 23.

französischen Schweiz gelegenen Kanton Waadt, die sich am Dnestr im Dorfe Šaba, jetzt Šabó, niederließen,[55] und auch Kolonisten aus Württemberg, die im südlichen Bessarabien das Dorf Sarata gründeten, eine wichtige Rolle.[56] Jüdische Kolonisten, aber auch Deutsche, Griechen und Vertreter anderer Nationen, die in den Dörfern keine passende Beschäftigung fanden, zogen allmählich in die Städte, wo sie sich Handwerk und Handel zuwandten und zum Anwachsen der städtischen Bourgeoisie beitrugen.

Neurußland war also in der ersten Hälfte des 19. Jh. ein Gebiet, in dem sich rasch kapitalistische Verhältnisse entwickelten, wo immer mehr Lohnarbeit gebraucht wurde und wo sich in den Händen von Gutsbesitzern, Staatsbauern, Kolonisten und teilweise auch von Vertretern anderer Bevölkerungsschichten, wie etwa den Zehntleuten, bedeutende Kapitalien ansammelten.[57]

Wenden wir uns jetzt dem Kaukasusvorland zu, im Osten dem Gouvernement Stavropol, im Westen dem Gebiet der Schwarzmeerkosaken. Die für Neurußland kennzeichnenden sozialökonomischen Prozesse sind auch hier zu verfolgen.

Versuche, im Gouvernement Stavropol, das 10,5 Millionen Desjatinen Land umfaßte, große Gutswirtschaften zu errichten, blieben ohne Erfolg. Die annähernd 600000 Desjatinen Land, die im Laufe des 18. Jh. an Adlige verteilt worden waren, gingen allmählich in den Besitz von Nichtadligen über oder wurden wieder Staatsbesitz. Zu Beginn des 19. Jh. machten solche Ländereien nur 6,2 Prozent der Gesamtfläche aus, am Vorabend der Bauernreform, im Jahre 1859, waren es nur noch 2,3 Prozent.[58] S. A. Čekmenev, der dieses Gebiet erforschte, stellte fest, daß „die Gutswirtschaft im Gouvernement Stavropol sich nicht richtig entwickeln konnte und keine festen Grundlagen besaß.“[59] Der Prozentsatz der Bauern, der auf Staatsländereien lebte, war daher hier bedeutend höher als in Neurußland.

Nur derjenige Teil des Großgrundbesitzes blieb erhalten und konnte sich entwickeln, der rationell wirtschaftenden Gutsbesitzern gehörte, die landwirtschaftliche Maschinen einführten und Lohnarbeiter beschäftigten. Der Gutsbesitzer A. F. Rebrov besaß 26000 Desjatinen Land, er ist für Großgrundbesitzer dieser Art typisch. Zu seinem Besitz gehörten Ackerbau, Weinberge und Maulbeerbaumplantagen. Außerdem besaß er ein Gestüt, Rinder- und Schafherden, darunter auch Herden von Feinwollschafen. Auf dem Gut befanden sich Mühlen und eine Seidenhaspelei. Der Gutsbesitzer verkaufte Weizen nicht nur auf den örtlichen Märkten, sondern auch in dem von seinem Gut mehr als 600 Werst entfernten Rostov. Obwohl Rebrov 556 männliche und weibliche Leibeigene besaß, beschäftigte er bei den

55 Detaillierte Angaben über diese Bevölkerung in CGIA, F. 383, Op. 29, D. 490.

56 Ebenda, D. 503.

57 Über die Industrialisierung des behandelten Gebietes vgl. die folgenden Ausführungen.

58 A. V. Fadeev, Очерки экономического развития Степного Предкавказья в дореформенный период, Moskau 1957, S. 105f.

59 S. A. Čekmenov, Из истории развития сельского хозяйства в Ставропольской (Кавказской) губернии в конце XVIII – первой половине XIX в. In: Ежегодник по аграрной истории Восточной Европы 1963, Vilnius 1964, S. 428.

komplizierten, u. a. mit dem Anbau von Wein, Obst und Gemüse zusammenhängenden Arbeiten im großen Umfang Lohnarbeiter.[60]

Zum gleichen Wirtschaftstyp gehörte das 15000 Desjatinen große Gut M. S. Voroncovs. Bei den Bauern dieses Gutes zeigte sich bereits in den vierziger Jahren des 19. Jh. eine scharfe soziale Differenzierung. Neben der Dorfarmut gab es durch Export reich gewordene Großbauern, die bis zu 30 Ochsenwagen bereitzustellen in der Lage waren und vom Staate Land kauften oder pachteten.[61]

Insgesamt bestimmten aber nicht die Latifundien der Großgrundbesitzer mit den darauf siedelnden Bauern, sondern selbständige, von den Gutsbesitzern unabhängige Bauernwirtschaften das Wirtschaftsprofil der Stavropoler Region. Das ergibt sich eindeutig aus folgenden Zahlen: 1856 wurden auf den Feldern der Staatsbauern 909900 Tschetwert Getreide geerntet, auf den Feldern der Gutsbesitzer, sowohl auf dem eigentlichen Gutsareal wie auf dem von den Gutsbauern bewirtschafteten Land nur 32800 Tschetwert. In den Wirtschaften der Kolonisten wurden 2200 Tschetwert geerntet.[62]

Einzelne Staatsbauern pachteten sich tausend und mehr Desjatinen Land für die Viehzucht. Bekannt sind u. a. N. Paškov, V. Žukov, M. Kardelin, E. Mirošnikov und die Brüder Laptev.[63]

Einen eigenen Charakter besaßen die Siedlungen der Schwarzmeerkosaken am Kuban und der Kosaken am Don. Die Kosaken sicherten die Grenzen und waren deshalb von Obrokzahlung und Kopfsteuer befreit. Sie waren nicht von Gutsbesitzern abhängig. Die aus ihrer Mitte herausgewachsene reiche Oberschicht hatte – mit Ausnahme einzelner Geadelter – laut Gesetz nicht das Recht auf den Besitz von Leibeigenen.[64] Auch den Geadelten war die Ausbeutung von Leibeigenen erschwert, da die Ländereien der Kosaken als Gemeinbesitz des Kosakenheeres galten. Als 1816 ein Gesetz erlassen wurde, das es verbot, gekaufte Bauern auf Ländereien des Donkosakenheeres zu überführen, wurde das damit motiviert, daß „niemand dort eigenes Land besitzt und die Ländereien nicht einem einzelnen, sondern dem ganzen Heer gehörten“[65]. Auf den Ländereien des Kosakenheeres konnten nur freie Bauern und das Hofgesinde leben; die Arbeitskraft der letzteren wurde jedoch zuweilen illegal in der Landwirtschaft, beim Fischfang usw. genutzt.

Auch am Kuban herrschte wie am Don das Prinzip der Besitzergreifung und der

[60] A. V. Fadeev, a. a. O., S. 119ff.

[61] E. I. Indova, Крепостное хозяйство в начале XIX века. По материалам вотчинного архива Воронцовых, Moskau 1955, S. 4, 40f., 170ff. Die Verfasserin verfolgt den Zerfall der Fronwirtschaft am Beispiel der den Voroncov gehörenden Güter.

[62] A. V. Fadeev, a. a. O., S. 133.

[63] S. A. Čekmenev, a. a. O., S. 433.

[64] Den Donkosaken gehörten Gutsbesitzer an, die auf Grund ihres militärischen Dienstgrades, der den Dienstgraden der Armee angeglichen war, den Dienstadel erhalten hatten. In die Reihen der Schwarzmeerkosaken ließen sich aus den verschiedensten Gründen zuweilen ukrainische Adlige aufnehmen. Vgl. V. A. Golobuckij, Черноморское казачество, Kiew 1956, S. 138f.; A. P. Pronštejn, Земля Донская, Rostov 1961, S. 182.

[65] A. P. Pronštejn, a. a. O., S. 168.

freien Besitznahme: Jeder Kosak konnte soviel Land sich nehmen, wie es seine ökonomischen Mittel gestatten. Nach der Aneignung des Landes erhielt er die Erlaubnis, aus dem Dorf in die Steppe überzusiedeln, dort ein Gehöft (Chutor) zu errichten und seine Wirtschaft zu betreiben. Dabei konnte er Lohnarbeiter in unbeschränkter Zahl beschäftigen.

Während die armen Kosaken in der Zeit ihres Militärdienstes kaum mit ihrer Wirtschaft zurechtkamen, wurden die Gehöfte der reichen Kosaken zu großen nach kapitalistischen Prinzipien betriebenen Farmen. Diese reichen Kosaken nutzten die Arbeitskraft entflohener Leibeigener aus. Da sie diese Flüchtlinge auf ihren Gehöften versteckten, konnten sie sie schonungslos ausbeuten. Die armen Kosaken bildeten ein weiteres Arbeitskräftereservoir, ein drittes die zahlreichen Wanderarbeiter aus den zentralen Gouvernements, die für längere oder kürzere Zeit nach dem Süden kamen.

Bis zur zweiten Hälfte des 19. Jh. blieben die Ländereien der Schwarzmeerkosaken unvermessen. Die genaue Größe der Ländereien des Heeres und einzelner Besitzungen, die sowohl Privatpersonen wie Kollektiven gehören konnten, war nicht genau festgelegt. Das war weniger auf die Fülle von Land als auf die Befürchtung der reichen Kosaken zurückzuführen, man würde sie zwingen, sich einzuschränken und einen Teil der Felder den einfachen Kosaken zu überlassen.

Wenden wir unsere Aufmerksamkeit jetzt dem Gehöft eines Vertreters der kosakischen Mittelschicht zu, den der Historiker V. A. Golobuckij als typisch für die erste Hälfte des 19. Jh. bezeichnet.[66] Sein Besitzer ist Maksim Ryžko, der 1810 insgesamt 130 Pferde und 124 Rinder besaß. Die Lohnarbeiter in der Wirtschaft Ryžkos – sie verdingten sich für ein Jahr bzw. für eine Saison oder als Tagelöhner – waren vorwiegend in der Viehzucht beschäftigt. Pferde und andere Tiere wurden verkauft und brachten dem Besitzer des Gehöfts einen beachtlichen Gewinn. Nach dem Tode Ryžkos wurde der Wert seines Besitzes auf 12000 Rubel geschätzt.

Aus der Oberschicht der Kosaken ragte durch seinen Reichtum Oberstleutnant P. F. Bursak hervor, der in den fünfziger Jahren des 19. Jh. im Kubangebiet und im Gouvernement Stavropol Gehöfte besaß. Ihm gehörten tausende Desjatinen Land. In seinen Wirtschaftsbetrieben stand die Viehzucht an erster Stelle; außer Pferden und Rindvieh besaß er auch Schafe, darunter 3000 Feinwollschafe. Der Verkauf von Pferden, Rindern und anderen Tieren war die wichtigste, aber nicht die einzige Einnahmequelle Bursaks; er besaß außerdem beträchtliche Ackerflächen, von denen 1856 nicht weniger als 2000 Pud Getreide geerntet wurden, und Mühlen, die von der Bevölkerung der Umgebung genutzt wurden.

Was für Arbeitskräfte waren in der Wirtschaft Bursaks tätig? Der Reichtum dieses „Krösus des Kubans“ – wie ihn Golobuckij nennt[67] – entstammte hauptsächlich der Ausbeutung von Lohnarbeitern. Die Löhne für Pferdehirten, Schnitter, Fuhrleute und andere Arbeitskräfte betrugen 25 Prozent der Gesamtausgaben dieses Gutsbesitzes. Er besaß auch 222 Leibeigene, von denen 167, die keine eigene Wirtschaft führten, als Hofgesinde gezählt wurden.

[66] V. A. Golobuckij, a. a. O., S. 251ff.

[67] Ebenda, S. 257.

Der Verkauf der Produkte seiner Wirtschaft brachte Bursak in den Besitz beträchtlicher Geldmittel. Seinen Kindern vermachte er im Testament mehr als 100000 Silberrubel. Außerdem besaß er in verschiedenen Banken des Landes deponierte Wertpapiere von erheblichem Wert.[68]

Die Gebiete am Unterlauf und östlich der Wolga wiesen Besonderheiten auf. Hier gab es große Flächen herrenlosen Landes und zugleich die Vorteile eines erstklassigen Flußweges. In der ersten Hälfte des 19. Jh. wandten sich Siedler und Wanderarbeiter (Otchodniki) besonders nach dem südlichen Teil des Gouvernements Saratov der auf Landkarten aus der Mitte des 19. Jh. sich als Keil zwischen die Ländereien der Donkosaken und das Gouvernement Astrachan schob. Nach den Angaben F. Gebel's, der in den dreißiger Jahren des 19. Jh. diese Gebiete bereist hatte, war die Schwarzerdeschicht hier so mächtig, daß die Bauern stellenweise „20, 30 und sogar 40 Jahre hintereinander ohne Düngung" die gleichen Felder besäen konnten.[69] Der fruchtbare Boden und das warme Klima begünstigten die Entwicklung der Landwirtschaft, die zusätzlich durch die ständige Nachfrage nach Getreide in den Kosakensiedlungen am Don, in den Auls der Nomadenvölker und auch auf den weiter entfernt gelegenen Märkten gefördert wurde.

Im südlichen Teil des Gouvernements Saratov gab es viele Staatsländereien, die von der Regierung an Kaufleute, bäuerliche Genossenschaften und an einzelne Bauern verpachtet wurden.[70] Die Pächter, besonders die wohlhabenden Staatsbauern, dingten Arbeitskräfte zum Pflügen, zur Mahd und zur Ernte des Weizens. Die Viehkoppeln wurden von Leuten aus den nördlichen Gouvernements gebaut und ausgebessert. Schließlich fanden viele Arbeitskräfte ihre Beschäftigung nicht nur bei der Verschiffung der Waren auf der Wolga, sondern auch bei deren Transport über die Landenge zwischen Wolga und Don auf der Strecke Dubovka – Kačalinskaja.[71]

Weit umfangreichere ungenutzte Flächen gab es im Gouvernement Samara am östlichen Ufer der Wolga und im Vorland des Ural, in Teilen des Gouvernements Orenburg. Beweise hierfür liefern neben dem Kauf und Verkauf sowie der Pacht von Staatsländereien die Zuweisung von 6500 Desjatinen Land an die von preußischen Mennoniten in den Jahren 1853 bis 1857 gegründeten Kolonien.[72] Es kam auch vor, daß auf brach liegenden Ländereien sich die Bevölkerung eines ganzen Dorfes niederließ, die den Boden eigenmächtig in Besitz nahm. Gewöhnlich war es nicht möglich,

[68] Ebenda, S. 257ff.

[69] Fr. Gebel', Замечания о сельском хозяйстве Саратовской губернии. In: Земледельческая газета, Nr. 46, v. 7. Juni 1835.

[70] N. M. Družinin, a. a. O., S. 371.

[71] Die massenhafte Zuwanderung arbeitssuchender Bauern in die Gebiete an der unteren Wolga, wo sie sich auf den Schiffen u. a. als Steuermänner und Wasserschöpfer, als Treidler, bei der Salzgewinnung und bei der Fischverarbeitung als Arbeitskräfte verdingten, läßt sich bereits im 17. Jh. feststellen, vgl. I. V. Stepanov, Работные люди Поволжья в XVII в. (К вопросу о характере найма). In: Вопросы генезиса капитализма в России. Leningrad 1960, S. 90–109.

[72] Fr. Gebel', a. a. O.

solch ein durch die gemeinsamen Wanderungen im Lande zusammengeschmiedetes Kollektiv vom Boden zu vertreiben, und die Bauern blieben, wo sie waren.[73]

Die Gutswirtschaft hatte im Gouvernement Samara nur geringe Bedeutung. Vor der Reform von 1861 waren hier nur insgesamt 15 Prozent der Dorf- und Stadtbevölkerung Leibeigene[74]. Wichtigste Keimzellen der sich herausbildenden kapitalistischen Verhältnisse waren daher in den genannten Regionen des Wolgagebietes, wie im Gouvernement Stavropol, die Wirtschaften von reich gewordenen Staatsbauern, Kaufleuten und Kolonisten. Bezeichnend sind folgende Zahlen: 1858 gab es unter den Staatsbauern im Gouvernement Samara mehr als 41000, die Land pachteten, und mehr als 23000 Eigentümer von Land, die 159498 Desjatinen besaßen.[75] Ein bedeutender Teil dieser Landwirte pachtete oder kaufte Land zu Erwerbszwecken. Ebenso verhielt es sich mit den Mennoniten und anderen Kolonisten, die sich zu verschiedenen Zeiten im Gouvernement Samara niedergelassen hatten. Einige Mennoniten, u. a. Jansen, Epp, Wahl, verfügten zum Zeitpunkt der Siedlung über ein Kapital bis zu 10000 Silberrubel. Die Mennoniten im Gouvernement Samara nutzten, genauso wie ihre Glaubensgenossen im Gouvernement Taurien, geschickt die ihnen gewährten Sonderrechte und Privilegien aus. Sie nahmen Neuland unter den Pflug und bauten Weizen, Gerste und Kartoffeln an; das Land wurde mit verbesserten Geräten, mit preußischen Pflügen, eisernen Eggen, Häcksel- und Erntemaschinen bearbeitet. Sowohl den Ackerbau wie die Viehzucht betrieben sie als Unternehmer. Außer Pferden, Rindern, Schweinen und Ziegen züchteten sie sehr langwollige Schafe holländischer Rasse und stellten Butter und Käse her. Reiche Mennoniten beschäftigten als Lohnarbeiter ihre wirtschaftlich schwächeren Mitbrüder und Zugewanderte. 1856 gab es bereits in einer jungen 440 Männer und Frauen zählenden Mennonitenkolonie 8 Handelshäuser, deren Besitzer Weizen aus dem Gouvernement Samara auf der Wolga und dem Don nach Rostov verschifften.

Die Mennoniten benötigten eine große Zahl Arbeitskräfte. Außer landwirtschaftlichen Arbeitern beschäftigten sie Brunnenbauer, Schmiede und verschiedene andere Handwerker, die aus den zentralen Gouvernements kamen. Schließlich waren in den von den Siedlern aufgebauten Mühlen, Ziegeleien sowie bei der Herstellung von Essig Lohnarbeiter beschäftigt.[76]

Die im Wolgagebiet und in Neurußland gleichartigen sozialen Verhältnisse riefen, wie wir sehen, gleichartige Erscheinungen hervor; auch hier entstanden in größerer Zahl kapitalistisch betriebene Wirtschaften, deren Besitzer Staatsbauern, Kaufleute oder Kolonisten waren. In der Mitte des 19. Jh. strömten bis zu 120000 Wanderarbeiter in das Gouvernement Samara, die in diesen Betrieben als Lohnarbeiter beschäftigt wurden.[77]

[73] V. I. Časlavskij, Земледельческие отхожие промыслы в связи с переселением крестьян. In: Сборник государственных знаний, hrsg. v. V. P. Bezobrazov, Bd. 2, St. Petersburg 1875, S. 207.

[74] A. Trojnickij, a. a. O., S. 85.

[75] N. M. Družinin, a. a. O., S. 379.

[76] Fr. Gebel', a. a. O.,

[77] N. M. Družinin, a. a. O., S. 379.

Nicht nur aus den Gouvernements Samara und Saratov, sondern auch aus den benachbarten Gouvernements gelangte Getreide zu den Landungsplätzen an der Wolga. 1850 berichteten Augenzeugen, daß „die Ufer der Flüsse Wolga und Samara von mächtigen dicht nebeneinander stehenden hohen hölzernen Speichern gewissermaßen verziert sind, von denen einzelne bis zu 200000 Pud Weizen fassen“[78]. Nur aus der am Zusammenfluß von Wolga und Samara liegenden Stadt Samara wurde – neben anderem Getreide – für 8 Millionen Rubel Weizen ausgeführt.[79]

Zu den landreichen Siedlungsgebieten gehörte auch das Vorland des Urals, in dem für den Ackerbau und die Errichtung von Berg- und Hüttenwerken günstige Voraussetzungen bestanden. Die von den Bergen herabströmenden Flüsse verbanden das Ural- mit dem Wolgagebiet. Im Gouvernement Orenburg war zum Zeitpunkt der Bauernreform die Gutswirtschaft nur schwach entwickelt und der Anteil von Leibeigenen an der Gesamtbevölkerung betrug nur 11 Prozent.[80]

Eigenständige Züge kennzeichneten das Territorium, in dem Baschkiren nomadisierten. Die großen Ländereien und das Fehlen von Leibeigenschaft lockten aus anderen Gouvernements einerseits die Dorfarmut, andererseits reich gewordene Wucherer, die durch Kauf und Verkauf von Land große Vermögen erworben hatten, herbei. Der Landvermesser und Publizist N. V. Remezov aus Ufa veröffentlichte ein Buch, in dem er eine ganze Anzahl solcher Spekulanten vorführte, die er als „bäuerliche Landlords“, „Krösuse“, „Bourgeois“ bezeichnete.[81] Stellen wir einen von ihnen, den ehemaligen Staatsbauern aus dem Gouvernement Vjatka K. A. Morozov, vor. Er wurde durch Abmachungen reich, die er als Bevollmächtigter anderer abschloß. Dann erwarb er für sich 100000 Desjatinen Land. Daraufhin rief er seine armen Landsleute nach Baschkirien, um Arbeitskräfte zu gewinnen. Das Volk lief ihm in hellen Scharen nach, in kurzer Zeit entstanden auf seinem Latifundium 17 Dörfer. Viele kamen ohne die notwendigen Pässe. Morozov profitierte von der schwierigen Lage dieser Siedler und beutete sie gehörig aus. Das ist ein weiteres Beispiel des auf der Zahlung der Pacht durch einen Teil der Ernteerträge beruhenden Systems; für den Pächter solchen privaten Landbesitzes war diese Form besonders drückend.

Geschäftsleute gab es auch unter den Baschkiren: Um des Profits willen schlossen sie mit Männern wie Morozov Vereinbarungen und überließen ihnen für ein Spottgeld baschkirisches Land. Die Leidtragenden waren die unbemittelten Nomaden, die ihr Weideland verloren und dadurch zum Verkauf ihres Viehs gezwungen wurden; sie mußten sich ohne genügende Kenntnisse mit Landwirtschaft befassen.

Später bezeichnete Lenin die Grausamkeiten, von denen die Umwandlung der baschkirischen Ländereien in „Weizenfabriken“ begleitet war, als ein deutliches Beispiel der Kolonialpolitik.[82] Lenin, der in diesem Zusammenhang den Ausdruck

[78] Ведомости московской городской полиции, Nr. 156, 1850.

[79] Самарские губернские ведомости, Nr. 48, 27. November 1865.

[80] A. Trojnickij, a. a. O., S. 85; N. M. Družinin, a, a. O., S. 393.

[81] N. V. Remezov, Очерки из жизни дикои Башкирии. Быль в сказочной стране, Moskau 1887, S. 25, 106, 121.

[82] W. I. Lenin, Die Entwicklung des Kapitalismus in Rußland. In: Lenin, Werke, Bd. 3, Berlin 1968, S. 256.

„Kolonisatoren" verwandte, verstand darunter natürlich nicht die zahlreichen Siedler, die um der Landarmut zu entgehen, sich im Gebiet der Baschkiren niederließen, sondern die Kulaken, Kaufleute und geschäftstüchtigen Gutsbesitzer, die durch Fälschungen, Betrug und Gewalt die Ländereien der Baschkiren an sich rissen und die mittellosen Baschkiren und Russen ausbeuteten.

Abschließend sei noch kurz auf das Gouvernement Astrachan eingegangen. Im Unterschied zu den anderen hier behandelten Gouvernements, in denen der Ackerbau vorherrschte, war das Gouvernement Astrachan ein Gebiet, in dem Viehzucht und Fischfang sowie der Handel auf dem Wolgaweg als auch von Astrachan aus auf dem Kaspischen Meer überwogen. Die Naturbeschaffenheit dieses Gouvernements, das Überwiegen von Lehm- und Salzböden, war für die Landwirtschaft wenig günstig.

Die Bevölkerung des Gouvernements Astrachan war recht buntscheckig: Es überwogen Kalmücken und Kasachen, die mit ihren Herden in den Steppen nomadisierten. Nach dem Okladbuch von 1854 gab es im Gouvernement 136594 männliche Personen, darunter 6182 „Guts- und Kronbauern"[83]. Interessant sind die Angaben des Ministeriums für Staatsdomänen von 1859 über die Relation des Grundbesitzes: Von den 19318741 Desjatinen Gesamtfläche des Gouverments gehörten Gütern und Klöstern nur 708893 Desjatinen. Von dem übrigen Land besaßen Kalmücken über die Hälfte der Gesamtfläche, weiteren Landbesitz hatten Kasachen, Staatsbauern, sowie die Grenzdienst leistenden Kosaken und Städte. Das Ministerium für Staatsdomänen verfügte nur über 1700000 Desjatinen, also über eine verhältnismäßig geringe Reserve.[84]

Das in Rußland übliche System der Leibeigenschaft war im Gouvernement Astrachan nur in geringen Ansätzen vorhanden. Das bedeutet natürlich nicht, daß die Mehrheit der Bevölkerung persönlich frei war: Die Kalmücken und Kasachen lebten in feudal-patriarchalischen Verhältnissen, in die die zaristische Regierung in immer stärkerem Maße eingriff. Sie reglementierte die Verpflichtungen der abhängigen Bevölkerung und übertrug einem Teil der Kalmücken den Grenzdienst, wodurch diese Kalmücken faktisch eine den Kosaken ähnliche Stellung erhielten. Die Ländereien der reichen Kalmücken gingen teilweise in Staatsbesitz über. Die auf diesen Ländereien lebenden einfachen Kalmücken wurden damit den Staatsbauern gleichgestellt.[85] Die von russischen Gebieten umgebenen Kalmücken wurden immer stärker in die Ware-Geld-Wirtschaft und, was sehr wichtig ist, in Lohnarbeitsverhältnisse mit einbezogen. Mit und ohne Erlaubnis ihres Noyon oder Sajsang (Feudalherrn) suchten sie sich in großer Zahl beim Fischfang und bei der Salzgewinnung Beschäftigung. So arbeiteten in den vierziger Jahren des 19. Jh. auf den Salzseen im Gouvernement Astrachan alljährlich mehr als 1000 Kalmücken.[86] Viele Wander-

[83] CGIA, F. 571, Op. 9, D. 53, Bl. 19–23. In die Okladbücher wurde jährlich die Zahl derjenigen eingetragen, die Abgaben (Oklad) zu zahlen hatten.

[84] I. Čerkasov, Статистическое и хозяйственное описание Астраханской губернии. In: Журнал Министерства государственных имуществ, Mai 1859, S. 75.

[85] Очерки истории Калмыцкой АССР. Дооктябрьский период, Moskau 1967, S. 226–248.

[86] Ebenda, S. 234.

arbeiter aus zentralen Gouvernements arbeiteten – darauf sei hier hingewiesen – im Gouvernement Astrachan nicht nur in den genannten, sondern auch in anderen Gewerbezweigen. Weil die einheimische Bevölkerung u. a. in der Herstellung von Töpferwaren und Metallerzeugnissen nicht genügend Erfahrungen besaß, fanden dort viele russische Handwerker Beschäftigung.

Auch ein Gebiet, wie das Gouvernement Astrachan, förderte auf diese Weise die Entwicklung kapitalistischer Verhältnisse im Lande. Diese Tendenz wurde noch dadurch verstärkt, daß auf der das Gouvernement durchfließenden Wolga große Warenmengen von und nach den östlichen Ländern transportiert wurden. Bezeichnenderweise gab es zur Zeit der Bauernreform im Gouvernement Astrachan nur 2,6 Prozent Leibeigene.[87]

Bisher haben wir von der Landwirtschaft, vom Fischfang und von einigen Zweigen des Kleingewerbes berichtet. In dem behandelten Gebiete, besonders in Neurußland, entstanden bereits im 18. Jh. große Unternehmen von gesamtrussischer Bedeutung. Die wichtigsten von ihnen gehörten dem Staat und wurden mit feudalabhängigen Arbeitskräften betrieben. Dazu zählten u. a. die Betriebe des Berg- und Hüttenwesens im Ural, die Gießerei in Lugansk, die Kohlengewinnung im Donbas, die „Staatliche Tuchfabrik in Ekaterinoslav" und die Schiffswerften. Daneben gab es aber nicht wenige private Unternehmen, in denen Lohnarbeit weit verbreitet war. In ihnen wurden nicht nur wie in Mühlen, Weinkeltereien und Ledermanufakturen landwirtschaftliche Rohstoffe verarbeitet. In der ersten Hälfte des 19. Jh. entwickelte sich im Süden und Südosten des Europäischen Rußlands die Produktion landwirtschaftlicher Maschinen. Z. D. Jasman führte in ihren Forschungen annähernd 30 solcher Betriebe an. Besondere Bedeutung erlangten die E. Falk in Odessa sowie A. D. Zaslavskij und O. I. Schuhmann im Gouvernement Ekaterinoslav gehörenden Manufakturen. Falks Unternehmen hatte 1859 einen Umsatz von etwa 60000 Silberrubel. Es stellte Dresch- und Häckselmaschinen, Kornschwingen, Dampfmaschinen sowie Kessel her.[88] Ähnliche Unternehmen besaßen nach den Angaben von Z. D. Jasman die Kolonisten I. Henn und Karl Wedel. Augenscheinlich wurde ein Teil der in der Landwirtschaft akkumulierten Kapitalien in der Industrie angelegt.

Zum besseren Verständnis der in der Zeit vor der Bauernreform sich vollziehenden kapitalistischen Prozesse ist es sehr wichtig festzustellen, welchen Entwicklungsstand diese Gebiete bis zum Ende des 19. Jh. erreichten. Lenins Arbeiten über die Entwicklung des Kapitalismus in Rußland erleichtern uns diese Aufgabe.

Als Lenin im Kampf gegen die Narodniki Argumente für seine Behauptung anführen mußte, daß sich in Rußland der Kapitalismus entwickle, wandte er seine Aufmerksamkeit vor allem Neurußland zu. Seine erste Arbeit dazu war die 1893

[87] Tiojnickij, a. a. O.

[88] Z. D. Jasman, Возникновение сельскохозяйственного машиностроения в крепостной России (К проблеме становления капиталистического уклада), Kandidatendissertation. Manuskiipt, Moskau 1970.

veröffentlichte Rezension zu dem Buche von V. E. Postnikov „Die südrussische Bauernwirtschaft". Dieses Buch enthält reiches, die Verhältnisse im südrussischen Dorf kennzeichnendes statistisches Material. Lenin zitiert die Feststellung Postnikovs, daß sich in den letzten Jahrzehnten in diesen Dörfern „eine Differenzierung der Bevölkerung in Gruppen mit sehr unterschiedlichen ökonomischen Wohlstand vollzogen hat"[89]. Postnikov hatte hervorgehoben, daß die materielle Lage der Bauern im Süden besser sei als in den zentralen Gouvernements des Landes und fand dafür eine im wesentlichen richtige Erklärung: „Der Bewohner Tauriens", schrieb er, „der sich zu einem großen Teil an den in der alten Epoche herrschenden Druck nicht erinnert oder ihn gar nicht kennengelernt hat und in verhältnismäßig ungebundenen und wohlhabenden Verhältnissen lebt" ist viel selbständiger als der „Bauer in dem nördlichen Teil des Gouvernements Cherson, der sich noch heute an die bösen Zeiten der Militäransiedlungen erinnert"; letzterer scheint „mißtrauisch und etwas eingeschüchtert" zu sein. Der „in der alten Epoche herrschende Druck" ist bei Postnikov eine Umschreibung für Leibeigenschaft,[90] die im Gouvernement Taurien keine feste Basis hatte. Besonders ausführlich behandelt Postnikov die Wirtschaften der Kolonisten, die eine besonders wohlhabende Schicht bildeten.

Lenin benutzte das von Postnikov gesammelte Tatsachenmaterial zu Aussagen über brennend aktuelle Fragen. Seine Ausführungen führten zu politischen Schlußfolgerungen, die bei Postnikov fehlten. Lenin bewies, daß nach der Saatgutmenge, der Anzahl der Zugtiere und der Größe des zu einem Bauernhof gehörenden Ackerlandes die Bauern des Gouvernements Taurien nördlich von Perekop – dieses Gebiet hatte er hauptsächlich in seiner Analyse berücksichtigt – in verschiedene klar abzugrenzende Gruppen eingeteilt werden können. Die besser gestellten Gruppen mit einer Saatfläche von mehr als 25 Desjatinen je Hof betrieben bereits eine „kommerzielle Wirtschaft"[91] und produzierten Getreide für den Markt. Diese Wirte beschäftigten Lohnarbeiter, wodurch sich die Zahl der Arbeitskräfte in ihren Wirtschaften um ein Drittel und mehr erhöhte. Im Gegensatz hierzu waren die unteren Gruppen gezwungen, „in sehr erheblichen Ausmaß Arbeitskräfte" abzugeben,[92] da ihre eigene Wirtschaft nicht in der Lage war, sie mit den für den Unterhalt notwendigen Produkten zu versorgen. Während Postnikov in diesen Erscheinungen nur „Unstimmigkeiten" und den „Kampf ökonomischer Interessen" innerhalb der Bauernschaft sah, wies Lenin darauf hin, daß die Dorfarmut von den reichen Bauern, bei denen sie sich als Knechte verdingte und denen sie ihr Anteilland verpachtete, direkt ausgebeutet wurde. Das waren bereits qualitative Unterschiede, die durch den „sozialökonomischen Charakter der Wirtschaft" bestimmt wurden.[93]

89 W. I. Lenin, Neue wirtschaftliche Vorgänge im bäuerlichen Leben. In: Lenin, Werke, Bd. 1, Berlin 1968, S. 8f., vgl. V. E. Postnikov, Южно-русское крестьянское хозяйство, Moskau 1891, S. 323.
90 Postnikov, a. a. O.
91 W. I. Lenin, Neue wirtschaftliche Vorgänge im bäuerlichen Leben, a. a. O., Bd. 1, S. 30.
92 Ebenda, S. 32.
93 Ebenda, S. 58.

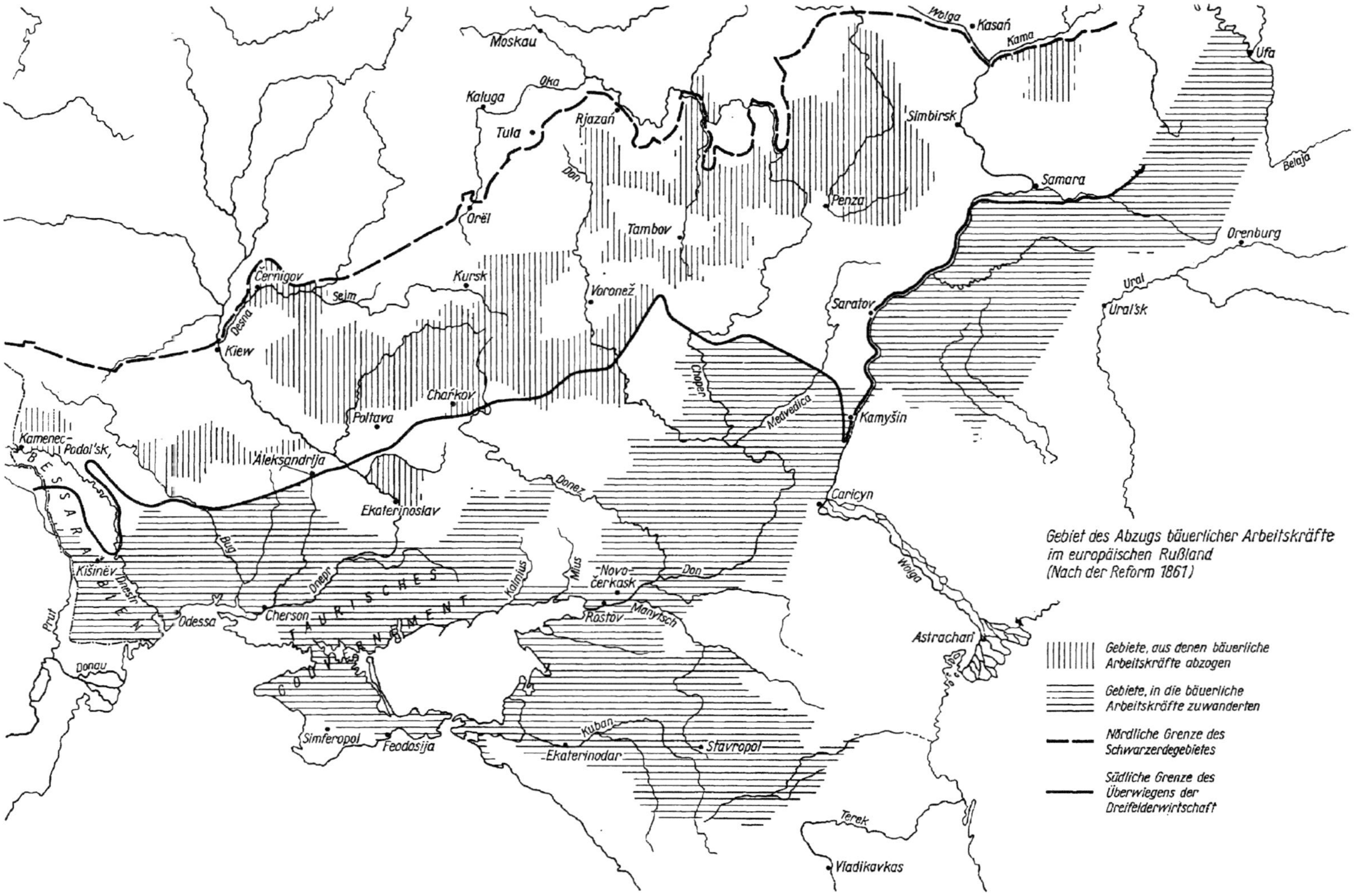
Gebiet des Abzugs bäuerlicher Arbeitskräfte
im europäischen Rußland
(Nach der Reform 1861)
Gebiete, aus denen bäuerliche Arbeitskräfte abzogen
Gebiete, in die bäuerliche Arbeitskräfte zuwanderten
Nördliche Grenze des Schwarzerdegebietes
Südliche Grenze des Überwiegens der Dreifelderwirtschaft
Moskau
Oka
Kaluga
Tula
Rjazań
Don
Orël
Tambov
Penza
Simbirsk
Wolga
Kasań
Kama
Ufa
Belaja
Samara
Orenburg
Ural
Ural'sk
Saratov
Kamyšin
Medvedica
Choper
Voronež
Kursk
Černigov
Seim
Desna
Kiew
Chaŕkov
Poltava
Kamenec-Podol'sk,
Aleksandrija
Ekaterinoslav
Donez
Caricyn
Astrachań
Bug
Dnepr
Kišinëv
Dnestr
Prut
Donau
Odessa
Cherson
Kalmius
Mius
Novo-čerkask
Rostov
Manytsch
Simferopol
Feodosija
Kuban
Ekaterinodar
Stavropol
Terek
Vladikavkas
BESSARABIEN
TAURISCHES GOUVERNEMENT

Lenins Darlegungen wiesen überzeugend nach, daß sich in Südrußland Prozesse, die mehr oder weniger im ganzen Lande wahrzunehmen waren, vollzogen und daß sie sich prinzipiell nicht von den von Karl Marx in Westeuropa untersuchten Prozessen unterschieden. Hier wie dort kam es zur Polarisierung der Bauernschaft, zur Herausbildung der Bourgeoisie und des Proletariats.

In seinen Briefen an den Volkswirtschaftler P. P. Maslov sprach Lenin jene Gedanken deutlich aus, die er im Aufsatz nur hatte anklingen lassen können: Postnikovs Angaben, schrieb er, beweisen, daß die ökonomischen Verhältnisse der Bauernschaft einen kapitalistischen Charakter angenommen hätten und daß die Bauernschaft in antagonistische Klassen zerfallen sei. Postnikovs Buch mache allen augenfällig, daß die gängigen Auffassungen über unser an der Mirverfassung festhaltendes Dorf unsinnig seien und daß die Verhältnisse bei uns sich im Kern nicht von denen in West- und Mitteleuropa unterscheiden würden.[94]

Lenin begründete unter Zugrundelegung von Material aus dem Gouvernement Taurien, daß die historischen Prozesse in Rußland und in Mittel- und Westeuropa einheitlich verlaufen. Daraus ergab sich die Schlußfolgerung – obwohl Lenin darüber nicht offen schreiben durfte – daß die revolutionäre Lehre von Marx auch in Rußland voll anwendbar sei.

Lenin wandte sich auch in seiner zweiten 1893 verfaßten und 1937 erstmals veröffentlichten Arbeit: „Zur sogenannten Frage der Märkte"[95] bei der Charakterisierung der kapitalistischen Prozesse den Steppengebieten zu. Diesmal begnügte sich Lenin nicht mit Angaben aus dem Gouvernement Taurien. Unter Zugrundelegung von Materialien, die er selbst aus den Ergebnissen der von den Semstwos durchgeführten Zählungen abgeleitet hatte, untersuchte er die Lage in einzelnen Kreisen der Gouvernemente Samara und Saratov. Damit wandte er sich auch den südöstlichen Gebieten des Europäischen Rußlands zu. Lenin wies darauf hin, daß im Kreise Kamyšin im Gouvernement Saratov gleichartige Erscheinungen wie im Gouvernement Taurien sichtbar werden, vor allem eine rasche Differenzierung der Bauernschaft. In dieser neuen Arbeit ging Lenin erstmalig auf die Ursachen dafür ein, daß sich die kapitalistischen Verhältnisse in den südlichen und südöstlichen Randgebieten des Europäischen Rußlands anders als in den zentralen Gouvernements entwickelten. Er schrieb: „In unseren Randgebieten, die die Leibeigenschaft fast gar nicht gekannt haben und in erheblichem Maße erst unter den „freien" Verhältnissen nach der Reform besiedelt wurden, ist die Zersetzung tatsächlich rascher vor sich gegangen als im zentralen Gebiet."[96] Die Ursachen für die schnellere Entwicklung des Kapitalismus in den Randgebieten waren daher nach Lenin auf Bedingungen zurückzuführen, die noch in die Zeit vor der Bauernreform zurückreichen. Die in diesen Gebieten vor 1861 lebende Bevölkerung hatte die Leibeigenschaft kaum kennengelernt. Die nach der Bauernreform eintreffenden Siedler konnten auf dem neuen Land gleich als Freie mit dem Aufbau ihrer Wirtschaft beginnen. Diese Wirt-

94 Vgl. W. I. Lenin an P. P. Maslov, [Dez. 1893]. In: V. I. Lenin, Полное собрание сочинений, Bd. 46, Moskau 1964, S. 2.

95 In: W. I. Lenin, Werke, Bd. 1, Berlin 1968, S. 65ff.

96 Ebenda, S. 103.

schaften waren nicht durch Abarbeit und andere Formen feudaler Abhängigkeit belastet.

Die Narodniki behaupteten bekanntlich, daß der Kapitalismus sich in Rußland wegen der fehlenden Außenmärkte nicht entwickeln könne. In diesem Zusammenhang gewannen die Randgebiete für Lenin noch unter einem anderen Gesichtspunkt an Bedeutung. Die Narodniki, schrieb er, wollen beweisen, daß in Rußland der „Kapitalismus mangels äußerer Märkte unstabil sei“[97]. Dabei baut die russische Bourgeoisie „Eisenbahnen nach ihren Kolonien, schafft sich dort einen Markt“[98]. So charakterisierte Lenin die Randgebiete des russischen Kaiserreichs als „Kolonien“. Im Unterschied zu den Kolonien Englands und der anderen Staaten Mittel- und Westeuropas befanden sich die „Kolonien“ Rußlands innerhalb der eigenen Staatsgrenzen und zeigten in ihrer agrarkapitalistischen Entwicklung ein hohes Niveau.

Den südlichen und südöstlichen Randgebieten des Europäischen Rußlands räumte Lenin in seinem grundlegenden Werke „Die Entwicklung des Kapitalismus in Rußland“[99] einen hervorragenden Platz ein. Diese in den Jahren 1896 bis 1899 verfaßte Arbeit befaßte sich mit der Herausbildung des inneren Marktes für die Großindustrie. Das Studium des inneren Marktes, besonders der Zirkulation der Ware Arbeitskraft, veranlaßte Lenin, seine Aufmerksamkeit der „landwirtschaftlichen Wanderarbeit“ zuzuwenden, d. h., dem periodischen Wegziehen der arbeitsuchenden Dorfarmut aus den zentralen Gouvernements in die Steppengebiete. Große Beachtung widmete Lenin der Arbeit von V. I. Časlavskij „Die landwirtschaftlichen Wandergewerbe im Zusammenhang mit der Bauernumsiedlung“[100], die eine vom Verfasser angefertigte sehr wertvolle Landkarte enthielt (siehe die Karte gegenüber Seite 200, die die wichtigsten Elemente enthält). Lenin interessierten besonders jene acht landwirtschaftlichen Gouvernements, in die sich die Bauern vorwiegend auf Arbeitssuche begaben.[101] Gleichzeitig hob er hervor, daß „die Bewegung (besonders in letzter Zeit) immer weiter um sich greift und auch den Nordkaukasus, das Uralgebiet usw. erfaßt“[102]. Auf Grund der Materialien von Časlavskij, der die Umsiedlungen der Bauern seit der zweiten Hälfte des 18. Jh. und für das Gouvernement am Don seit dem 16./17. Jh. erforschte, gelangte Lenin zu folgenden Schlußfolgerungen: „Die Arbeiter wandern also aus den am dichtesten besiedelten Gebieten in die am schwächsten bevölkerten, die Kolonisationsgebiete: – aus Gebieten,[103] in

97 W. I. Lenin, Was sind die „Volksfreunde“ und wie kämpfen sie gegen die Sozialdemokratie? In: Lenin, Werke, Bd. 1, Berlin 1968, S. 316.

98 Ebenda.

99 In: W. I. Lenin, Werke, Bd. 3, Berlin 1968.

100 V. I. Časlavskij, a. a. O., S. 181–211.

101 Die Gouvernements: Bessarabien, Cherson, Taurien, Ekaterinoslav, Dongebiet, Samara, Saratow (der südliche Teil) und Orenburg (das Bergvorland des Ural), vgl. W. I. Lenin, Die Entwicklung des Kapitalismus in Rußland. In: Werke, Bd. 3, Berlin 1968, S. 235.

102 Ebenda.

103 Mit am dichtesten besiedelt waren die Gouvernements Kazan', Simbirsk, Penza, Tambov, Rjazan', Tula, Orel, Kursk, Voronež, Char'kov, Poltava, Černigov, Kiev, Podolien, Wolhynien.

denen die Leibeigenschaft am stärksten entwickelt war, in Gebiete, wo sie am schwächsten war; – aus Gebieten mit stärkster Entwicklung der Abarbeit in Gebiete mit schwacher Entwicklung der Abarbeit und hoher Entwicklung des Kapitalismus.“[104] Zur Bekräftigung dieses Gedankens verwies Lenin auf Časlavskijs Zahlenangaben, wonach in den Gebieten, aus denen die Arbeiter kamen, vor der Reform 40 bis 60 Prozent der Gesamtbevölkerung Leibeigene waren, in den Gebieten, in die sie sich begaben, jedoch nur 4 bis 16 Prozent.[105] Lenin, der die Entwicklung Rußlands nach den Reformen erforschte, hob damit noch einmal hervor, daß die Besonderheiten der südlichen und südöstlichen Randgebiete ihre Wurzeln in den vorhergegangenen Verhältnissen hatten.

Lenin entwirft ein ausdrucksvolles Bild der landwirtschaftlichen Wanderarbeit. Nachdem die mittellosen Arbeiter ihren Besitz verkauft oder sich Geld bei reichen Bauern geliehen hatten, begaben sie sich nach dem Süden. Die meisten gingen zu Fuß, häufig ohne Schuhwerk, und legten im kalten Frühlingsschlamm hunderte von Kilometern zurück. Ihre Füße schwollen an, bedeckten sich mit Schwielen und Schrammen. Die Wanderung dauerte 10 bis 12 Tage. Ein Teil der Arbeiter fuhr stromabwärts in großen Booten, die 50 bis 80 Personen faßten. Nicht selten sanken solche überfüllten Boote. Nachdem die Wanderarbeiter Gebiete erreicht hatten, in denen große Nachfrage nach Arbeitskräften herrschte, sammelten sie sich auf Arbeitsmärkten (in Kachovka, im Dorfe Mostovoe, in Ekaterinoslav, in Akkerman und an anderen Orten). Im Entstehen solcher Märkte sah Lenin eine dem hochentwickelten Kapitalismus eigentümliche Form der Vermittlung von Lohnarbeitern.[106]

Im Gegensatz zu Časlavskij, der die periodischen Wanderungen der Bauern für eine negative Erscheinung hielt, sah Lenin in ihnen einen wichtigen Faktor des kapitalistischen Fortschritts. Der Wanderarbeiter konnte, ungeachtet der zu ertragenden Strapazen, sein materielles Los verbessern. Die Grundbesitzer und reichen Bauern des Südens erhielten die Arbeitskräfte, die sie infolge der dünnen Besiedlung der Steppengebiete so dringend brauchten. Die soziale Differenzierung des Dorfes verstärkte sich besonders in den Randgebieten des Landes.

Bei der Charakterisierung der Produktivkräfte der aufgezählten acht Gouvernements hob Lenin hervor, daß in ihnen ein Viertel des in den 50 Gouvernements des Europäischen Rußlands geernteten Getreides eingebracht wird. „Die Landwirtschaft entwickelt sich hier (im Vergleich mit den anderen Gebieten Rußlands) am schnellsten ...“[107]

Lenin traf unter Berufung auf ein Kartogramm des Statistikers N. F. Annenskij die Feststellung,[108] daß in 19 der 43 landwirtschaflichen Gouvernements bei den

[104] W. I. Lenin, Die Entwicklung des Kapitalismus in Rußland, a. a. O., Bd. 3, S. 235.

[105] Ebenda.

[106] Ebenda, S. 239–241.

[107] Ebenda, S. 256.

[108] N. F. Annenskij, Стоимость производства хлеба в частновладельческих хозяйствах. In: Влияние урожаев и хлебных цен на некоторые стороны русского народного хозяйства, hg. v. A. I. Čuprov und A. S. Postnikov, Bd. 1, St. Petersburg 1897, S. 170.

Grundbesitzern das kapitalistische Wirtschaftssystem vorherrschte, das durch die „Beschäftigung von Lohnarbeitern (Jahresarbeitern, Halbjahresarbeitern, Tagearbeitern usw.), die den Boden mit dem Inventar des Besitzers bestellen" gekennzeichnet sei.[109] Zu diesen Gouvernements gehörten Cherson, Taurien, Bessarabien, Ekaterinoslav, das Dongebiet und Saratov.

Lenin betonte wiederholt, daß die Beschäftigung von Lohnarbeitern die „wichtigste Erscheinungsform des landwirtschaftlichen Kapitalismus" sei. „Dieser der Wirtschaft in der Nachreformzeit eigene Zug", schrieb er, „ist am stärksten in den südlichen und östlichen Randgebieten des Europäischen Rußlands zutage getreten, in jener Massenwanderung landwirtschaftlicher Lohnarbeiter, die unter der Bezeichnung ‚landwirtschaftliche Abwanderung' bekannt geworden ist"[110]. Neben der starken Verbreitung der Lohnarbeit findet sich in diesen Gebieten eine hohe Entwicklung der landwirtschaftlichen Marktproduktion unter Einsatz landwirtschaftlicher Maschinen und mit anderen für die kapitalistische Produktionsweise typischen Besonderheiten.

Die Entwicklung in den südlichen und südöstlichen Gebieten des Europäischen Rußlands betrachtete Lenin nicht nur unter dem Gesichtspunkt des sich dort herausbildenden „eigenständigen" Kapitalismus; er wies nach, daß diese Territorien für die kapitalistische Industrie der zentralen Gebiete des Landes die Bedeutung von Außenmärkten erlangten. Lenins in den früheren Arbeiten formulierte These von den inneren Kolonien wurde damit weiterentwickelt. „Bedeutung der Randgebiete als Kolonien" – so betitelte Lenin einen Unterabschnitt des IV. Kapitels.[111] Den Inhalt dieses Abschnitts zusammenfassend wies er darauf hin, „... daß die Steppenrandgebiete in der Nachreformzeit eine Kolonie des zentralen, seit langem besiedelten Europäischen Rußlands waren"[112]. Lenin hielt es für nötig, um eventuellen Einwänden jener Leser zuvorzukommen, die mit der Bezeichnung Kolonie nur die Vorstellung von ausländischen und zurückgebliebenen Gebieten verbanden, die von Karl Marx im „Kapital" gegebene Definition der Kolonie ins Gedächtnis zurückzurufen: – „Aber was ist eine Kolonie im Sinne der politischen Ökonomie?" – fragte Lenin. Und er antwortete, „daß nach Marx dieser Begriff folgende Merkmale hat: 1. Vorhandensein von unbesetzten, freien, Siedlern leicht zugänglichen Ländereien; 2. Bestehen einer ausgebildeten Arbeitsteilung im Weltmaßstab, eines Weltmarkts, der es den Kolonien ermöglicht, sich auf die Massenproduktion landwirtschaftlicher Erzeugnisse zu spezialisieren und im Austausch für sie fertige Industrieartikel zu erhalten, ‚die sie unter anderen Umständen selbst schaffen müßten'"[113]. Weiterhin bemerkte Lenin unter Hinweis auf den Abschnitt „Das Gebiet des Getreidebaus für den Markt" in seiner Arbeit, daß „die südlichen und östlichen Randgebiete des Europäischen Rußlands, die in der Nachreformzeit besiedelt wurden, die obigen

[109] W. I. Lenin, Die Entwicklung des Kapitalismus in Rußland, a. a. O., Bd. 3, S. 189.
[110] Ebenda, S. 234.
[111] Ebenda, S. 685.
[112] Ebenda, S. 256.
[113] Ebenda, S. 612f.

Merkmale aufweisen und im ökonomischen Sinne Kolonien des zentralen Europäischen Rußlands sind"[114].

Lenins theoretische Ausführungen untergruben die Argumentation der Narodniki, daß das Fehlen von Außenmärkten die Entwicklung des Kapitalismus in Rußland behindere. In seinem Buch „Die Entwicklung des Kapitalismus in Rußland" polemisierte er weiter gegen sie und wies darauf hin, daß es nicht richtig sei, den Außenmarkt mit dem ausländischen Markt zu identifizieren: „Wollte man die politische Staatsgrenze nehmen", – um den inneren vom äußeren Markt abzugrenzen – „so wäre das eine zu mechanische Lösung dieser Frage, ja wäre es überhaupt eine Lösung? Wenn Mittelasien innerer und Persien äußerer Markt ist, wozu gehören dann Chiwa und Buchara? Wenn Sibirien innerer und China äußerer Markt ist, wozu gehört dann die Mandschurei?[115] Diesen Gedanken entwickelte Lenin in einer anderen Arbeit, die er zugleich mit der Fertigstellung des Buches „Die Entwicklung des Kapitalismus in Rußland" verfaßte. Es handelt sich um den Aufsatz „Noch einmal zur Frage der Realisationstheorie". Lenin schrieb dort: „... wirklich, eine Zollschranke oder politische Grenze ist sehr häufig ganz ungeeignet zur Trennung des ‚inneren' und ‚äußeren' Marktes." Lenin stellt die Forderung: „Bei Untersuchung der Frage des Kapitalismus nicht vor der traditionellen Teilung zwischen innerem und äußerem Markt stehenzubleiben. Diese in streng theoretischer Hinsicht nicht stichhaltige Teilung taugt besonders wenig für Länder wie Rußland."[116] Lenin schlug vor, dafür die zwei Seiten der kapitalistischen Entwicklung zu unterscheiden: 1. Herausbildung und Entwicklung des Kapitalismus in die Tiefe, d. h., „in den Grenzen eines gegebenen völlig besiedelten und besetzten Territoriums" und in die Breite, d. h., „Ausdehnung des Kapitalismus auf andere Territorien ..."[117] „In Rußland", hob Lenin hervor, „wirkte und wirkt sich dieses letztere Streben des Kapitalismus besonders fühlbar in unseren Randgebieten aus, deren Kolonisierung nach der Reform, in der kapitalistischen Periode der russischen Gesellschaft, einen so großen Anstoß erhalten hat. Der Süden und der Südosten des Europäischen Rußlands, der Kaukasus, Mittelasien und Sibirien dienen dem russischen Kapitalismus gleichsam als Kolonien und sichern ihm eine gewaltige Entwicklung nicht nur in die Tiefe, sondern auch in die Breite."[118]

Lenin ging von der marxistischen Lehre aus, daß Kolonien für die Entwicklung des Kapitalismus notwendig seien, und entwickelte den neuen, eigenen Gedanken von der Möglichkeit der Ausbreitung des Kapitalismus auf Kosten der *inneren* Kolonien. Selbstverständlich galt dies nur für Länder, die dünn besiedelte Randgebiete besaßen. So umfangreiche, noch unkultivierte Ländereien, wie sie Rußland in der

[114] Ebenda, S. 613.

[115] Ebenda, S. 614f. Chiwa und Buchara waren damals russische Protektorate; die Mandschurei gehörte zu China, der Einfluß der russischen Regierung war in ihr jedoch ausschlaggebend.

[116] W. I. Lenin, Noch einmal zur Frage der Realisationstheorie. In: Lenin, Werke, Bd. 4, Berlin 1968, S. 81f.

[117] Ebenda.

[118] Ebenda, S. 82.

zweiten Hälfte des 19. Jh. zur Verfügung standen, besaß kein Staat in Mittel- und Westeuropa. Darin zeigte sich die Besonderheit der Lage Rußlands, die sich jetzt als Vorzug erwies. Seine Bewohner brauchten nicht zur Aufrechterhaltung der Verbindung mit den „Kolonien" riesige Flotten auszurüsten und Ozeane zu überqueren. Die Siedler und Wanderarbeiter erreichten ihr Ziel zu Fuß und mit dem Quersack auf dem Rücken. Die Produkte der Industrieunternehmen wurden nach Süden auf Strömen verschifft, die nur durch russisches Territorium flossen. In der entgegengesetzten Richtung wurden von den Industriezentren benötigte landwirtschaftliche Rohstoffe und Getreide transportiert. Rußland befindet sich, wie Lenin schrieb, „infolge des Reichtums an freien und der Kolonisierung zugänglichen Ländereien in seinen Randgebieten in einer, verglichen mit anderen kapitalistischen Ländern, besonders vorteilhaften Lage"[119].

Lenin wies in einer Anmerkung auf die andere Seite des Kolonisationsprozesses hin, die, selbstverständlich, nicht nur für Rußland Bedeutung besaß: die Ausbreitung des Kapitalismus in neuen Territorien, d. h., die Entwicklung des Kapitalismus in die Breite, übt bis zu einem bestimmten Grade einen hemmenden Einfluß auf die Entwicklung des Kapitalismus in die Tiefe, d. h., im eigentlichen Mutterland aus. In unserem Falle handelt es sich um den alten, seit langem besiedelten Teil Rußlands: Die Schärfe der Widersprüche „zwischen der kapitalistischen Großindustrie und den archaischen Institutionen im Dorf (Fesselung der Bauern an die Scholle usw.)" verminderte sich, weil die Bauern die Möglichkeiten hatten, auf neue Ländereien zu ziehen, und weil für die Fabrikanten die Möglichkeit bestand, in den Randgebieten einen Markt zu finden. „Es versteht sich von selbst", hob Lenin hervor, „daß eine solche Verzögerung im Wachstum des Kapitalismus gleichbedeutend damit ist, daß sich ein um so stärkeres und breiteres Wachstum des Kapitalismus in nächster Zeit vorbereitet."[120] Lenin betonte auf diese Weise, daß die dünnbesiedelten Gebiete für die Entwicklung des Kapitalismus positive Bedeutung haben. Er erachtet daher auch die Beseitigung aller Hindernisse, die einer Übersiedlung der Bauern in die südlichen Gebiete im Wege standen, für außerordentlich wichtig.

Lenin unterschied zwei Gruppen der russischen Randgebiete. Die eine Gruppe mit der sich unser vorliegender Aufsatz befaßt, war „das typische Gebiet des landwirtschaftlichen Kapitalismus in Rußland". Diese Randgebiete standen in sozialökonomischer Hinsicht den zentralen Gebieten des Landes nicht nur nicht nach, sie waren ihnen in Gegenteil voraus. Die Bevölkerung dieser Gebiete besaß einen verhältnismäßig hohen materiellen Wohlstand und große Unabhängigkeit. „Diese Kolonien, die sich besonders frei entwickelt haben", schrieb Lenin, „zeigen uns, was für Verhältnisse sich auch im übrigen Rußland entwickeln können und müssen, wenn nicht zahlreiche Überreste der Vorreformzeit den Kapitalismus hemmen würden."[121] Zur anderen Gruppe der Randgebiete gehörten der Kaukasus und Mittelasien, d. h.,

119 W. I. Lenin, Die Entwicklung des Kapitalismus in Rußland, a. a. O., Bd. 3, S. 615.
120 Ebenda, S. 616.
121 Ebenda, S. 260.

solche Gebiete, in denen sich bis zu ihrer Umwandlung in äußere Märkte des russischen Kapitalismus keine irgendwie beachtenswerten kapitalistischen Verhältnisse herauszubilden vermochten. Lenin war der Meinung, daß auf solche Randgebiete, er wies besonders auf den Kaukasus hin, der Begriff der Kolonie „noch besser paßt“[122].

In den Kolonien des einen und des anderen Typus lebten Völker, die keine Russen waren. In einem Falle bildeten sie die Mehrheit, beispielsweise im Kaukasus und in Mittelasien, im anderen die Minderheit, wie in den Gouvernements Saratov und Orenburg. In dem einen wie in dem anderen Falle waren Besiedlung und wirtschaftliche Durchdringung des Landes von nationaler und kolonialer Unterdrückung begleitet. Da Lenin sich hauptsächlich auf die Darlegung der ökonomischen Seite der Entwicklung des Kapitalismus beschränkte, behandelte er in diesem Zusammenhang diese Problematik nicht ausführlich.

Unter der Kolonialpolitik, die mit der Entwicklung des Kapitalismus sich entwickelte, litt demnach sowohl die russische als auch die nichtrussische Bevölkerung, wobei die letztere vielfach in zweifacher Hinsicht unterdrückt war: Sie wurde von der einheimischen reichen Oberschicht und von den hinzugekommenen Kolonisatoren ausgebeutet.

Die Einsicht in die negativen Seiten des Kolonialismus hinderte Lenin nicht – worauf schon hingewiesen wurde – anzuerkennen, daß die Ausbreitung kapitalistischer Verhältnisse auf dünnbesiedelte oder von solchen Völkern besiedelte Territorien, die „abseits von der Weltwirtschaft“ stehen,[123] relativ fortschrittlich ist. Die Einbeziehung dieser Territorien in den allgemeinen Markt begünstigte sowohl im Zentrum als auch in den Randgebieten des Landes eine rasche Entwicklung der Produktivkräfte. „Die industriellen Gouvernements“, schrieb Lenin, „erhielten aus dem Süden Getreide, setzten dort die Erzeugnisse ihrer Fabriken ab, versorgten die Kolonien mit Arbeitskräften, Handwerkern ... und Produktionsmitteln (Holz, Baumaterialien, Geräte u. a.). Nur dank dieser gesellschaftlichen Arbeitsteilung konnten sich die Siedler in den Steppengegenden ausschließlich mit der Landwirtschaft beschäftigen und große Mengen Getreide auf die inneren und besonders auf die ausländischen Märkte bringen. Nur dank der engen Verbindung mit dem inneren und dem äußeren Markt konnte die ökonomische Entwicklung dieser Gebiete so rasch vor sich gehen.“[124]

Lenin hob hervor, daß im Zuge der kapitalistischen Entwicklung die Landwirtschaft in jedem Rayon, manchmal sogar in einem Lande, notwendigerweise „beschränkter, einseitiger als früher“ wird, sich „dafür jedoch als Ganzes unvergleichlich vielseitiger und rationeller als die patriarchalische Landwirtschaft“ entwickelt.[125]

Die Emigration eines Teils der Bevölkerung aus den zentralen Gouvernements in die landwirtschaftlichen Randgebiete behindert, wie Lenin hervorhob, durchaus nicht das Anwachsen der städtischen Bevölkerung im Lande, obwohl diese Bevölkerungszunahme nicht so beachtlich war wie in den Industrieländern Mittel- und

[122] Ebenda, S. 613.
[123] Ebenda, S. 614.
[124] Ebenda, S. 257.
[125] Ebenda, S. 318.

Westeuropas. Um einen Vergleich mit den letzteren herzustellen, empfahl Lenin, nicht ganz Rußland heranzuziehen, sondern nur die nichtlandwirtschaftlichen bzw. industriellen Gebiete, die dem Mutterland einer beliebigen Kolonialmacht gleichgestellt werden konnten.[126]

Die Erforschung der südlichen und südöstlichen Randgebiete des russischen Kaiserreichs lieferte Lenin reiches Material zur Charakterisierung des sogenannten „amerikanischen" Weges der Entwicklung des Kapitalismus in der Landwirtschaft. In seiner Polemik mit dem „legalen Marxisten" P. N. Skvorcov wies Lenin 1900 erstmalig darauf hin, daß die kapitalistischen Prozesse in den Randgebieten des Europäischen Rußlands und die „ökonomische Entwicklung Amerikas" viele Ähnlichkeiten aufweisen.[127] Für Amerika waren u. a. der Landreichtum der Bauern, ein verhältnismäßig hoher Lebensstandard, ein ausgedehnter innerer Markt, eine schnelle Verbreitung von landwirtschaftlichen Maschinen charakteristisch. Die folgenden Ausführungen zeigen deutlich, daß Lenin bereits in dieser Zeit die These vom Vorhandensein zweier verschiedener Typen der Agrarrevolution in Rußland aufgestellt hatte; den einen Entwicklungsweg bezeichnete er bald als den „amerikanischen" Typ. Lenin schrieb: „1. auf Grund des Landmangels und der Abgabenlast hat sich bei uns in einem sehr ausgedehnten Gebiet das System der Abarbeit in der privaten Gutswirtschaft, d. h. ein direktes Überbleibsel der Leibeigenschaft, und durchaus kein Kapitalismus entwickelt; 2. gerade in unseren Randgebieten, wo die Leibeigenschaft entweder völlig unbekannt oder aber am schwächsten entwickelt war, wo die Bauern weniger unter dem Landmangel, der Abarbeit und der Abgabenlast leiden, hat sich der Kapitalismus in der Landwirtschaft am stärksten entwickelt."[128]

In diesen Ausführungen wird noch nicht von der Notwendigkeit gesprochen, für die Durchsetzung des „amerikanischen Typs" der Agrarverhältnisse im ganzen Lande zu kämpfen. Diese These stellte Lenin erst später auf, wobei ihm die Verhältnisse in den südlichen und südöstlichen Territorien den anschaulichen Beweis dafür lieferten, daß die ökonomische Entwicklung in jenen Gebieten, die durch Überbleibsel der Leibeigenschaft am wenigsten betroffen waren, den Bauern unvergleichlich mehr Vorteile bot.

1901 richtete Lenin sein Augenmerk darauf, daß die zaristische Regierung sich entschieden der Entwicklung des Dorfes auf dem „amerikanischen" Weg widersetzte. In dem Aufsatz „Die Fronherren an der Arbeit"[129], den Lenin ursprünglich „Das Anpflanzen der Gutsbesitzer. Neue Almosen für den wohlgeborenen Adel"[130] nennen wollte, analysierte er das Gesetz vom 8. Juni 1901 über die Landverteilung in Sibirien. Er wies nach, daß der Zarismus in seinem Bestreben, sich in Sibirien im Großgrundbesitz eine Stütze zu schaffen und die halbfeudale Ordnung dorthin zu übertragen, nur dem Adel in den östlichen Randgebieten Ländereien zuweisen wollte, und

[126] Ebenda, S. 576–582.
[127] Ebenda, S. 647.
[128] Ebenda, S. 647f.
[129] W. I. Lenin, Werke, Bd. 5, Berlin 1966, S. 88f.
[130] V. I. Lenin, Материалы к статье „Крепостники за работой". In: Lenin, Полное собрание сочинений, Bd. 5, Moskau 1959, S. 395.

zwar in Form von Latifundien. Lenin verwandte noch nicht den Begriff „preußischer Weg“ der Entwicklung des Kapitalismus, obwohl er die Absicht der Regierung aufdeckte, diesen Weg konsequent weiter zu gehen. Als Antithese zum Gesetzesvorschlag der feudalen Großgrundbesitzer verweist Lenin, vorerst in rein theoretischer Weise, auf eine Politik, die sich zum Ziele setzen würde, Wirtschaften vom Typ der amerikanischen Homesteads zu gründen: „Die bürgerliche (moderne) Politik erstrebt den Verkauf der freien Ländereien der Randgebiete an Farmer und Bauern, die – wie in Amerika – sich zu einer ausreichenden Massenbevölkerung entwickeln, die Nachfrage nach bürgerlichen Produkten stark vermehren und eine erstaunliche Belebung der ganzen Industrie hervorrufen würden.“ [131]

Lenin erkannte also schon vor der Revolution von 1905 bis 1907 die Vorzüge des in den südlichen und südöstlichen Randgebieten des Europäischen Rußlands deutlich erkennbaren Typs der agrarkapitalistischen Entwicklung.

In der Entwicklung der Auffassungen Lenins bildete die Revolution von 1905 bis 1907 eine wichtige Zäsur. Aus der Analyse des Verhaltens der verschiedenen Klassen während des revolutionären Kampfes zog Lenin die Schlußfolgerung, daß die Bauernschaft als Ganzes für den „amerikanischen“ Weg der Entwicklung des Kapitalismus kämpfe, für das Hinüberwachsen „des patriarchalischen Bauern in den bürgerlichen Farmer“ [132]. In diesem Zusammenhang formulierte Lenin den Gedanken, daß die revolutionären Narodniki, die sich selbst für Kämpfer für den *Sozialismus* hielten, objektiv Vertreter radikaler Ideologien jenes Kleinbürgertums waren, das für den „amerikanischen“ Weg der Entwicklung des *Kapitalismus* kämpfte. Damals charakterisierte Lenin eingehend auch den anderen Weg der Entwicklung des Kapitalismus, den Weg, der in den zentralen Gouvernements des Landes vorherrschte. Lenin bezeichnete ihn als „preußischen“ Weg wegen der Analogie mit der Gutswirtschaft der Junker in Preußen. Die Entwicklung des Kapitalismus auf dem „preußischen“ Wege setzte ein langsames Hinüberwachsen der fronherrlichen Gutswirtschaft in „eine bürgerliche, in eine Junkerwirtschaft ... wobei die Bauern unter Herausbildung einer kleinen Minderheit von Großbauern zu Jahrzehnten qualvollster Expropriation und Knechtschaft verurteilt werden“, voraus.[133] Der Sieg des „amerikanischen“ Weges im ganzen Lande erforderte „die gewaltsame Zerschlagung des alten Gutsbesitzes“ [134].

Lenins Lehre vom „preußischen“ und vom „amerikanischen“ Wege der kapitalistischen Evolution in der Landwirtschaft spiegelte sich auch im Vorwort zur zweiten Auflage der „Entwicklung des Kapitalismus in Rußland“ (Juli 1907) und in der Arbeit „Das Agrarprogramm der Sozialdemokratie in der ersten russischen Revolution von 1905 bis 1907“ (November bis Dezember 1907) wider. Auch in der fast gleichzeitig mit dem „Agrarprogramm“ verfaßten, aber erst 1918 veröffentlichten Unter-

[131] Ebenda, S. 401. In der Folgezeit befaßte sich Lenin speziell mit den amerikanischen Homesteads. Vgl. W. I. Lenin, Neue Daten über die Entwicklungsgesetze des Kapitalismus in der Landwirtschaft. In: Lenin, Werke, Bd. 22, Berlin 1960, S. 7ff.

[132] W. I. Lenin, Das Agrarprogramm der Sozialdemokratie in der ersten russischen Revolution von 1905 bis 1907. In: Lenin, Werke, Bd. 13, Berlin 1965, S. 236.

[133] Ebenda.

[134] Ebenda, S. 428.

suchung „Die Agrarfrage in Rußland am Ausgang des 19. Jh." wurde ihr viel Platz gewidmet.

In diesen Arbeiten wies Lenin darauf hin, daß in Rußland der Agrarkapitalismus vom „preußischen" Typ zwar vorherrsche, daß es aber auch fortschrittlichere Wirtschaften gebe, die sich nach dem „amerikanischen" Modell entwickeln. „Diese beiden Wege der kapitalistischen Entwicklung sind in Rußland seit 1861 ganz deutlich zu erkennen."[135] Der Hinweis auf diese Jahreszahl schließt natürlich nicht aus, daß beide Wege der kapitalistischen Entwicklung, wenn auch in weniger klar ausgeprägten Formen, bereits in der vorhergegangenen Periode vorhanden waren.

Der „preußische" Weg zeigte sich nach Leninin der Entwicklung der kapitalistischen *Gutswirtschaft*, die in Rußland nach der Reform überall festzustellen ist, sie vollzog sich aber, da Überbleibsel der Leibeigenschaft erhalten geblieben waren, nur langsam. „Die Gutswirtschaft entwickelt sich in kapitalistischer Richtung, wobei sie allmählich die Abarbeit durch ‚freie Lohnarbeit', die Dreifelderwirtschaft durch intensive Kultur, das altväterliche bäuerliche Inventar durch die modernen Geräte der Gutswirtschaft ersetzt."[136]

Der „amerikanische" Weg war für die *Bauernwirtschaften* charakteristisch. Auch er war im ganzen Lande zu beobachten, vollzog sich aber auf Grund der Besonderheiten der einzelnen Gebiete nicht überall gleichmäßig. „Unbezweifelbar ist auch", schrieb Lenin, „daß je freier die Bauernschaft, je weniger Überreste der Leibeigenschaft auf ihr lasten (im Süden z. B. sind all diese günstigen Voraussetzungen zu finden), je besser sie schließlich im großen und ganzen mit Boden versorgt ist, desto rascher sich auch die Differenzierung der Bauernschaft, die Herausbildung einer Klasse von landwirtschaftlichen Unternehmern, von Farmern vollzieht"[137].

Auf diese Weise blieb in den südlichen Gebieten die Spezifik auch in der Zeit nach der Reform erhalten: Die kapitalistischen Verhältnisse entwickelten sich dort rascher und erfolgreicher als in anderen Teilen des Landes, sie wiesen fortschrittlichere Züge auf. Die Reform von 1861 intensivierte die kapitalistische Entwicklung: In Scharen strömten Bauern nach dem Süden, die jetzt keine Verfolgungen und Nachforschungen mehr zu befürchten hatten. Mit der Landwirtschaft befaßten sich jetzt ausschließlich freie Menschen, genau wie in Amerika nach der Annahme der „Homestead Act" 1862. Lenin schrieb im Hinblick auf die Kolonisation der Randgebiete nach den Reformen: „Allein die Umwälzung im Zentralgebiet machte es möglich, den Süden schnell, großzügig, auf amerikanische Weise zu besiedeln und ihn zu industrialisieren (über den amerikanischen Aufstieg von Südrußland nach 1861 ist ja sehr, sehr viel gesprochen worden)."[138]

In seiner Arbeit „Das Agrarprogramm der Sozialdemokratie in der ersten russi-

[135] W. I. Lenin, Die Agrarfrage in Rußland am Ausgang des 19. Jahrhunderts. In: Lenin Werke, Bd. 15, Berlin 1968, S. 132.

[136] W. I. Lenin, Das Agrarprogramm der Sozialdemokratie in der ersten russischen Revolution von 1905 bis 1907, a. a. O., Bd. 13, Berlin 1965, S. 238.

[137] W. I. Lenin, Die Agrarfrage in Rußland am Ausgang des 19. Jahrhunderts, a. a. O., Bd. 15, S. 132.

[138] Ebenda, S. 72.

schen Revolution" spricht Lenin direkt von der räumlichen oder geographischen Verteilung der Gegenden, „in denen der eine oder der andere Typus der Agrarrevolution vorherrscht", wobei er u. a. die Steppen in den Gebieten jenseits der Wolga, in Neurußland und im nördlichen Kaukasusvorland den Territorien zurechnet, in denen der „amerikanische" Weg überwiegt.[139]

Lenins Lehre von den zwei Entwicklungswegen des Kapitalismus in der Landwirtschaft, die auf der Grundlage des Materials aus verschiedenen Gebieten Rußlands entwickelt wurde, hilft uns, in den schwierigen Fragen der Genesis des Kapitalismus Klarheit zu gewinnen. Diese Lehre macht augenfällig, daß man dieses Problem nur unter Berücksichtigung der Besonderheiten in den einzelnen Regionen erforschen kann.

139 W. I. Lenin, Das Agrarprogramm der Sozialdemokratie, a. a. O., Bd. 13, S. 238. Vgl. die Analyse dieser Feststellung Lenins bei V. K. Jacunskij, Историко-географические моменты в работах В. И. Ленина. In: Исторические записки, Bd. 27, 1948.

H. Lemke

Industrielle Revolution und Durchsetzung des Kapitalismus in Rußland

Die endgültige Etablierung der kapitalistischen Produktionsweise als der herrschenden im nichtagrarischen Bereich, die weitere Zurückdrängung der kleinen Warenproduktion in diesem Sektor, wobei dem kapitalistischen Industriebetrieb die entscheidende Rolle zufiel, vollzog sich in Rußland wie in anderen Ländern während der industriellen Revolution. Die Situation in Rußland unterschied sich von der Entwicklung in ökonomisch fortgeschrittenen Ländern jedoch darin, daß die kapitalistische Produktionsweise vor dem Einsetzen der industriellen Revolution in manchen Produktionszweigen nur eine unbedeutende Rolle spielte. Die endgültige Durchsetzung des Kapitalismus kann daher nur im engen Zusammenhang mit dem Verlauf der industriellen Revolution behandelt werden.

Mit den folgenden Ausführungen wird nicht beabsichtigt, das so umrissene Thema systematisch, unter gleichmäßiger Berücksichtigung aller wichtigen Aspekte zu untersuchen. In den Vordergrund wurden ganz bewußt solche Fragen gerückt, an denen sich in einem stärkeren oder schwächeren Grade sowohl die Gesetzmäßigkeit der Entwicklung des Kapitalismus in Rußland als auch die Besonderheiten der sich dort vollziehenden Prozesse aufzeigen lassen. Das relativ starke Hervorheben von Tatsachen, für die es in der Geschichte West- und Mitteleuropas keine oder nur geringe Parallelen gibt, geschieht dabei nicht aus dem Bestreben heraus, das Interesse auf „abartige" Erscheinungen zu konzentrieren. Maßgebend war vielmehr die Erwägung, daß es außerhalb der Sowjetunion häufig Schwierigkeiten bereitet, die Entwicklungslinien des historischen Werdegangs Rußlands, deren Verlauf von diesen „Besonderheiten" mitbestimmt wurde, in eine richtige Relation zu dem Gesamtablauf der Geschichte Rußlands zu setzen. Bürgerliche Historiker haben seit dem Siege der Oktoberrevolution nur zu häufig aus leicht durchschaubaren politischen Erwägungen heraus diese „Besonderheiten" hochgespielt, wobei der „Nachweis" der Unübertragbarkeit des revolutionären Geschehens in der Sowjetunion auf andere Länder die Hauptrolle spielte; die Darstellung einzelner Epochen oder des Gesamtablaufs der russischen Geschichte war und ist bei diesen Autoren voller Verzerrungen, wobei vielfach Argumente und Beweisführungen der Slawophilen aufgegriffen wurden, die in ihren historischen und philosophischen Arbeiten die „Besonderheiten" einseitig in den Vordergrund stellten.

Eine Auseinandersetzung mit diesen falschen Thesen kann natürlich nicht in der Weise erfolgen, daß die Existenz von „Besonderheiten" oder der, wie Lenin es einmal formulierte, „außerordentlichen Eigentümlichkeiten Rußlands sowohl in ökonomischer als auch in außerökonomischer Hinsicht"[1] geleugnet wird. Das wäre ebenso töricht, als wenn man in der Geschichte Englands, Frankreichs oder Deutschlands nicht spezifische, nur für das betreffende Land charakteristische Züge wahrnehmen wollte.

Die technische Umwälzung der außeragrarischen Produktionsprozesse, die zur Herausbildung der Fabrik und zur Entwicklung der Großindustrie führte, hatte überall, wo sie stattfand, die einschneidendsten Folgen. Nicht weniger wichtig als die durch technische Neuerungen bedingte Veränderung des Produktionsprozesses, die in vielen Industriezweigen zu einer gewaltigen Steigerung der Arbeitsproduktivität und damit zu einer Ausweitung der Produktion und des Marktes führte, war der sozialökonomische und politische Aspekt der industriellen Revolution: die Herausbildung der Bourgeoisie und des Proletariats als antagonistischer, den weiteren Gang der gesellschaftlichen Entwicklung bestimmenden Klassen.

Während in verschiedenen wichtigen Produktionszweigen in der Manufakturperiode nur ein Teil der Arbeiter in den Betriebsgebäuden, die Mehrzahl aber zu Hause arbeitete, befanden sich jetzt in der Regel die Arbeitsplätze der Belegschaft in den Fabriken. Da diese vorwiegend in Industriezentren konzentriert waren, kam es zu einer gewaltigen Zusammenballung von Arbeitern. Die Fabrik liquidierte ferner die halbpatriarchalischen Verhältnisse, die in der Manufaktur zumindest noch teilweise die Beziehungen zwischen dem Unternehmer und den Arbeitern bestimmt hatten. Alle diese Umstände beschleunigten die Herausbildung des Klassenbewußtseins der Arbeiter und ließen sie die Gemeinsamkeit ihrer Interessen, die denen der Unternehmer entgegengesetzt waren, viel deutlicher als in der Manufakturperiode wahrnehmen. Für das Entstehen der Arbeiterbewegung war das von entscheidender Bedeutung.

Damit war die neue Phase der Entwicklung der Produktivkräfte von der vorhergegangenen Manufakturperiode durch einen Qualitätssprung scharf abgegrenzt. Die Manufaktur konnte, wie Marx betonte, „die gesellschaftliche Produktion weder in ihrem ganzen Umfang ergreifen, noch in ihrer Tiefe umwälzen. Sie gipfelte als ökonomisches Kunstwerk auf der breiten Grundlage des städtischen Handwerks und der ländlichen häuslichen Industrie. Ihre eigene enge technische Basis trat auf einem gewissen Entwicklungsgrad mit den von ihr selbst geschaffenen Produktionsverhältnissen in Widerspruch"[2]. Marx trifft hier generelle Feststellungen, ohne ein bestimmtes Land hervorzuheben oder auszuklammern und ohne die Spätphase der Manufakturperiode besonders zu kennzeichnen: Die für das England der Mitte des 18. Jh. zutreffende Charakteristik kann bei dem unterschiedlichen Grad der Entwicklung der Produktivkräfte in beiden Ländern daher auch tatsächlich für das Rußland des ersten Drittels des 19. Jh. volle Gültigkeit beanspruchen.[3]

[1] W. I. Lenin, Die Entwicklung des Kapitalismus in Rußland. In: Lenin, Werke, Bd. 3, Berlin 1968, S. 13.

[2] K. Marx, Das Kapital, Bd. I. In: Marx/Engels, Werke, Bd. 23, Berlin 1962, S. 390.

[3] Einzelbeispiele über die zeitliche Phasenverschiebung in der Industrieentwicklung Englands und Rußlands bringt S. G. Strumilin, Очерки экономической истории Росси, Moskau 1960, S. 400f.

Die industrielle Revolution in Rußland unterschied sich von der Mittel- und Westeuropas in einem wesentlichen Punkt: Als sie in den einzelnen Produktionszweigen einsetzte, war die Leibeigenschaft weder juristisch noch tatsächlich aufgehoben. Der Anteil der Leibeigenen an der Gesamtbevölkerung ging zwar seit dem Beginn des 19. Jh. beträchtlich zurück,[4] eine grundsätzliche Veränderung der sozialökonomischen Verhältnisse und der Gesellschaftsstruktur ergab sich daraus jedoch vorerst noch nicht. Die Hemmnisse, die sich für die Entwicklung der Produktivkräfte in Rußland aus dem Fortbestand der Leibeigenschaft ergaben, waren sehr mannigfacher Art und beschränkten sich durchaus nicht nur auf den Landwirtschaftsbereich. Heben wir den vielleicht wichtigsten Gesichtspunkt hervor: Der mit der feudalen Abhängigkeit der Bauern zusammenhängende Fortbestand starker naturalwirtschaftlicher Züge in der Landwirtschaft engte den Absatz von Industrieprodukten sehr beträchtlich ein.

Die Industrie hatte es mit der Leibeigenschaft aber auch ganz unmittelbar zu tun: bestand doch ein sehr beträchtlicher Prozentsatz der in der Industrie Rußlands vor 1861, vor allem im Berg- und Hüttenwesen, Beschäftigten aus Leibeigenen. Deren Anteil an der Gesamtzahl der Arbeiter war von Produktionszweig zu Produktionszweig verschieden. Bis 1861 stieg die Zahl der leibeigenen Arbeiter insgesamt sogar an, ungeachtet der Tatsache, daß sich die Relation Lohnarbeiter – leibeigene Arbeiter in den Jahrzehnten vor der Reform zu Gunsten der ersten Kategorie veränderte. 1825 betrug der Anteil der Lohnarbeiter an der Gesamtzahl der in der verarbeitenden Industrie Beschäftigten 54,4 Prozent, 1860 stieg er bis auf 80 Prozent an. Im Bergbau waren aber vor der Reform nicht mehr als 20 Prozent Lohnarbeiter beschäftigt. Insgesamt dürften vor der Aufhebung der Leibeigenschaft etwa 60 Prozent aller in der Großindustrie Beschäftigten Lohnarbeiter gewesen sein.[5]

Bei den leibeigenen Arbeitern ist scharf zu unterscheiden zwischen denen, die, allgemein ausgedrückt, durch außerökonomischen Zwang zur Arbeit in bestimmten Betrieben verpflichtet waren und ihre Beschäftigung ohne besondere Erlaubnis nicht aufgeben durften, und denen, die sich mit Erlaubnis ihrer Gutsbesitzer, wofür sie ihnen in der Regel erhöhte Geldabgaben zu entrichten hatten, Arbeit in den unterschiedlichsten Produktionszweigen suchten. Für unsere Überlegungen ist es von untergeordneter Bedeutung, ob es sich bei der ersten Gruppe um Leibeigene handelt, die in Betrieben ihrer Gutsbesitzer arbeiten mußten oder um Possessionsbauern. Auch für die Betroffenen selbst kam in der ersten Hälfte des 19. Jh. dieser Frage keine größere Bedeutung mehr zu. Generell gesehen, hatten die Poesssionsbauern, vor allem die im Bergbau Beschäftigten, ihre Bindungen zur Landwirtschaft weitgehend verloren.

Den mit der Geschichte Rußlands wenig Vertrauten, oder zutreffender gesagt mit der Geschichte Osteuropas – auch in der polnischen Adelsrepublik wurden im 18. Jh.

[4] Vgl. P. G. Ryndzjunskij, Вымирало ли крепостное крестьянство перед реформой? In: Вопросы истории, 1967, Heft 7.

[5] V. K. Jacunskij, Крупная промышленность России в 1790–1860 гг. In: Очерки экономической истории России первой половины XIX века. Сборник статей, Moskau 1959, S. 163 u. 212ff.

Leibeigene zur Arbeit in den Manufakturen zwangsweise herangezogen[6] – bereitet es, da in Mittel- und Westeuropa Erscheinungen dieser Art nicht Massencharakter annahmen, häufig nicht geringe Schwierigkeiten, den ökonomischen und juristischen Status der in der Industrie beschäftigten leibeigenen Arbeiter zutreffend zu erfassen. Relativ nahe standen in sozialökonomischer Hinsicht den Lohnarbeitern die mit Erlaubnis ihrer Gutsbesitzer in der Industrie arbeitenden Leibeigenen. Ihren Unternehmern gegenüber waren diese Arbeiter „frei", mit Hilfe des außerökonomischen Zwangs konnte der Besitzer des Betriebes sie nicht zur Arbeit nötigen. Ihre „Freiheit" fand aber dort eine Grenze, wo es sich um Beziehungen zu „ihren" Gutsbesitzern handelte, denen das Recht zustand, sie in das heimatliche Dorf zurückzubeordern. Die Zurückberufung der Leibeigenen durch die Gutsbesitzer war keine Massenerscheinung. Die Gutsbesitzer der Regionen, in denen leibeigene Bauern häufig auf Arbeitssuche gingen, waren bei der relativen Überbevölkerung des Dorfes stärker an den höheren Geldzahlungen als an der Arbeitskraft des auswärts arbeitenden Leibeigenen interessiert.

Es gab jedoch Fälle, wo die juristisch gegebene Möglichkeit der Zurückberufung auch praktische Bedeutung erlangte. Für den auf welchem Wege auch immer reich gewordenen leibeigenen Bauern, der sein Dorf vielleicht bereits vor Jahrzehnten verlassen hatte, hätte eine solche Zurückberufung in den meisten Fällen den wirtschaftlichen Ruin zur Folge gehabt. Dieser Typ war natürlich weder für die aus den heimatlichen Dörfern Ausgewanderten noch für die im Dorf vorwiegend einem Gewerbe Nachgehenden kennzeichnend; bei der Größe Rußlands und der Vielzahl von Bauern, die sich ganz oder teilweise von der Landwirtschaft gelöst hatten, besaß der reich gewordene Leibeigene aber auch keinen Seltenheitswert. Um der wirtschaftlichen Katastrophe zu entgehen, mußte er sich den ansteigenden finanziellen Forderungen seines Gutsbesitzers beugen, bzw. durch den Loskauf, der in den Fällen, wo die leibeigenen Bauern selbst reiche Unternehmer geworden waren, sehr beträchtliche Summen erreichen konnte, seine Freiheit erlangen.

In Rußland begann die systematische und nicht nur sporadische Verwendung von Maschinen in den einzelnen Industriezweigen zu verschiedenen Zeitpunkten; ein Vorgang, der in den anderen Ländern nicht anders verlief. Von einigen wenigen Ausnahmen abgesehen, setzte sich die Maschine leichter in Industriezweigen und Einzelbetrieben durch, in denen entweder fast ausschließlich Lohnarbeiter beschäftigt wurden oder in denen sie doch zumindest zahlenmäßig überwogen. Der frühe oder späte Sieg der Maschine über die Technik der Manufakturperiode hing daher in den einzelnen Produktionszweigen bis zu einem bestimmten Grade davon ab, wie sich in ihnen in der Periode, die der industriellen Revolution vorausgegangen war, die Relation von Lohnarbeitern – wozu hier auch die nicht in den Betrieben ihrer Gutsherren beschäftigten Leibeigenen gerechnet werden – zu den feudalabhängigen Arbeitskräften, die mit Hilfe des außerökonomischen Zwangs an ihren Arbeitsplatz gebunden waren, gestaltet hatte. Hierin lag auch begründet, daß sich in der Tuchindustrie, in der vor der Reform die Lohnarbeiter nicht die Mehrzahl der Beschäftigten aus-

[6] Beispiele hierfür finden wir bei W. Kula, Szkice o manufakturach w Polsce XVIII wieku, Bd. 1 u. 2, Warschau 1956.

machten, im Gegensatz zur Baumwollindustrie die technische Umwälzung recht langsam vollzog und noch 1879 auf mechanischen Webstühlen nur ein Drittel der Gesamtmenge der Tuche hergestellt wurde.[7]

Genau so wenig wie von dem leibeigenen Bauern zu erwarten war, daß er die ihm übertragenen Feldarbeiten auf den Gutsländereien ohne Widerwillen verrichte und an der Erhöhung der Erträge, die nur den Großgrundbesitzern zugute kamen, interessiert sei, genau so wenig war von dem im Betrieb zwangsweise an die kostspielige Maschine Gestellten zu erwarten, daß er bei deren Bedienung und Wartung die unumgängliche Sorgfalt walten lassen werde. Hierin lag einer der Gründe, und nicht der unwesentlichste, der die Aufhebung der Leibeigenschaft im Interesse des raschen Eindringens des technischen Fortschritts im Lande zu einer objektiven Notwendigkeit machte. Verabsolutieren dürfen wir diesen Gesichtspunkt jedoch nicht: Mit der industriellen Revolution, mit der Umwandlung der Manufaktur zur Fabrik, wurden in allen betroffenen Ländern, darunter auch in Rußland, in einem in der Manufaktur nicht gekannten Ausmaß Frauen und Kinder, und das heißt in diesem Zusammenhang unqualifizierte Arbeitskräfte, in den Produktionsprozeß einbezogen. Die Verwendung von Maschinen zwang den Unternehmer, einige hochqualifizierte technische Kräfte anzustellen und einem beträchtlichen Teil der Arbeiter wenigstens ein Minimum an technischen Kenntnissen zu vermitteln; insgesamt wurden von der Mehrzahl der Arbeiter in der Fabrik jedoch geringere berufliche Qualifikationen verlangt. Die Arbeiten der Frauen und Kinder, zumindest die meisten, konnten zweifellos auch Leibeigene verrichten.

Wichtig ist in diesem Zusammenhang noch ein anderer Gesichtspunkt: Die unentgeltliche oder nur gering entlohnte Arbeit der Leibeigenen wirkte sich als Hemmschuh für die Verdrängung der Manufakturtechnik durch den maschinellen Betrieb aus, denn diese Leibeigenen traten kaum als Käufer industrieller Produkte auf. Für den Unternehmer, der Leibeigene beschäftigte, war der Anreiz, d. h., die Profitaussicht, Arbeiter durch Maschinen zu ersetzen, nicht so groß wie für den Unternehmer, der Lohnarbeiter beschäftigte, höhere Löhne zahlte und schon aus Gründen der Konkurrenzfähigkeit an technischen Neuerungen interessiert war. Die Tatsache, daß in den Produktionszweigen, in denen vorwiegend Leibeigene beschäftigt waren, die industrielle Revolution, generell gesehen, später einsetzte und langsamer voranschritt, war daher auf ökonomische Ursachen zurückzuführen.

Die hier skizzierten Gesetzmäßigkeiten der industriellen Revolution wirkten in allen Ländern, in denen die technische Umwälzung sich verbreitete. Auf dem Kontinent traten sie jedoch nicht so „rein" hervor wie in England. In Rußland machten sich diese Abweichungen vom „klassischen Typ" wohl am deutlichsten bemerkbar. Als die industrielle Revolution in Rußland einsetzte, stand die Aufhebung der Leibeigenschaft noch bevor, als sie sich ihrem Ende näherte, lag die Bauernreform zwar bereits annähernd zwei Jahrzehnte zurück, auf vielen Gebieten, vor allem in der Landwirtschaft, erhielten sich jedoch noch starke Reste der früheren feudalen Ver-

[7] K. A. Pažitnov, К вопросу о промышленном перевороте в России. In: Вопросы Истории 1952, Heft 5, S. 73.

hältnisse. Auch in Österreich-Ungarn und in Ostelbien konnten während der Jahrzehnte der industriellen Revolution nicht alle Überbleibsel des Feudalismus beseitigt werden, im Zarenreich behinderten sie aber in einem erheblicheren Ausmaß die kapitalistische Entwicklung, weil sie im ganzen Herrschaftssystem viel stärker verankert waren.

In erster Linie hing das mit der weiterhin dominierenden Rolle der reaktionären politischen Auffassungen huldigenden Mehrheit des grundbesitzenden Adels im gesellschaftlichen und politischen Leben des Landes zusammen. Die russische Bourgeoisie vermochte sich daher nicht einmal den Einfluß auf die Staatslenkung zu sichern, den Industrie- und Finanzkreise in Deutschland und im Habsburgerreich besaßen, obwohl auch in Berlin und Wien, von Budapest ganz zu schweigen, der Großgrundbesitz im politischen Bereich die entscheidenden Machtpositionen weiterhin behauptete. Der technische Fortschritt und die bereits vor der Reform wachsende Rolle der Lohnarbeit begünstigten aber letzthin die bürgerliche Entwicklung.

Das Aufkommen der kapitalistischen Produktionsweise bewirkte in keinem Lande automatisch den Vorrang der nichtagrarischen vor der landwirtschaftlichen Produktion. Auch in England vollzog sich dieser Übergang, d. h., der Wandel vom Agrar- zum Industriestaat, der die Überwindung der Jahrhunderte vorherrschenden „Ackerbaugesellschaft" mit einschloß, erst während der industriellen Revolution. In Rußland vermochte jedoch in den Jahrzehnten zwischen 1830 und 1880, in denen sich nach der in der sowjetischen Historiographie weit verbreiteten Auffassung die industrielle Revolution im Lande vollzog, der industrielle den landwirtschaftlichen Sektor nicht vom ersten Platz zu verdrängen. Diese Hindernisse für die Ausweitung der Industrieproduktion ergaben sich direkt oder indirekt aus der Gesellschaftsstruktur Rußlands und dem politischen Herrschaftssystem des Zarismus. Zu nennen wären hier u. a.: die zu Beginn der industriellen Revolution weite Verbreitung der den Absatz gewerblicher Produkte einengenden Naturalwirtschaft und das Überwiegen der einfachen Warenproduktion sowie von Übergangsformen von der einfachen zur kapitalistischen Warenproduktion (Verlag) – hierbei muß jedoch berücksichtigt werden, daß auch in England um 1780, dem Zeitpunkt, der wohl mit den überzeugendsten Gründen als der Beginn der industriellen Revolution im Inselreich bezeichnet wird,[8] noch die einfache Warenproduktion und Übergangsformen von der einfachen zur kapitalistischen Warenproduktion vorherrschten – die insgesamt sehr niedrige Ausgangsposition der Industrieproduktion um 1830 und die relative Langsamkeit der industriellen Wachstumsraten in den folgenden Jahrzehnten, wobei die Aufhebung der Leibeigenschaft keine Zäsur bildete. Mit den Ursachen, die das verhältnismäßig langsame Anwachsen der Industrieproduktion nach 1830 und auch nach 1861 bedingten, werden wir uns, da sie für unsere Fragestellung von zentraler Bedeutung sind, noch eingehender zu beschäftigen haben.

Die industrielle Revolution begann überall als eine technische Umwälzung, wobei der Erfindung und Verbreitung von Werkzeugmaschinen die größte Bedeutung zu-

[8] Vgl. H. Mottek, Einleitende Bemerkungen – Zum Verlauf und zu einigen Hauptproblemen der industriellen Revolution in Deutschland. In: Mottek/Blumberg/Wutzmer/Becker, Studien zur Geschichte der industriellen Revolution in Deutschland, Berlin 1960, S. 14ff.

kam. Den Anfang machte in fast allen Ländern, so in England, Deutschland und Rußland, die Baumwollindustrie, genauer gesagt: der Übergang vom Spinnrad zur Spinnmaschine. Die Erfindung der praktisch brauchbaren Dampfmaschine, mit der die Kohle zur Erzeugung von Energie für den Antrieb von Maschinen nutzbar gemacht wurde, gab der Industrie die Möglichkeit, ihren Standort unabhängig von den Wasserläufen zu wählen, die bis dahin als wichtigste Energiequelle unentbehrlich waren weitere technische Neuerungen führten zu einer Verdrängung des Holzes, bzw. der Holzkohle aus den chemisch-technologischen Prozessen, besonders in der Metallurgie.[9]

Bei der in England, aber auch in Teilen Deutschlands herrschenden Holzknappheit ergab die Möglichkeit, auf die riesigen Kohlenvorräte zurückzugreifen, eine der wichtigsten Voraussetzungen für die weitere Industrieentwicklung. Die Möglichkeit, das Eisen im Koksofen zu schmelzen, beseitigte eines der wichtigsten Hemmnisse zur Steigerung der Roheisenproduktion. In Rußland verlief dieser Prozeß hingegen durchaus nicht so eindeutig. Bei dem Holzreichtum des Landes wurde die Notwendigkeit, in der Industrie Kohle zu verwenden, nicht so stark empfunden. In der Metallurgie des Urals und im zentralen Industriegebiet um Moskau wurde daher auch bis 1880, also bis zum Ende der industriellen Revolution, Kohle nur in bescheidenem Umfang verwandt. Erst nach der Erschließung des Donezbeckens und seinem Anschluß an das gesamtrussische Eisenbahnnetz trat hierin ein spürbarer Wandel ein. Wo die Herbeischaffung der Kohle keine Schwierigkeiten bereitete, griff die Industrie aber bereits früher auf sie zurück; so in Petersburg und Riga, deren Fabriken auf dem Seewege Kohle aus England importierten.

Es war kein Zufall, sondern hing mit der durch den Grad der kapitalistischen Entwicklung bedingten sozialökonomischen Struktur Englands zusammen, daß fast alle die industrielle Revolution initiierenden und vorantreibenden Erfindungen (Spinnmaschine, Puddelverfahren, Dampfmaschine, mechanischer Webstuhl) in England gemacht wurden. Die anderen Länder, darunter Deutschland und Rußland, übernahmen die technischen Errungenschaften weitgehend vom Inselreich. Da sich mit dem Beginn der industriellen Revolution im Vergleich zu den vorhergegangenen Jahrhunderten das Entwicklungstempo der Technik enorm beschleunigte und die Führung einstweilen weiter England behielt, nahmen die meisten Länder des Kontinents mehrmalige „Anleihen" beim Mutterland des technischen Fortschritts auf. Die Versuche Englands, sich dagegen zu schützen, um die eigene Monopolstellung möglichst lange zu behaupten, fruchteten nicht viel, obwohl die britische Regierung ja bekanntlich das Maschinenausfuhrverbot bis 1843 aufrechterhielt.[10] Rußland empfing technische Anregungen teilweise direkt aus England, teilweise durch die Vermittlung anderer Staaten des Kontinents.

Die industrielle Revolution bewirkte im technischen Bereich nicht nur eine grundlegende Veränderung der Produktion, sondern auch eine Umwälzung im Transportwesen. Eisenbahnbau, Dampfschiffahrt und gesteigerter, den gewachsenen Anforde-

19 H. Mottek, Wirtschaftsgeschichte Deutschlands, Bd. 2, Berlin 1964, S. 68.

20 H. Mottek, Einleitende Bemerkungen, a. a. O., S. 20.

rungen genügender Chaussee- und Kanalbau verbilligten und beschleunigten den Verkehr und trugen damit zu seiner Vervielfältigung bei, was die Absatzmöglichkeiten für die industrielle Produktion erweiterte und damit in einem erheblichen Ausmaß produktionsfördernd wirkte. Kapitalistische Unternehmer erkannten das frühzeitig: Im 18. Jh. wurden in England die ersten Kanäle von privaten Kohlenbergwerksbesitzern gebaut. Diese Impulse gingen von den Verbesserungen im Transportwesen in allen Ländern aus. Im einzelnen bestanden jedoch erhebliche Unterschiede. So nachdrücklich auch von marxistischen englischen Historikern die Förderung der Industrieproduktion durch die genannten Neuerungen im Verkehrswesen hervorgehoben wird,[11] in einem Lande, in dem von der See kein Ort weiter als 150 km entfernt ist, konnte der Verbesserung des Transportwesens, so wichtig sie auch an sich sein mochte, nicht die Bedeutung zukommen, wie in den riesigen Räumen Rußlands. Bis zum Aufbau des die dichter besiedelten und ökonomisch gewichtigeren Gebietes des europäischen Rußlands zumindest weitmaschig erfassenden Eisenbahnnetzes gab das System der Flüsse und der wenigen Kanäle die brauchbarsten und in Anbetracht der Beschaffenheit der wenigen festen Straßen häufig einzigen Verkehrswege für Massengüter ab. Es genügt jedoch bereits eine flüchtige Betrachtung der Landkarte, um sich davon zu überzeugen, daß den durch den Lauf der großen Ströme vorgezeichneten Nord-Südverbindungen in weiten Teilen des Landes keine West-Ostverbindungen, durch die Nebenflüsse zur Seite treten. Da andere, für den Massentransport von Waren ökonomisch tragbare Verkehrsmittel jedoch fehlten, griff man überall dort, wo die Möglichkeit gegeben war, auf Wasserwege zurück. Das überzeugendste und daher auch häufig angeführte Beispiel hierfür ist der Transport des Uraleisens und des Uralkupfers, die im Winter zu den Anlageplätzen der kleinen Wasserläufe des Kamaflußsystems herangeschafft wurden. Nur einmal im Jahr, während des Frühjahrshochwassers, ließen sich die Transporte von dort auf dem Wasserwege abfertigen. In Petersburg kamen sie frühestens im Spätherbst an, häufig mußten sie auch unterwegs überwintern.[12]

In Rußland kam daher dem Aufbau eines Eisenbahnnetzes größere Bedeutung als in den meisten anderen Staaten zu. Der Prozeß der Herausbildung eines einheitlichen russischen Marktes, dessen Anfänge bis ins 17. Jh. zurückreichen, konnte erst in einem Zeitraum seinen Abschluß finden, in dem der Austausch von Massengütern zwischen den einzelnen Landesteilen keine unüberwindliche Schwierigkeiten mehr bereitete. Dadurch mußte auch die bereits im 18. Jh. auf Grund geographischer Bedingungen und anderer Faktoren einsetzende wirtschaftliche Spezialisierung einzelner Gebiete einen neuen mächtigen Auftrieb erhalten. Die etwa durch die Konzentration auf einen bestimmten Zweig der landwirtschaftlichen Produktion bedingten intensiven Marktbeziehungen einzelner Landesteile förderten ihrerseits die Durchsetzung des Kapitalismus in der Landwirtschaft.

In der Frage der Verflechtung und gegenseitigen Bedingtheit von industrieller Revolution und Verbesserung des Verkehrswesens wies Rußland gegenüber England und

[11] Vgl. E. J. Hobsbawn, Industry and Empire. An Economical History of Britain since 1750, London 1968.

[12] Jacunskij, Крупная промышленность, a. a. O., S. 124.

einigen kontinentalen Ländern, darunter Deutschland, noch eine andere Besonderheit auf: In England gingen die wichtigsten Umwandlungen im Produktionsprozeß der Umwälzung im Transportwesen um einige Jahrzehnte voraus; in Rußland fielen sie zusammen: Die erste stürmische Etappe des russischen Eisenbahnbaus, die die wichtigsten wirtschaftlichen Zentren des Landes miteinander verband, fand Mitte der siebziger Jahre ihr Ende.

Der Verlauf der technischen Umwälzung wies in den einzelnen Produktionszweigen, ungeachtet aller Gemeinsamkeiten, vielfache Besonderheiten auf, die historische, ökonomische und produktionstechnische Ursachen hatten. Auf einige dieser Industriezweige einzugehen, erscheint notwendig, weil nur dadurch, im Gegensatz zu den vorhergegangenen allgemeinen und ihrem Charakter nach notwendigerweise statischen Darlegungen, ein dynamisches Bild der Entwicklung der industriellen Revolution in Rußland gewonnen werden kann.

Auch in Rußland ging, wie bereits erwähnt, die Baumwollindustrie, der führende Industriezweig des Landes vor der Reform, in dem fast ausschließlich Lohnarbeiter beschäftigt waren, in der technischen Umwälzung voran. Allerdings gab es in Rußland keinen Übergang vom Spinnrad zur Spinnmaschine, weil das Garn zum größten Teil importiert wurde. Als die Herstellung von Garn in größerem Umfang aufgenommen wurde, bediente man sich bereits der Spinnmaschinen. In ihren Anfängen in den neunziger Jahren des 18. Jh. umfaßte die Baumwollindustrie in Rußland die Weberei und die Kattundruckerei, deren Produktionsprozesse, wenn wir von der Verwendung einzelner Maschinen absehen, auch nach der Begründung mechanischer Spinnereien während einiger Jahrzehnte kaum Veränderungen aufwiesen.

Das stürmische Anwachsen der Baumwollindustrie in den ersten Jahrzehnten des 19. Jh. veranschaulichen folgende Zahlen: 1799 waren in ihr 1956, 1814 etwa 39454 und 1835 ca. 90539 Arbeiter beschäftigt.[13] Eine noch größere Aussagekraft gewinnen die Zahlen aus dem Jahre 1835, wenn wir sie den 200185 Arbeitern der gesamten Textilindustrie und den 287000 aller Zweige der verarbeitenden Industrie gegenüberstellen.

Die erste mechanische Baumwollspinnerei, die staatliche Aleksandrovskaja-Manufaktur, entstand 1798 in Petersburg, vierzehn Jahre nachdem in Ratingen bei Düsseldorf die erste Spinnfabrik auf dem Kontinent gegründet worden war. Mit der eigentlichen Produktion begann die Aleksandrovskaja-Manufaktur, deren Spinnmaschinen in einer dem Betrieb angeschlossenen Werkstatt angefertigt wurden, allerdings erst zu Beginn des 19. Jh. Einige in Moskau gegründete kleine private mechanische Baumwollspinnereien wurden 1812 zerstört und nicht wieder aufgebaut. Auch Neugründungen der zwanziger Jahre konnten sich nicht durchsetzen. Bis in die Mitte der dreißiger Jahre befriedigten die russischen Spinnereien den inländischen Bedarf nur zu einem geringen Prozentsatz. 1828 wurden nur 8 Prozent der verarbeiteten Garne im Lande hergestellt.[14]

[13] Zur Entwicklung der Baumwollindustrie vgl. V. K. Jacunskij, Промышленный переворот в России (К проблеме взаимодействия производительных сил и производственных отношений) In: Вопросы Истории 1952, Heft 12, S. 56ff.; derselbe, Крупная промышленность, a. a. O., S. 126ff. u. 174ff. (Zahlenangaben S. 126).

[14] Jacunskij, Крупная промышленность, S. 129f.

Die Verarbeitungskapazitäten der Webereien wuchsen, ohne daß der mechanische Webstuhl bis in die dreißiger Jahre Verbreitung gefunden hätte. Der Import von Baumwollwaren spielte seit den zwanziger Jahren nur noch eine untergeordnete Rolle. Die gewaltige Ausweitung der Baumwollindustrie ging in Rußland wie in anderen Ländern mit der Verbilligung der Baumwollwaren Hand in Hand. Während noch im 18. Jh. baumwollene Gewebe teurer als Leinwand waren, bewirkte die Erfindung und Verbesserung der Spinnmaschine eine derartige Verbilligung des Garns, daß auch die Preise der Baumwollstoffe beträchtlich fielen.

In der Baumwollindustrie überwogen seit ihrer Begründung die Lohnarbeiter. 1804 machten sie 85,4 Prozent, 1814 ca. 97,1 und 1825 etwa 94,7 Prozent aller Beschäftigten aus.[15] Während die Baumwollspinnereien von Anfang an Fabrikcharakter trugen, bestand in der Weberei und im Kattundruck neben der Manufaktur die kleine Warenproduktion. In den zwanziger und dreißiger Jahren begann sich im Kattundruck die Manufakturproduktion durchzusetzen. In der Weberei bestand, wofür die Verhältnisse in dem im Gouvernement Vladimir gelegenen Textilzentrum mit dem Dorf Ivanovo als Mittelpunkt charakteristisch waren, Verlagssystem und kleine Warenproduktion weiterhin nebeneinander fort, wenn auch das Verlagssystem sich auf Kosten der selbständigen Weber ausbreitete. In den anderen Textilzentren des Landes, den Gouvernements Moskau und Petersburg, gestalteten sich die Verhältnisse ähnlich.

Die Baumwollindustrie behauptete im Zeitraum von der Mitte der dreißiger Jahre bis zur Reform ihre führende Position in der Textil- und darüber hinaus in der ganzen verarbeitenden Industrie. Das war in erster Linie darauf zurückzuführen, daß in ihr die technische Umwälzung viel stürmischer verlief als in den anderen Produktionszweigen. Mitte der dreißiger Jahre wurden in Petersburg drei große private Baumwollspinnereien gegründet, von denen jede eine beträchtlich größere Produktionskapazität als die Aleksandrovskaja-Manufaktur besaß. Petersburgs Stellung als ein Zentrum der Baumwollspinnereien wurde dadurch verstärkt. Auch im Gouvernement Moskau kam es in den dreißiger Jahren zu Gründungen von Baumwollspinnereien. An der Entwicklung des nächsten Jahrzehnts war bedeutsam, daß Besitzer großer Webereien auch Baumwollspinnereien errichteten und damit den Grundstein für Textilkombinate legten, wie sie später für die russische Baumwollindustrie charakteristisch werden sollten. In der Vergrößerung der Produktionskapazität der Baumwollspinnereien lag begründet, daß Rußland seit 1845 mehr Baumwolle als Garn importierte und bereits 1850 die Einfuhr der Baumwolle den Import des Garns um das Siebenfache überstieg. Damit deckten die Baumwollspinnereien im wesentlichen den Garnbedarf der Webereien.

Die Garnproduktion erhielt seit 1843 durch die Einfuhr englischer Spinnmaschinen einen zusätzlichen Auftrieb. Bis zu diesem Jahr wurden die Spinnmaschinen vorwiegend aus Belgien importiert, bzw. in der Aleksandrovskaja-Manufaktur hergestellt.

Im Unterschied zur Baumwollspinnerei behielt die Baumwollweberei im wesentlichen bis zur Reform die Technik der Manufakturperiode bei. Der mechanische Web-

[15] Ebenda, S. 133.

stuhl setzte sich seit der Mitte der dreißiger Jahre nur sehr langsam durch. Ende der fünfziger Jahre gab es in Rußland 10400 mechanische Webstühle, die vorwiegend in den Webereiabteilungen der Baumwollspinnereien aufgestellt waren. Insgesamt wurde auf mechanischen Webstühlen kurz vor der Reform nur etwa ein Fünftel der Gesamtproduktion erzeugt. Die technische Umwälzung hatte sich daher bis 1861 in diesem Zweig der Baumwollindustrie noch nicht durchgesetzt.

Die Mehrzahl der Weber arbeitete nach wie vor nicht im Betrieb selbst. In vielen Betrieben verhielt sich das Verhältnis der Heimarbeiter zu den in der Manufaktur Arbeitenden wie 10 : 1. In der Masse handelte es sich bei den Heimarbeitern um Besitzer bäuerlicher Wirtschaften, die sich während der etwa 5 Monate andauernden Feldarbeiten mit der Weberei nicht beschäftigten. Die Bedeutung der kleinen Warenproduzenten ging zurück, da das Verlagssystem sich ausbreitete und die meisten selbständigen Weber in Abhängigkeit von großen Manufakturbesitzern gerieten; nur wenigen gelang es, kapitalistische Unternehmer zu werden.

Die Mechanisierung des Kattundrucks begann sich im größeren Umfang seit der Mitte der dreißiger Jahren durchzusetzen, obwohl bereits im zweiten Jahrzehnt des 19. Jh. die ersten Maschinen benutzt wurden. Die Maschinen verdrängten den Handdruck im wesentlichen in den Jahren 1835 bis 1855, abgeschlossen war dieser Prozeß vor der Reform aber noch nicht.

In Anbetracht der vor und nach der Reform in Rußland herrschenden Praxis verdient es hervorgehoben zu werden, daß die zaristische Regierung den Aufschwung der Baumwollindustrie durch direkte finanzielle Zuwendungen nicht begünstigt hat. Eine wesentliche Hilfe erwies sie der Baumwollindustrie allerdings durch die Art und Weise wie sie die Zollpolitik handhabte. Indem sie den Import von Baumwollwaren sehr hoch besteuerte, die Einfuhr des Garns hingegen durch niedrige Zölle begünstigte, verschaffte sie den Baumwollwebereien in Rußland im Konkurrenzkampf mit den anderen Zweigen der Textilindustrie günstige Wettbewerbsbedingungen. Die strenge Schutzzollpolitik hielt bis 1850 an. Die in diesem Jahr erfolgte Herabsetzung der Einfuhrtarife, sowohl für Garn als auch für Baumwollgewebe, ließ zwar den Import ansteigen, ohne jedoch die Aufwärtsentwicklung der russischen Baumwollindustrie wesentlich beeinflussen zu können.

Die Dynamik der Entwicklung der Baumwollindustrie in Rußland in den Jahren 1831 bis 1860 veranschaulicht folgende Tabelle[16]:

Jahre	Jährliche Baumwolleinfuhr in Tausend Pud	Die Jahre 1831 bis 1835 = 100	Jährl. Garneinfuhr in Tausend Pud	Gesamtmenge des verarbeiteten Garns
1831–1835	149	100	560	690
1836–1840	320	215	589	864
1841–1845	527	354	590	1045
1846–1850	1115	748	351	1327
1851–1855	1669	1120	118	1578
1856–1860	2622	1760	217	2511

16 Ebenda, S. 182.

In der ansteigenden Baumwolleinfuhr spiegelt sich die gewachsene Produktionskapazität der russischen Spinnereien wider. Die Summe des importierten und in Rußland hergestellten Garns vermittelt ein Bild über das Wachstum der Webereien. Besondere Höhepunkte in diesem stetigen Wachstumsprozeß waren die zweite Hälfte der vierziger und der fünfziger Jahre.

Die Einfuhr fertiger Baumwollwaren deckte selbst in der zweiten Hälfte der fünfziger Jahre, als die Zolltarife herabgesetzt waren, nicht mehr als 10 Prozent des Gesamtbedarfs. Noch unbedeutender war allerdings der russische Export, der gänzlich nach Asien ging.

Nach der Reform fand die technische Umwälzung in der Baumwollindustrie relativ rasch ein Ende. In Ivanovo kamen in den sechziger Jahren noch zwei Heimweber auf einen Fabrikarbeiter. In den siebziger Jahren arbeiteten bereits drei Viertel der Weber in Fabrikräumen. Um 1880 war die Hausweberei von der Fabrik fast vollständig verdrängt worden. Die Baumwollindustrie behielt ihre führende Stellung auch in den sechziger und siebziger Jahren bei, von 1860 bis 1880 verdoppelte sie, die auch weiterhin den Zollschutz der Regierung genoß, ihre Produktion.[17]

Die industrielle Revolution setzte zuerst in den Produktionszweigen ein, die vorwiegend Lohnarbeiter beschäftigten. Es gab von dieser Regel jedoch eine Ausnahme: die Zuckerindustrie. Die Sonderstellung dieses Industriezweiges, der von ihm erbrachte Beweis, daß der Übergang von der Manufaktur zur Fabrik nicht unbedingt die vorherige Umwandlung der Mehrzahl der Beschäftigten in Lohnarbeiter zur Voraussetzung hat, rechtfertigt ein etwas breiteres Eingehen auf die mit der Entwicklung der Rübenzuckerindustrie zusammenhängenden Probleme.[18]

Der erste Betrieb zur Verarbeitung von Zuckerrüben wurde in Rußland im Gouvernement Tula bereits 1802, also nur wenig später als in Deutschland, gegründet. Die liberale Zollpolitik nach 1812 begünstigte jedoch nicht die Entwicklung der einheimischen Zuckergewinnung. Erst als in den Jahren nach 1822 die Einfuhr des ausländischen Zuckers mit immer höheren Zöllen belegt wurde – die Einfuhr von Raffinade wurde gänzlich untersagt, wuchs die Zahl der Verarbeitungsstätten von Zuckerrüben bis 1834 schnell auf etwa 50 an. In diesen fast ausschließlich von Gutsbesitzern gegründeten, in technischer Hinsicht primitiv eingerichteten kleinen Betrieben wurden als Arbeitskräfte überwiegend Leibeigene ausgebeutet. Das war bei Betrieben, die von den Großgrundbesitzern zur Verarbeitung landwirtschaftlicher Produkte – nicht nur der Zuckerrüben – eingerichtet wurden, die Regel. Auch wenn sich Gutsbesitzer entschlossen, „Unternehmer“ zu werden, was zumindest im Ansatz in der einen oder anderen Form zur Übernahme kapitalistischer Wirtschaftsmethoden führte, zeigten sie in der Regel keine Neigung, auf den zusätzlichen Profit zu verzichten, der ihnen aus der unentgeltlichen Ausbeutung ihrer Leibeigenen erwuchs. Da die Großgrundbesitzer vorwiegend nur Zuckerrüben ihres Gutes verarbeiteten und Lohnarbeiter kaum

[17] История СССР с древнейших времен до наших дней, Bd. 5, Moskau 1968, S. 134.

[18] Vgl. zum Folgenden: B. K. Jacunskij, Помещичьи сахарные заводы в России в первой половине XIX в. In: Академику Борису Дмитриевичу Грекову ко дню семидесятилетия. Сборник статей, Moskau 1952, S, 343ff.; derselbe, Крупная промышленность, a. a. O., S. 147ff. u. 193ff.

beschäftigten, hatten sie nur geringe Produktionskosten; der Verkaufspreis des Zuckers war daher fast dem Reingewinn gleichzusetzen. Betriebe zur Verarbeitung von Zuckerrüben steigerten daher in den meisten Fällen wesentlich die Einnahmen ihrer Besitzer. Der Industriezweig verblieb daher auch nach 1861, obwohl einige Kaufleute Zuckerfabriken erwarben, bzw. pachteten, eine Domäne adliger Gutsbesitzer.

Die erste Phase der Entwicklung der Zuckerindustrie reichte bis in die Mitte der dreißiger Jahre. An der Größe und der technischen Ausrüstung der Betriebe veränderte sich in diesem Zeitraum nur wenig; so wurde nur bei einem Teil der Pferde- bzw. der Ochsenantrieb verwandt. Den einheimischen Bedarf vermochte die russische Zuckerproduktion nur zu einem geringen Teil zu decken, so daß die Einfuhr aus dem Ausland ungeachtet der hohen Zölle ständig wuchs.

In den vierziger Jahren nahm mit der gleichzeitigen Vergrößerung der Anbauflächen für Zuckerrüben die Zahl der Betriebe weiterhin zu, von denen ein Teil erweitert und in technischer Hinsicht vervollkommnet wurde. Dies traf vor allem für die Ukraine, insbesondere für das westlich des Dnepr gelegene Gouvernement Kiev, zu, die sich in diesem Zeitraum zum eigentlichen Zentrum des Zuckerrübenanbaus in Rußland entwickelte. Die erste Dampfmaschine wurde 1840 in einem Rübenzuckerbetrieb aufgestellt; in den nächsten Jahren folgten weitere. Obwohl dieser Prozeß in den vierziger Jahren nicht allzu schnell verlief, war um 1850 bereits eine Anzahl von Fabriken entstanden. Bis 1852/53 wuchs jedoch in Rußland noch die Zahl der Betriebe an, die ohne Maschinen arbeiteten. Mengenmäßig stieg in diesen Jahren die Zuckerproduktion beträchtlich in die Höhe und gewann im Rahmen der gesamten Volkswirtschaft an Bedeutung.

In den vergrößerten und mit Maschinen ausgerüsteten Betrieben wurden in der Regel einige qualifizierte Fachleute und zusätzlich Lohnarbeiter beschäftigt, obwohl die leibeigenen Arbeiter auch weiterhin zahlenmäßig dominierten. Trotzdem wuchs der Kapitalbedarf eines solchen sich in einen Fabrikbesitzer verwandelnden Betriebsinhabers nicht unbeträchtlich. Die erweiterte Produktionskapazität seiner Fabrik veranlaßte ihn, immer mehr Zuckerrüben auf seinem Gut anzubauen, so daß die Verarbeitung der Zuckerrüben der ganzen Gutswirtschaft den Stempel aufzudrücken begann, was die Brennereien nicht vermochten. Da die auf dem eigenen Gut gewonnenen Zuckerrüben auf die Dauer den Maschinenbetrieb nicht auslasteten, begann der Fabrikbesitzer, Rüben aufzukaufen, wodurch er in einem viel stärkerem Maße als früher, da er eigentlich nur als Verkäufer des Zuckers mit dem Markt verbunden war, zum Unternehmer wurde. Er beutete aber weiterhin vorwiegend Arbeiter mit Hilfe des außerökonomischen Zwangs aus, so daß wir ihn noch nicht als kapitalistischen Unternehmer im eigentlichen Sinn des Wortes bezeichnen können.

An sich ist es erstaunlich, daß verhältnismäßig viele Gutsbesitzer ihre primitiv ausgerüsteten Betriebe in Fabriken umwandeln konnten. Nach der Auffassung von Zeitgenossen habe es sich bei ihnen in der Regel jedoch um reiche Großgrundbesitzer gehandelt, die entweder die zur technischen Neuausrüstung der Betriebe notwendigen Mittel selbst aufbrachten oder sich den notwendigen Kredit zu verschaffen wußten. Der Entschluß, das für die Anschaffung der Maschinen notwendige Kapital in die Betriebe zu investieren und damit deren Produktionskapazität zu steigern, wurde durch die in den vierziger Jahren in der Ukraine angeordnete Fixierung der Verpflichtungen der leibeigenen Bauern in den sogenannten Inventaren, wodurch einer unbeschränkten Ausbeutung gewisse Schranken gesetzt wurden, mitbeeinflußt.

Den Sieg der maschinellen Produktion in der Zuckerindustrie veranschaulichen folgende Zahlen: 1848/49 stellten die mit Dampfmaschinen ausgerüsteten Betriebe 44 Prozent der Gesamtproduktion her, 1853/54 wuchs diese Zahl auf 56 Prozent an, 1860/61 betrug sie bereits 85 Prozent. Diese Zahlen beweisen, daß in der Zuckerindustrie die Maschine bereits vor der Reform über die Technik des Manufakturbetriebes triumphiert hatte. Für die Betriebe ohne Maschinen bedeutete der 1861 vollzogene Übergang zur Lohnarbeit das Ende. Im Laufe der sechziger und siebziger Jahre hörten sie auf zu bestehen. Der Übergang zur Lohnarbeit war jedoch auch für die Fabriken mit erheblichen Schwierigkeiten verbunden, die in den auf die Reform folgenden zwei, drei Jahre zu einer Verringerung der Produktion führten.

Mit der Veränderung der Produktionstechnik der Manufakturperiode durch die maschinelle Großproduktion schuf die industrielle Revolution die technischen Voraussetzungen für die der kapitalistischen Produktionsweise immanenten zyklischen Überproduktionskrisen. Diese Krisen trugen bereits in der ersten Hälfte des 19. Jh. einen ausgesprochen internationalen Charakter. Sie geben daher in Abhängigkeit davon, inwieweit die einzelnen Staaten von ihnen erfaßt wurden, wie ein Barometer darüber Auskunft, bis zu welchem Grade die industrielle Revolution in den jeweiligen Ländern fortgeschritten war.

Echte zyklische Überproduktionskrisen traten in Rußland bis zur Reform nicht auf. Diese Feststellung bedeutet jedoch nicht, daß die Krisen, die die kapitalistischen Länder erschütterten, an Rußland spurlos vorübergingen. Das Bindeglied bildete der Außenhandel,[19] der bis in die erste Hälfte des 19. Jh. im allgemeinen Warenumsatz eine größere Rolle spielte als später. Der durch Krisen in kapitalistischen Ländern verursachte Rückgang des russischen Getreideexports hatte infolge der geringeren Geldeinnahmen der Gutsbesitzer und teilweise auch der Bauernschaft in der Regel ein Nachlassen der Nachfrage nach Industrieprodukten zur Folge, was den Industriebetrieben den Absatz erschwerte. Die gleiche Wirkung brachten in Rußland auch schlechte Ernten hervor, die gleichfalls zu einer Verringerung der Textilproduktion führten. Im wesentlichen haben wir es daher bis zur Reform mit Handelskrisen zu tun, die von auswärtigen Faktoren stark beeinflußt wurden. Das Fehlen zyklischer Überproduktionskrisen in Rußland bis zur Reform ist natürlich ein Beweis dafür, daß der industriellen Revolution bis 1861 der Durchbruch noch nicht gelungen war.

Nach der Reform trat hierin ein Wandel ein. Ob Rußland allerdings bereits von der Krise von 1867 betroffen war, ist umstritten.[20] Die Krise von 1873 erfaßte aber bereits, wenn auch nicht mit gleicher Intensität, fast alle Produktionszweige.

[19] Vgl. auch zum Folgenden: A. F. Jakovlev, Экономические кризисы в России, Moskau 1955, S. 14.

[20] Vgl. die gegen Strumilin gerichteten polemischen Bemerkungen Jakovlevs in dieser Frage, ebenda, S. 13.

Eine Folge der Verbreitung der maschinellen Großproduktion auf Kosten der kleinen Warenproduzenten, war die Erstarkung der Bourgeoisie, vor allem der Industriebourgeoisie, ihre endgültige Formierung als Klasse, ein Prozeß, der in den sechziger und siebziger Jahren des 19. Jh. seinen Abschluß fand.[21] Es wurde bereits darauf hingewiesen, daß man dieses „Erstarken" nicht verabsolutieren darf: Die russische Bourgeoisie vermochte auch in den Jahrzehnten nach der Reform nicht, politisch entscheidende Machtpositionen zu gewinnen, bzw. sich zumindest einen ihrer ökonomischen Bedeutung entsprechenden Einfluß auf die Regierung zu sichern, wie es der Bourgeoisie in England und Frankreich, ja selbst in Deutschland und Österreich-Ungarn gelang. Neben den bereits genannten Gründen, die der Durchsetzung des Kapitalismus im Wege standen und damit auch die ökonomische und politische Konsolidierung der Bourgeoisie erschwerten, gab es noch andere Ursachen, die deren relative Schwäche erklären. Die Vorrechte der Adligen, ihre Leibeigenen in Industriebetrieben auszubeuten, verschafften ihnen gegenüber den nichtadligen Unternehmern Vorteile, wodurch die entstehende Bourgeoisie bis zur Reform in ihrem Aktionsradius eingeengt und ihr die Kapitalakkumulation erschwert wurde. Der Wunsch vieler nichtadliger Manufaktur- und Bergwerksbesitzer, den Adel zu erhalten, entsprang daher auch dem Bestreben, Leibeigene in Industriebetrieben ausbeuten zu können. Viele, wofür die Demidov ein charakteristisches Beispiel sind, erreichten dieses Ziel.

Die Akkumulation von Kapital durch die Industriebourgeoisie wurde vor der Reform auch durch die beherrschende Stellung der Staatsbank im russischen Finanz- und Kreditwesen erschwert. Die in der Staatsbank angehäuften Kapitalien konnten von der Bourgeoisie nicht genutzt werden; sie wurden dem grundbesitzenden Adel in Form von Anleihen zur Verfügung gestellt, die die Gutsbesitzer in den seltensten Fällen für produktive Zwecke verwandten. Der industriellen Erschließung des Landes dienten sie nicht. Auch die Regierung griff regelmäßig auf diese Kapitalreserven zurück, um das ständige Defizit im Staatshaushalt zu überbrücken. In dieser wichtigen Angelegenheit wirkte der Staatsapparat retardierend auf die Durchsetzung des Kapitalismus ein, obwohl er aus einer ganzen Reihe von Gründen, die industrielle Entwicklung zu fördern bemüht war. Die beherrschende Stellung des Staates im Finanz- und Kreditwesen erschwerte auch die Entstehung einer eigentlichen Finanzbourgeoisie, deren Betätigungsfeld, und damit auch die Möglichkeit der Kapitalanhäufung, geringer war als in West- und Mitteleuropa. All dies bedingte, daß die Industrie- und Finanzbourgeoisie in den ersten Jahrzehnten des 19. Jh. an Bedeutung noch hinter die Handelsbourgeoisie zurücktrat. Erst während der industriellen Revolution setzte hierin, wenn auch allmählich, ein Wandel ein. Der Handelsbourgeoisie kam aber nach wie vor während der ganzen Periode des vormonopolistischen Kapitalismus in Rußland eine größere Bedeutung als in den stärker industrialisierten Ländern Mittel- und Westeuropas zu.

Seit etwa der Mitte des 19. Jh. lassen sich innerhalb der Bourgeoisie, ungeachtet

[21] I. F. Gindin, Русская буржуазия в период капитализма. Ее развитие и особенности. In: История СССР, 1963, Heft 2, S. 60; auch zum Folgenden.

aller bestehenden Querverbindungen und „Mischformen", deutlich zwei Gruppen unterscheiden: die ihrer Herkunft nach russische, nach Moskau tendierende „nationale" und die mehr „kosmopolitische" Bourgeoisie Petersburgs.[22] Viele Aspekte der Entwicklung Rußlands in der zweiten Hälfte des 19. Jh. nicht nur im ökonomischen, sondern auch im politischen und ideologischen Bereich, werden erst bei genügender Berücksichtigung dieser Tatsachen verständlich.

Der Kern der „nationalen" Bourgeoisie bestand aus ehemaligen kleinen Unternehmern, deren Vorfahren, teilweise auch noch sie selbst, Bauern, häufig Leibeigene, gewesen waren. Erst in zweiter Linie rekrutierte sich dieser Teil der Bourgeoisie aus der Kaufmannschaft, wobei der Anteil der Großkaufleute relativ gering war. Ihr eigentliches Zentrum war Moskau, die tonangebende Schicht bildeten reiche Textilfabrikanten.

Bevorzugte Betätigungsfelder der „nationalen" Bourgeoisie waren Handel und Leichtindustrie. Für die Moskauer Bourgeoisie der zweiten Hälfte des 19. Jh. war eine enge Verflechtung von Industrie- und Handelskapital kennzeichnend. Dazu trug nicht unwesentlich die Rolle Moskaus als eigentliches Handelszentrum des Landes bei. Auch erwarben Moskauer Industrielle gern städtische Grundstücke und Häuser; da deren Wert im Laufe des Jh. beträchtlich stieg, handelte es sich hierbei um eine durchaus gewinnbringende Kapitalanlage.

Die Moskauer, und in weiterem Sinne die ganze „nationale" Bourgeoisie, zeigte nur wenig Neigung, ihre Kapitalien in die Schwerindustrie zu investieren. Die durch eine rücksichtslose Ausbeutung in der Textil-, Lebensmittel- und überhaupt in der Leichtindustrie erzielten hohen Gewinne und die Profitraten, die der Großhandel abwarf, erklären den fehlenden Anreiz, ein neues Betätigungsfeld für das Kapital in der Schwerindustrie zu suchen. Das in der Moskauer Textilindustrie investierte Kapital warf einen höheren Profit ab, als das in der Metallurgie oder in der Kohlenindustrie angelegte. Nur in der Erdölindustrie wurden noch höhere Gewinne erzielt. Die Textilunternehmen der Morozov zahlten bis in die neunziger Jahre des 19. Jh. regelmäßig Dividenden von 15 bis 25 Prozent, die Kapitalerhöhungen nicht eingerechnet. Für die Betriebe der Baumwollindustrie war eine jährliche Dividende von 10 Prozent das Normale. Auch in den Randgebieten entfaltete die „nationale" Bourgeoisie nur dann Aktivität, wenn ihre unmittelbaren Interessen auf dem Spiel standen: so in Mittelasien, wo sie den Baumwollhandel und den Baumwollanbau unter ihre Kontrolle brachte. Die Moskauer Bourgeoisie behielt gewisse „patriarchalische" Besonderheiten bei, so blieben die großen Textilunternehmen, auch wenn es sich um Aktiengesellschaften handelte, bis 1917 reiner Familienbesitz.

Die Petersburger Bourgeoisie war mit den Regierungsstellen durch staatliche Aufträge, personelle Verbindungen und die Bedeutung der Schwerindustrie für die Rüstung viel enger als die Moskauer verbunden. Ihrer sozialen und nationalen Herkunft nach war sie recht buntscheckig zusammengesetzt. Sie rekrutierte sich nur zu einem geringen Teil aus Kreisen der Petersburger Großkaufleute und Bankiers. Charakteristisch für sie war während des ganzen 19. Jh. der hohe Anteil von in

22 Ebenda.

Rußland lebenden Ausländern, die sich als Bankiers, große Exportkaufleute, Unternehmer der Metallindustrie und als Textilfabrikanten betätigten. In der Regel handelte es sich bei den Vertretern der Petersburger Bourgeoisie um Männer, die nur über ein relativ geringes eigenes Kapital verfügten, die aber als Ingenieure, ehemalige höhere Beamte und bürgerlichen Berufen nachgehende Adlige die notwendigen Verbindungen mit den staatlichen Behörden, die über Aufträge, Konzessionen und Pachten entschieden, anzuknüpfen und zu pflegen wußten. Bei der Begrenztheit ihrer eigenen Mittel waren diese Kreise direkt und viel stärker auf finanzielle Unterstützung durch den Staat angewiesen als die Bourgeoisie der Leichtindustrie. Viele Betriebe der metallverarbeitenden Industrie kämpften jahrelang mit finanziellen Schwierigkeiten und wären ohne die staatliche – in manchen Fällen nicht nur einmalige – Sanierung bankrott gegangen. Stabilität für die Schwerindustrie ging von diesen „Gründern" und „Eisenbahnkönigen" nicht aus. Die Verhältnisse änderten sich erst, als in den neunziger Jahren große ausländische Kapitalien in die Schwerindustrie einströmten und auch die inzwischen erstarkten russischen Privatbanken beträchtliche Mittel für Investitionen zur Verfügung stellten. Nicht weniger prekär gestaltete sich während der ersten zwei Jahrzehnte nach der Reform die Lage der privaten Banken, die gleichfalls auf staatliche Unterstützung angewiesen waren.

Da die wichtigsten Eisenbahngesellschaften, Betriebe der Schwerindustrie und Schiffahrtsgesellschaften ihren Verwaltungssitz in Petersburg hatten und mit den dortigen Banken zusammenarbeiteten, konzentrierte sich in der Hauptstadt die Bourgeoisie der Schwerindustrie, einschließlich der Erdölindustrie. All das trug dazu bei, daß Petersburg, dessen Börse allein gesamtrussische Bedeutung besaß, nach 1861 zum Bank- und Finanzzentrum Rußlands wurde.

Petersburg war daher in ökonomischer Hinsicht Moskau überlegen, als politisches Zentrum übte die alte Hauptstadt auf die national-russische Bourgeoisie jedoch eine stärkere Anziehungskraft aus. Moskau blieb über Jahrzehnte hinweg der Hort des Panslawismus, wozu auch das Wirken der dortigen Bourgeoisie kräftig beitrug, während die Petersburger Bourgeoisie es vorzog, im gesellschaftlich-politischen Bereich, die von der Regierung vorgezeichnete Linie nicht zu übertreten.

Im Unterschied zur Leichtindustrie erforderte der Aufbau der Schwerindustrie, wenn wir einmal von den Bergwerken und der Hüttenindustrie des Urals absehen, von allem Anfang an ausländische Gelder. Das hing einfach damit zusammen, daß die in Rußland akkumulierten Kapitalien, die auch nach der Reform von der zaristischen Regierung zu einem beträchtlichen Teil durch Anleihen ausgeschöpft wurden, für den nach 1861 stark forcierten Eisenbahnbau und den Aufbau neuer Zweige der Schwerindustrie nicht ausreichten. Eine Änderung der zaristischen Finanzpolitik war nicht zu erwarten: Betrug doch allein im Jahre 1864 das Haushaltsdefizit 125 Millionen Rubel; den 322 Millionen Einnahmen standen 447 Millionen Ausgaben gegenüber.[23]

[23] I. F. Gindin, Государственный Банк и экономическая политика царского правительства, Moskau 1960, S. 28.

Das ausländische Kapital strömte nach Rußland, weil die dort zu erzielenden Gewinne lockten. Auch wenn die Profitrate in der Schwerindustrie nicht so hoch wie in der Leichtindustrie war, übertraf sie noch immer den durchschnittlichen Gewinn, der in den Ländern, aus denen die Kapitalien kamen, zu erzielen war. Der Zarismus begünstigte den Zufluß von ausländischem Kapital. Die bisherige Methode, mit der er die Industrieentwicklung gefördert hatte, also in erster Linie durch das Festhalten an einer strengen Schutzzollpolitik, genügte beim Aufbau der neuen Zweige der Schwerindustrie nicht mehr.

Das ausländische Kapital erstrebte nicht nur einen möglichst hohen Profit, sondern war auch nicht bereit, ein Risiko zu tragen. Um die nötigen ausländischen Kapitalien für den Eisenbahnbau zu gewinnen, mußte sich daher die zaristische Regierung entschließen, fünfprozentige Dividende für die investierten Kapitalien zu garantieren. Die Übernahme von Gewinngarantien durch den Staat für private Investitionen war auch außerhalb Rußlands nichts Außergewöhnliches; der preußische Staat sicherte den im Eisenbahnbau angelegten Kapitalien gleichfalls eine bestimmte Garantie zu, allerdings betrug sie nur 3,5 Prozent.[24] Die vom russischen Staat übernommene fünfprozentige Gewinngarantie wurde im Laufe der Jahre zu einem der größten Ausgabeposten des Staatshaushalts, weil sich die Eisenbahngesellschaften in der Regel von vornherein mit dem vom Staat zugesicherten Gewinn begnügten und nur wenig Interesse zeigten, den Betrieb rentabel zu gestalten.

Mit der Aufhebung der Leibeigenschaft und den sich daran anschließenden Reformen geschah ungeachtet aller Halbheiten, die diesen Maßnahmen anhafteten, der entscheidende Schritt auf dem Wege zur Durchsetzung des Kapitalismus in allen Bereichen der Volkswirtschaft, einschließlich des agrarischen Sektors. Die bisherigen feudalen Hemmnisse wurden jedoch in der Landwirtschaft nicht mit der gleichen Geschwindigkeit wie in der Industrie überwunden.

Die Aufhebung der Leibeigenschaft bewirkte die rechtliche Gleichstellung aller in der Industrie beschäftigten Arbeiter, deren Lage sich auch in sozialökonomischer Hinsicht bis zu einem bestimmten Grade anzugleichen begann, und schuf damit wichtige Voraussetzungen für die Herausbildung und Erstarkung des Proletariats. Seit den Reformen bereitete, nach dem Überwinden der in den ersten Jahren aufgetauchten Komplikationen, die Anwerbung von Arbeitskräften für die Industrie keine wesentlichen Schwierigkeiten, obwohl die Freizügigkeit der bäuerlichen Bevölkerung weiterhin großen Beschränkungen unterworfen war. In dieser Hinsicht wandelte sich die Lage bereits zu Beginn der siebziger Jahre, und je weiter die Zeit voranschritt um so grundlegender: Die sich bis zum industriellen Aufschwung der achtziger Jahre relativ langsam entwickelnde Industrie war gar nicht in der Lage, die in die Stadt drängenden proletarischen Schichten des Dorfes aufzunehmen. In den ersten Jahren nach der Reform jedoch, nachdem recht beträchtliche Teile der bis zur Aufhebung der Leibeigenschaft durch außerökonomischen Zwang an ihren Arbeitsplatz Gefesselten den Industriebetrieben den Rücken gekehrt hatten, trat in bestimmten Produktionszweigen, vor allem im Bergbau und im Hüttenwesen, ein

[24] H. Mottek, Einige Bemerkungen, a. a. O., S. 37.

akuter Mangel an Arbeitskräften auf. Die Verringerung der Zahl der Beschäftigten während einiger Jahre verursachte einen nicht unerheblichen Produktionsrückgang.

Am deutlichsten trat diese Tendenz in der Roheisengewinnung hervor: Erst 1870 erreichte die Produktion den Stand von 1860. Der Rückgang ist nicht verwunderlich, wenn man sich vergegenwärtigt, daß beispielsweise in den Bergwerken und metallurgischen Betrieben der Demidov vor der Reform 25585 Arbeiter, 1862 aber nur 9147 beschäftigt waren.[25] Auch in den siebziger Jahren nahm die Roheisengewinnung nur unbeträchtlich zu. Von 1870 bis 1880 stieg sie um 21 Prozent an. Im Vergleich zu der Steigerung der Roheisengewinnung in den führenden kapitalistischen Ländern sind diese Zahlen alles andere als imponierend. Es genügt hier, darauf hinzuweisen, daß Rußlands Anteil an der Weltroheisengewinnung von 1860 bis 1880 von 4 auf 2,5 Prozent sank.[26]

Vom Augenblick an, da es in der Industrie nur Lohnarbeiter gab, fand die Bevorzugung derjenigen Unternehmer ein Ende, die früher eigene Leibeigene bzw. Possessionsbauern mit Hilfe des außerökonomischen Zwangs zusätzlich ausgebeutet hatten. In der Industrie begann die Zeit der „freien Konkurrenz". Auch eine Reihe von Regierungsmaßnahmen, die auf eine durchgreifende Reform des Finanz- und Kreditwesens hinausliefen, wodurch der russischen Bourgeoisie auf einzelnen Gebieten die gleichen Erleichterungen und Vorrechte eingeräumt wurden, die sich in den bürgerlichen Staaten die herrschende Klasse einzuräumen pflegte, dienten der neuen kapitalistischen Ausrichtung der Industrie.

Die vorhin getroffene Feststellung, die Industrie hätte nach der Reform die ihr bisher anhaftenden feudalen Fesseln relativ rasch abgestreift, bedarf allerdings, um der Wirklichkeit gerecht zu werden, einiger Abstriche. Für das Proletariat in Rußland war u. a. kennzeichnend, daß die Beziehungen der in der Industrie beschäftigten Arbeiter zum Dorf auch nach der Aufnahme der Arbeit in einem entfernt gelegenen Betrieb über recht lange Zeiträume hinweg eng blieben. Die Tatsache, daß sich Kleinbauern einen Nebenerwerb suchten und, wo sie die Möglichkeit dazu hatten, auch Arbeit in der Industrie aufnahmen, war natürlich keine Besonderheit der sozialökonomischen Entwicklung Rußlands; wir begegnen derartigen Erscheinungen auch in Deutschland und Frankreich. Die Masse derjenigen, die in diesen Ländern das flache Land verließen und Arbeit in der Stadt aufnahmen, lösten jedoch innerhalb einer relativ kurzen Zeit auch ihre ökonomischen Bindungen an das Dorf. Mit den Eigentümlichkeiten der russischen Umteilungsgemeinde hing es hingegen zusammen, daß auch der lange Jahre in der städtischen Industrie Arbeitende seinen Anspruch auf das Anteilland nicht aufzugeben brauchte und es in der Regel auch nicht tat. Selbst vor der Oktoberrevolution waren noch 20 Prozent der Arbeiter am Besitz von Landwirtschaftsbetrieben beteiligt, die von Familienangehörigen bewirtschaftet wurden. In den achtziger Jahren verließen in gewissen Produktionszweigen recht beträchtliche Teile der Betriebsbelegschaften während der Feldarbeiten die Fabriken

[25] A. F. Jakovlev, a. a. O., S. 85.
[26] История СССР, Bd. 5, Moskau 1968. S. 135.

und widmeten sich der Arbeit auf ihren Höfen.[27] Unter Berücksichtigung eines längeren Zeitraums lockerte der maschinelle Großbetrieb jedoch die Bindung des Arbeiters zur Landwirtschaft. Der Unternehmer konnte, ehe er seinen Betrieb mechanisiert hatte, unter Umständen auf die Arbeitskraft eines Arbeiters oder sogar ganzer Gruppen während einiger Wochen oder Monate verzichten; von dem Augenblick an, da mit dem Wegbleiben der Arbeiter auch kostspielige Maschinen für die Produktion ausfielen, wird er sich dem Abzug der Arbeiter widersetzt haben und, da er der ökonomisch stärkere war, sich damit in den meisten Fällen auch durchgesetzt haben.

Korrekturbedürftig ist die Feststellung auch dann, wenn wir unser Augenmerk nicht auf die Sphäre der Produktion, sondern auf den Absatz richten. Das langsame Vordringen des Kapitalismus in der Landwirtschaft schloß das nur allmähliche Verdrängen der Reste der Naturalwirtschaft und die relativ geringe Verbindung vieler bäuerlicher Wirtschaften mit dem Markt ein, was wiederum die Möglichkeit der bäuerlichen Massen, Industrieprodukte zu kaufen, sehr beträchtlich einschränkte. Da Rußland ein Agrarland war, dessen Bevölkerung noch um 1870 etwa zu 90 Prozent außerhalb der Städte lebte, verringerten sich dadurch die Entwicklungsmöglichkeiten der Industrie sehr beträchtlich.

In den großen Schwierigkeiten, mit denen die industrielle Entwicklung Rußlands in den beiden ersten Jahrzehnten nach der Reform zu kämpfen hatte, lag begründet, daß die revolutionären Narodniki der siebziger Jahre und ihre liberalen Epigonen im achten und neunten Jahrzehnt die mit der Aufhebung der Leibeigenschaft und der Durchsetzung der maschinellen Großproduktion in der Industrie zugunsten des Kapitalismus gefallene prinzipielle Entscheidung verkannten oder zu verkennen vorgaben. Dazu trug natürlich auch bei, daß Rußland ein Agrarland blieb. Für die erfolgreiche Verbreitung des Marxismus in Rußland bedeutete das lange Festhalten revolutionär oder zumindest demokratisch eingestellter Kreise der russischen Gesellschaft an der Theorie von dem auf der Umteilungsgemeinde begründeten „russischen Sozialismus“ eine ernste Gefahr. Vor allem deshalb, weil sich die aus dieser Theorie ergebende Folgerung, daß die Entwicklung des Kapitalismus in Rußland kein gesetzmäßiger Prozeß und deshalb der direkte Sprung von der Umteilungsgemeinde in den Sozialismus unter Umgehung der kapitalistischen Entwicklungsphase möglich sei, die Rolle der Arbeiterklasse in einer revolutionären Umwälzung weitgehend negierte.

Bereits die Mitglieder der Gruppe „Befreiung der Arbeit“, vor allem Plechanov, bemühten sich, die Falschheit dieser Auffassungen aufzuzeigen. Den entscheidenden Schlag gegen die sozialökonomischen Theorien der Narodniki führte dann Lenin in den neunziger Jahren, der eine ganze Reihe von Arbeiten dieser Problematik widmete. Am ausführlichsten geschah dies in dem Buche „Die Entwicklung des Kapitalismus in Rußland“, in dem er an Hand eines sehr umfangreichen und gründlich analysierten Tatsachenmaterials die Haltlosigkeit der von den Narodniki verfochtenen Auffassungen erläuterte und den Beweis erbrachte, daß der Kapitalismus

[27] Zahlenangaben bei V. K. Jacunskij, Промышленный переворот, a. a. O., S. 60.

sich auch in Rußland in den auf die Reform folgenden Jahrzehnten in allen entscheidenden Bereichen der Volkswirtschaft bereits durchgesetzt habe. Die von Lenin bei der Erforschung des vormonopolistischen Kapitalismus in Rußland gewonnenen Erkenntnisse sind für die marxistische Geschichtsschreibung von bleibendem Wert.

Lenin räumte entsprechend der politischen Zielsetzung, die ihn zum Abfassen der „Entwicklung des Kapitalismus" und der anderen die gleiche Problematik aufgreifenden Werke veranlaßte, der Ausbreitung des Kapitalismus in der Landwirtschaft und der Lage der Bauernschaft sehr viel Raum ein. Kam es ihm doch gerade darauf an, den Hauptpfeiler im ideologischen Gerüst der Narodniki zum Einsturz zu bringen. Lenin hob daher auch nachdrücklich die Parallelität oder zumindest große Ähnlichkeit vieler im russischen Dorf nach der Reform stattfindender Prozesse, wie fortschreitende Arbeitsteilung, Anwendung von Maschinen und Ausbreitung verschiedener Arten von Lohnarbeit, die generell für die kapitalistische Landwirtschaft typisch sind, mit Vorgängen in Mittel- und Westeuropa hervor.

Die verschiedenen Aspekte der „außerordentlichen Eigentümlichkeiten Rußlands sowohl in ökonomischer als auch in außerökonomischer Hinsicht", um Lenins eingangs zitierten Ausspruch noch einmal zu wiederholen, behandelte er hingegen, insoweit sie den Agrarsektor betrafen, mit unterschiedlicher Intensität; während er auf manche Besonderheiten in seiner systematisch aufgebauten Darstellung recht breit einging, beschränkte er sich bei anderen auf Hinweise und schenkte ihnen relativ wenig Raum. Da Lenin vor allem für den russischen Leser schrieb, der mit den „Eigentümlichkeiten" weitgehend vertraut war und auch die retardierenden Elemente vieler dieser „Eigentümlichkeiten" für die Durchsetzung des Kapitalismus in Rußland aus eigener Anschauung kannte – die Narodniki leiteten ja daraus ihre These von dem nach Rußland exportierten Kapitalismus ab – ist das nur zu begreiflich. Außerhalb Rußlands stößt das Verständnis der Tatsache, daß die Entwicklung des Kapitalismus in den auf die Reform folgenden Jahrzehnten nur langsam voranschritt, jedoch häufig auf Schwierigkeiten, gerade wenn die prinzipielle Bedeutung der Aufhebung der Leibeigenschaft für die Durchsetzung des Kapitalismus hervorgehoben wird.

Aus diesem Grunde ist es angebracht, den die kapitalistische Entwicklung der Landwirtschaft behindernden „retardierenden Elementen" einige Aufmerksamkeit zu schenken. Da Rußland bis in die achtziger Jahre des 19. Jh. ein ausgesprochenes Agrarland blieb, kommt ihnen nicht nur für den Agrarsektor Bedeutung zu. Fand doch die stärkere oder schwächere Durchsetzung des Kapitalismus im Dorfe stets ein Pendant in der größeren oder geringeren Intensität der Marktbeziehungen der Bauernschaft. Anders ausgedrückt: Vom Grade der Durchsetzung des Kapitalismus im Dorfe hing es weitgehend ab, inwieweit der Bauer als Käufer von Industrieerzeugnissen in Erscheinung treten konnte. Die Absatzmöglichkeiten der russischen Industrie auf dem inneren Markte spiegelten daher direkt die Fortschritte oder Hemmnisse der kapitalistischen Produktionsweise in der Landwirtschaft wider.

Unter den die Agrarverfassung in Rußland kennzeichnenden und die Entwicklung des Kapitalismus behindernden Besonderheiten verdient die im großrussischen

Siedlungsraum verbreitete Umteilungsgemeinde in vielerlei Hinsicht Beachtung. In Rußland herrschte, wenn wir von den Narodniki absehen, weitgehend Übereinstimmung darüber, daß ihr Weiterbestehen wegen der periodisch wiederkehrenden Umteilungen des Ackerlandes eine Steigerung der landwirtschaftlichen Produktion erheblich erschwere, ja teilweise unmöglich mache. Die Beweggründe der zaristischen Regierung, 1861 und in den folgenden Jahrzehnten an der Umteilungsgemeinde festzuhalten, charakterisiert gut ein Ausspruch des Grafen Kiselev: „Die Landverteilung nach Seelen, die einer jeden radikalen Verbesserung so schädlich ist, hat ihren Vorzug in betreff der Beseitigung der Proletarier, weshalb sie eine Frage ist, deren Lösung außerhalb des Bereichs rein wirtschaftlicher Fragen liegt.“[28] Dieses Bestreben der in Rußland herrschenden Klassen, die Proletarisierung eines Teils der Dorfbevölkerung, die sie natürlich mit einem Anwachsen der revolutionären Potenzen der russischen Bauernschaft gleichsetzten und deshalb fürchteten, zu verhindern, veranlaßte nicht nur den Grafen Kiselev bei der Neuordnung der Verhältnisse der Staatsbauern in den vierziger Jahren des 19. Jh., ihnen die Umteilungsgemeinde auch in den Bezirken aufzuzwingen, in denen sie nicht allgemein verbreitet war, sondern ließ dann die Regierung unter Alexander III. den Austritt aus der Umteilungsgemeinde ungemein erschweren. Diese Haltung behielt der Zarismus ungeachtet aller zeitweiligen Schwankungen im Prinzip bis zur Stolypinschen Agrarreform bei, als man das Steuer herumwarf und angesichts der antizaristischen Bewegung großer Teile der Bauernschaft während der Revolution von 1905 bis1907 bewußt auf die Kulaken setzte und den sozialen Differenzierungsprozeß im Dorf zu fördern begann.

Die Auffassung, daß die Beibehaltung der Umteilungsgemeinde die krasse soziale Differenzierung und damit die Proletarisierung der Bauernschaft verhindere, war nicht nur in Regierungskreisen verbreitet; bereits in den vierziger Jahren des 19. Jh. fand diese Ansicht auch im Petraševskij-Kreis Anhänger.[29] Später bekannte sich zu dieser Auffassung Černyševskij, der sich ihrer als Argument in seinem Eintreten für die Beibehaltung der Umteilungsgemeinde bediente.[30]

Wie wirkte sich aber die bei den Staatsbauern im Durchschnitt alle zehn bis fünfzehn, bei den ehemaligen Gutsbauern viel häufiger, in der Regel alle drei Jahre, in manchen Bezirken sogar alljährlich, durchgeführte Umteilung des Bodens in der Praxis aus? Die Gründe, welche die Gutsbauern bewogen, die Umteilungen viel häufiger durchzuführen, ergaben sich daraus, daß die soziale Differenzierung bei ihnen größere Fortschritte als bei den Staatsbauern gemacht hatte. Die Übernahme von Anteilland durch die einzelnen Mitglieder des Mir galt bis in die achtziger Jahre häufig als Last, da die für die Nutzung des Anteillandes aufzubringenden Geldleistungen zuweilen höher als der Erlös aus den Erträgen des Bodens war. Dabei

[28] A. P. Zablockij-Desjatovskij, Граф П. Д. Киселев и его время, St. Petersburg 1882, Bd. 2, S. 199; zit. nach: H. H. v. Loesch, Die Mirverfassung, Berlin 1931, S. 14.

[29] Š. M. Levin, К вопросу об исторических особенностях русского утопического социализма. In: Исторические записки, Bd. 26, 1948, S. 221.

[30] E. S. Vilenskaja, Революционное подполье в России (60-е годы XIX в.), Moskau 1965, S. 56.

unterschied sich die Lage der armen und reichen Bauern bei der Übernahme von Anteilland prinzipiell: Was für die Dorfarmut, der die nötigen Viehbestände und Ackergeräte fehlten, unter Umständen eine untragbare Last darstellte, der sie zu entgehen trachtete, konnte für reiche Bauern, die über das Zugvieh und die Geräte verfügten, ein Mittel der zusätzlichen Bereicherung werden. Da die armen Mitglieder des Mir die mit der Übernahme des Anteillandes verbundenen Geldleistungen nicht aufbrachten, wurde bei der Aufteilung des Anteillandes fast überall auf die strenge Durchführung des Gleichheitsprinzips, also der Umteilung nach der Zahl der Familienmitglieder, zu Gunsten einer die Leistungskraft des Hofes weitgehend mitberücksichtigenden Verteilung verzichtet – das heißt: Die Kulaken, zuweilen auch die stärkeren Mittelbauern, erhielten mehr Land. Das Bestreben, durch die Neuumteilung des Anteillandes die Aufbringung der abzuführenden Gelder zu erleichtern, machte, da die materielle Situation der einzelnen Höfe Schwankungen unterworfen war, häufig Umteilungen notwendig. Die Regierung begünstigte diese Praxis zeitweise, weil für sie die Aufbringung der abzuführenden Gelder wichtig war, ein zusätzlicher Grund übrigens, der sie an der Umteilungsgemeinde festhalten ließ, weil die solidarische Haft eine viel größere Sicherheit bot, daß die Gelder auch tatsächlich eingesammelt würden.

Als die Preise für Agrarprodukte Anfang der achtziger Jahre beträchtlich anstiegen, die Ablösegelder aber herabgesetzt und anschließend die Zwangsablösung angeordnet wurde, veränderte sich die Situation; nun trachteten auch die armen Bauern danach, möglichst viel Anteilland zu erhalten; dazu trug auch die 1885 erfolgte Aufhebung der Kopfsteuer bei, für deren Einsammlung die Gemeinde als Kollektiv gehaftet hatte. Erst als die Schäden der häufigen Umteilungen nicht mehr zu verkennen waren, erließ die Regierung 1893 ein Gesetz, wonach die Fristen zwischen zwei Umteilungen mindesten zwölf Jahre betragen mußten.

Solange die aus der Nutzung des Bodens erwachsenen Lasten für viele größer waren als der Erlös der aus dem Anteilland gewonnenen Erträge, sah der Mir, der als Ganzes für die aufzubringenden Gelder haftete, den Abzug von Dorfeinwohnern nicht gern und verhinderte ihn häufig, weil dadurch natürlich für die Zurückgebliebenen der Anteil an den finanziellen Lasten größer wurde.

Für die Entwicklung der Produktivkräfte in der Landwirtschaft wirkte sich die Umteilungsgemeinde vor allem dadurch nachteilig aus, daß sie nur einen geringen Anreiz bot, durch Düngung, Bewässerung und andere Melioration die Fruchtbarkeit des Bodens zu erhöhen. Der Bauer, der mit der Möglichkeit rechnen mußte, das von ihm bebaute Land bei der nächsten Umteilung an andere abtreten zu müssen, schreckte davor zurück, größere Mittel zu investieren, um eine Erhöhung der Erträge zu erreichen, die, das lag in der Natur der Sache, nicht sofort eintreten konnten. Auch die solidarische Haftpflicht der Gemeinde wirkte hemmend, da der einzelne befürchten mußte, falls er etwa durch Erhöhung der Viehbestände seine Wohlhabenheit auch nach außen dokumentierte, für Zahlungen anderer herangezogen zu werden. Für die armen Bauern, die mit ihren Zahlungen in Rückstand gerieten, konnte die solidarische Haft zu einer an die Feudalzeit erinnernden Fessel werden, da die Gemeinde sich das Recht vorbehielt, die Zahlungsunfähigen zu Zwangsarbeiten heranzuziehen, was, nur in der Form gewandelt, die feudale Abhängigkeit wieder erstehen ließ.

Äußerst nachteilig für eine rationelle, der kapitalistischen Wirtschaftsweise entsprechende Bewirtschaftung wirkte sich die Umteilungsgemeinde auch durch die Zersplitterung der Landanteile aus. Kam es doch vor, daß ein Bauer hundert und mehr lange und schmale Streifen, die zuweilen nicht einmal einen Meter breit waren und in den verschiedensten Teilen der Dorfgemarkung zerstreut lagen, zu bewirtschaften hatte. Die Gemengelage hinwiederum hatte notwendigerweise den Flurzwang zur Folge, der eine Intensivierung des Ackerbaus weitgehend unmöglich machte, da er, beispielsweise, alle zwang, bei der Dreifelderwirtschaft zu bleiben. Die Gemengelage war eine praktische Folge des Postulats, daß die Bauernparzellen nicht nur in der Größe, sondern auch in der Bodengüte gleich sein sollten.

Die Umteilungsgemeinde verlangsamte aus den angeführten Gründen die Intensivierung und Rationalisierung des bäuerlichen Wirtschaftsbetriebs und bildete damit, obwohl die Bedeutung des Anteillandes gegenüber dem bäuerlichen Privatbesitz im Laufe der Jahre abnahm, ein ernstes Hindernis für den vollständigen Sieg der kapitalistischen Produktionsweise in der Landwirtschaft. Dies wirkte sich um so nachteiliger aus, als bei der rasch anwachsenden Dorfbevölkerung die Erhöhung der landwirtschaftlichen Erträge eine dringende volkswirtschaftliche Notwendigkeit geworden war.

Rußlands Bevölkerung (ohne Kongreßpolen und Finnland) stieg von 70 Millionen im Jahre 1863 auf 98,6 im Jahre 1885 an, die städtische Bevölkerung wuchs im gleichen Zeitraum von 6,1 auf 9,9 Millionen.[31] Insgesamt nahm die Dorfbevölkerung in diesem Zeitraum also um annähernd 24 Millionen zu. Wenn es auch nicht angeht, die Dorfbevölkerung mit dem Bevölkerungsanteil gleichzusetzen, der in der Landwirtschaft erwerbstätig war – das Kustargewerbe war vorwiegend in den Dörfern konzentriert und auch die Zahl der großen Industriebetriebe in den Dörfern war in Rußland verhältnismäßig größer als in Mittel- und Westeuropa – das starke Anwachsen der in der Landwirtschaft tätigen Bevölkerung unterliegt keinem Zweifel. Daraus ergab sich, durch die mangelnde Intensität des bäuerlichen Betriebes noch verstärkt, die relative Überbevölkerung des Dorfes. Diese Tatsache läßt sich auch aus der durchschnittlichen Größe des Anteillandes ablesen, das in den 50 Gouvernements des europäischen Rußlands in den Jahren von 1860 bis 1880 von 4,8 auf 3,5 Desjatinen sank und sich in den nächsten zwei Jahrzehnten auf 2,6 Desjatinen verringerte.[32]

Der Überbevölkerung des Dorfes konnte theoretisch auf dreierlei Weise entgegengewirkt werden: 1. Wenn beträchtliche Teile der Bevölkerung außerhalb der Landwirtschaft eine Beschäftigung gefunden hätten; 2. Wenn eine ins Gewicht fallende Abwanderung aus den dichtbesiedelten Gouvernements in die dünn besiedelten Gebiete erfolgt wäre und 3. wenn die bäuerliche Bevölkerung ihren Besitz auf Kosten des Großgrundbesitzes erheblich hätte erweitern können.

[31] A. G. Rašin, Население России за 100 лет (1811–1913 гг.), Moskau 1956, S. 26, 87.
[32] Loesch, a. a. O., S. 27.

Eine Abwanderung aus den landwirtschaftlichen Berufen fand statt; das beweisen die oben angeführten Zahlen über das Wachstum der Stadtbevölkerung. Die Zahlen belegen aber auch, daß die Abwanderung zu gering war, um das Problem lösen zu können. In Sibirien, dem wichtigsten Kolonisationsgebiet, wuchs die Bevölkerung von 3,1 Millionen im Jahre 1863 auf 4,3 im Jahre 1885 an.[33] Die jährliche Einwanderung kann, berücksichtigen wir den natürlichen Zuwachs der in Sibirien ansässigen Bevölkerung, daher nicht mehr als 50000 Menschen betragen haben. Gegenüber der Abwanderung in die Stadt spielte die Kolonisation also nur eine untergeordnete Rolle. Eine ins Gewicht fallende Emigration aus Rußland fand in den ersten Jahrzehnten nach der Reform nicht statt. Der Großgrundbesitz verringerte sich, im Unterschied etwa zu Deutschland, in dem Zeitraum von der Reform bis zur Oktoberrevolution beträchtlich. Der Löwenanteil ging in Bauernbesitz über, wobei sowohl Dorfgemeinden als auch reiche Einzelbauern als Käufer auftraten. Der Anteil der Dorfgemeinden an den Landkäufen verringerte sich allerdings im Laufe der Jahre. Bis zur Gründung der Bauernbank im Jahre 1882 war den Bauern durch den Mangel an Geldmitteln der Ankauf aber sehr erschwert. So erheblich an sich diese Landmengen auch waren, die aus den Händen der Gutsbesitzer in den Besitz der Bauern übergingen, einen Ausgleich für das Anwachsen der Dorfbevölkerung bildeten sie nicht. Auch die Vermehrung des Privatbesitzes der Bauern, die sich, in Relation zum Anteilland gebracht, bis in die achtziger Jahre in verhältnismäßig bescheidenen Grenzen hielt, konnte dafür keinen Ausgleich schaffen.

Die Folge war ein wachsender Landhunger der Bauernmassen. Dieser Landhunger, die Unmöglichkeit, von den immer kleiner werdenden Anteilen das für den Lebensunterhalt Notwendige herauszuwirtschaften, zwang die Bauern, da die anderen Erwerbsmöglichkeiten begrenzt waren, Land von den Gutsbesitzern zu pachten und Pachtbedingungen einzugehen, die, unter rein ökonomischen Gesichtspunkten betrachtet, dem Großgrundbesitz eindeutige Vorteile einräumten.

Uns interessiert die Pacht des Gutsbesitzerslandes durch die Bauern vor allem im Hinblick auf ihre Auswirkung auf die Durchsetzung des Kapitalismus in der Landwirtschaft, oder, was nur eine Umkehrung des gleichen Sachverhalts ist, im Hinblick auf die Erhaltung der feudalen Verhältnisse im Dorf.

Die sich auf Grund der Pachtungen von Gutsbesitzerland herausbildenden sozialökonomischen Verhältnisse – eine Widerspiegelung der rücksichtslos genutzten bevorzugten ökonomischen Stellung des Großgrundbesitzes und der Notlage der Bauernmassen – verdienen, weil sie eins der bedeutendsten Hindernisse für die Durchsetzung des Kapitalismus in der Landwirtschaft bildeten, unsere Aufmerksamkeit. Von Lenin wurden sie im dritten Kapitel der „Entwicklung des Kapitalismus in Rußland" eingehend geschildert.

Zwei Faktoren wirkten bei der Verbreitung dieses Systems zusammen: die Landarmut und der sich daraus ergebende Landhunger der Bauern und die Schwierigkeiten eines Großteils der Großgrundbesitzer, ihre Güter nach der Reform nach kapitalistischen Prinzipien zu bewirtschaften. Diese Großgrundbesitzer verfügten

33 Rašin, a. a. O., S. 68.

nicht über das zur Bewirtschaftung des Gutsareals notwendige lebende und tote Inventar und besaßen auch nicht die Geldmittel, um das Land mit Lohnarbeitern und landwirtschaftlichen Maschinen zu bearbeiten, nicht zuletzt deshalb, weil sie die Ablösegelder nur zu häufig für nicht produktive Zwecke verwandten. Aus dieser Lage bot einen Ausweg die weitere Bearbeitung der Gutsländereien durch die Bauern mit deren eigenem Inventar, ein Zustand also, der sich in sozialökonomischer Hinsicht von den Verhältnissen vor der Reform nicht allzuviel unterschied.

War der Bauer zur Verrichtung der Arbeiten auf den Gutsländereien vor der Reform durch den außerökonomischen Zwang genötigt, so zwang ihn jetzt seine ökonomische Notlage, für die Überlassung von Pachtland die gleichen Arbeiten zu verrichten. Als Pächter kamen vor allem Mittelbauern in Frage, die, was ja eine Voraussetzung zur Übernahme von Pachtland war, über eigene Zugtiere und Ackergeräte verfügten, mit denen sie die Gutsländereien bearbeiten konnten. Die eigentliche Dorfarmut, der Produktionsmittel weitgehend beraubt, konnte nur in den seltensten Fällen vom Gutsbesitzer Land pachten. Bei ihnen war aber das sogenannte System der „Abarbeit" weit verbreitet; für die Arbeit auf den Gutsländereien wurden sie vom Großgrundbesitzer mit Naturalien entlohnt. Auch reiche Bauern pachteten – und sogar im großen Umfang – Land von Großgrundbesitzern. Hierbei handelte es sich in der Regel aber bereits um rein kapitalistische Beziehungen, weil die Kulaken die Pacht, von Ausnahmen abgesehen, in Geld entrichteten. Ihre Pachtsätze waren fast um die Hälfte geringer als die der Mittelbauern, wenn man deren Arbeitsleistung in Geld umrechnet. So trug auch die Pacht von Gutsland zur größer werdenden sozialen Differenzierung der Bauernschaft bei.

Die hier skizzierten Beziehungen zwischen Gutsbesitzern und Mittel- und Kleinbauern blieben im wesentlichen in Rußland in der einen oder anderen Form, was von der sowjetischen Geschichtsschreibung in den letzten Jahren stärker akzentuiert wird, bis zur Oktoberrevolution erhalten, wenn auch im Laufe der Jahre immer mehr Güter und Bauernwirtschaften sich in rein kapitalistische Betriebe verwandelten. Diese Verhältnisse, typisch für die russische Variante des „preußischen Weges" der Entwicklung des Kapitalismus in der Landwirtschaft, machten den wesentlichen Kern der feudalen Überbleibsel im russischen Dorf aus. Sie konnten sich in Rußland so lange erhalten, weil die eigentlichen Machtpositionen im Staat nach wie vor von den Großgrundbesitzern behauptet wurden. Für die Durchsetzung des Kapitalismus in Rußland stellten sie, nicht nur im Agrarsektor, ein erhebliches Hindernis dar.

Die Agrarstruktur des Landes beeinflußte den Prozeß der ursprünglichen Akkumulation in Rußland in einem erheblichen Ausmaß. Als Marx die Feststellung traf, „Die sogenannte ursprüngliche Akkumulation ist also nichts als der historische Scheidungsprozeß von Produzenten und Produktionsmittel"[34], hatte er, insoweit sie sich auf den Agrarsektor bezog, ökonomisch fortgeschrittenere Länder und nicht russische Verhältnisse im Auge. Gewiß ist es richtig, daß die Expropriation der Bauernmassen, worauf Marx selbst hinwies, nur in England in der „klassischen"

[34] K. Marx, Das Kapital, Bd. I. In: Marx/Engels, Werke, Bd. 23, Berlin 1962, S. 742.

Weise verlief; auf dem Kontinent wurden die Bauern, von Ausnahmen, wie etwa in Mecklenburg abgesehen, wo das „Bauernlegen" jedoch von dem „klassischen" Modell sehr stark abwich, nicht von den Produktionsmitteln getrennt. Die russische Umteilungsgemeinde stellte aber ein zusätzliches Hindernis für die soziale Differenzierung im Dorfe, d. h., in dem uns interessierenden Zusammenhang für die Proletarisierung bestimmter Schichten der Landbevölkerung dar. Diese Feststellung steht nicht im Widerspruch zur Tatsache, daß es bereits im 17. Jh. in Rußland Bevölkerungsschichten gab, die der Produktionsmittel beraubt waren und von Lohnarbeit lebten. Wenn im 18. Jh. die Masse dieser vom Lohn lebenden Arbeitskräfte Leibeigene waren, so ist das nur ein Beweis, wie langwierig und mühsam der Prozeß der ursprünglichen Akkumulation in Rußland verlief. Diese Arbeitskräfte besaßen, wie treffend formuliert wurde, nicht die „Freiheit", Lohnarbeiter zu sein, sondern wurden dazu gezwungen.[35]

Wesentlich ist noch ein anderer Gesichtspunkt: In den anderen europäischen Ländern war im Unterschied zu Rußland während der Endphase der ursprünglichen Akkumulation die Leibeigenschaft bereits aufgehoben. Es bereitete daher keine größeren Schwierigkeiten, zeitlich zwischen der ursprünglichen Akkumulation und der industriellen Revolution in diesen Ländern eine Grenze zu ziehen. In Rußland liegen die Dinge nicht ganz so einfach. Zwar ging auch dort die ursprüngliche Akkumulation, die sich zeitlich annähernd mit der Manufakturperiode deckt, der industriellen Revolution voraus, der sich sehr langsam und sehr mühsam vollziehende „historische Scheidungsprozeß von Produzenten und Produktionsmitteln" erfaßte jedoch nur einen geringen Bruchteil der Gesamtbevölkerung.[36] Da jedoch auch in den ökonomisch fortgeschritteneren Ländern die Trennung der unmittelbaren Produzenten von den Produktionsmitteln, die Kapitalansammlung und die relative und absolute Zunahme der Lohnarbeiterzahl während der industriellen Revolution weitere beträchtliche Fortschritte machten und selbst in den hochindustrialisierten kapitalistischen Ländern Europas heute noch nicht abgeschlossen sind – denken wir beispielsweise nur an die ständig fortschreitende Verringerung der selbständigen bäuerlichen Wirtschaften – sind die Grenzen fließend und es ist nicht einfach, genauere Festlegungen zu treffen, wann die ursprüngliche Akkumulation ihren Abschluß fand.

Auch bei der zeitlichen Fixierung der industriellen Revolution kann von einer communis opinio der sowjetischen Historiker nicht gesprochen werden, obwohl, wie bereits erwähnt, die Auffassung heute vorherrscht, daß der Sieg der maschinellen Großindustrie sich zwischen 1830 und 1880 vollzogen hat. Angefochten wird sowohl der zeitliche Beginn als auch das Ende der industriellen Revolution. So haben die Verfasser des Referats über den Übergang vom Feudalismus zum Kapitalismus in Rußland, das die Diskussionsgrundlage für die im Juni 1965 in Moskau durchgeführte Konferenz abgab, den Beginn der industriellen Revolution in die fünfziger

[35] V. K. Jacunskij, Промышленный переворот, S. 65.

[36] Vgl. die allgemeinen Bemerkungen in: Переход от феодализма к капитализму в России, Moskau 1969, S. 39.

Jahre verlegt.[37] Zur Begründung dieser These führten die Autoren zweierlei Gründe an: Sie hoben erstens stark hervor, daß in den dreißiger und vierziger Jahren im gesellschaftlichen Leben Rußlands der soziale Aspekt der industriellen Revolution nur schwach wahrnehmbar sei, und zweitens verwiesen sie darauf, daß, abgesehen von der Baumwollindustrie, wobei aber die Weberei ausgeklammert werden muß, in allen anderen Produktionszweigen erst die fünfziger Jahre auch in technischer Hinsicht einen echten Umbruch bedeuten. Die Auffassung der Verfasser des Referats wurde in dieser Frage auch von Diskussionsteilnehmern abgelehnt, die dem Grundgedanken des Referats, der späten Datierung des Kapitalismus in Rußland, durchaus positiv gegenüberstanden.[38]

Ob aber zu Recht? Übereinstimmung herrschte darüber, daß wir von der industriellen Revolution noch nicht sprechen können, wenn in einzelnen Produktionszweigen vereinzelt Maschinen verwandt werden. Der die industrielle Revolution kennzeichnende qualitative Sprung ist erst dann gegeben, wenn die maschinelle Großproduktion zu einer rapiden Steigerung der Industrieproduktion insgesamt und zu einer Beschleunigung der kapitalistischen Industrieproduktion im besonderen führt. Wenn wir von solchen Kriterien ausgehen, scheinen, von der Baumwollindustrie abgesehen, die fünfziger Jahre eher als Zäsur geeignet. Selbst in der Zuckerindustrie, dem neben der Baumwollindustrie in technischer Hinsicht fortgeschrittensten Produktionszweig, erfolgt der Umbruch erst in den fünfziger Jahren.

Eine solche späte Datierung der industriellen Revolution würde es auch erleichtern, den Beginn der industriellen Revolution in Rußland mit den Auffassungen über den Beginn der industriellen Revolution in Deutschland zu synchronisieren. Von marxistischen deutschen Wirtschaftshistorikern wird der Anfang der industriellen Revolution in die dreißiger Jahre verlegt.[39] Es liegt jedoch auf der Hand, daß die dreißiger Jahre in Deutschland und Rußland sowohl in produktionstechnischer als auch in sozialer Hinsicht beträchtliche Unterschiede aufwiesen. Wir müssen dabei jedoch beachten, daß diese Diskrepanz zu einem guten Teil terminologisch bedingt ist. Sowjetische Historiker verwenden in der Regel nicht den in Deutschland weit verbreiteten Ausdruck „Vorbereitungsperiode der industriellen Revolution", deren Beginn, etwa von Hans Mottek, bereits in die achtziger Jahre des 18. Jh. gelegt wird.[40] Gewisse Erscheinungen sowohl im produktionstechnischen als auch im sozialen Bereich, die von den deutschen marxistischen Historikern noch der „Vorbereitungsperiode" zugerechnet werden, werden daher von den sowjetischen Historikern bereits als Bestandteil der industriellen Revolution angesehen.

Über das Ende der industriellen Revolution herrscht weitgehende Übereinstimmung. Strumilins Ansicht, daß die industrielle Revolution sich im wesentlichen bereits vor 1861 vollzogen habe, findet heute kaum noch Anhänger. Es herrscht die Ansicht vor, daß sie Ende der siebziger, zu Beginn der achtziger Jahre im wesent-

[37] Ebenda, S. 75f.

[38] Vgl. den Diskussionsbeitrag Jacunskijs, ebenda, S. 270.

[39] H. Mottek, Wirtschaftsgeschichte Deutschlands, Bd. 2, S. 76.

[40] Ebenda.

lichen zu Ende ging, wobei sogar darauf verwiesen wird, daß in einigen Produktionszweigen, so in der Wollindustrie, noch um 1880 die industrielle Revolution nicht beendet war.[41]

Nach den vorhergegangenen Ausführungen wird es leichter möglich sein, die Frage nach der Bedeutung der Aufhebung der Leibeigenschaft für die Durchsetzung des Kapitalismus in Rußland zu beantworten und die Zäsur des Jahres 1861, als Scheide zwischen der feudalen und der kapitalistischen Epoche, zu begründen. Die Bauernreform beseitigte den größten Widerspruch zwischen dem Stand der Produktivkräfte und den herrschenden Produktionsverhältnissen in Rußland. Das zeigte sich an der Entwicklung der Produktivkräfte, die trotz der nicht überwundenen feudalen Überbleibsel und der durch die Spezifik der sozialökonomischen Lage Rußlands bedingten zeitweiligen Rückschläge in einzelnen Produktionszweigen, wodurch sich die Produktionssteigerung in den zwei auf die Reform folgenden Jahrzehnten in relativ bescheidenem Rahmen hielt, nach der Aufhebung der Leibeigenschaft eine beträchtliche absolute und auch eine, allerdings sehr geringe, relative Steigerung erfuhren. Der forcierte Eisenbahnbau, die Einbeziehung Rußlands in die zyklischen Überproduktionskrisen, die verstärkte Formierung der Arbeiterklasse und die jetzt verstärkt einsetzende, wenn auch noch immer langsam verlaufende Differenzierung der Bauernschaft waren Merkmale der Durchsetzung des Kapitalismus, die ohne die Aufhebung der Leibeigenschaft undenkbar gewesen wären. Auch die industrielle Revolution hätte sich ohne die Bauernreform viel langsamer und mühsamer durchgesetzt. Eine erhebliche Steigerung des Anteils Rußlands an der Weltindustrieproduktion, wozu Rußland durch seine Rohstoffressourcen und seine Bevölkerungszahl alle Voraussetzungen besaß, verursachte sie allerdings nicht. Von 1860 bis 1890 stieg Rußlands Anteil an der Weltindustrieproduktion nur von 1,72 auf 1,88 Prozent.[42] Die für die Jahrzehnte vor 1861 kennzeichnende Verringerung des Anteils Rußlands an der Weltproduktion war aber damit unterbunden. Die durch die Aufhebung der Leibeigenschaft erfolgte Beseitigung der feudal-patriarchalischen Verhältnisse ermöglichte es Rußland, in der ökonomischen Entwicklung, trotz aller weiterhin bestehenden durch das zaristische Herrschaftssystem bedingten Hemmnisse und dem Nichtausschöpfen der objektiv gegebenen Möglichkeiten, im Vergleich zu den anderen kapitalistischen Mächten zumindest nicht weiter Boden einzubüßen.

[41] Pažitnov, К вопросу о промышленном перевороте в России, a. a. O., S. 73.

[42] Переход от феодализма к капитализму. Материалы всесоюзной дискуссии, Moskau 1969, S. 95.

P. G. RYNDZJUNSKIJ

Einige Probleme der sozialökonomischen Entwicklung Rußlands in der zweiten Hälfte des 19. Jahrhunderts

Im 19. Jh. vollzog sich in Rußland, genau wie in anderen Ländern des europäischen Kontinents, der Übergang von der sozialökonomischen Formation des Feudalismus zum Kapitalismus. In Rußland mit seinem riesigen Territorium und seiner sehr unterschiedlichen Entwicklung der ökonomischen Verhältnisse in den einzelnen Teilen des Landes verlief dieser Prozeß besonders kompliziert. Seine Erforschung bietet daher für den Wissenschaftler große Schwierigkeiten, was zu interessanten Auseinandersetzungen unter den zahlreichen sowjetischen Historikern führte, die Lenins Konzeption der Entwicklung des Kapitalismus in Rußland zu präzisieren suchten. In den folgenden Ausführungen beabsichtigen wir, einige Aspekte der Genesis und der Entwicklung des Kapitalismus in Rußland in der Zeit nach den Reformen darzulegen, wobei wir vor allem solche herausgreifen, die im Mittelpunkt der lebhaften Diskussion stehen.

In der Mitte des 19. Jh. wurde offensichtlich, daß grundlegende ökonomische und soziale Reformen in Rußland notwendig sind. Industrie, Verkehrswesen und andere Bereiche der Volkswirtschaft waren zurückgeblieben, für Rußland ergaben sich daraus Gefahren für die ökonomische und politische Selbständigkeit des Landes. Unter den fünf mächtigsten Ländern der Welt, England, den USA, Deutschland, Frankreich und Rußland, hatte Rußland im Jahre 1855 nur einen Anteil von 4,8 Prozent an der Roheisengewinnung, 3,8 Prozent an der Verarbeitung von Baumwolle und 2,2 Prozent des Eisenbahnnetzes.[1] In Rußland war die Gewinnung mineralischer Brennstoffe gerade erst aufgenommen worden. Der Maschinenbau steckte noch in den Anfängen. Durch die Niederlage im Krimkrieg 1853 bis 1855 war die Notwendigkeit von Reformen ganz offensichtlich geworden. Daß für Rußland grundlegende Reformen der ökonomischen und gesellschaftlichen Struktur in der Mitte des 19. Jh. eine nicht mehr aufzuschiebende Notwendigkeit waren, das ist eine Tatsache, die in der Literatur schon seit langem konstatiert wird. Historiker wiesen darauf schon vor langer Zeit mit genügender Deutlichkeit hin.

Gegen die Tendenz, die objektive Notwendigkeit der Veränderungen als letzte Ursache der Reformen der sechziger Jahre des 19. Jh. anzusehen, müssen jedoch Einwände erhoben werden. Eine solche Tendenz finden wir bei einigen marxistischen

[1] A. A. Mendel'son, Теория и история экономических кризисов и циклов, Bd. 2, Moskau 1959, S. 523f., 528 u. 734f.

Historikern. Die Voraussetzungen der Reformen unter diesem Gesichtspunkt zu betrachten, ist aus zwei Gründen unrichtig: Erstens kann ein progressiver Umschwung nur durch positive Momente, nicht aber durch rückständige und konservative Erscheinungen hervorgerufen werden. Zweitens mögen Hinweise auf die Notwendigkeit von tiefgreifenden Reformen zur Erklärung der diese Reformen unmittelbar veranlassenden Stimuli ausreichen, zur Erklärung der tieferen Ursachen solcher Veränderungen reichen sie nicht aus. Die von materialistischen Positionen ausgehenden marxistischen Historiker können diese Frage nur damit beantworten, daß sie bestimmen, welche Klasse der Gesellschaft an diesen Reformen interessiert war und bis zu welchem Grade diese Reformen der Entwicklung der Wirtschaft entsprachen.[2]

Seit langem werden in der sowjetischen Geschichtsschreibung im Zusammenhang mit der Erforschung der bürgerlichen Reformen der sechziger Jahre und ihrer Durchführung die damals bestehenden Klassenverhältnisse eingehend analysiert; diese Untersuchungen führten zu recht unterschiedlichen Ergebnissen. Ursprünglich hielten die sowjetischen Historiker die in Teilen der Gutsbesitzerklasse aufkommenden neuen Tendenzen für die Hauptursache der entscheidenden Veränderungen in der Mitte des 19. Jh. Diese Veränderungen ergaben sich daraus, daß die Gutswirtschaft in steigendem Maße Warencharakter annahm, was zu einer Umwandlung der feudalen Besitzungen in kapitalistische Betriebe führte. Auf diese Weise wurden jene Gutsbesitzer, die sich in Bourgeois verwandelten, zum wichtigsten Förderer des ökonomischen Fortschritts. Dementsprechend wurde in den zwanziger und zu Beginn der dreißiger Jahre in historischen Untersuchungen (B. D. Grekov, N. A. Rožkov, V. I. Pičeta u. a.) breiter Raum dem Wirtschaftsbetrieb einzelner Gutsbesitzer und den Anzeichen von bourgeoisen „Entartungen" eingeräumt. Die Forschungen erbrachten jedoch mit der Zeit den Beweis, daß diese Elemente bourgeoiser „Entartung" in den Gutswirtschaften des zentralen Gebietes – im Unterschied zu einigen westlichen und südlichen Regionen – nicht so bedeutend und nicht so beständig waren, daß man in ihnen den Ursprung tiefgreifender Veränderungen der gesellschaftlichen und ökonomischen Verhältnisse im gesamtrussischen Rahmen erblicken könnte.

In den historischen Arbeiten der folgenden Jahre setzte sich eine andere Auffassung über die Voraussetzungen der Reform von 1861 durch. Die enger werdenden Marktverbindungen führten in den meisten Gutswirtschaften nicht zu einer Veränderung des Ausbeutungssystems, es vergrößerte sich aber in ungewöhnlichem Ausmaß der auf den Bauern lastende Druck der Gutsbesitzer, die nach wie vor bei den traditionellen Formen der Fronarbeit sowie der Natural- und Geldabgaben blieben. Die Verstärkung der Ausbeutung war dermaßen bedeutend, daß sie auf die bäuerlichen Wirtschaften, d. h., auf die Produktionsgrundlage des Feudalismus, einen verhängnisvollen Einfluß ausübte. Das feudale Fronwirtschaftssystem schien im Begriff zu sein, sich auf diese Weise „selbst zu vernichten": Der russische Bauer hörte auf, ein sicheres Objekt der feudalen Ausbeutung zu sein. Das führte zur Aufhebung der Leibeigenschaft.

[2] W. I. Lenin, Der ökonomische Inhalt der Volkstümlerrichtung und die Kritik an ihr in dem Buche des Herrn Struve. In: Lenin, Werke, Bd. 1, Berlin 1968, S. 414.

Der logische Aufbau dieser Konzeption sicherte ihr weite Verbreitung. Später wurden jedoch erhebliche Einwände laut. Die Annahme, daß die Hauptursache der fortschrittlichen Veränderungen der Verfall und die Rückentwicklung der wichtigsten Produktionszelle der feudalen Gesellschaft, der Bauernwirtschaft, gewesen sein soll, wurde nicht ohne weiteres akzeptiert. Die Durchsicht einzelner Gutsarchive und der die Beziehungen zwischen den Gutsbesitzern und Bauern nach der Reform regelnden Urkunden,[3] sowie anderer in großer Zahl vorhandener Quellen, vermittelte Klarheit darüber, daß die Feudalherren in so starkem Maße, wie man annahm, die Bauern nicht landlos gemacht hatten, daß die feudalen Dienstleistungen nicht erheblich vergrößert worden waren, jedenfalls nicht in einem solchen Umfang, wie es zur Bestätigung der Konzeption von der „Selbstvernichtung" der Leibeigenschaft notwendig gewesen wäre. Auch die These von dem außerordentlichen Verfall und der Degradierung der Bauernwirtschaften wurde nicht bestätigt: Die Vergrößerung der feudalen Abgaben wurde durch wachsende materielle Möglichkeiten der Bauern kompensiert. Vor der Aufhebung der Leibeigenschaft behielten die Bauern auf Grund der Verrechnungen mit den Gutsherren mehr Mittel in ihrer Hand als in früheren Zeiten, obwohl die Bauern einen größeren Teil ihres Arbeitsproduktes an den Gutsherrn abführen mußten. Anders ausgedrückt: Die Erhöhung der Produktivität der bäuerlichen Wirtschaften erwies sich als groß genug, um der wachsenden Begehrlichkeit der ausbeutenden Gutsbesitzer zu begegnen und die Lebensbedürfnisse der Bauern zu befriedigen; ja zeitweise reichte sie sogar aus, den sich herausbildenden kapitalistischen Wirtschaftsbetrieb mit Anfangskapital zu versorgen.[4]

Derartige Feststellungen bedeuten durchaus nicht, daß das auf der Fronarbeit beruhende System gedieh; das Gegenteil traf zu: Solche Verhältnisse waren ein Beweis für dessen tiefgreifende Zersetzung und dessen Verfall. Die Produktivitätssteigerung der bäuerlichen Wirtschaft war durch deren innere Umstrukturierung bedingt: durch die Verstärkung der Marktbeziehungen, durch die Vergrößerung der bäuerlichen Handels- und Gewerbetätigkeit, durch die Verdingung der Bauern als Lohnarbeiter über einen langen Zeitraum an weit entlegenen Orten und durch die Verstärkung ihrer Beziehungen zur Stadt, d. h., durch die Entwicklung all jener neuen Elemente in den Wirtschaften der Gutsbauern, die in ihrer Gesamtheit ihre Freiheiten spontan erweiterten.[5]

Es wurde offensichtlich, daß unter den Faktoren, die die Aufhebung der Leibeigenschaft bewirkten, der erste Platz der Entwicklung der bäuerlichen Wirtschaft zukam, die in den vorhin gekennzeichneten Konzeptionen nur eine passive Rolle spielte. In diesem Zusammenhang gewann die Untersuchung der in den Wirtschaften leibeigener Bauern, aber nicht nur in diesen, sich vollziehende Evolution eine neue Bedeutung (vgl. u. a. die Arbeiten von V. N. Kašina, N. M. Družinin, L. B. Genkin, I. D. Koval'-

[3] B. G. Litvak, Проведение крестьянской реформы в русском черноземном центре (1861–1895), Moskau 1969.

[4] P. G. Ryndzjunskij, Об определении интенсивности оброчной эксплуатации крестьян Центральной России в конце XVIII – первой половине XIX в. In: История СССР, 1966, Heft 6.

[5] W. I. Lenin, Über den Staat. In: Lenin, Werke, Bd. 29, Berlin 1965, S. 471f.

čenko, V. A. Fedorov). Die Bauern, die bis zum äußersten ihre Arbeitskraft anspannten – das war für sie die einzige Möglichkeit, sich ihre ökonomische Vollwertigkeit zu bewahren –, suchten sich dem Druck der anwachsenden feudalen Ausbeutung zu widersetzen.

Die traditionellen Methoden der feudalen Ausbeutung erwiesen sich für die Gutsbesitzer als immer weniger effektiv – die Einkünfte aus dem Besitz leibeigener Bauern gingen insgesamt zurück, ungeachtet aller Unterschiede im Einzelfall. Die Krise der feudalen Fronwirtschaft zeigte sich im raschen Fallen der Preise für leibeigene Bauern im zweiten Viertel des 19. Jh. In den zentralen Schwarzerdegouvernements Rußlands erzielten mit Bauern besiedelte Ländereien 1826 einen um 105 Prozent höheren Preis als Ländereien ohne Bauern. In den fünfziger Jahren verringerte sich diese Differenz auf 16 Prozent. 1826 betrug die Preisdifferenz der besiedelten und nichtbesiedelten Ländereien im Nichtschwarzerdegebiet 207 Prozent, in den fünfziger Jahren dagegen nur 50 Prozent.[6] Die Verringerung des Wertes der leibeigenen Bauern für den Gutsbesitzer spiegelte die Tatsache wider, daß sich die Bauern stillschweigend aus den Fesseln der feudalen Ausbeutung befreiten.

Die Lage verschärfte sich nicht nur in der Landwirtschaft, sondern auch in der Industrie. Die einzelnen Industriezweige wiesen eine unterschiedliche sozialökonomische Struktur auf; dementsprechend wirkte sich in ihnen die Krise ungleichmäßig aus, und sie mußte auf verschiedenen Wegen überwunden werden.

In der Schwerindustrie, vor allem in der Metallurgie des Urals, wirkte sich die Krise besonders heftig aus, obwohl einige Produktionserfolge zu verzeichnen waren – beispielsweise wurde die Anwendung des Puddelverfahrens 1860 im Vergleich zu 1851 fast vervierfacht. Die Krise war hier auf die gleichen Ursachen wie in der Landwirtschaft zurückzuführen: auf die Hemmnisse durch die überlebte Leibeigenschaft. Auch hier gab es im Übermaß „überflüssige" Leute, die durch außerökonomischen Zwang an die Produktion gefesselt blieben. Die Besitzer der Eisenwerke waren bei den Kreditinstituten stark verschuldet, viele von ihnen gingen bankrott.[7] In der auf der Arbeit Leibeigener beruhenden Industrie unterschied sich die Lage gegenüber der Landwirtschaft dadurch, daß sich in der Schwerindustrie neue ökonomische Formen nicht herausbildeten und der Widerspruch zwischen den Produktivkräften und den Produktionsverhältnissen nicht zu einem Kampf antagonistischer gesellschaftlich-ökonomischer Formationen führte.

Im Gegensatz zu den „feudalen" Industriezweigen standen die schnell wachsende Baumwollindustrie und andere Produktionszweige, in denen Lohnarbeiter beschäftigt wurden. Demzufolge bedeutete das Anwachsen der Produktion in diesen Zweigen schon an sich einen Angriff auf die alte Gesellschafts- und Wirtschaftsordnung: Es zeugte von der Geburt und vom Wachsen der Klassen der kapitalistischen Gesellschaft. Es ist jedoch nicht angebracht, das Ausmaß und die „Reinheit" dieses Pro-

[6] D. I. Richter, Забытый материал по статистике продажных цен на землю, St. Petersburg 1897; P. G. Ryndzjunskij, Вымирало ли крепостное крестьянство перед реформой? In: Вопросы истории, 1967, Heft 7, S. 59.

[7] S. G. Strumilin, История черной металлургии в СССР, Bd. 1, Moskau 1954, S. 429 u. 431.

zesses überzubewerten. Hinsichtlich der eingesetzten materiellen Mittel und der Anzahl der Beschäftigten war der Anteil dieser Industrie im Wirtschaftsleben Rußlands in der Zeit vor den Reformen nicht groß. Das Anwachsen der kapitalistischen Industrie stützte sogar bis zu einem bestimmten Grade den feudalen Sektor, da es den Gutsbesitzern die Möglichkeit gab, überschüssige Arbeitskraft leibeigener Bauern, für die sie in ihrer Gutswirtschaft keine Verwendung fanden, auszunutzen und die akkumulierten finanziellen Mittel in gewinnversprechenden Unternehmen anzulegen (wie die Praxis der Errichtung von Baumwollspinnereien und anderen technisch hochorganisierten Industrieunternehmen auf den Gütern beweist; diese Betriebe wurden anschließend an Kaufleute mit der Verpflichtung verpachtet, die „überschüssigen" Bauern in der Fabrik zu beschäftigen, wobei die Zahlung des Obrok an den Gutsbesitzer garantiert werden mußte). Auf diese Weise konnten die in der Industrie entstehenden Verhältnisse und Bedürfnisse, da ihnen insgesamt nur relativ geringe Bedeutung zukam, nicht zum entscheidenden Faktor für den Sturz der Feudalordnung werden, obwohl sie selbstverständlich bei einer Analyse der Voraussetzungen der bürgerlichen Reformen in der Mitte des 19. Jh. berücksichtigt werden müssen.

Versuchen wir, das bisher Gesagte zu verallgemeinern. Der wichtigste, eigentlich sogar der einzige Faktor, der die Reformen hervorrief, war die Entwicklung der bäuerlichen Wirtschaft, in der die Arbeitskraft der bäuerlichen Familie immer stärker ausgenutzt wurde. Auch die Lage in der Industrie wirkte für die Reformen stimulierend: direkt und unmittelbar in jenen Zweigen, die mit Lohnarbeitern arbeiteten, mehr indirekt in jenen Zweigen, in denen unfreie Arbeitskräfte überwogen, vor allem in der Metallurgie. Die materiellen Mittel zu zentralisieren und die Rolle des Staates im Wirtschaftsleben des Landes zu verstärken, erwies sich als notwendig.

Hier ergibt sich ganz von selbst die Frage, welche Beziehungen zwischen der Reform von 1861 und dem Prozeß der ursprünglichen Akkumulation bestanden haben, welchen Platz dieser Prozeß in der sozialökonomischen Entwicklung Rußlands in der zweiten Hälfte des 19. Jh. einnahm und in welcher Form er zum Ausdruck kam.

Der von der sowjetischen Geschichtsschreibung zur Lösung dieser wichtigen Fragen eingeschlagene Weg war recht kompliziert. Anfangs herrschte die Auffassung vor, daß die ursprüngliche Akkumulation in Rußland im 18. Jh. beendet worden sei und es keine Gründe gäbe, von ihr auch noch in der Periode des Entstehens des Kapitalismus, d. h., im 19. Jh., zu sprechen. Noch während der im Institut für Geschichte der UdSSR im Jahre 1955 durchgeführten Diskussion über die ursprüngliche Akkumulation bekannten sich die meisten Teilnehmer zur Auffassung, daß die ursprüngliche Akkumulation als Phänomen in die der Reform vorhergehende Periode gehöre, obwohl in einzelnen Beiträgen (V. N. Jakovcevskij, B. B. Kafengauz) recht klar die Ansicht vertreten wurde, daß nicht nur die Reform von 1861, sondern auch spätere Erscheinungen bis zur Stolypinschen Reform mit dem Prozeß der ursprünglichen Akkumulation zusammenhängen.[8]

[8] Научно-теоретическая конференция о первоначальном накоплении в России. In: Исторические записки, Bd. 54, 1955, S. 420–429; auch B. B. Kafengauz, К вопросу о первоначальном накоплении в России. In: Вопросы экономики, планирования и статистики, Moskau 1957, S. 219–234.

Für den in der zweiten Hälfte des 19. Jh. seinen Abschluß findenden Prozeß der ursprünglichen Akkumulation wurden verschiedene Endtermine genannt: die Krise im Jahre 1857, die Reform von 1861, die Zeit der bürgerlichen Reformen der sechziger Jahre und die Krise von 1873.

Wichtiger jedoch als die Festlegung des zeitlichen Rahmens ist die Bestimmung des Wesens dieses Prozesses. Wo, wie in Rußland nach der Reform, der Kapitalismus bereits relativ weit fortgeschritten war, mußte der Prozeß der ursprünglichen Akkumulation spezifische Züge annehmen.

Gehören die maßlos überhöhten Ablösesummen, die den Gutsbesitzern von ihren früheren Leibeigenen gezahlt werden mußten, zur ursprünglichen Akkumulation, d. h., begünstigten sie im Endeffekt die Entwicklung der kapitalistischen Wirtschaft, oder handelt es sich dabei um eine Fortsetzung der feudalen Rente? Dienten diese Zahlungen der Konservierung der Überreste der vergangenen Gesellschaftsordnung? Die von den sowjetischen Historikern auf diese Fragen gegebene Antwort ist nicht einheitlich. Positiv beantwortet B. B. Kafengauz diese Frage. Er sieht in den Reformen von 1861 vorbehaltlos „einen außerordentlich wichtigen Hebel der ursprünglichen Akkumulation", da die Reform den Raub bäuerlicher Ländereien durch die Gutsbesitzer bedeutete und durch überhöhte Zahlungen die kleinen bäuerlichen Produzenten ruinierte. Obwohl diese Zahlungen häufig nicht in der Produktion angelegt, sondern unproduktiv vergeudet wurden, verwandten doch viele Gutsbesitzer, wie B. B. Kafengauz feststellte, „einen Teil dazu, um die Gutswirtschaft den kapitalistischen Verhältnissen anzupassen, einen anderen durch Vermittlung der Banken für den Eisenbahnbau usw."[9]

F. Ja. Poljanskij hat eine Monographie über die ursprüngliche Akkumulation vorgelegt, in der er die Auffassung vertritt, daß die Reform von 1861 „die kapitalistische Entwicklung Rußlands im allgemeinen beschleunigt hat." Dieses Ergebnis wurde durch den objektiven Gang der Ereignisse hervorgerufen, entgegen der Absicht der Schöpfer der Reform, denen nur konservative Ziele vorschwebten.[10] Poljanskij warnte davor, die Ablösesummen als Quelle der ursprünglichen Akkumulation überzubewerten. „Das adlige Schmarotzertum stand einer produktiven Ausnutzung der ökonomischen Ressourcen des Landes im Wege", schrieb er. „Da der Adel im steigenden Umfang seine ökonomischen Positionen verlor, spielte er in der Entwicklung des Kapitalismus nur eine sehr bescheidene Rolle."[11]

Die Erforschung der ursprünglichen Akkumulation in Rußland nach 1861 bedeutet daher vor allem die Klärung der Frage, welcher Zusammenhang zwischen der Gutswirtschaft und der Entwicklung des Kapitalismus besteht. Gutswirtschaft bedeutet hier sowohl die eigene Landwirtschaft des Gutsbesitzers als auch sein ökonomisches Wirken außerhalb dieser Sphäre.

Wenn im Landwirtschaftsbetrieb eines Adligen ausschließlich Lohnarbeiter beschäftigt wurden und das zur Produktion notwendige Inventar dem Lohnherrn ge-

[9] B. B. Kafengauz, a. a. O., S. 222.
[10] F. Ja. Poljanskij, Первоначальное накопление капитала в России, Moskau 1958, S. 149.
[11] Ebenda, S. 144.

hörte, dann handelte es sich um einen rein kapitalistischen Betrieb. Solche rein kapitalistischen Betriebe gab es jedoch insgesamt in Rußland nur wenige – sie waren vor allem auf die westlichen und südlichen Randgebiete konzentriert. Typisch waren Gutswirtschaften, in denen das System der Abarbeit vorherrschte, d. h., in denen der Bauer für seine Arbeit vom Gutsbesitzer keinen Lohn sondern ein Stück Land, dessen Erträge ihm gehörten, bzw. einen Teil der Ernte von dem von ihm bearbeiteten Gutsland erhielt. In der Regel besaß der Gutsbesitzer in diesen Fällen kein eigenes landwirtschaftliches Inventar, der Betrieb konnte nur produzieren, wenn ihm Geräte und Zugtiere der Bauern zur Verfügung standen. Eine ökonomische Analyse derartiger „patriarchalischer" Gutswirtschaften ist nicht leicht zu geben. Bis heute bestehen unter den Historikern Meinungsverschiedenheiten in dieser Frage.

Zweifellos waren Gutswirtschaften, in denen das System der Abarbeit vorherrschte, ein direktes Überbleibsel der Feudalzeit. In diesem Zusammenhang ist vor allem die Tatsache bedeutungsvoll, daß in solchen Gutswirtschaften das dürftige bäuerliche Inventar die Grundlage des Betriebes war. Solch eine Wirtschaft mußte den ökonomischen Fortschritt erheblich hemmen. Sie bedingte Elend und Armut breiter Massen der Dorfbevölkerung. Im Gegensatz zwischen der am Ende des 19. Jh. hoch entwickelten kapitalistischen Industrie und dem durch die feudale Ausbeutung erdrückten zurückgebliebenen Dorf trat der soziale Hauptwiderspruch der Epoche hervor. Den Großgrundbesitz als Grundlage der drückenden mittelalterlichen Überbleibsel im gesellschaftlichen und politischen Leben Rußlands zu liquidieren, war daher die Hauptlosung im Wirtschaftsprogramm der bürgerlich-demokratischen revolutionären Bewegung.

Von dieser nicht zu bestreitenden Feststellung ausgehend, halten einige sowjetische Historiker jene Gutswirtschaften, in denen das System der Abarbeit vorherrschte, für eine außerhalb der kapitalistischen Sphäre stehende überlebte Erscheinung. Da dieser Typ von Gutswirtschaften weit verbreitet war – auch die staatlichen landwirtschaftlichen Betriebe wiesen gleiche Grundzüge auf – wird zuweilen von sowjetischen Historikern die gesamte Agrarstruktur Rußlands nach 1861 als halbfeudal bezeichnet.[12]

In letzter Zeit wird jedoch immer mehr betont, daß nach den Reformen auch die ihrer Form nach konservative Gutswirtschaft von kapitalistischen Elementen stark beeinflußt wurde. Das feudale System konnte sich nur durch die Ausbeutung der materiell gesicherten Bauern halten; der verelendete Bauer, der kein Mehrprodukt erzeugen konnte und auch nicht in der Lage war, sich und seine Familie von seinem Anteilland zu ernähren, war für den Gutsbesitzer nutzlos. Nach den Reformen von 1861 gab es nur noch wenige in ausreichendem Maße „materiell gesicherte Bauern". Die Masse der Bauern bewahrte sich ihre Scheinselbständigkeit nur dadurch, daß sie sich als Lohnarbeiter verdingte, d. h., durch ihre Einbeziehung in die kapitalistische Sphäre. Auch die Wirtschaftspolitik der Gutsbesitzer veränderte sich grundlegend. In der Zeit vor den Reformen schränkten diese aus eigennützigen Motiven ihre Forderungen an die

[12] Vgl. beispielsweise История СССР с древнейших времен до наших дней, Bd. 6, Moskau 1968, S. 121.

Bauern ein, da die Wirtschaft der Bauern ein relativ stabiles Objekt der feudalen Ausbeutung nur sein konnte, wenn sie vom Gutsbesitzer mit den notwendigen Produktionsmitteln ausgestattet war. Nach der Reform zeigte sich bei der Verpachtung von Gutsländereien die der Feudalrente fremde Tendenz, die bäuerlichen Wirtschaften zu ruinieren. Der Gutsbesitzer sorgte sich jetzt nicht mehr um den Erhalt und die Reproduktion der bäuerlichen Wirtschaften. Gegenüber den Bauern handelte er bereits im Sinne der ursprünglichen Akkumulation; das bezeugen die für die Beziehungen zwischen Gutsbesitzern und Bauern in der kapitalistischen Epoche kennzeichnenden hohen Pachtzahlungen und die sich rasch ausdehnende Praxis, Geldbeträge zu Wucherzinsen auszuleihen.

Die wichtigste vom Kapitalismus bewirkte Veränderung in den Beziehungen zwischen Gutsbesitzer und Bauer war die Taxierung der Arbeitskraft (selbst in den Fällen, in denen es nicht zu geldlichen Festlegungen kam) nach den auf dem im Entstehen begriffenen gesamtnationalen Arbeitskräftemarkt üblichen Sätzen. Beispielsweise beklagten sich die Gutsbesitzer in dem unter der Überbevölkerung des Dorfes besonders leidenden Gouvernement Kursk, daß sie für ihren Wirtschaftsbetrieb keine Arbeitskräfte finden konnten, die die von ihnen als „normal“ erachteten Löhne akzeptieren würden; sie waren deshalb gezwungen, Löhne bzw. Naturalleistungen zu erhöhen, da sich sonst die Bauern eine besser bezahlte Arbeit auf den Gütern, die Zuckerrüben anbauten, oder in den Zuckerfabriken suchen bzw. zeitweilig auf den kapitalistisch bewirtschafteten Gütern in Südrußland, in den Bergwerken am Don oder woanders Arbeit aufnehmen würden.[13] Die zwangsweise Anpassung der Gutsbesitzer an den kapitalistischen Arbeitskräftemarkt war unter den prinzipiellen Neuerungen, zu denen die kapitalistischen Verhältnisse die früheren Fronwirtschaften zwangen, das wesentliche Element.[14]

Diese Angaben konkretisieren Lenins Feststellung: „In der Bauernreform ist die Hülle des Feudalismus ... sehr stark. Doch die ökonomische Evolution erwies sich als *stärker* und füllte diese feudale Hülle mit *kapitalistischem* Inhalt.“[15]

Unter den in der zweiten Hälfte des 19. und zu Beginn des 20. Jh. bestehenden Verhältnissen hatte die Existenz der „feudalen Hülle“, über die W. I. Lenin schrieb, eine außergewöhnlich große Bedeutung; um den Charakter der ökonomischen Struktur der Gutswirtschaften dieser Zeit zu bestimmen, sollte man jedoch nicht die „Hülle“ sondern die innere ökonomische Beschaffenheit der Gutswirtschaft als Grundlage nehmen. Wenn wir davon ausgehen, dann können wir die Gutswirtschaft in der Zeit nach den Reformen als ein nicht vollentwickeltes, eigenartiges kapitalistisches Unternehmen auffassen, in dem feudale Ausbeutungsmethoden, Knechtschaft und Wucher weit verbreitet waren.

W. I. Lenin äußerte bereits in seinen Arbeiten der neunziger Jahre den Gedanken,

[13] Курская губерния. Статистическое исследование, Kursk 1887, S. 171.

[14] Eingehender behandle ich diese Fragen in meiner zum Druck vorbereiteten Arbeit: Пореформенное помещичье хозяйство и капитализм (К проблеме взаимоотношения укладов в капиталистической России).

[15] W. I. Lenin, Das Agrarprogramm der Sozialdemokratie in der ersten russischen Revolution. In: Lenin, Werke, Bd. 13, Berlin 1965, S. 331.

daß Gutswirtschaften mit Vorherrschen der Abarbeit und frühkapitalistische Formen in der Industrie (Arbeit für den Aufkäufer) als gleichartig zu betrachten seien.[16] Diesen Gedanken entwickelte Lenin auch in späteren Arbeiten. I. D. Koval'čenko hat diese Äußerungen Lenins verallgemeinert und gelangt zu folgender Schlußfolgerung: „Das System der Abarbeit ist eine niedrige, noch nicht vollentwickelte Form des landwirtschaftlichen Kapitalismus."[17]

Dies ist unserer Auffassung nach eine sehr präzise Charakteristik der eigentlichen Gutswirtschaft. Die Adligen hatten nach den Reformen in ihren Händen beträchtliche Geldmittel konzentriert; damit eröffneten sich ihnen noch größere Möglichkeiten, sich als Unternehmer zu betätigen. Bis in die jüngste Zeit wiesen die Historiker gewöhnlich darauf hin, daß die ein Schmarotzerdasein führenden Adligen ihre finanziellen Mittel unproduktiv verausgabten. (Ein Beispiel dafür sehen wir in den oben angeführten Ausführungen F. Ja. Poljanskijs.) Zweifellos gab es solch eine Vergeudung des Nationaleinkommens. Schmarotzerdasein und Verschwendungssucht kennzeichneten jedoch auch die Großbourgeoisie, vor allem, nachdem sie die Etappe der ursprünglichen Akkumulation durchschritten hatte; auf diesem Gebiete blieb die Bourgeoisie nicht allzu weit hinter dem Adel zurück. Die konkrete Erforschung der großen Gutsbetriebe in der Epoche des Kapitalismus machte in der UdSSR in den letzten Jahren große Fortschritte und veranlaßte die sowjetischen Historiker, ihre Vorstellungen über jene Adligen, die große finanzielle Mittel besaßen, zu revidieren. Es stellte sich heraus, daß Vertreter der Aristokratie trotz ihrer Verschwendungssucht sich aktiv und bewußt als kapitalistische Unternehmer betätigten. Das geschah nicht nur dadurch, daß sie selbst Unternehmer wurden, verbreiteter war die Beteiligung an kapitalistischen Betrieben durch den Kauf von Aktien der Industrie- und Eisenbahngesellschaften, durch Einlagen in den Banken usw.[18] Bei der Durchsicht der Archivfonds einzelner großer Gutsbesitzer in Rußland finden wir immer Wertpapiere in großer Zahl, die ihre Besitzer als reiche Rentiers ausweisen. In der neuen Epoche wurden die Kapitalien entpersönlicht, der Kredit gewann an Bedeutung, seine Form veränderte sich; dies machte es nicht nur adligen Gutsbesitzern, sondern auch Pächtern staatlicher Einnahmequellen, Wucherern und anderen den feudalen Typ repräsentierenden Profitjägern möglich, sich in getarnter Form in das kapitalistische Unternehmertum einzugliedern.

Die Antwort auf die vorhin gestellte Frage, wie sich nach der Reform das Verhältnis des Adels zur Entwicklung des Kapitalismus gestaltete, wird also recht vielschichtig ausfallen. Wie wir feststellten, war das neue System der Produktionsverhältnisse sogar in die konservative adlige Gutswirtschaft eingedrungen. Gutswirtschaften, in denen

[16] W. I. Lenin, Der ökonomische Inhalt der Volkstümlerrichtung und die Kritik an ihr in dem Buche des Herrn Struve, a. a. O., Bd. 1, S. 512f.

[17] I. D. Koval'čenko, В. И. Ленин о характере аграрного строя капиталистической России. In: Вопросы истории, 1970, Heft 3, S. 42.

[18] L. P. Minarik, Экономическая характеристика крупнейших земельных собственников России конца XIX – начала XX вв., Moskau 1964, S. 6f., A. M. Anfimov, Крупное помещичье хозяйство Европейской России (конец XIX – начало XX века), Moskau 1969, Kapitel 6.

das System der Abarbeit vorherrschte, wurden echte Bestandteile des frühen, „mittelalterlichen", „rudimentären" Kapitalismus, wie W. I. Lenin dieses erste Stadium des Kapitalismus nannte. Ein anderer großer Bereich, in dem sich diese Spielart des Kapitalismus durchsetzte, war die Kleinproduktion in der Landwirtschaft und in der Industrie.

Besonders deutlich trat der noch in seiner Anfangsentwicklung stehende Kapitalismus in jenen bäuerlichen Gewerben hervor, die noch nicht das Manufakturstadium erreicht hatten; dieses Gewerbe wurde von Agenten des Handelskapitals und Aufkäufern beherrscht, die sich in Kapitalisten verwandelten, aber noch lange Zeit nach außen als Kaufleute und Zwischenhändler auftraten.

Die Industriestatistik in Rußland unterschied sich von der Industriestatistik in Deutschland und in anderen Ländern Mittel- und Westeuropas dadurch, daß sie die Kleinproduktion weitgehend unberücksichtigt ließ. Die Zahl der kleinen Gewerbebetriebe kann für die zweite Hälfte des 19. Jh. nur annähernd bestimmt werden; die gleiche Schwierigkeit bereitet es, sie in ökonomischer Hinsicht zu klassifizieren. Für den Beginn der achtziger Jahre wird die von dem russischen Statistiker S. A. Charizomenov genannte Zahl von 4 Millionen vorwiegend in der dörflichen Kleinindustrie beschäftigten Personen[19] als der Wahrheit am nächsten kommend angesehen. Diese große Zahl zu Hause oder in kleinen Handwerksbetrieben arbeitender Menschen war durchaus nicht gleichmäßig über das Land verteilt. In den Nichtschwarzerdegouvernements Moskau, Vladimir, Nižnyj Novgorod, Kostroma, Jaroslavl', Tver' und in einigen anderen Gouvernements gab es viele Industriedörfer, die vielfach geschlossene Gebiete bildeten, in denen die Bevölkerung überwiegend in einem Gewerbezweig beschäftigt war. Das war für Tempo und Ausdehnung der industriellen Entwicklung von großer Bedeutung, da in jenen großen Gebieten, in denen bäuerliches Gewerbe verbreitet war, Voraussetzungen für eine schnelle Entwicklung höherer Formen der Industrie heranreiften. Dieses von Friedrich Engels für Deutschland beobachtete Charakteristikum ist auch in Rußland zu erkennen.

In Anbetracht der bekannten Tatsache, daß die wirtschaftliche Entwicklung Rußlands und Deutschlands viele Ähnlichkeiten aufwies, ist es angebracht, auf die gehaltvollen und aussagekräftigen Feststellungen von Friedrich Engels über die spezifischen Züge der Industrieentwicklung Deutschlands zu Beginn der achtziger Jahre des 19. Jh. im Vergleich zu England und Frankreich hinzuweisen. In einem Briefe an Bebel schrieb Engels 1884: „Unser großer Vorteil ist, daß bei uns die industrielle Revolution erst im vollen Gange ist, während sie in Frankreich und England der Hauptsache nach abgeschlossen. Dort ist die Teilung in Stadt und Land, Industriegebiet und Ackerbaugebiet, so weit abgeschlossen, daß sie sich nur noch langsam verändert. Die Leute wachsen, der großen Masse nach, in den Verhältnissen auf, in denen sie später zu leben haben; sind daran gewöhnt, selbst die Schwankungen und Krisen sind ihnen etwas fast Selbstverständliches geworden. Dazu die Erinnerung an gescheiterte frühere Bewegungsversuche. Bei uns ist dagegen noch alles in vollem

[19] S. A. Charizomenov, Значение кустарной промышленности. In: Юридический вестник, 1883, Nr. 11.

Fluß. Reste der alten, den Selbstbedarf befriedigenden industriellen Bauernproduktion werden verdrängt von kapitalistischer Hausindustrie, während an anderen Orten der kapitalistische Hausbetrieb schon wieder der Maschine erliegt. Und gerade die Natur unsrer ganz zuletzt nachhinkenden Industrie macht die Revolution um so gründlicher."[20] Engels geht in diesem Schreiben dann speziell auf das Problem der weiten Verbreitung der kapitalistischen Hausindustrie in den zurückgebliebenen Produktionszweigen ein, die solange besteht, wie die Maschine in sie nicht eindringt.

Engels schließt: „Das auf diese Weise revolutionierte Territorium wird bei uns größer als irgendwo anders."[21]

Der Historiker, der sich mit der Entwicklung der russischen Wirtschaft beschäftigt, kann an diesen inhaltsreichen Zeilen nicht achtlos vorbeigehen. Engels spricht nicht von Rußland, in Rußland bestanden aber vielfach gleichartige Verhältnisse, es zeigten sich die gleichen Probleme. Engels ist offensichtlich der Auffassung, daß in einem zurückgebliebenen Lande die gleichen Erscheinungen sich zeigen und die gleichen Prozesse stattfinden, die früher in den fortgeschritteneren Ländern zu beobachten waren. Sie entwickelten sich später, erreichten jedoch ein größeres Ausmaß und verliefen intensiver. Zugleich mit dem Eindringen der Maschine in die Industrie, als Folge des ungewöhnlich schnellen wirtschaftlichen Aufschwungs, breiten sich primitive Formen der kapitalistischen Hausindustrie aus.

Die Großindustrie in den Städten war mit der dörflichen Kleinindustrie nicht nur durch den gemeinsamen Ursprung, sondern auch durch gegenseitige Beziehungen verbunden, die sich aus der ökonomischen Struktur der Gesamtindustrie ergaben. Die großen kapitalistischen Unternehmer übertrugen mit Hilfe eines Netzes von „Verlegern" der Dorfindustrie eine Reihe von Arbeiten; es handelte sich hierbei nicht nur um Zubringerleistungen für die Produktion, wie Zubereitung des Materials, Anfertigung der Verpackung usw., sondern es wurden in das Dorf auch wesentliche Teile des Produktionsprozesses selbst verlagert. Die großen Manufakturen und Fabriken in der Baumwollindustrie konzentrierten beispielsweise in ihren Werkräumen die Baumwollspinnerei und die Putzarbeiten, die Anfertigung der Baumwollgewebe überließen sie häufig ganz oder zu einem großen Teil den Besitzern von kleinen Werkstätten oder Arbeitern, die zu Hause webten. Das war beispielsweise für die „Trechgornaja"-Manufaktur – die den Kaufleuten Prochorov gehörende größte Moskauer Textilfabrik – charakteristisch.[22]

Diese Faktoren bedingten den starken Einfluß der kapitalistischen Großindustrie auf die in der zweiten Hälfte des 19. Jh. größtenteils nicht selbständige Dorfindustrie. In den Nichtschwarzerdegouvernements, wo die ökonomische Entwicklung am schnellsten verlief, war in den achtziger Jahren des 19. Jh. nicht weniger als die Hälfte der in der Industrieproduktion tätigen Dorfbevölkerung – annähernd zwei Millionen Menschen – der unmittelbaren kapitalistischen Ausbeutung unterworfen.

20 Engels an August Bebel, London 11. Dezember 1884. In: Marx/Engels, Werke, Bd. 36, Berlin 1967, S. 251.

21 Ebenda, S. 252.

22 M. K. Rožkova, Рабочие Трехгорной мануфактуры во второй половине XIX века. In: История пролетариата СССР, 1930, Bd. 1, S. 216–233.

Etwa ein Drittel von ihnen war in der kleinen Warenproduktion tätig. In der Regel waren diese Kleinproduzenten aber vom kapitalistischen System nicht mehr völlig unabhängig, wenn auch ihre Abhängigkeit vom Kapital nicht so deutlich hervortrat und gewöhnlich durch dem kapitalistischen System fremde überlebte Formen ökonomischer Wechselbeziehungen verdeckt wurde. Weniger als ein Zehntel der in der dörflichen Industrie Beschäftigten waren Handwerker, die auf Bestellungen arbeiteten oder ihre Produkte auf den begrenzten örtlichen Märkten zum Verkauf anboten.[23]

Die in der dörflichen Industrie Beschäftigten waren in der Regel einer beträchtlich schärferen Ausbeutung ausgesetzt als die Fabrikarbeiter. Das war vorwiegend deshalb möglich, weil Menschen ausgebeutet wurden, die der eigenen Produktionsmittel nicht völlig beraubt waren. Der Gewinn der Kapitalisten erhöhte sich durch die Ruinierung des in der dörflichen Industrie beschäftigten quasi selbständigen Produzenten. Auf diese Weise erzielte der im System des „dörflichen" „mittelalterlichen" Kapitalismus in der Dorfindustrie wirkende Kaufmann zusätzliche Einnahmen auch als Gutsherr, der den Bauern den Pachtbetrag für das ihnen überlassene Land abarbeiten ließ, d. h. als Agent der ursprünglichen Akkumulation in Erscheinung trat.

Anders als in England und einigen anderen Ländern Mittel- und Westeuropas vollzog sich in Rußland der Übergang vom feudalen zum kapitalistischen System durch eine einfache Veränderung der Ausbeutungsformen: Die Zwischenstufe der relativ unabhängigen Kleinproduzenten, unter denen sich der Prozeß der ursprünglichen Akkumulation in seiner klassischen Form vollzog, war für Rußland nicht typisch.[24] Damit hängt zusammen, daß dieser Prozeß nicht so deutlich wahrnehmbar ist, daß die ursprüngliche Akkumulation den kapitalistischen Produktionsverhältnissen nicht nur vorausging, sondern sich auch noch parallel zu diesen Verhältnissen, solange sie sich noch nicht voll herausgebildet hatten, vollzog.

Die These, daß in Rußland noch in der Zeit vor den Reformen die industrielle Revolution stattgefunden habe, wird heute immer stärker angezweifelt. Diese Auffassung basiert nur auf technisch-ökonomischen Angaben und berücksichtigt nicht, daß die für die industrielle Revolution unerläßlichen sozialen Bedingungen in Rußland erst als Folge der bürgerlichen Reformen der sechziger Jahre entstehen konnten. Die Behauptung, die industrielle Revolution habe in Rußland vor der Reform des Jahres 1861 begonnen, läßt sich nicht mit dem Grundsatz in Einklang bringen, daß zwischen den gesellschaftlichen Erscheinungen ein gesetzmäßiger Zusammenhang besteht und sie sich gegenseitig bedingen: Der Versuch, eine industrielle Revolution für die Zeit vor der Reform zu beweisen, koppelt die „industrielle Revolution" im volkswirtschaftlichen und gesellschaftlich-politischen Bereich mit ihr völlig fremden Erscheinungen.

In der industriellen Entwicklung des Landes ist die Bedeutung der ersten Jahrzehnte nach der Reform nicht mit dem in dem Jahrzehnt vor der Reform von 1861 Erreichten vergleichbar. Diese Tatsache wird selbst von den Anhängern der These, daß die indu-

[23] P. G. Ryndzjunskij, Крестьянская промышленность в пореформенной России (60–80-е годы XIX в.), Moskau 1966, S. 27.

[24] W. I. Lenin, Der ökonomische Inhalt der Volkstümlerrichtung und die Kritik an ihr in dem Buche des Herrn Struve, a. a. O., Bd. 1, S. 468.

strielle Revolution in Rußland vor den Reformen abgeschlossen worden sei, nicht geleugnet. Akademiemitglied S. G. Strumilin stellte fest, nachdem er den Einsatz von Maschinen in der Produktion für das 19. Jh. analysiert hatte, daß 1861 bis 1870 in der Produktion 3,2 mal so viel Maschinen wie 1851 bis 1861 eingesetzt wurden.[25]

Für die Datierung und Charakterisierung des Übergangs der russischen Industrie vom Manufaktur- zum Fabrikstadium kommt der Baumwollindustrie entscheidende Bedeutung zu, da sich der Fortschritt gerade in diesem Industriezweig konzentrierte.

Wie in vielen anderen Industriezweigen zeigten sich auch in der Baumwollindustrie in den ersten Jahren nach den Reformen gewisse Stagnationserscheinungen, die weniger durch tiefgreifende soziale Umschichtungen, wie beispielsweise im Berg- und Hüttenwesen, als durch äußere Faktoren hervorgerufen wurden, nämlich durch die bedeutende Verringerung der Baumwolleinfuhr. Auch die Leinwandindustrie erlebte in der Zeit nach der Reform eine lange Periode der Stagnation; hauptsächlich deshalb, weil sie in technisch-ökonomischer Hinsicht gegenüber ihrem Konkurrenten, der Baumwollindustrie, zurückgeblieben war. In der Folgezeit wirkten sich die periodischen Industriekrisen negativ aus. Bei aller Ungleichmäßigkeit der Entwicklung hatte die russische Textilindustrie in den ersten 20 bis 25 Jahren nach den Reformen sowohl hinsichtlich des mengenmäßigen Anwachsens der Produktion als auch hinsichtlich der Qualitätssteigerung große Erfolge zu verzeichnen.

Die Baumwollspinnereien hatten bereits in der vorhergegangenen Periode das dritte, das Fabrikstadium, in der kapitalistischen Industrieentwicklung erreicht. Sie hatten aber innerhalb der Volkswirtschaft nur begrenzte Bedeutung. 1859 gab es in ganz Rußland 57 Baumwollspinnereien mit 39000 Arbeitern, die überwiegend in Petersburg, Moskau und im Gebiet um Moskau konzentriert waren.[26] Selbstverständlich kam diesem Industriezweig nicht eine solche Bedeutung zu, daß man hier von industrieller Revolution sprechen kann. Die Weiterentwicklung der Baumwollspinnereien erfolgte erst nach den Reformen. Bereits Ende der siebziger Jahre zeigten die Baumwollspinnereien hinsichtlich Größe der Unternehmen, Arbeitsproduktivität und Produktionsumfang ein ganz anderes Bild als in der ersten Hälfte der sechziger Jahre.[27]

In anderen Zweigen der Industrie herrschten 1861, zur Zeit der Bauernreform, ganz andere Verhältnisse. „Die meisten Baumwollwebereien hatten in den Jahren 1835 bis 1860 das Manufakturstadium noch nicht überwunden."[28] Solche für das Manufakturstadium charakteristische Arbeitsformen wie die Hausweberei oder das Weben in kleinen dörflichen Werkräumen wurden nicht eingeschränkt, sondern erweitert. Von Bedeutung ist auch, daß mechanische Webstühle größtenteils in Abteilungen der

[25] S. G. Strumilin, Очерки экономической истории России, Moskau 1960, S. 443.

[26] R. S. Livšic, Размещение промышленности в дореволюционной России, Moskau 1955, S. 95.

[27] K. A. Pažitnov, Очерки истории текстильной промышленности дореволюционной России. Хлопчатобумажная, льно-пеньковая и шелковая промышленность, Moskau 1958, S. 84f.

[28] V. K. Jacunskij, Крупная промышленность России в 1790–1860 гг. In: Очерки экономической истории России в первой половине XIX века, Moskau 1959, S. 178f.

Baumwollspinnereien aufgestellt wurden, daher die Zahl der mechanisierten Unternehmen sich nicht vergrößerte. Im Kattundruck beschränkte sich die „Mechanisierung" in der Zeit vor der Reform auf die Einführung einfacher „Zylindermaschinen", später kamen Pirrotinen mit Antrieb durch Pferde zum Einsatz. Obwohl eine derartige technische Ausstattung bestimmte ökonomische Auswirkungen hatte, überschritt sie doch nicht die Grenze dessen, was für das Manufakturstadium kennzeichnend war. „Die Seidenindustrie hatte in den Jahren 1835 bis 1860 den Übergang von der Manufaktur zur Fabrik noch nicht vollzogen. Nur eine sehr geringe Anzahl von Betrieben arbeitete mit wenig leistungsfähigen Dampfmaschinen."[29]

K. A. Pažitnov, der die Entwicklung der Textilindustrie erforschte, stellte fest, daß der mechanische Webstuhl sich erst nach der Krise von 1873 voll durchgesetzt hatte. „Während der zwanzig Jahre von 1859 bis 1879 vergrößerte sich die Anzahl der mechanischen Webstühle um das 5,6fache, die Zahl der Handwebstühle verringerte sich im gleichen Zeitraum um das 4,17fache; am Ende dieser Periode war das Zahlenverhältnis der mechanischen zu den Handwebstühlen wie 3,2 zu 1."[30] Im gleichen Zeitraum war auch im Kattundruck der Umbruch deutlich erkennbar: die Produktion wurde in technischer Hinsicht bedeutend vervollkommnet (Übergang von Natur- zu synthetischen Farbstoffen) und erheblich erweitert. Von 1866 bis 1879 vergrößerte sich der Wert der Produktion um 74 Prozent, obwohl sich die Zahl der Unternehmen und die Zahl der Arbeitskräfte verringerte.[31]

Zu einschneidenden Veränderungen kam es auch in den Leinenspinnereien, in denen bereits vor den sechziger Jahren des 19. Jh. Garn maschinell gesponnen wurde. Die Produktion der Leinenspinnereien vervierfachte sich im Jahrzehnt nach der Reform.[32] Die Leinwandweberei blieb demgegenüber beträchtlich zurück, so daß die mechanisierten Leinwandwebereien lange Zeit die wachsende Produktion der vervollkommneten Leinenspinnereien nicht verarbeiten konnten. Diese Disproportion begann sich in den siebziger Jahren zu verringern, da die Leinwandweberei einen beträchtlichen Aufschwung nahm.[33] Es verdient jedoch Beachtung, daß sogar in den großen kapitalistischen Betrieben der Leinwandindustrie noch zu Beginn der achtziger Jahre der überwiegende Teil der produzierten Gewebe auf Handwebstühlen hergestellt worden war.[34]

Auch in der Papier- und in der Porzellanindustrie traten erst im Jahrzehnt vor der Reform neue Momente auf; in der Papierindustrie machten sie sich stärker, in der Porzellanindustrie nur ganz vereinzelt bemerkbar.[35]

In der Zeit vor der Reform war in Rußland eine Maschinenbauindustrie „erst im Entstehen begriffen", sie konnte für die industrielle Revolution nicht ausschlaggebend sein. Auf jeden Fall kann von einem verhältnismäßig raschen Entwicklungs-

[29] Ebenda, S. 192f.
[30] K. A. Pažitnov, a. a. O., S. 84ff.
[31] Ebenda, S. 87.
[32] Ebenda, S. 234.
[33] Ebenda, S. 237.
[34] Ebenda, S. 330.
[35] V. K. Jacunskij, a. a. O., S. 197f.

tempo erst seit den fünfziger Jahren gesprochen werden.[36] Die allgemeine Lage des Bergbaus, einschließlich der Metallurgie, kennzeichnete V. K. Jacunskij in folgender Weise: „Im Berg- und Hüttenwesen waren während der ganzen ersten Hälfte des 19. Jh. Formen des außerökonomischen Zwanges vorherrschend. Die Produktion stieg nur langsam an, so daß aufgrund einiger technischer Fortschritte, deren ökonomischer Effekt jedoch gering blieb, der Bedarf an Arbeitskräften nur langsam wuchs."[37] Wenn in den sechziger Jahren des 19. Jh. etwa die Hälfte des Eisens im Puddelverfahren gewonnen wurde, worin ein bemerkenswerter Fortschritt gegenüber der früher durchgehenden Anwendung des Frischens zu sehen ist, dann muß aber festgehalten werden, daß diese Veränderungen sich erst in den fünfziger Jahren voll durchsetzten; in dieser Zeit wurden neue technische Verfahren so rasch in der Produktion eingeführt, daß man mit einiger Berechtigung von einer „Revolution" sprechen kann.[38]

Da in der Metallurgie jedoch außerökonomischer Zwang vorherrschte, können wir diesen sehr wichtigen Produktionszweig, obwohl in ihm technische Neuerungen angewandt wurden, nicht in den Rahmen der industriellen Revolution als soziale Erscheinung einfügen – und für den Historiker ist dieser Aspekt besonders wichtig. Das gleiche gilt auch von der Zuckerindustrie, in der die Produktion in technischer Hinsicht beträchtlich umgestaltet worden war, allerdings hauptsächlich erst in den fünfziger Jahren; noch wichtiger ist, daß „die überwältigende Mehrheit der Betriebe Gutsbesitzern gehörte ... und daß in ihnen die Arbeit von Leibeigenen überwog"[39].

In unserem kurzen Überblick stützten wir uns auf Ausführungen von Historikern, die die Lage in einzelnen Industriezweigen in Rußland während des zweiten Drittels des 19. Jh. untersucht haben. Diese Darlegungen kann man wie folgt zusammenfassen: Fast alle Industriezweige befanden sich 1861, zur Zeit der Reform, noch im Manufakturstadium. Einige von ihnen vollzogen verhältnismäßig rasch – jedoch erst in den fünfziger Jahren des 19. Jh. – den Übergang zum Fabrikstadium (Woll-, Leinwand-, Rübenzucker- und Papierindustrie sowie Metallurgie). In der Metallurgie und in der Zuckerindustrie konnte sich jedoch das Proletariat als Klasse des gesellschaftlich-ökonomischen kapitalistischen Systems noch nicht herausbilden, da die Arbeitskräfte Leibeigene waren. Damit fehlte aber in diesen Industriezweigen das wichtigste, bestimmende Merkmal der industriellen Revolution. Allein die Baumwollspinnerei könnte die These stützen, daß die industrielle Revolution in Rußland lange vor den fünfziger Jahren des 19. Jh. einsetzte, aber die begrenzte Bedeutung dieses Wirtschaftszweiges läßt eine so weitreichende Schlußfolgerung nicht zu.

Diesen Erwägungen wollen wir noch ein unserer Meinung nach besonders beweiskräftiges Argument hinzufügen. Das Wesen der industriellen Revolution besteht darin, daß die Maschine die Handarbeit verdrängt; die Erfolge der industriellen Revolution lassen sich daran messen, wie weit dieser Prozeß fortgeschritten ist. „Die

36 Vgl. S. G. Strumilin, Очерки экономической истории России, Moskau 1960, S. 438f.

37 V. K. Jacunskij, Рабочие дореформенной России. Состав и формирование. In: Очерки экономической истории России, a. a. O., S. 227.

38 V. K. Jacunskij, Крупная промышленность, a. a. O., S. 202.

39 Ebenda, S. 197.

industrielle Revolution beginnt, sobald der Mechanismus da angewandt, wo von alters her das finale Resultat menschliche Arbeit erheischt", schrieb Marx, „also wo nicht, wie bei jenen Werkzeugen, *von jeher* der eigentlich zu bearbeitende Stoff *nie* mit der menschlichen Hand zu tun hatte"[40]. In England verdrängte die mechanische Baumwollspinnerei das dort und in Indien verbreitete Handspinnen von Baumwolle; das Anwachsen der mechanischen Baumwollspinnerei ist daher dort unzweifelhaft ein Maßstab für das Fortschreiten der industriellen Revolution. Was bedeuteten aber der Bau und die Ausarbeitung von Baumwollspinnereien in Rußland, wo es ein Handspinnen von Baumwolle fast nicht gab? Diese Frage wurde von jenen sowjetischen Historikern, die die industrielle Revolution in Rußland untersuchten (S. G. Strumilin, V. K. Jacunskij), nicht gestellt. Da sie die Verhältnisse der industriellen Entwicklung in England mechanisch auf Rußland übertrugen, sahen sie im Anwachsen der Baumwollspinnereien in Rußland, das *allein für sich* betrachtet wurde, einen Gradmesser für die industrielle Revolution. In Rußland verdrängten die Spinnmaschinen gleichfalls die ursprüngliche Bearbeitung der Rohfasern, der Prozeß verlief aber anders als in England: Es verdrängte hier das Handspinnen von Leinen. In England war das Feld der Konkurrenz zwischen Maschinen- und Handarbeit auf die Baumwollspinnerei beschränkt, in Rußland war es auf die Herstellung aller Garne für leichte Gewebe erweitert. Es ist deshalb notwendig, wenn man die Erfolge der Spinnmaschinen und die Verdrängung des Spinnrades in Rußland erforscht, sich nicht auf die Kennziffern für die Baumwollspinnerei zu beschränken.

Der Umfang der Kleinproduktion, in der sich vorwiegend die Handarbeit konzentrierte, wurde in der Zeit vor der Reform statistisch kaum erfaßt. Es ist daher nicht möglich, die Erfolge der Mechanisierung an Hand einer zahlenmäßigen Gegenüberstellung der Produktion in Fabriken und in Kleinbetrieben zu veranschaulichen. Es gibt jedoch ein anderes Verfahren, mit dessen Hilfe wir diese Frage beantworten können – ein indirektes, das uns aber zuverlässige Angaben vermittelt. Nehmen wir an, daß 1900 der „Durchschnittsbürger" Rußlands seinen Bedarf an leichten Geweben in der Weise deckte, wie es für ein voll industrialisiertes Land typisch ist – tatsächlich weicht diese Annahme von der Wirklichkeit recht beträchtlich ab, da das Spinnrad und der Handwebstuhl zu Beginn des 20. Jh. noch weit verbreitet waren. Die Baumwollmenge, die 1900 im Durchschnitt von einer Person verbraucht wurde – es handelt sich um 1278 g – legen wir als Norm für das Fabrikzeitalter fest und setzen sie mit der Zahl 100 gleich. Für 1855 würde die betreffende Zahl 27,5 oder 352 g, für 1860 47,5 oder 608 g betragen. Wenn wir von der „Norm" des Jahres 1900 ausgehen, deckte unser „Durchschnittsbürger" 1855 seinen Bedarf an leichten Geweben fast zu drei Vierteln und 1860 mehr als zur Hälfte durch Erzeugnisse der Handarbeit. Die Verhältnisse änderten sich in der Mitte der siebziger Jahre. 1875 beträgt die Indexzahl 72,5 oder 928 g, in der Folgezeit sinkt sie nicht unter 66,2 (im Jahre 1880 – 848g). Wir folgern daraus, daß die sich nach der Bauernreform entfaltende industrielle Revolution, deren Vorboten bereits in der zweiten Hälfte der fünfziger Jahre sichtbar wurden, ihren Höhepunkt in der Mitte der siebziger Jahre erreichte; zu dieser Zeit

40 Marx an Engels 28. Januar 1863. In: Marx/Engels, Werke, Bd. 30, Berlin 1964, S. 322.

erzielte sie ihre entscheidenden Erfolge.[41] (Bei den angeführten Zahlen handelt es sich um grobe Annäherungswerte: es wurde u. a. nicht berücksichtigt, daß die Produktion von Baumwollwaren bei weitem nicht völlig mechanisiert war, unbeachtet blieb die Tatsache, daß in der Mechanisierung der Produktion von Leinwandgeweben gewisse Erfolge erzielt wurden, auch der Export von Baumwollgeweben wurde nicht erfaßt. Alle entsprechenden Korrekturen würden das von uns mit annähernder Genauigkeit entworfene Gesamtbild jedoch nicht grundlegend verändern.)

Gegenüber der drückenden technischen Rückständigkeit, der Verbreitung archaischer auf Zwang und Unfreiheit beruhender Ausbeutungsformen in der Landwirtschaft und im Gewerbe sowie dem Ruin und der Hungersnot der Dorfbevölkerung bildeten die bei der Industrialisierung, beim Ausbau des Eisenbahnnetzes und bei der Kapitalkonzentration in Banken erzielten großen Erfolge Rußlands in der zweiten Hälfte des 19. Jh. einen grellen Kontrast. Bei oberflächlicher Betrachtung könnte fast der Eindruck entstehen, daß die Errungenschaften des Kapitalismus – Fabriken, Eisenbahnen, Banken – in Rußland nicht das folgerichtige Ergebnis einer von niederen zu höheren Formen verlaufenden Entwicklung der Industrie waren, sondern, daß der Kapitalismus „plötzlich", von „oben" aufgepfropft worden sei.

Zweifellos beeinflußte in Rußland nach der Reform die Förderung des Kapitalismus von „oben" die wirtschaftliche Entwicklung stark. Wichtig ist es, die Voraussetzungen dieses Vorganges und sein Ausmaß zu klären.

Nach der Reform veränderte sich die Zusammensetzung der Großbourgeoisie, sie rekrutierte sich nicht mehr aus den gleichen Schichten wie früher. Angaben über diese Vorgänge helfen uns, die aufgeworfene Frage zu beantworten.

Im Zusammenhang mit der sich beschleunigenden Differenzierung im Dorf wuchsen aus der Bauernschaft rascher als früher Kapitalisten hervor. Der Übergang aus der Dorfbourgeoisie in Kreise der *Groß*bourgeoisie war aber bereits kein so typischer Vorgang wie in der Zeit vor der Reform. Die Dorfbourgeoisie blieb längere Zeiträume hindurch Dorfwucherer, Aufkäufer und Kulak; kapitalistischer Unternehmer wurde er eher in relativ zurückgebliebenen Industriezweigen, die das Stadium der Manufakturproduktion noch nicht überwunden hatten. Die Verhältnisse im Dorf nach der Reform verringerten im starken Umfang die Möglichkeiten für die Dorfbevölkerung, materielle Mittel anzuhäufen – nicht nur die Lage der Dorfarmut und der Mittelbauern war drückend, sondern bis zu einem gewissen Grade auch die der sich herausbildenden Dorfbourgeoisie.

Vor allem Vertreter des reichen Adels wuchsen in die Oberschicht der Bourgeoisie hinein. Ein ähnlicher Wandel zeigte sich auch bei anderen Kategorien, die früher Schätze anhäuften, bei Wucherern, Gutspächtern, Steuerpächtern und Händlern. Einen großen Anteil an der früher „mittelalterlichen" und jetzt kapitalistisch werdenden Bourgeoisie hatte die einst in ihren Rechten und Möglichkeiten beschränkte nichtrussische Bourgeoisie. Die für die Periode der bürgerlichen Reformen kennzeichnende Milderung der nationalen Beschränkungen wirkte sich stark auf das Schick-

[41] L. A. Mendel'son, a. a. O., S. 738.

sal dieser Bourgeoisie aus. Sie begünstigte die Umwandlung der „lokalen", in ihren Rechten beschränkten Bourgeoisie zur „Petersburger", „gesamtrussischen" Bourgeoisie. Nachdem sie sich eine neue Basis geschaffen hatte, betätigte sich diese Bourgeoisie häufig in neuen, fortgeschrittenen Bereichen der kapitalistischen Unternehmertätigkeit: bei der Gründung von Banken sowie von Aktiengesellschaften in der Industrie und beim Eisenbahnbau.

In der Tatsache, daß die Anhäufung von Geldmitteln auf feudale Weise und durch Wucher zur Ausgangsbasis für das kapitalistische Unternehmertum wurde, kann man einen zweiten Aspekt des sich in Rußland durch eine „einfache Formveränderung" der Ausbeutung vollziehenden Übergangs vom Feudalismus zum Kapitalismus erblicken, von dem oben bereits die Rede war. Die Eigenart der Entwicklung bestand darin, daß das früher stark Zurückgebliebene unter den von der neuen Epoche geschaffenen Bedingungen zum „Fortschrittlichsten" wurde und scheinbar plötzlich das Auftreten einer höheren Form des kapitalistischen Unternehmertums ermöglichte.

Unter diesem Gesichtspunkt kann man auch den Übergang vom Handels- zum Industriekapital betrachten, der sich in den verschiedenen Teilen des Landes sehr ungleichmäßig vollzog. Statistischen Angaben der Gewerbesteuer aus dem Jahre 1889 ist zu entnehmen, daß es sehr viel mehr Handels- als Industrieunternehmen gab. Bei den größeren in „Gilden" erfaßten Unternehmen war dieses Verhältnis im ganzen Lande 10:1. In den Gouvernements Petersburg und Moskau verringerte sich diese Relation, es gab hier nicht einmal viermal so viele Handels- wie Industrieunternehmen; der Durchschnittsindex für Rußland wurde auch in den Ostseegouvernements, in den ukrainischen Gouvernements westlich des Dnepr, in Litauen und in Weißrußland nicht erreicht. Auch die zentralen Industrie- und Landwirtschaftsgouvernements und die Ukraine östlich des Dnepr blieben knapp unter dem Durchschnittsindex für Rußland. Dafür zeigte sich ein starkes Übergewicht der Handelsbourgeoisie in den Randgebieten: in Sibirien sowie in den östlichen und südlichen Teilen des europäischen Rußlands.

Einen Gradmesser für den Triumph des industriell-kapitalistischen Systems bietet die Gegenüberstellung der Angaben über die Gewinne der Handels- und der Industrieunternehmen. In den Gildeunternehmen war die Relation Gewinn—Umsatz in den Industrieunternehmen viel höher als in den Handelsunternehmen (7 Prozent und 2,6 Prozent). In den einzelnen Teilen des Landes ergaben sich jedoch Unterschiede in dieser Relation. In den Gouvernements Petersburg und Moskau, in den südlichen Gouvernements und in den Ostseeprovinzen wiesen die Unterschiede in der Gewinnspanne die gleiche Tendenz wie im ganzen Lande auf, sie traten hier aber noch schroffer hervor; nicht ganz so ausgeprägt waren sie in den zentralen Gouvernements, in der Ukraine und in Weißrußland. In den östlichen Gouvernements des europäischen Rußlands und in Sibirien war die Gewinnspanne in den Industrie- und Handelsunternehmen fast gleich.[42]

[42] Статистические результаты процентного и раскладочного сборов за 1889 год St. Petersburg 1892, S. 266ff., 496ff.

Das mit rückständigen Formen verbundene kapitalistische Unternehmertum hatte nicht mehr die Möglichkeit, die Durchschnittsprofitrate anderer Gebiete zu erreichen; es nutzte deshalb die günstigen Voraussetzungen in den schwach entwickelten östlichen Teilen des Landes aus, wo es unter Beibehaltung seines altvertrauten Charakters und der bisherigen Methoden der ursprünglichen Akkumulation einen nicht geringeren Profit als der Industriekapitalismus in den zentralen Gebieten des Landes erringen konnte. Hieraus ergab sich, daß die rückständigen Formen des Kapitalismus auf die dünn bevölkerten Randgebiete übergreifen und dort erhalten bleiben konnten.

In den letzten Jahren wandten sich sowjetische Historiker wieder der früher leidenschaftlich diskutierten, später aber etwas in Vergessenheit geratenen Problematik des ökonomischen Einflusses der Politik des Staates auf das Wirtschaftsleben des Landes zu. Dieses Thema wird zur Zeit intensiv und erfolgreich bearbeitet, wobei vor allem die Forschungen I. F. Gindins hervorgehoben zu werden verdienen. Gerade diese Einwirkung des Staates auf die Wirtschaft war eine kennzeichnende Erscheinung für die „Aufpfropfung des Kapitalismus".

Die beträchtliche Erhöhung der Aktivität der Regierung in den ersten Jahrzehnten nach der Reform hatte ihre Ursachen: Der Aufbau des neuen Wirtschaftssystems machte die Gründung von derartig großen Unternehmen notwendig, daß deren Ausrüstung durch private Kapitalisten oder durch den Zusammenschluß privater Kapitalien ohne Zuschüsse seitens des Staates und ohne staatliche Garantien unmöglich wurde. Den herangereiften Erfordernissen kam die früher in einem solchen Ausmaß unbekannte Konzentration von Geldmitteln in der Staatskasse und in den staatlichen Kreditinstituten entgegen. Es war für die Regierung daher nicht schwierig, Geldmittel in Form von Anleihen vorzuschießen.

Die Reform von 1861 veränderte beträchtlich die Verteilung des Mehrprodukts zwischen Gutsbesitzern und Staat zu Gunsten des letzteren. Der Loskauf des bäuerlichen Besitzes war in der Weise organisiert, daß man dem Anschein nach die Gutsbesitzer zwang, dem Staat Kredit zu gewähren. Dabei zahlte die Regierung sehr viel weniger Geld aus, als sie von den Bauern erhielt.

Die Steuern waren ein sehr wichtiger Posten der staatlichen Einnahmen. Während die Verpflichtungen der Bauern gegenüber den Gutsbesitzern sich in der Übergangsperiode nach der Reform nicht veränderten, erhöhten sich deren Zahlungen an den Staat. Steuererleichterungen, Aufhebung der Kopfsteuer im europäischen Rußland und Verringerung der Loskaufsummen bedeuteten de facto nur eine Umverteilung der Lasten innerhalb der verschiedenen Schichten der steuerpflichtigen Bevölkerung.

Die direkten Steuern, ohne die Loskaufsummen, brachten 1866 dem Staat 75,1 Millionen Rubel, 1885 aber schon 130,7 Millionen Rubel;[43] 80 Prozent davon mußten die Bauern zahlen, 13 Prozent brachte die Gewerbesteuer, von der ein Teil gleichfalls von Bauern getragen werden mußte.[44] Die entscheidende Position kam

[43] P. Saburov, Материалы для истории русских финансов. 1866–1897, St. Petersburg 1899, S. 23.

[44] Nach den Berechnungen von I. F. Gindin, Государственный банк и экономическая политика царского правительства (1861–1892), Moskau 1960, S. 34f.

jedoch nicht den direkten, sondern den indirekten Steuern zu. Die steuerliche Belastung des Handels mit Bedarfsgütern (Wein, Tabak, Salz, Zucker) erzielte 1866 für den Staat 137,9 und 1885 insgesamt 264,8 Millionen Rubel.[45] Die Erhöhung der Paßgebühren und anderer Abgaben sowie indirekt auch der Zollsätze traf breite Bevölkerungsschichten.

Auf diese Weise war letzten Endes das ausgebeutete und ruinierte Dorf die wichtigste oder sogar die einzige Quelle, aus der die zum Aufbau der neuen kapitalistischen Wirtschaft notwendigen Mittel genommen werden konnten. Grundlage hierfür war die Möglichkeit, in steigendem Maße die Arbeitskraft der Bauern in der Produktion zu nutzen – unter den neuen ökonomischen Verhältnissen wurden die „bärenhäuterischen Bauern“[46] der Feudalzeit im Bestreben, Arbeit zu finden, beweglich und wendig; in mannigfacher Art fanden sie geeignete Einsatzmöglichkeiten.

Die frühere Lebensordnung des Dorfes zerfiel; das war für die Bauern ein sehr qualvoll verlaufender Prozeß. Die ohnedies schon starke Überbevölkerung des Dorfes stieg weiter an, die kapitalistischen Unternehmen konnten nicht alle verfügbaren Arbeitskräfte aufnehmen. Viele Menschen waren gezwungen, sich mit Zufalls- und Gelegenheitsarbeiten zu begnügen. Es kam weniger zu einer Proletarisierung als zu einer Verelendung der Bevölkerung. Der Hauptwiderspruch des volkswirtschaftlichen Systems Rußlands nach der Reform – das außerordentlich zurückgebliebene Dorf und die entwickelten kapitalistischen Verhältnisse in den fortgeschrittenen Industriezweigen – spiegelte daher ein einheitliches Ganzes wider, dessen Teile in einer spezifischen Wechselbeziehung zueinander standen. Man kann vollinhaltlich den Ausführungen V. I. Bovykins zustimmen, „daß das Anwachsen der Industrie von der kapitalistischen Evolution der Landwirtschaft nicht zu trennen ist, daß gerade diese Evolution die Grundlage für die Entwicklung des Kapitalismus abgab“[47].

Das Vorhandensein von ausreichenden inneren materiellen Ressourcen bestimmte die besondere Form, in der das ausländische Kapital für die Gründung von Industrieunternehmen und für den Eisenbahnbau verwandt wurde. Da Rußland ökonomisch zurückgeblieben war, wurde ausländisches Kapital im breiten Umfang herangezogen. Das hätte zusammen mit anderen Gründen dazu führen können, daß Rußland seine ökonomische Unabhängigkeit verloren hätte. Aber so kam es nicht.

In Rußland wirkte ausländisches Kapital vor allem durch die Vergabe von Anleihen. Die gegenseitige Einwirkung und das Zusammenwirken von Auslands- und einheimischem Kapital nahmen spezifische Formen an.[48]

[45] P. Saburov, a. a. O., Beilage, Nr. 36.

[46] Diesen Ausdruck von Marx verwandte Lenin. Vgl. W. I. Lenin, Das Agrarprogramm der Sozialdemokratie in der ersten russischen Revolution von 1905 bis 1907. In: Lenin, Werke, Bd. 13, Berlin 1965, S. 273.

[47] V. I. Bovykin, В. И. Ленин о классовой структуре и политических партиях в России накануне и в годы первой русской революции. In: В. И. Ленин и история классов и политических партий в России, Moskau 1970, S. 116.

[48] Darüber ausführlich, V. I. Bovykin, Зарождение финансового капитала в России, Moskau 1967, S. 293.

Die Politik der Regierung förderte die Industrie aus dem subjektiven Bestreben der leitenden Personen, konservative Ziele zu verwirklichen, in erster Linie eine Festigung der privilegierten Stellung des Adels zu erreichen; daraus darf man aber nicht folgern, diese Politik habe keinen bürgerlichen Charakter besessen. Der Klasseninhalt der Regierungsmaßnahmen muß vor allem nach ihren *objektiven* Auswirkungen bestimmt werden. Auch die Tatsache, daß Kreise der Bourgeoisie direkt auf den Staatsapparat des vom Adel beherrschten Landes einwirkten, darf nicht unberücksichtigt gelassen werden, vor allem auch deshalb nicht, weil die Bourgeoisie adliger Herkunft innerhalb der Gesamtbourgeoisie einen immer größeren Einfluß erlangte.

Die Feststellung, die Regierung Rußlands hätte nach der Reform bis zu einem bestimmten Grade die Lösung der aktuellen Aufgaben der wirtschaftlichen Entwicklung begünstigt, muß jedoch in aller Deutlichkeit durch den Hinweis ergänzt werden, daß die Gesamtsituation durch tiefe Widersprüche gekennzeichnet war. Die die wirtschaftliche Entwicklung begünstigende Politik der Regierung ging Hand in Hand mit Maßnahmen, die spürbare unproduktive Verluste von Nationalvermögen verursachten. Diese Verluste entstanden durch die volkswirtschaftlich nicht zu rechtfertigende Unterstützung unrentabler, veralteter Unternehmen, durch die Förderung reaktionärer Gesellschaftskreise und konservativer Einrichtungen sowie durch die Überlassung großer Mittel an bourgeoise Unternehmer, die die Staatskasse ausplünderten.[49] Es muß also beachtet werden, daß der vom Staat geförderte Kapitalismus durch überlebte Formen gekennzeichnet war, daß er feudal-wucherische besonders harte und qualvolle Methoden der Ausbeutung der Werktätigen unterstützte.

Sowjetische Historiker haben die Frage nach dem Einfluß der Wirtschaftspolitik des Staates auf die Entwicklung des Kapitalismus in Rußland von neuem aufgeworfen; es wurde klar, daß die Vernachlässigung dieses Themas während eines langen Zeitraums sich nachteilig ausgewirkt hatte. Unter diesen Umständen werden Übertreibungen begreiflich, wie sie bei der Einschätzung der Eingriffe des Staates in das Wirtschaftsleben, des Abhängigkeitsgrades der Industrialisierung von staatlichen Zuschüssen sowie der Rolle des vom Staate herangezogenen Auslandskapitals zuweilen in der sowjetischen historischen Literatur zu finden waren. Derartige Auffassungen können jedoch nur entstehen, wenn die Erscheinungen *nicht in der richtigen Relation* zueinander gesehen werden.

In diesem Zusammenhang sind die einschränkenden Ausführungen I. F. Gindins wesentlich: „Gegenüber dem spontanen Prozeß ‚des verstärkten Wachstums des Kapitalismus von unten' kam im großen historischen Zusammenhang der Förderung des Kapitalismus von ‚oben' nur zweitrangige Bedeutung zu. Die staatlichen Eingriffe blieben im wesentlichen auf einzelne Produktionszweige beschränkt und konzentrierten sich auf wenige Unternehmen."[50] Im Industriebereich unterstützte der Staat finanziell und auf andere Weise fast ausschließlich Unternehmen der Schwer-

[49] Konkrete Angaben zu dieser Frage bei I. F. Gindin, Государственный банк, a. a. O.
[50] I. F. Gindin, a. a. O., S. 23.

industrie. Die Entwicklung der Schwerindustrie hat in der Geschichte der Industrialisierung jedes Landes besonders große Bedeutung. Wenn wir jedoch die sozialen Verhältnisse dieses Zeitraums erforschen und die Lage in der Industrie, also in einem sehr wichtigen, diese Verhältnisse bestimmenden Bereich, berücksichtigen, gilt unser Interesse nicht so sehr der Betrachtung der Perspektive einzelner Industriezweige als vielmehr ihrem spezifischen Gewicht in dem uns interessierenden Zeitraum. In diesem Zusammenhang ist von Bedeutung, daß auf die Schwerindustrie 1900 nur annähernd 30 Prozent der gesamten Industrieproduktion Rußlands entfielen. Wenn wir 1861 als Ausgangsjahr nehmen, dann war 1900 die Zunahme der Produktion im Maschinenbau mehr als dreimal geringer als in der Textilindustrie. Etwa die gleiche Relation bestand zwischen der Produktionszunahme in der Metallurgie und in der Textilindustrie.[51] Daraus ergibt sich, daß gerade die Komplexe in der Industrie Rußlands, die ihre Entwicklung der besonderen Förderung durch die zaristische Regierung verdankten, zwar eine wichtige Bedeutung besaßen, aber in ihrer Ausdehnungssphäre beschränkt blieben. Gewiß, die Textilindustrie und andere für den *Massenbedarf* produzierende Industriezweige der russischen Industrie wurden gleichfalls in der einen oder anderen Weise von der Industriepolitik der Regierung erfaßt. Im wesentlichen beschränkte sich diese Einwirkung jedoch auf die Schutzzollpolitik und überschritt allgemein nicht den in der kapitalistischen Welt zwischen Staat und privatem Unternehmertum üblichen Rahmen. Unter diesen Bedingungen vollzog sich der Übergang von einem Industriestadium zum anderen organisch: von der kleinen Warenproduktion über die Manufaktur zur Fabrik. Das war die Hauptstraße der industriellen Entwicklung Rußlands.

In dem vorliegenden Beitrag haben wir nur *einige* Fragen der ökonomischen Entwicklung Rußlands berührt. Auf das sehr wichtige Problem des Kampfes der beiden Entwicklungswege des Kapitalismus in der Landwirtschaft sind wir nicht eingegangen; dieses Thema würde eine besondere Behandlung erfordern. In dem von uns erfaßten Zeitraum hatte in Rußland noch nicht die Epoche ihren Abschluß gefunden, in der der Typ der kapitalistischen Entwicklung endgültig festgelegt wurde. Die Möglichkeit des Sieges des sogenannten „amerikanischen Weges“ (nach der Terminologie Lenins) als revolutionäre Alternative zu dem von den herrschenden Klassen und dem adlig-bürgerlichen Staat begünstigten Weg der kapitalistischen Entwicklung war bekanntlich der bestimmende Faktor im gesellschaftlich-ökonomischen und politischen Leben Rußlands während der zweiten Hälfte des 19. Jh.

[51] L. A. Mendel'son, a. a. O.

Personenregister

Bei Fragen zur Produktsicherheit wenden Sie sich bitte an:
If you have any questions regarding product safety,
please contact:

Walter de Gruyter GmbH
Genthiner Straße 13
10785 Berlin
productsafety@degruyterbrill.com